六朝隋唐仏教展開史

船山　徹　著

法藏館

始めに

本書は西暦二〇〇〇年以後、折に触れて草した論文から十二本を選び、相互に繋がるよう排列した論集である。

筆者の研究履歴は通常と少しく異なり、それが筆者なりの視点及び方法論と結び付いている。筆者は高校時代に読んだ福永光司訳『荘子内篇』の世界に憧れて地元を遠く離れた京都大学に進学したが、紆余曲折を経て中国思想でなくインド仏教、しかもまったく漢訳されなかった七世紀のダルマキールティと八世紀後半のカマラシーラの経量部・瑜伽行派思想を主題として仏教学の修士課程を終えた。ところがその後、時の巡り合わせと言うべきか大学院博士課程を一年半で中退し、学内の人文科学研究所東方部で中国仏教を学ぶ助手として十年奉職して中国学の基礎と癖の強い漢訳仏典の読み方を学んだ。その後、同研究所を転出し、九州大学文学部印度哲学講座でインドチベット仏教と取り組む機会を与えられたが、やや後に再び京都大学人文科学研究所にて中国学の世界に戻った。西暦二〇〇〇年四月一日のことであった。それ以来、同研究所にて十九年を過ごし今に至る。こうした環境に身を置く者として、漢語仏典を読む時にも絶えずインドとの関連性に留意する習慣が身についた。

筆者が現在目指している課題は、六朝時代、特に南朝中後期から盛唐、西暦で示せば四世紀末頃から八世紀前半に及ぶ時期に、漢文化圏で展開した仏教の諸事象を総体として捉えることである。その際に中国仏教をインド仏教と関係付け、インドから中国に仏教文化が伝わった時にそのまま継承された面と中国で変容した面の両方を意識的に捉えたいと心懸けている。この視点は今も変わらず、恐らく今後も続くであろう。

書名について

本書は、特に南朝宋（劉宋、四二〇～七九）・斉（南斉、四七九～五〇二）・梁（五〇二～五七）の三王朝を中心に六朝全体と隋唐期の仏教を、その教理解釈学・修行体系・信仰の三面から取り扱う。下限は明確に決めていないが、唐の智昇『開元釈教録』の成った開元十八年（七三〇）をひとまずの区切りとし、それ以前を主たる研究対象とする。この時期は長い中国仏教史のなかでもいわゆる漢訳仏典が次々と世に登場した時であり、漢訳者として著名な鳩摩《くま》羅什《らじゅう》（約三五〇～四〇九頃）・曇無讖（三八五～四三三）・真諦（四九九～五六九）・玄奘（六〇〇／六〇二～六六四）・義浄（六三五～七一三）その他多くの人々が陸続と新たな漢訳経典を生み出した輝かしい時代であった（仏典漢訳史の概略と特色については本書巻末「文献と略号」に示す船山二〇一三aを参照頂きたい）。本書の課題は時代という点から言えば、単に『六朝隋唐仏教史』と題するのが直截かも知れないが、『六朝隋唐仏教展開史』と「展開」の二字を敢えて加えたのには筆者なりの思惑があるので説明しておきたい。

後漢に仏教が伝来してより現代まで続く中国仏教二千年において六朝から『開元釈教録』の編まれた盛唐中頃までの西暦約二二〇～七三〇年は、巨視的には中国仏教の早期ないし前期であろう。それ故、六朝隋唐仏教の歴史は「展開史」「発展史」と言うより「導入史」とでも称すべきかも知れない。少なくとも六朝仏教についてはそう言える。しかし筆者はインド仏教から学修を始め、後に中国仏教史に視野を延ばした経緯から、中国仏教史をインドからまったく独立した別個の仏教史と見るべきでないと痛感する。確かに時期的には早いが、むしろ六朝隋唐の仏教史はインド仏教の輸入と共に、インドとは異なる中国文化圏において漢語と漢語に基づく思考法の具体的な姿をありありと表している。この意味で六朝隋唐仏教史は漢文化に適合すべく発展を遂げつつある最中の文化史である。インド仏教には見られない新たな動きや、中国特有の斬新さと活気に充ち満ちている。それ故、六朝隋唐の仏教史を、中国という新たな文化のなかで次々と変化していった躍動期と捉えたい。『六朝隋唐仏教展開史』と書名に「展開」を含める所以である。

各篇各章の概略

本書は、篇名の示す三つの支柱から成る。

第一篇「仏典解釈の基盤」は、唐の玄奘から玄宗治下の開元年間に至る黄金時代の仏教から見た場合に、その中国的展開の基礎を形成した時代として、南朝四王朝（宋・斉・梁・陳）特に梁代における教理学的特徴を扱う。

第一篇は五章より成る。第一章「梁代の学術仏教」は唐代仏教に見られる中国的特色の多くが梁代にその祖型を形成したことを指摘する。具体的には、五世紀後半の劉宋後半より梁に及ぶまで新たな漢訳事業の分量が減少した（船山二〇一三a・三六～三八頁、二四二～二四五頁）。そのため既存の漢訳を用いた仏典の再編がなされた。その結果、隋唐に影響を及ぼす中国的特色として、音義書・科段による分類などの中国特有の注釈形態・「体」「用」を対概念として用いる中国的論理・仏書を総称する「衆経」・仏書を収蔵する「経蔵」「経台」「般若台」などが梁代に形成され、隋唐仏教の基礎付けに寄与したこと――総じて梁代が後の中国仏教の様々な素地を形成したことを論ずる。

第二章「体用思想の始まり」は、中国思想史全体にとって不可欠な「体」と「用」の二項目を用いた中国特有の語法の初期形成史を検討する。その結論として、体用の対挙は儒学や老荘からでなく、約五〇〇年頃の仏教において盛んに論議された、神不滅論に基づく「如来蔵」説を解明する文脈から発生した可能性を指摘する。

第三章「「如是我聞」と「如是我聞一時」――経典解釈の基礎的再考」は、仏教経典の書き出しに現れる定型句「如是我聞――是《かく》の如く我聞けり」の解釈を扱う。先行諸研究においてインドのサンスクリット語文献のみに妥当し、漢語文献には認められないと当然の如くに言われてきた「如是我聞一時」を一句とする解釈法が六朝仏教史に見られることを論ずることによって、中国仏教経典解釈史の根本的見直しと再評価を試みる。

第四章「梁の智蔵『成実論大義記』」は、梁前半期に現れた新たな形式の漢訳経論解釈法として、鳩摩羅什訳『成実論』を一語一句毎に注釈するのでなく、『成実論』の全体にわたって説かれる術語概念を整理する注解書が編まれたことを指摘し、その佚文（後代の引用断片）を可能な限り網羅的に輯録する。

これら四章は、梁代を主とする論考だが、それに対し、第五章「真諦三蔵の活動と著作」は、梁末〜陳前期に新たな教理学を伝えた真諦三蔵の果たした役割を総合的に検証する。古来、真諦は訳経僧として有名だが、真諦には訳経僧という顔の他に、経典論書に対する自らの注釈を弟子に教示したという、他の漢訳者と一線を画す独自性がある。本章はこの点からインド人の真諦が漢語で残した注釈内容と注釈書の意義を整理する。

次に第二篇「修行を説く文献・体系的修行論・修行成果」は、仏教経典の教理解釈に関する第一篇を基に、身体的修行とそれを行った僧尼の伝記、修行によってもたらされた彼らの宗教体験を記す文献などに関する論考である。

第二篇は四章から成る。そのうち始めの二章で中国仏教の戒律受容に関する歴史を概説する。まず第一章「隋唐以前の戒律受容史（概説）」は、仏教における戒律の二側面を併せて通史的に検討する。二側面の第一は、大乗にかかわらず初期仏教以来のすべての仏教において出家者が遵守すべき『律』（ヴィナヤ）の漢訳史である。『律』は出家者教団で守るべき生活規則であり、その漢訳は五世紀前半に集中する。二側面の第二は、大乗仏教徒が菩薩として遵守すべき大乗特有の生活規則である菩薩戒である。菩薩戒は大乗の理想像である菩薩が日々守るべき徳目であり、大乗においては『律』より高次の生活規則とみなされ、『律』にやや遅れて、『律』の新情報に上乗せするような形で五世紀中頃から後半に知られた。以上二点から五〜六世紀戒律情報の伝播と展開を通史的に論ずる。

第二章「大乗の菩薩戒（概観）」は、第一章で扱った二側面の第二面である「菩薩戒」に特化して、さらに踏み込んだ概説を行う。インド仏教との関係や菩薩戒という特殊な戒律のかかえる問題点も含めて取り上げる。

第三章「梁の僧祐『薩婆多師資伝』」は、梁初を代表する学僧であった僧祐の失われた著作『薩婆多師資伝』を対象とする。『薩婆多師資伝』は漢訳ではなく、僧祐撰の漢語文献であり、第一章で取り上げた二側面の第一面に関する中国編纂文献として意義深い。本章はこの書の内容を解説し、戒律史に大きな意味をもつ佚文断片を輯録する。

第四章「隋唐以前の破戒と異端」は、戒律の意義を正面からではなく、戒律違反という、いわば裏面から炙り出す。六朝の仏教徒は——実際はその後の中国仏教全体も含めてと言う方が正確であるが——専ら大乗仏教の信者であった。そのため、伝統的な小乗の『律』には違反するけれども大乗の教理に立てば肯定される事象が一部存在する。本章は殺生・性交渉などの戒律破戒と菩薩行の実践に関する逸話を取り上げて紹介する。

本書最後の支柱である第三篇「修行と信仰」は、第二篇で検討した戒律に基づく修行、特に菩薩としての「修行」の諸相とその基礎を形成した「信仰」の内実を検討する。

第一章「聖者観の二系統」は、六朝隋唐に通底する大乗の聖者の定義と実例、その背後にある修行体系を扱う。

結論として、六朝隋唐仏教の聖者とは、凡夫を越えた大乗修行者を指し、具体的には初地及びそれ以上の菩薩を意味すること、そして、そうした高い境地への到達可能性・不可能性に関しては、多数の聖者が世にいることを認める思潮と、聖者になれる者は実際ごく僅かの例外的修行者のみとする厳格な思潮とが同時併行的に存在したことを実証し、その思想史的意義に思いを寄せる。

第二章「異香――聖者の匂い」は、前章第十節「「異香、室に満つ」――聖の現前」で扱ったのと同じ内容を、そこでは扱いきれなかった中国禅における聖者伝説をも加味して総合的かつ平易に説明する。

第三章「捨身の思想――極端な仏教行為」は、「捨身」という語に、他者や仏法のために自己の身体を犠牲にする行為を意味する場合と、その象徴として自己の所有物や財産を寺に喜捨することを意味する場合の二種があること、そして後者の意味の「捨身」は梁の武帝を始めとする六朝在家仏教信者に時に見られる、極めて極端で、中国に特徴的な布施行であることを、多くの事例と共に示す。さらに捨身と自殺は同じかどうかなども併せて考察する。

以上十二章の概要を述べたが、内容の多くは六朝仏教の特色を主題とし、隋唐仏教とは直接関わらない。しかしながら、六朝仏教を主に論ずる章においても、六朝仏教の展開が直後の隋唐仏教を性格付けた場合が少なくない。例えば第一篇第一章は隋唐仏教の基礎付けとして梁代仏教を論じ、同篇第二章の「体・用」や第二篇第二章の「菩薩戒」も隋唐仏教でさらに展開する仏教史の一齣について、その基礎付けとしての性格に注目する。より積極的には、第二篇第三章第二節は『薩婆多師資伝』が唐代禅史に与えた影響を論じ、第三篇第一章は唐の玄奘の修行と信仰をも論述の主題とする。このような意味で十二章は単に六朝時代だけでなく、六朝時代に培われた基礎の上にさらに展開した隋唐仏教をも不可欠の要素とする。本書は六朝隋唐仏教史に関わるすべてを対象とする論考ではないが、南朝宋・斉・梁の三王朝の仏教を総合的に検討することによって、六朝隋唐仏教史の基層の解明を目指す試論である。書名『六朝隋唐仏教展開史』の意味をこのように理解頂ければ幸いである。

初出論文と主な変更箇所

各章は筆者の既刊論文に基づく。初出論文と、本書を編むに当たって変更した箇所を列挙する。

第一篇「仏典解釈の基盤」

第一章「梁代の学術仏教」——初出船山（二〇一四ａ）。Funayama（2015b）もほぼ同内容。船山（二〇〇七ａ）と一部重複する第四節については、より詳細な論述を本篇第四章に移し、本章の内容を一部簡略化した。第一節（二）「仏典の種別と漢訳年代」は書き下ろし。

第二章「体用思想の始まり」——初出船山（二〇〇五ｂ）に基づく。第三節「体・用と漢訳仏典」は書き下ろし。

第三章「「如是我聞」と「如是我聞一時」——経典解釈の基礎的再考」——初出船山（二〇〇七ｃ）。

第四章「梁の智蔵『成実論大義記』」——初出船山（二〇〇七ａ）。本書第一章との重複を避けるため、第五節（二）構成と（三）「三仮」を一部加筆修正。

第五章「真諦三蔵の活動と著作」——初出船山（二〇一二）・Funayama（2010）。なお「（附）聖語蔵本「金光明経序」録文」は書き下ろし。

第二篇「修行を説く文献・体系的修行論・修行成果」

第一章「隋唐以前の戒律の受容史（概観）」――初出船山（二〇〇三ｂ）。Funayama（2004）もほぼ同内容。第八節（二）「『梵網経』の編纂意図」の後半と後注（18）を補足。

第二章「大乗の菩薩戒（概観）」――初出船山（二〇一一ｂ）。

第三章「梁の僧祐『薩婆多師資伝』」――初出船山（二〇〇〇ａ）。第一節（三）「巻一と巻二」を一部加筆した。本書第一篇第一章と内容的重複を避けて一部改稿。後注（10）を補足。

第四章「隋唐以前の破戒と異端」――初出船山（二〇〇二ｂ）。


第三篇「修行と信仰」

第一章「聖者観の二系統」――初出船山（二〇〇五ａ）。第八節（四）「十単位の修行と五道の関係」をFunayama（2013）に基づき補足。船山（二〇〇三ａ）・Funayama（2010）との関連を一部補足。

第二章「異香――聖者の匂い」――初出船山（二〇〇八）、ただし本書内容の一貫性から同論文の冒頭部分を削除。

第三章「捨身の思想――極端な仏教行為」――初出船山（二〇〇二ａ）。

以上十二章を一書として通読し易いよう、結論に大きな変更を来さない程度で以下の七点で書式的変更を加えた。
㈠　初出論文の多くは漢字に正字体を用いたが、今回一書としての統一に鑑み、原則として常用漢字を用いる。
㈡　原文を示すに当たり、原文の直前に現代日本語訳を示す。ただし一部例外的に原文と訓読を示して原語表記を理解し易いように配慮した箇所がある。例えば第一篇第二章で原文を引く時は、原文を先に示した後にその訓読を併記した。これは原文の語彙をそのまま用いて論述できるように配慮した結果である。さらにまた、他の論文においても二字下げせずに短い原文の意を現代日本語文の中で解説しながら論を進める際は、原文を改行せずに「　」内に訓読で示し、不要な煩を避けるよう心懸けた。

㈢　一書全体の体裁を統一するため、書式と節と見出し語を一新した。初出論文にない節を加えた章もある。

㈣　初出論文で注に示した先行研究情報を本文の（　）内に移し、なるべく本文から内容が分かるよう改めた。

㈤　初出論文の出版後に気づいた誤字・誤解を改めた。

㈥　内容の理解に資すると判断した場合は、初出論文の出版後に自らが書いた論文名と頁を補足注記した。

㈦　内容に関する加筆が一段落以上に及ぶ箇所は、右掲初出論文で関連する段落の下に続けて示した。ただし新たな加筆と書き下ろしはすべて筆者自身による補足であり、第三者の論文に基づく変更は含まない。

本書に引用した原典の殆どは漢語文献だが、必要に応じて一部サンスクリット語やチベット語表記を補足した箇所もある。漢語原典のうち、仏典以外の史書・古典（五経の類い）・道教文献は中国古典学の慣例に従って篇名や巻数を表記した。仏典については、その殆どは大正新脩大蔵経（略称「大正」）に収められているため、大正新脩大蔵経の巻数と頁及び頁内の上段・中段・下段の別を表記した。例えば「大正五〇・三七八中」は大正新脩大蔵経第五十巻の三百七十八頁中段からの引用であることを示す。その他、ごく少数だが、大日本続蔵経（略称「続蔵」）から引用した文もある。その場合、例えば「続蔵一・六四・五・一八七裏下」は大日本続蔵経第一輯第六十四套第五冊の第百八十七葉裏の下段からの引用であることを示す。なお大日本続蔵経は元来の出版である前田慧雲編『靖国紀年大日本続蔵経』（京都・蔵経書院）を用いる。後に再編された『新纂大日本続蔵経』（東京・国書刊行会）は用いないので注意されたい。

巻末の「文献と略号」は、本書で言及した先行研究（二次資料）とそれを示すために本書で用いた略号を示す。

索引は、本書に現れる主な人名・書名・件名に関する索引である。三種を別立てせず、一つに統一して漢字の現代日本語読みに従って排列する。

六朝隋唐仏教展開史＊目次

第二篇　修行を説く文献・体系的修行論・修行成果

第三篇　修行と信仰

六朝隋唐仏教展開史

第一篇　仏典解釈の基盤

第一章　梁代の学術仏教

長い中国仏教史のうち、六朝の頂点とも言うべき梁の学術的な仏教に注目する時、いかなる特徴があるだろうか。梁代の仏教は、中国仏教全体のなかで、前後の時代と比較しても重要な画期と言えるが、同時にまた、南北朝期にあっては、北朝との相違も見逃せない。つとに横超慧日《おうちょうえにち》（一九五二／五八）は「南朝の講経偏重」と「北朝の重禅軽講」という明確な対比軸を打ち出し、南北の相違を描き出した。この視点は基本的に今なお有効といってよいだろう。ただ問題がないわけではない。例えば近年、北土地論《じろん》宗文献に多くの講経の記録があることなどを通じて北朝における講経の重要性も解明されつつあるため、北朝が講経を軽んじたという見方は今や誤解ですらある。こうした問題もあるが、北朝の禅観に対し、南朝には経典の講義とその仕方に特徴があったと見ることは今なお適切な対比軸であろう。従って本章でも、南朝特に梁代仏教の経典講義法と関連する学術面に着目したい。具体的には、インド伝来の仏典を漢語に訳し、読み、理解し、その内容を咀嚼して他者に説明するという一連の流れを想定して梁代学術仏教の特色を探る場合、次の四点が重要であろうと筆者は考えている。

第一は、仏典漢訳の特徴であり、基本典籍の成立と関わる。ただし漢訳の成立事情はそれ自体独立した大きなテーマであり、既に船山（二〇一三a）に私見を示しているので、梁代の特色について本章は略記するに止める。

第二は、経典を読んで理解することに絡む事柄であり、知のインプット面と関わる。具体的には、経典読誦法としての転読と梵唄《ぼんばい》、発音や意味の難しい語句を解説する書としての音義書の編纂という点から注目したい。

第三は、経典に書かれている内容を解説ないし整理する際の特徴であり、知のアウトプット面と関わる。経典の解説に当たっては、自説の説示・他者との議論や論争・内容解説の方法・それを文献として残すなどの諸行為が絡むであろう。本章は具体的には、中国的仏典注釈の形態的特徴と、教義を整理して示す綱要書の成立に注目する。

第四は、大量の仏典をどのように収蔵したかと関わる。これには現代の言葉の仏教図書館に当たる施設の存在が深く絡む。仏書を「内典」として一つにまとめた結果、「一切経」「大蔵経」など中国独自の呼称が生まれたことや、経典を体系的に分類する経典目録の編纂にも注目する必要があろう。一言で言えば、書物としての仏書の整理統合と関わる諸事象だが、今日的な表現では、知のデータベースやアーカイブ化に繋がる面がある。

本章では右の四点から梁代の仏教教理学と寺院のあり方を検討してみたい。

一　仏典漢訳から見た梁代仏教の位置付け

最初に、後漢以降、連綿と続いた仏典漢訳史から見た場合、梁とはどのような時代だったかについて、以下に私見を略記したい。逆接的な言い方に聞こえるかも知れないが、仏典漢訳史において梁代には漢訳事業がほとんどなされなかったという点に特色があり、その点から梁代仏教活動の様々な面を説明できると考えている。

（二）六朝訳業の盛衰

後漢時代の仏教初伝伝説に絡んで、最初の漢訳と言い伝えられる摂摩騰《しょうまとう》訳『四十二章経』の実在性はともかく、漢代に安世高《あんせいこう》、支婁迦讖《しるかしん》らが漢訳をしたことは確かである。その後、時代によって隆盛の度合いは異なるが、仏典漢訳事業はある程度連続して行われた。そのうちで最初のピークとも呼ぶべきものが後秦の鳩摩羅什《くまらじゅう》（Kumārajīva クマーラジーヴァ、約三五〇～四〇九頃）の訳業だったことは誰しも異論あるまい。鳩摩羅什は長安に滞在した五世紀初頭の僅か十年足らずの間に厖大な数量の仏典を次々と漢訳し、数多の漢人弟子を育てた。ところがその後、およそ四〇九年頃に鳩摩羅什は死亡する（塚本善隆一九五五）。さらに羅什の訳業を支援した後秦国王の姚興も、老化と共に支配力を弱め、四一六年に病死する。それまで皇太子だった姚泓《ようおう》が即位して翌四一七年になると、直後の四二〇年に南朝宋を創建して初代皇帝に即位することになる劉裕の侵攻により、長安は八月に陥落し、後秦国は亡び、姚泓は殺された。苻堅（在位三五七～八五）の治める前秦より、後秦の滅亡に至るまで、長安は多くの外国僧の到来と訳業で賑わっていたけれども、この頃を境に、長安における訳業は急に途絶え始める。

羅什の没後、訳業の中心地は長安から南朝の建康に移った。仏教を手厚く庇護した宋の文帝の元嘉年間（四二四～五三）に、仏駄跋陀羅《ぶっだばっだら》 Buddhabhadra・求那跋摩《ぐなばつま》 Guṇavarman・僧伽跋摩《そうぎゃばつま》 Samghavarman・曇摩蜜多《どんまみった》 Dharmamitra・求《ぐ》那跋陀羅《なばっだら》 Guṇabhadra などのインド僧が次々と到来して華やかに活動し、厖大な数の仏典を翻訳した。これらの訳経僧が活躍したのは主に四二〇～四四〇年頃の二十年ほどであった。これほど多彩なインド僧が次々と来訪し、短期間のうちに集中して訳業を展開した時期も珍しい（船山二〇一三a・三二～三四頁）。

ところがこの後、南朝の訳業に大きな変化があらわれる。理由は不明だが、元嘉の後、訳経僧の渡来は急に途絶え、五世紀後半には訳経活動は激減することとなった。南朝宋の後半期に到来した外国僧はほとんど皆無であり、斉・梁時代の訳経僧も、インド僧の求那毘地《ぐなびじ》（五〇二卒）や扶南の僧伽婆羅《そうぎゃばら》（四六〇～五二四）など、ごく僅かしかいない（船山二〇一三a・三六～三八頁）。こうして五世紀後半から六世紀前半に訳経僧の到来が激減し、その結果、新たな訳業も数量的に極少となった。しかし、ここが要点であるが、斉・梁時代には仏教の活動それ自体が停滞したわけではなかった。事実は逆である。確かに訳経は下火となったけれども、それとは別の分野で、様々な仏教事業が積極的に行われ、さらに活性化したとすら言える。すなわち厖大な既訳仏典を整理して内容を咀嚼し、主体的に受容する活動として、訳経以外の事業が盛んに行われたのだった。

まず押さえておくべきは、既訳仏典の内容を整理し統合する大型仏書の編纂を挙げることができる。その萌芽は南朝宋の孝武帝と明帝の頃、各種仏書編纂の気運が高まったことなどに認められる。すなわち宋後半には、存在と現象の関係を説く「二諦」の教理に関する曇済《どんさい》『六家七宗論《ろっけしちしゅうろん》』や僧鏡《そうきょう》『実相《じっそう》六家論』（共に散佚）が編纂された。教理学の整備だけではない。律に基づく授戒などの戒律儀礼の整備も行われ、そのマニュアル本として僧璩《そうきょ》『十《じゅう》誦羯磨《じゅこんま》比丘《びく》要用《ようよう》』（大正一四三九号）が編まれた。明帝の時代には陸澄《りくちょう》が『法論』を編纂した。それは現存しないが、大凡の内容と構成は、僧祐《そうゆう》『出三蔵記集《しゅつさんぞうきしゅう》』巻十二の「宋明帝勅中書侍郎陸澄撰法論目録序」から知ることができる。

斉の時代には、武帝の次子、蕭子良《しょうしりょう》（四六〇～九四）による抄経《しょうきょう》（抜粋経典）や『浄住子《じょうじゅうし》』二十巻その他が出家在家双方の協力を得て大々的に編纂された。『南斉書』巻四十の本伝によれば、蕭子良は「『皇覧』の例に依りて『四部要略』千巻を為《つく》る」とあり、広く学術一般について百科全書の類いを編纂したことが分かる。多作の故に彼は世に「筆海《ひっかい》」の異名でも知られた（船山二〇〇六・八七頁、二六九～二七三頁、二〇〇七b・一三～一六頁）。

斉の時代、後に梁の武帝となる蕭衍《しょうえん》は蕭子良の「八友」の一人だったことから、斉・梁の仏教には直接的な連続性があり、二王朝に渡って大型仏書編纂が続いた。例えば斉・梁の頃、仏書を編纂した一種の百科全書として『法《ほう》苑《おん》経』一八九巻が編まれた（『出三蔵記集』巻五の新集抄経録）。梁の武帝の勅を受けた宝唱《ほうしょう》は、五一六年、現存する最古の仏教百科全書『経律異相《きょうりついそう》』五十巻を編纂した。僧旻《そうみん》等は『衆経《しゅきょう》要抄《ようしょう》并《ならびに》目録《もくろく》』八十八巻を編纂した。普通年間（五二〇～二七）には、梁の三大法師の一人として著名な開善寺《かいぜんじ》の智蔵《ちぞう》（四五八～五二二）ら二十名の僧が『義《ぎ》林《りん》』八十巻を編纂した。簡文帝蕭綱が皇太子だった時代には、彼と臣下らは『法宝聯璧《ほうぼうれんぺき》』二二〇巻を編纂した（巻数は二〇〇巻とも三〇〇巻とも）。これらのうち『経律異相』以外はすべて散佚し、現存しないが、一種の仏教百科全書の類いの体裁だったことが諸史料から分かる。大型仏書の編纂は斉・梁時代の仏教の一大特色なのであった。[1]

（二）仏典の種別と漢訳年代

南斉から梁にかかる時代の仏教の特徴を理解する上で仏典漢訳に関して頭に入れておきたいことがもう一つある。後漢以降連綿と続いた仏典漢訳の長い歴史を巨視的に見る場合、そこには積極的に取り上げられた仏典に、文献の種別ないしジャンルに関する歴史的推移が認められるのである。仏典漢訳は漢訳仏教伝来後間もない紀元後二世紀中頃に洛陽で活動した安世高によって口火が切られたが、安世高の訳した仏典には確実に大乗と言い切れるものがない。伝統的な声聞乗ないし小乗の諸文献が殆どである。このことは、安世高の時代がインドにおける大乗仏教の開始から時を経ていないことと大きく関係していると考えられる。それに対し、安世高の約一世代後に同じ洛陽で訳経に携わった支婁迦讖は『道行《どうぎょう》般若経』『般舟《はんじゅ》三昧経』の訳で知られる通り、大乗重視の特徴を示す。

その後、三国時代から東晋にかかる時代には、大乗経典の漢訳が盛んとなる一方で、呉の支謙訳『太子瑞応本起経』のような仏伝（釈尊の神話的伝記）や、仏説の内容を分析整理するアビダルマ論書も僧伽跋澄や僧伽提婆らによって積極的に進められた。つまりこの頃には大乗の情報と共に小乗の伝統教理学も徐々に中国に浸透した。

こうした流れのなか、後秦の長安に龍樹《りゅうじゅ》の空の思想を伝えた鳩摩羅什の果たした影響は絶大であった。かいつまんで言うと、インドの大乗は様々であるが、その主流は三種に大別される。一つは、初期大乗経典以来の「空」の思想を理論的に精緻化した「中観派」であり、ナーガールジュナ Nāgārjuna（龍樹、約一五〇～二五〇頃）を祖師とした。中国では龍樹『中論』『十二門論』と直弟子アーリヤデーヴァ Āryadeva（提婆、聖提婆）の『百論』という三論書を根本経典とすることから「三論宗」の名で知られた。主流の第二は、中観派の後に現れた、瞑想による悟りを目指す「瑜伽行派」であり、マイトレーヤ Maitreya（弥勒）菩薩とアサンガ Asaṅga（無著《むじゃく》）・ヴァスバンドゥ Vasubandhu（漢訳は天親とも世親とも）の兄弟が論書を執筆した。大乗における第三の流れはその後数世紀遅れて登場した密教 Tantric / Esoteric Buddhism である。

この三派のうち、第一の中観派すなわち三論学は、鳩摩羅什の来朝以前には中国で知られていなかった。鳩摩羅什が『中論』『百論』『十二門論』の三論を漢訳したことで五世紀初頭十年間に三論の教えは俄に弘まった。

鳩摩羅什は龍樹の徒であった。彼の教理学は空の思想として一貫し、それ以外の大乗を何も含まなかった。鳩摩羅什は瑜伽行派の論書も、それと密接に関連する如来蔵思想もまったく知らなかった。そのことは、鳩摩羅什公は「一切衆生に皆な仏性有り」という仏説を知らずに卒したと、鳩摩羅什直弟子の僧叡（慧叡とも）が記すことからも明らかである（『出三蔵記集』巻五「喩疑」、大正五五・四一上。僧叡と慧叡が同じであることは横超一九四二／七一）。

四〇九年頃に鳩摩羅什が死去すると、彼の弟子たちの多くは南朝の都建康に拠点を移した。時を同じくして建康に羅什がまったく知らなかった新しい大乗思想が伝播した。それは「一切衆生悉有仏性——すべての衆生は仏となる素質を有している」のスローガンに代表される如来蔵と呼ばれる思想であった。この新思想を導いた者たちはすべて鳩摩羅什の次世代に属し、北涼の曇無讖（『大般涅槃経』と『菩薩地持経』の訳者）、南朝宋の建康で活動した求那跋摩（『菩薩善戒経』の訳者）と求那跋陀羅（『勝鬘経』その他の訳者）などが盛んに活動した。

　五世紀後半になると漢訳が俄に激減し、斉・梁では仏書編纂活動が行われたことは既に記した通りである。さらにその後は、陳における漢訳と無縁の時代を経て、隋代に仏典漢訳が復興した。その流れを革新的に変えたのは唐の玄奘（六〇〇／六〇二～六四）であった。そして彼の新たな教えこそが瑜伽行唯識派の学説だった。誤解を避ける上で付言すると、瑜伽行派文献を伝えたのは玄奘が最初ではない。それ以前、北朝の北魏では菩提流支らによる所謂「地論《じろん》宗」によりヴァスバンドゥの論書が複数訳され、その直後の南朝でも梁末から陳の江南で真諦（パラマアルタ Paramārtha 四九九～五六九）が瑜伽行派の論書を漢訳した。玄奘はその後、自らインドのナーランダー寺（現在のビハール州）その他で研鑽し、帰国後、新訳と呼ばれる体裁で瑜伽行派典籍の漢訳を刷新したのだった。

　玄奘の後、さらに新たな動きが生まれた。それが大乗の第三の主流である密教経典の漢訳である。密教経典は地婆訶羅（六一二～八七）、善無畏（六三七～七三五）、不空（七〇五～七四）などによって行われた。

　このように漢訳仏典の歴史と漢訳された仏典の種別を併せて検討すると、後漢には小乗の後に大乗が伝播し、六朝にはアビダルマ、次いで中観、次いで如来蔵思想が次々と伝播し、唐代には瑜伽行唯識派典籍による中国仏教理学の革新が実現し、その後、インドで遅れて登場した密教経典を漢訳することへと移行した。つまり巨視的な思想史の動向として、インド仏教の変遷が、若干の時間差《タイムラグ》を伴って中国仏教に影響を及ぼしていったことが分かる。

　こうした仏典漢訳史との繋がりから梁代仏教を意義付けると、梁は漢訳中心の時代でなく、既存の大乗・アビダルマ・三論・如来蔵系既訳経典論書の内容を整理咀嚼し、解釈を深めた時代だったと言うことができる。梁代には、新たな大乗の教説が西方から伝来したことはなかった。梁末に真諦が来朝したが、それより以前に梁の仏教徒が瑜伽行派や無著・天親のことを知っていた明証は何もない。同時代の北魏では菩提流支その他の活動で瑜伽行派の論書が漢訳されたが、それが梁にもたらされたことを示す記録も見当たらない。つまり梁の仏教徒は三論や如来蔵は知っていたけれども瑜伽行派という大乗学派の教えは知らなかった。北魏で再評価されるようになる『楞伽経』についても、梁の武帝は肉食を禁ずる如来蔵経典として扱うに過ぎなかった（船山二〇〇〇b・一二九～一三二頁）。

二　『出要律儀』の希少価値

次に第二点に移る。中国中世において仏典を読むとは音読することであった。音読するには、経典中のすべての漢字の正しい発音が必要条件である。ところが仏典には発音や意味の分かりにくい字が多い。そこで経典における難解な音訳などを正しく発音し、意味を理解する為に、後代には複数の一切経音義が編纂されるようになった。仏典の音読は儀礼とも直結する。六朝時代には「斎会《さいえ》」（法会、儀礼的仏教集会）が盛んに行われ、特に五世紀後半以降は「転読」や「梵唄」が流行した（船山二〇一五）。転読は経典読誦の代表的方法であり、経典を朗々と歌うが如くに読み上げることを意味し、節回しや声質が重視された。転読が散文でも韻文でも行われたのに対して、梵唄は一種の仏教歌謡であり、一定のメロディーにのせて経典の韻文（偈頌《げじゅ》、偈）を楽器の伴奏付きで歌うことを意味した。転読と梵唄の詳しい実態には不明の点が多いが、基本的性格は以上のようにとらえて大過あるまい(2)。

先行研究の概説に依れば、最初の音義書として一般に認められているのは、後漢末の孫炎『爾雅音義』であるとされる。その後、音に関する書に孔安国『尚書音』、鄭玄《じょうげん》『尚書音』『毛詩音』『三礼音』などが、音と義の双方に関わる書に服虔『春秋音隠』、韋昭『漢書音義』、徐広『史記音義』などがあったと解説されることが多い（徐・

梁・陳二〇〇九・五～六頁）。一方、それらに対応する仏書の早期の例は時代が下り、北斉の道慧《どうえ》『一切経音』や隋の智騫《ちけん》『衆経音』であり、この流れから唐の玄応『一切経音義』、慧琳『一切経音義』などが生まれたと言われる。しかし個別の経典に対する音義の成立と、仏教叢書としての一切経に対する音義の成立とを同一視はできない。道慧『一切経音』や智騫『衆経音』は厖大な数量の一切経全体に対する音義の成立を示し、個別の経典に対する音義書ではない。仏教における単独の音義書の早い例としては、梁の僧祐『出三蔵記集』巻四の新集続撰失訳雑経録に、「道行品諸経胡音解一巻（大正五五・三一上）」という散佚書への言及が見える。しかし撰者や年代に関する記録がなく、管見の限り原文引用も確認されないため、いったいどんな文献だったかまったく分からない。

仏教音義書のジャンルに属する現存文献の早期の事例は、大正蔵五十四巻に収める『翻梵語《ほんぼんご》』十巻である。ただ、厳密な意味では一般的な音義書とは性格を異にし、諸経典に現れる音訳（音写語）を見出し語として、その意味を解説するという体裁をとり、発音の説明をも含む。大正蔵は明記しないが、その撰者は梁の宝唱《ほうしょう》であった[3]。

『翻梵語』のほかに、先行研究が注目しない重要なもう一点がある。それは『翻梵語』中に書名を明記して引用する同時代の『出要律儀《しゅつようりつぎ》』（散佚）である[4]。特に『翻梵語』巻三の「迦絺那《かちな》衣《え》法」と題する章のすべてが梁代に僅かに先行した『出要律儀』からの転載であることが確かに言える。これは『翻梵語』のうち、この章のみ、書式体裁がはっきり異なることから分かるのである。『出要律儀』の編纂状況を『続《ぞく》高僧伝』巻二十一の法超《ほうちょう》伝はこう記す。

さらに武帝は『律（ヴィナヤ）』の諸文献が膨大煩瑣であり個々の事例に即した〔説明を〕得難いため、時間を見つけては戒律を調べ、世間の人々に従って〔律を解説する〕文を作り、『出要律儀』十四巻と命名した。

武帝又以律部繁広、臨事難究、聴覧余隙、遍尋戒検、附世結文、撰為一十四巻、号曰『出要律儀』。

（大正五〇・六〇七上）

これによれば本書は梁の武帝撰となるが、『大唐内典録』巻十と『法苑珠林《ほうおんじゅりん》』巻一百は宝唱等撰集とし、武帝に言及しない。これらをなるべく矛盾なく理解するなら、梁武の勅命を受けた宝唱らが編纂したと見るのが自然だろう。[5]

律（ヴィナヤ、出家者の生活規則）の要綱をまとめた『出要律儀』は、難解な語に「音義」を付していたらしい。後に唐代の律師たちはそれを重要視し、「『出要律儀』の音義にいう」の形でしばしば引用した。その一例を挙げると、唐の大覚『四分律鈔批《しぶんりつしょうひ》』巻二十六は「阿蘭若伽《あらんにゃか》」という語の解説で『出要律儀』の音義をこう引用する。

『出要律儀』の音義（発音と意味を解説する箇所）に、「インド語の原音は阿蘭若伽（*āraṇyaka）であり、ここ中国の言葉に訳せば「静寂な場所」という意味である」と言う。

『出要律儀』音義云、「西音阿蘭若伽、此言寂静処也」。　（続蔵一・一・六八・一・七裏下）

『出要律儀』の本文に当たる部分を引用する後代の文献があるかどうか、寡聞にして知らないが、右のような形で音義はしばしば引用される。この形は、慧琳『一切経音義』の次のような一節とほぼ同じ書式である。

阿練若〈サンスクリット語であり、阿蘭若とも記す。ここ中国の言葉に意味を訳せば「静寂な場所」である。〉

阿練若〈梵語也、亦云阿蘭若、此訳為寂静処也〉　（大正五四・三一九下）

また、紙幅の都合上、具体的事例の紹介は控えるが、『出要律儀』の音義の佚文には、発音を「〇〇反」と反切で示す事例や、「正しき外国の音は」云々と、見出し語とした音訳とは別の音訳を示す事例が複数ある。また「持律者」（律師、律の専門家）の説明と「声論《しょうろん》者」（梵語文法の専門家）の説明を併記する箇所もある。これらの形式と内容から、梁代に言語学と仏教が確かに結び付いていたことが分かる。要するに梁代の『出要律儀』の音義は、後の音義と完全に同じ形式というわけではないが、後代の『一切経音義』における解説の書式的な先駆けであった。

三　中国に特有の注釈法の始まり

次に、中国における経典解釈の特徴として注釈書における特徴の一端を挙げておきたい。経典や論書に注釈すること自体は何ら中国的な特徴ではなく、勿論インドでも行われた。ただ、中国における仏教文献の注釈スタイルには、インドの伝統を受容する一方で、先行して存在した中国の伝統的学術の影響を受けた面もある。本節では中国仏教注釈法の特徴を確認しつつ、あわせて梁代注釈学に特徴的な事例をいくつか指摘したい。先行研究の指摘によれば、仏典解説法の中国的特色として、例えば以下の諸点がある。

(一) 経題を注釈の冒頭で解説する

一つは、経題の解説が注釈冒頭に置かれたことである。このスタイルは原則としてインドには存在しなかった、中国仏教特有のものである。東晋の釈道安《しゃくどうあん》の頃に始まったのであろうという推測もある。サンスクリット語やパーリ語の文献の場合、経典の題名は最初にではなく、文献の末尾に表示されるのが一般的である。それ故、インドの注釈は最初に経典を開始する旨の序文的意味をもつ帰教偈を述べたり、ある種の総論的内容を述べたりすることはあるが、本文の解説に入る前に経典名の解説を行うことはないのである。

(二) 注と疏

中国における注釈のうち、注と疏（義疏）は形態が異なる。注は経と分かちがたく結び付いており、注が経文の全文を伴うのに対し、疏は経から独立した撰著であって、そこには経文が伴わない——疏からは経の全文を回収できない——という違いがある(6)（古勝二〇〇六・九八〜一〇二頁）。仏教における現存する最も早期の疏は南朝宋の竺《じく》道生《どうしょう》『妙法蓮華経疏《みょうほうれんげきょうしょ》』である。ただし竺道生を画期として注釈の形態が注から疏に一変したわけではない。斉・梁時代にも、注形式の注釈書は数多く編纂された。

（三）序分・正宗分・流通分

経典全体の構造分析や注釈スタイルの形成過程にも中国仏教の特徴を看取できる。その一つは、経典を大きく「序分」・「正宗《しょうしゅう》分」（正説分とも）・「流通《るずう》分」の三に区分する仕方である。これは中国で発達した経典構造分析法である。インド仏教にはこの三区分がなく、「流通分」に対応する言葉もない。隋の吉蔵《きちぞう》『仁王般若《にんのうはんにゃ》経疏』巻上一は、三種区分は釈道安（三一二〜八五）に始まると述べる。

然るに仏の説いた諸経典には、元来、章や段落がなかった。道安法師が初めて経典〔の内容〕を分析して三段とした。すなわち第一は序章であり、第二は本論、第三は世間への普及を説く部分である。

然諸仏説経、本無章段。始自道安法師分経、以為三段。第一序説、第二正説、第三流通説。

（大正三三・三一五下）

ただ、これを裏付ける釈道安の注釈は現存せず、逆に現存する道安の注釈書『人本欲生《にんぽんよくしょう》経注』は、この三区分に言及しない。そのため、これを最初に行ったのはインドでなく中国においてであったのは間違いないとしても、道安が最初ではなかった可能性もある。横超（一九三七／五八）は、竺道生（四三四卒）が最初かと推測する。因みに現存の竺道生『妙法蓮華経疏』巻一は、経典を三段に分けることを確かに述べるが、その三段を序・正宗・流通と明記していない。横超は、疏を創始したのも竺道生だったのだろうと推測する。

(四) 科 段

直前に述べた内容と繋がるが、「科文《かもん》」や「科段」という言葉で表される経文の内容要約や段落分けも、インド仏教にはない中国的解釈法の特徴である。「科段」は段落分けないし区分であり、経典をトピックごとに句切り、それがどこからどこまでか、前後とどう繋がるかを説明する。例えば序・正宗・流通の三段区分は経典全体に関する科段である。「品《ほん》」（章）など小さな単位での科段もある。科段をさらに細かくすれば経典全体の一種の要約（シノプシス synopsis）が出来上がる。その文を「科文」と呼ぶが、注釈のなかから科文のみを抽出して独立の一書とする事例も後に生まれた。例えば唐の澄観《ちょうかん》『大方広仏華《だいほうこうぶつけ》厳経疏《ごんぎょうしょ》科文』（続蔵所収）はその典型である。因みにこのような細かな内容分析は、インド仏教文献には未だ確認されていない。ところがチベット仏教にはそれが存在する。チベットでは科文をサチェ sa bcad（直訳「区分を有するもの」）と言う。サチェの起源は何かを問う研究者には、漢語注釈仏典のチベット語訳を通じて中国の注釈法がチベットに影響を与えた可能性を指摘する学者もいる。(7) 要するに科文や科段は、中国仏教独自の注釈法の一つの典型である。

(五)『大般涅槃経集解』の科段

南朝注釈学の伝統を具体的に示す現存文献として、竺道生『妙法蓮華経疏』、梁の法雲『法華義記』、『大般涅《だいはつね》槃《はん》経《ぎょう》集解《しゅうげ》』がある。『大般涅槃経集解』は、北涼の曇無讖訳『大般涅槃経』に対する南朝学僧数名の注釈を集めた注釈書であるが、そこでは曇無讖訳『大般涅槃経』でなく、「南本涅槃経」すなわち北本の訳語を一部改訂し、品名

（章名）を法顕訳『大般泥洹経』（別名『六巻泥洹』）の品名に合わせて変更した編纂経典が経本となっている。

『大般涅槃経集解』は宋の竺道生（三五五～四三四）・僧亮《そうりょう》（約四〇〇～六八頃、『高僧伝』巻七の道亮と同人）・斉の僧宗《そうそう》（四三八～九六）・梁の宝亮《ほうりょう》（四四四～五〇九）その他の説を収める。宋・斉・梁三王朝にわたる南朝注釈学の展開を具体的に記す文献として貴重である。撰者は不明だが、隋の費長房《ひちょうぼう》『歴代三宝紀《れきだいさんぼうき》』巻十一（大正四九・九九中）に言及される梁の法朗《ほうろう》（郎）『大般涅槃子注《だいはつねはんしちゅう》』七十二巻が現存『大般涅槃経集解』七十一巻に当たる可能性もある（菅野一九八六／二〇一二）。

『大般涅槃経集解』と梁の法雲『法華義記』は、経典全体を何段に分けるか、一章（「品」）を何段（または科）に分けるかをしばしば解説する。なお科段に区分する方法は仏教に限らず、梁の皇侃《おうがん》『論語義疏《ろんごぎそ》』にも見られ、『論語』の科段説を作ったのは皇侃が最初と言われる（喬秀岩二〇〇一・一一頁以下）。このことはその頃に仏教の方でも科段が流行していたことの証であろう。『論語義疏』に、「外教」「印可」その他の仏教語が用いられているのは既に指摘がある通りである（吉川一九九〇c、徐望駕二〇〇六）。

（六）「体」「用」と経典解説

中国的思弁を代表する術語の一つに「体」と「用」の対語がある。この表現は後代、朱子学で屢々用いたが、それ以前は仏教文献で用いることが主であった。島田虔次（一九六一）は、「体とは根本的なもの、第一性的なもの、用とは派生的、従属的、第二性的なもの、を相関的に意味すべく用いられている」として、「体用対挙の表現、もしくは論法は、一、すでに五・六世紀の交には、二、主として仏教関係の著作に明白に出現している」と論ずる。特に梁の武帝『立神明成仏義《りっしんめいじょうぶつぎ》記《き》』と沈績《しんせき》の注（共に僧祐『弘明集《ぐみょうしゅう》』巻九）の次の一節は注目に値する。

【『立神明成仏義記』】従って心の動きは明晰であり、その本体は迷妄を離れることができず、迷妄の心は〔正しいあり様を〕知らないから、それを無知と呼ぶ。一方、無知な〔心という〕本体の上に生起と消滅がある。生起と消滅は作用（はたらき）が別であるが、無知の心というものには変化がない。その〔心の〕作用が別であることを目の当たりにすると、心はその対象に従って消滅するのではないかと懸念されるので、「無知」という名の直後に「に止まる状態（住地）」という名を補足して〔意味を明らかに〕する。

故知識慮応明、体不免惑、惑慮不知、故曰無明。而無明体上、有生有滅。生滅是其異用、無明心義不改、将恐見其用異、便謂心随境滅、故継「無明」名下、加以「住地」之目。

【上記本文「生滅是其異用、無明心義不改」に対する沈績（武帝と同時代）の注】〔心という〕本体が存在するからにはその作用が存在する。作用を論ずることは本体〔を論ずること〕ではないし、本体を論ずることは作用〔を論ずること〕ではない。作用には変動があるけれども、本体が生じたり滅したりはしない。既に其の体有れば、便ち其の用有り。用を語るは体に非ず、体を論ずるは用に非ず。用には興廃有れども、体には生滅無し。

既有其体、便有其用。語用非体。論体非用。用有興廃。体無生滅。

（大正五二・五四中～下）

現代中国の学者には、体・用の起源を魏の玄学者王弼（二二六～四九）に求める者や鳩摩羅什の高弟僧肇《そうじょう》（約三七四～四一四頃）を体用論者と断ずる者がいるが、共に根拠に乏しく、斉・梁以前に体・用対挙の明証を求めるのは難しい。

体・用を対挙する語法の成立に関しては、島田氏が指摘しなかった斉から梁初にかかる重要文献がもう一つある。『大般涅槃経』に対する宋・斉・梁の諸注釈説を集成した『大般涅槃経集解』、特にそこに記録される宝亮の説であり、その詳細は本書第一篇第三章を参照されたい。宝亮説の成立は、『高僧伝』巻八の本伝の記述を参考とするならば、約五〇〇年頃と想定できる〔船山一九九六・六四頁〕。

体・用の対挙を示す宝亮説の例をここで二つだけ紹介すると次の通りである。

究極〔の真実〕と世俗〔の現実〕を述べると、その二つの本体は元来同一であり、作用が齟齬することはないけれども、〔心の〕暗闇が消えて世俗が尽き、虚偽〔のあり方〕が消えて究極〔の真実〕が現れると、〔すべてを〕煌々と照出するので、それ故に〔そのような境地に達した者を〕仏と呼ぶ。

談真俗、両体本同、用不相乖、而闇去俗尽、偽謝真彰、朗然洞照、故称為仏。〔大正三七・三七九上〕

「仏性は〔五〕陰や〔十八〕界や〔十二〕入のなかに宿るけれども、〔五〕陰〔や十八界や十二入〕に収まるものではない」という〔経文〕は以下のことを意味する。究極の真実と世俗の現実という二つは一緒に単一の精神という存在を形成して、世俗の側は常に〔五〕陰や〔十八〕界や〔十二〕入〔に収まる〕が、究極の本体は常に無作為である。究極の本体は無作為であるから、それは〔五〕陰のなかにあるけれども〔五〕陰に収まらない。本体の性質は変化しないけれども、作用が欠落することは一瞬とてない。作用が欠落しないから、〔仏性という本体が〕第一原因である。もしこの絶妙な本体を精神作用の本体であるとしなければ、「〔五〕陰や〔十八〕界や〔十二〕入のなかに宿るけれども、〔五〕陰に収まるものではない」と言えなくなってしまう。
従って理法として必ずそういうものなのだと分かる。

「仏性雖在陰・界・入中、而非陰所摂」者、真俗両諦、乃是共成一神明法、而俗辺恒陰・入・界、真体恒無為也。以真体無為故、雖在陰、而非陰所摂也。体性不動、而用無暫虧。以用無虧故、取為正因。若無此妙体為神用之本者、則不応言「雖在陰・入・界中、而非陰・入所摂」也。故知理致必爾也。　（大正三七・四六五上）

こうした宝亮説は、武帝『立神明成仏義記』より先に成立し、世代的にも一世代上の宝亮は、武帝の深い信任を得ていた。それ故、『大般涅槃経集解』の宝亮説は島田の主張を補強する。

体・用は、宝亮と武帝ともに「如来蔵《にょらいぞう》思想」と呼ばれる特殊な教理を基盤とし、心の構造を深層（長い間変わらずに存続する心の状態）と表層（瞬間ごとに移ろいゆく現象的な心）に分ける文脈で用いる点に特徴があるが、用語法がひとたび成立すると、様々な文脈で広く用いるようになった。梁の武帝が中大通五年（五三三）に行った御講における般若経題「摩訶《まか》般若《はんにゃ》波羅《はら》蜜《みつ》」の解説を示す次の一節は、体・用を経典の構造分析に適用する。

「摩訶 mahā」は、ここ中国の言葉で「偉大な」という意味である。「般若 prajñā」はここ中国の言葉で智慧という意味である。「波羅 pāra[m]」はここ中国の言葉で向こう岸という意味である。「蜜 (m)i」はここ中国の言葉で渡り行くという意味であり、到達するとも言う。すべてを翻訳すると、〔摩訶般若波羅蜜は〕大智慧度彼岸――偉大な智慧によって向こう岸に到達する――という意味である。……ここに四つの意義がある。一は特質の称賛、二は本体の明示、三は作用の弁別、四は根本の解明である。「偉大な」は特質の称賛であり、「智慧」は本体の明示であり、「到達する」は作用の弁別であり、「向こう岸」は根本の解明である。

摩訶此言大。般若此言智慧。波羅此言彼岸。蜜此言度、又云到。具語翻訳、云大智慧度彼岸。……此中有四意。一称徳、二出体、三弁用、四明宗。大是称徳、智慧是出体、度是弁用、彼岸是明宗。（大正五二・二三九上）

こうした分析法は、直後の時代に経典の一般的注釈法となり、科段による経典構造分析にも応用されるようになった。隋の吉蔵『涅槃経遊意』は経典の構造分析に「一大意、二宗旨、三釈名、四弁体、五明用、六料簡」（大正三八・二三〇中）という六観点を示す。これは体・用を経典の構造分析に用いる一般化の端的な例である。こうして南斉・梁初以前には用いられなかった体・用が、梁以後に一挙に、様々に用いられ、隋代には縦横無尽といってよい程に盛んに用いられた。この傾向は唐以降さらに強まり、体と用は朱子学の書にも取り入れられ、中国的思考を語る上で不可欠の表現形態となっていった。こうした傾向を最初に形成し、基礎付けたのが梁代の仏教なのであった。

四　綱要書『成実論大義記』

梁代学術仏教の特色を示す文献として、智蔵撰『成実論大義記《じょうじつろんたいぎき》』の大略を紹介する（詳細は本書第一篇第四章を参照）。

（一）『成実論大義記』の特色と構成

智蔵（四五八～五二二）は、梁代前期における仏教教理学の代表であり、梁の三大法師の一人に数えられる。三大法師とは開善寺智蔵、荘厳寺僧旻《しょうごんじそうみん》（四六七～五二七）、光宅寺法雲（四六七～五二九）である。智蔵と僧旻の著作は散佚して伝わらないが、前節に述べた通り、法雲『法華義記』は現存し、大正蔵に収められている。

智蔵『成実論大義記』は、鳩摩羅什訳『成実論』に対する一種の解説書である。ただし通常の「注釈」とか「注」

「疏」という語が示すような逐語的な注釈ではなく、内容全体を大摑みに解説した一種の綱要書である。残念ながら『成実論大義記』は散佚し、現存しないが、日本の平安時代の学僧、安澄《あんちょう》（七六三〜八一四）撰『中論疏記』などから五十条余りの佚文（すなわち散佚した『成実論大義記』からの逐語的な引用文）を回収することができる。『成実論大義記』は、教理学綱要書である。通常、経典や論書の注釈は、本文の語の順に従って、本文を短い単位で区切りながら意味を解説する。そのような形はしばしば「随文釈義――文ごとに意味を解説する」という言葉で呼ばれる。しかし『成実論大義記』はそのような通常の注釈とまったく異なる形式で書かれた、言わば綱要書であり、中国に特徴的な仏教綱要書の原形を窺い知ることのできる最早期の書である。

『成実論大義記』の構成に関する詳細は本書後掲第一篇第四章第五節「『成実論大義記』の特徴」（一）「構成」に示すこととし、今ここでは大略のみを確認しておきたい。鳩摩羅什訳『成実論』は二百二十品（章）から成り、問いを立ててそれに答えるという問答形式で論述が進む。二百二十品は、大づかみに五群に分かれる。すなわち序論的部分である「発聚」から始まり、それに続いて苦・集・滅・道の四聖諦を順に論題とする「苦諦聚」・「集諦聚」・「滅諦聚」・「道諦聚」が説かれるという順に計五群から構成されるのが『成実論』である。これに対して智蔵『成実論大義記』はまったく異なる論題と順序から成る。すなわち初巻には「序論縁起」（一種の総序）・「三三蔵義」（大乗など三種類の三蔵について）・「四諦義」を収める。第二〜第四巻は佚文を回収できぬため内容不明であるが、第五巻には「二聖行義」（空行と無我行について）・「四果義」（小乗修行の初果・二果・三果・阿羅漢果について）という論題が立てられる。その後、第十二巻までの内容も佚文からかなりの程度で復元することができる。その後、第十三巻には「十使義」（煩悩の種類とその除去法）と「見思義」（小乗の修行位である見道と修道について）を論ずる。その後の構成は佚文を回収できないため不明であるが、『成実論』本文の構成とまったく異なる論述順序を示すことが分かる。『成実論大義記』が『成実論』の思想内容を体系的に論述した書であることは間違いないが、その体裁が通常の注釈の「随文釈義」形式でないことは一目瞭然であり、注釈書の歴史における新たな展開を感じる。

この構成は、後の隋の浄影寺慧遠『大乗義章』などに繋がる教理学綱要書の先駆けでもある。『成実論大義記』は典型的な早期の事例として注目に値する。因みに上述の通り智蔵には『義林』八十巻という編纂もあった。『続高僧伝』巻一の僧伽婆羅伝に言及される内容によれば、『義林』は武帝が「開善智蔵に勅して衆経の理義を纘せしめ」た（大正五〇・四二六下）。さらに『歴代三宝紀』巻十一からは、経論の教理に関して「悉く録して相い従い、類を以て之《こ》れを聚む」という類書形式の体裁だったことが分かる（大正四九・一〇〇上）。要するに『義林』は教理学百科全書なのであった。智蔵が梁を代表する学僧として教理学の整備に努めた様子が窺われる。

（二）「三仮」という術語

以下に「三仮《さんけ》」という術語の形成史に焦点を当て、六朝仏教教理学の一端を例示してみたい。

三仮とは三種の仮象――仮の存在、現象的存在――を意味し、「因成仮《いんじょうけ》」「相続仮《そうぞく》」「相待仮《そうたい》」の三種を言う。それぞれを簡単に説明すると、「因成仮」は、例えば人間、机、本など、複数原因から構成された結果としての仮象であり、「縁成仮《えんじょうけ》」とも言う。「相続仮」は、例えば一生を通じて私を一人の人格と見る場合の「私」がこれに当たり、時間的連続体としての仮象である。「相待仮」は、例えば長短、大小、父子、君臣など、相対的な存在としての仮象を指す。この概念は六朝時代に中国で成立した。インド仏教にも基づく説が一部あるが、しかしこの三種の術語それ自体は中国起源である。このような三仮の説を端的に述べる記述は、隋の吉蔵『大乗玄論』巻一（大正四五・一八中）などに見られるから、隋頃には完全に確立し、様々に用いられたことが分かる。一方、時代を遡ると、「三仮」は鳩摩羅什訳『摩訶般若波羅蜜経』（大品経）巻二の「三仮品」という章名にそのまま見えるが、その実際の内容は異なり、「名仮施設《みょうけせせつ》」（名に関する仮象の設定）、「受仮施設」（詳細未詳）、「法仮施設」（事物に関する仮象の設定）の三種を指す（大正八・二三一上）。鳩摩羅什訳『大智度論《だいちど》』巻十二は「相待有《う》」「仮名《けみょう》有」「法有」を挙げる（大正二五・一四七下）。後代の「三仮」と比較すると、「相待有」（相対的存在）は「相待仮」に相当し、「仮名有」（諸原因の集合から成る名ばかりの存在）は「因成仮」に相当するけれども、「法有」（実体的存在）は「相続仮」に対応しない。鳩摩羅什訳『成実論』にはまた別な規定もある。すなわち巻二の法聚品では「相待有」（大正三二・二五二中）という語がある一方、巻十三の滅尽定品では「仮名は二種、一は因和合仮名《いんわごうけみょう》なり、二は法仮名なり」と言う（大正三二・三四五上）。以上をまとめると、鳩摩羅什訳には、吉蔵の挙げる「三仮」と完全に一致する語がないことが分かる。では「三仮」はいつどのようにできたのであろうか。

北涼の曇無讖訳『大般涅槃経』に「世法」に五種あると説く一節があり（南本大正一二・六八四下～六八五上）、そうした説を承けて『大般涅槃経集解』に収める僧亮の説では、その五種を「有衆分仮《うしゅぶんけ》」「相続仮」「相待仮」「法仮」「受仮」と命名し、それらを二諦《にたい》のうちの世諦《せたい》（世俗的存在）であると規定する（大正三七・四八八上）。僧亮説の年代は約四六〇年頃と推定される（船山一九九六・六三頁）。一方、その後、斉の時代の約四九〇年頃に成ったと推定される僧宗の説には、「相続仮」「因成仮」「相待仮」の三種と殆ど同じ語を用いた次の一節がある。

およそ諸存在には同じ〔性質〕と異なる〔性質〕がある。作られた存在（有為）は〔次の〕三種〔の性質〕が備わっている。その本体は恒常的でないから、〔作られた存在は〕時間的連続体としての仮象（相続仮）である。〔作られた存在には〕本来固有の性質がないから、ある限られた時だけ存在する諸原因から構成された仮象（有一時因成仮）である。相対的に名づけられるから、相対的に存在する仮象（有相待仮）である。

夫法有有同異。若是有為、則備三種。以其体無常故、是相続仮。以其無自性故、有一時因成仮也。相待得称故、有相待仮。

（『大般涅槃経集解』巻四十六、大正三七・五二三中）

ここで僧宗は作られた存在（有為）を三種に分類整理している。「有一時因成仮」は「因成仮」と基本的に同じであり、「有相待仮」は「相待仮」と同じと判断できるから、三種は出揃っているものの、それを「三仮」という語で呼称していない。また『大般涅槃経集解』の全体を通じ、僧亮は他の箇所でも「因成仮」「相待仮」を用いない。

僧宗より以前、五世紀中葉から後半の頃に中国で編纂されたと考えられている偽経の一つに『仁王般若経』がある。その巻上の菩薩教化品に「相続仮法」「相待」「縁成仮」という語を用いた一連の説明がある（大正八・八二八下）。ただしここでも、僧宗と同様に、それらを「三仮」とまとめる表現は見られない。なお、これとは別の文脈から、僧宗が『仁王経』を知っていた可能性が高いと推定される（船山一九九六・六五頁）。従って僧宗が『仁王経』菩薩教化品の説明を知っていた可能性は高い。以上より、南斉の約四九〇年頃の段階では「三仮」という術語の使用や「相続仮・相待仮・因成仮」の三種を一組とする語法を見出すことができない。では僧宗の次の世代による『涅槃経』注釈ではどうかと言うと、斉末梁初の約五〇〇年前後（船山一九九六・六四頁）と推定される宝亮の注釈においては、「縁成仮」と「相続仮」を対比的に用いる注釈（大正三七・五〇九上）、「因成仮名」を用いる注釈（大正三七・五五九下）がある。しかし『大般涅槃経集解』の全体を通じて「三仮」を用いた注釈は見出せない。

これに対し、梁の智蔵『成実論大義記』では「三仮」は既に確立していたことが、安澄の次の引用から分かる。『〔成実論〕大義記』第七巻の「仮名実法義（名ばかりの存在と真実在について）」に言う、「〔感覚器官の〕五種の〔感覚器官による〕認識対象・心・無作（無表業）の七存在が実在である。世俗の現実を検討するとこれら七存在のみが実在である。原因から構成されるもの・時間的に連続するもの・相対的なもの、この〔三種〕が名ばかりの存在である」云々と詳述される。

『大義記』第七巻仮名実法義中云、「五塵及心幷無作、此之七法、名為実法。検世諦有唯此七法也。因成・相続・相待、此云仮名」、乃至広説也。　（安澄『中論疏記』巻五本、大正六五・一〇九下）

このほか安澄の引用に、「案『大義記』第八巻二諦義中、因成仮・相続仮・相待仮、此謂三仮」（大正六五・一六下）もある。梁の頃に三仮という用語が仏教徒の間でよく知られていたことは、沈約《しんやく》の「仏記序《ぶっき(の)じょ》」（『広弘明集《こうぐみょうしゅう》』巻十五、大正五二・二〇一上）に「二諦三仮之淵曠」という三仮を用いた句があることから確実であろう。

右に言及した諸師の注釈年代をもう一度整理すると、僧亮説は四六〇年頃、僧宗説は四九〇年頃、宝亮説は五〇〇年頃である（船山一九九六・六三〜六四頁）。そして偽経『仁王般若経』に関して推定される編纂年代は、幅を見積もっても約四五〇〜四八〇年頃に収まる（船山一九九六・七〇〜七四頁、二〇一七a・一八頁）。一方、智蔵の年代は四五八〜五二二年であり、宝亮の次世代に属するから、『成実論大義記』の年代も同時期に収まる。僧宗と宝亮の説に三仮に相当するものが部分的に前提とされているけれども「三仮」の概念それ自体が明瞭に確立していなかったのに対して、智蔵『成実論大義記』には「三仮」が明確に確立していることに鑑みれば、「三仮」という概念が中国で確立したのは恐らく南朝であり、時期は五〇〇年代初頭であったと限定して大過はあるまい。そしてこの流れがその後も継続的に展開し、吉蔵の著作から知られるように「三仮」は隋以降には完全に確立するに至った。

以上、「三仮」成立過程の概観を通じて六朝隋唐仏教史において『成実論大義記』の占める位置が重要であることの一端を例示した。なお関連する議論として本篇後述第四章第五節（三）「三仮」も併せて参照されたい。

五　仏教図書館を表す語

最後に、仏教経典の文言を、記憶ではなく、書かれた文献として集積し保管する建築施設という観点から、仏書を収める図書館に関する要点を押さえておきたい。結論を一部先取りする形になるが、仏教図書館を意味する語としては「経蔵《きょうぞう》」「経台《きょうだい》」「般若台《はんにゃだい》」（波若《はにゃ》台も同じ）が南朝で用いられた。以下にその用例を具体的に検討する。

（一）「経蔵」

梁の僧祐『出三蔵記集』巻十二の「法苑雑縁原始集《ほうおんぞうえんげんししゅう》」経蔵正斎集巻第十に、次のような記事の題名が著録される。

定林上寺建般若台大雲邑造経蔵記第一
定林上寺大尉臨川王造鎮経蔵記第二
建初寺立波若台経蔵記第三
……下略……
（大正五五・九二下）

残念ながら本文が失われているため、実際の内容と照らし合わせて理解するわけにはゆかないが、題名だけからでもある程度の情報は得ることができる。今の場合、「経蔵」という語が広い意味での仏教図書館を表していると考えられる。右の三行中、第二と第三は比較的分かりやすい。まず第二は「定林上寺に大尉臨川王が経蔵を造鎮した記録」という意味で、大尉臨川王とは恐らく梁武帝の弟の蕭宏であろう。第三は「建初寺に波若台経蔵を建立した記録」という意味であろう。波若台経蔵という経蔵名、あるいは般若台という名の施設に置かれた経蔵の意に理解したいが、般若台と経蔵が別の可能性も残る。

これに対して第一は意味が取りにくい。これについて饒宗頤《じょうそうい》（一九九七／二〇一四）は「般若台大雲邑経蔵」を一つの長い経蔵名とみなし、それは南斉の定林上寺に所属していたという理解を示す。しかし途中の「造」字の存在を無視する、あるいは衍字とみなす点で、氏の解釈には問題がある。「建…造…」の二動詞を素朴に読むと、「定林上寺に般若台を建て、大雲邑に経蔵を造るの記」とよむ可能性が考えられる。[8] 通常、「造経蔵」とあれば「経蔵を造る」としか読めない。大雲邑が何かはまったく不明だが、同じ法苑雑縁原始集には「京師諸邑造弥勒像三会記」（「京師諸邑に弥勒像三会するを造るの記」か。大正五五・九二中）と、「邑」「造」を用いる言い回しがある。以上の点は解決し難いため、後考を待つ。「般若台」が一種の経蔵を表示し得る点は後述する。

第一の記事を正確にどう読むべきかに問題は残るにせよ、定林上寺に何らかの仏教図書館があったことを述べているのは確かである。そして定林上寺の経蔵とは、ほかならぬ僧祐が『出三蔵記集』の編纂に用いた仏書の所蔵場所であった。広く知られる『梁書』巻五十の劉勰《りゅうきょう》伝によれば、定林寺の経蔵の設立は篤信の在家、劉勰（四六五～五二一）の手にかかる。彼は僧祐（四四五～五一八）のもとに身を寄せて仏学に打ち込んだという。

劉勰は幼くして父なき孤児であったが、厚い情熱心で学問を好んだ。実家は窮乏していたので妻を娶らなかった。沙門の僧祐に師事して僧祐と生活を共にし、それを十年以上も続けた結果、経典や論書に広く通達する理解を得たので、そこで仏典の種別を分類し、それを記録に残した。現在の定林寺の経蔵〔の分類法〕は劉勰が策定した。

勰早孤、篤志好学、家貧不婚娶、依沙門僧祐、与之居処、積十余年、遂博通経論、因区別部類、録而序之。今定林寺経蔵、勰所定也。

ここに述べる「部類を区別して録」した仏典目録とは、ほかならぬ『出三蔵記集』であり、その編纂を劉勰は実質的に支えたと考えられる（興膳一九八二）。ただし劉勰が定めた経蔵と、上述した同寺院の別の記事「定林上寺大尉臨川王造鎮経蔵記第二」との具体的関係は不明である。

なお「経蔵」への言及は、『高僧伝』巻十一の僧祐伝などにもある。また、南朝宋の時代、丹陽郡の仏窟寺に経蔵が存在し、「七蔵経書」（七つの経蔵、大正蔵「七蔵経画」は誤植！）があり、仏経道書その他が収められていたという記事が『続高僧伝』習禅篇六之余の法融《ほうゆう》伝にある（大正五〇・六〇四中）。

さらに、梁の元帝蕭繹『金楼子』聚書篇に「又た長沙寺の経蔵に於いて、哀公に就きて写して四部を得たり」とあることから、荊州の長沙寺にも立派な経蔵があったことが知られる(9)。

（二）華林園の経蔵

梁の時代、経蔵は仏寺だけにあったのではない。建康の台城（宮城）のなかにある華林園の宝雲殿にも経蔵が置かれたことが、『続高僧伝』巻一の宝唱伝の「華林園宝雲経蔵」への言及から分かる（大正五〇・四二六下）。華林園の宝雲殿は「華林仏殿」ともいう。天監十七年（五一八）、宝唱は武帝の勅を受けてその目録『梁世衆経目録』（華林仏殿衆経目録とも）四巻を編纂した（『歴代三宝紀』巻十一、大正四九・九四中。『同』巻十五、大正四九・一二六中。『隋書』経籍志。Chen J 2007: 18-22）。

（三）「経台」

時代を遡ると、宋初に「経台」が存在していたことが、謝霊運（三八五～四三三）「山居賦」の一節から分かる。

南方の峰に対面する形で経台（経典所蔵庫）を建立し、北方の丘に向かう所に講堂（講義場）を建造した。切り立つ峰に沿うように禅室（坐禅専用の建物）を建立し、川の深い流れの前に僧坊（僧侶の住居）を作った。

面南嶺、建経台、倚北阜、築講堂。傍危峯、立禅室、臨浚流、列僧房。（『宋書』巻六十七の謝霊運伝）

謝霊運の隠棲時代（四二三～二五）の作とされる「山居賦」は、自らが設けた石壁精舎の様子を描写する（森野二〇〇三・一七八頁）。右の一節は仏寺を構成するものとして経台・講堂・禅室・僧坊の四に言及する。特に経台は講堂と対で用いられ、それは経を納める建物の類いを指すのが分かる。

類例として、失訳『舎利《しゃり》弗問経《ほつもんぎょう》』も興味深い。インドのアショーカ王の孫であった弗沙蜜多羅（プシュヤミトラ）の時代、仏塔を破壊し「経台」を「焼」こうとしたが、経典は弥勒菩薩の神通力でトゥシタ天に移され焼失を免れたという内容を示す次の一節がある。

さらに経台（経典収蔵庫）を燃やそうとした。火が燃え始めると、たちまち経典に炎は及んだ。弥勒菩薩（マイトレーヤ）は神通力によって我が経や律を携え、〔自らの住処である〕兜率天（トゥシタ天）に飛昇した。

次焼経台、火始就然、飇炎及経。弥勒菩薩、以神通力、接我経律、上兜率天。……（大正二四・九〇〇中）

これは経典における描写であるから、これをそのまま素朴に受けとれば、紀元前、アショーカ王の孫の時代に経典は経台に保管され、火をつければ燃えるような媒体に書写されたものだったことになる。これは、インドで仏典の書写が実際に行われたのは早くとも西暦紀元前後であるという歴史的事実と齟齬をきたす。しかし本経は、実は純然たる翻訳ではなく、法顕の帰国後、法顕の情報を知った何者かが中国で編集した経典と考えられる（船山二〇〇七c・一〇六頁）。それ故、右の一節は、紀元前のインドに経台が実在したことを告げるものではなく、中国人がインドのイメージを表出したものと解すべきである。すなわち本経編纂当時の恐らく五世紀頃の中国で「経台」の語が広く認知され、用いられていたことを反映すると考えるのが妥当である。

時代は下るが、『続高僧伝』巻九の隋の荊州の等界《とうかい》寺の釈法安伝の一節も経台が建築施設だったことを示す。

〔法安は〕享年六十五で等界寺にて卒した。寺は私洲にあり、西には沙洲があった。等界寺は劉虯《りゅうきゅう》が『法華経』に注釈した所であった。今も経台の基礎が一部残っている。

春秋六十五、終於等界寺。寺在私洲之上、西望沙洲、即劉虯注『法華』之地、今経台余基尚在。（大正五〇・四九三下）

劉虯（四三八～九五）は、南斉の著名な仏教徒であり、「無量義経序」の作者として知られ、そして恐らくは『無量義経』それ自体を作成した人でもあったかと考えられる（横超一九五四）。彼の法華経注釈は「注法華経十巻」として『大唐内典録』に著録されている（大正五五・二六三下）。引用した右の一節は、その注釈を作成した場所に、「経台」の土台が当時残存していたと述べているから、この経台も一種の仏教図書館を示すに違いない。「経台」の「台」が図書館を意味する傍証として、漢代の「蘭台」が宮廷図書館を指すことも指摘しておきたい。

（四）「般若台」

一般に「般若台」と言うと廬山の般若台精舎（『高僧伝』巻六の慧遠伝）が有名であろう[10]。しかしその一方で、何らかの経典保管場所を示すと思われる「般若台」の用例もある。上掲「定林上寺建般若台大雲邑造経蔵記第一」「建初寺立波若台経蔵記第二」における「般若台」「波若台」がそれである。これは智慧の台ということであって、智慧とは仏智を表す経典だと解釈するなら、経蔵との繋がりを理解できる。般若とは般若経のことだと限定的に解釈するのは的外れである。経蔵が般若経のみと関係することはあり得ないからである。般若台は経典を収める台、すなわち経台の意にとることが十分可能である。さらに、『名僧伝』第十六の曇斌《どんぴん》伝（『名僧伝抄』所収）には、「後、四層寺に於いて中食《ちゅうじき》し竟《おわ》って、般若台に登り、読経するも、倦みて臥し、夢に一人を見たり」云云の一節がある。文脈から判断すると、この般若台は、そこで読経できるような高殿であるから、断定は憚られるが、経台とも解釈できる。ただ、般若台精舎の例もあるので、般若台は必ず経台を意味すると断ずるのは勿論不適切である。

（五）「大蔵経」・「一切経」・「衆経」

仏教図書館に保管した仏書一式を梁代の人々は何と呼んでいたか。現代なら「大蔵経」という呼称が最も一般的である。「大蔵経」はインド起源の訳語ではなく中国で成立した語だが、現在のところ、初出や初期の用例に不明の点が多い。六朝時代における用例は確認されておらず、唐代の頃までに成立したことは確かである。[11] このほか、現在も頻繁に用いる呼称に「一切経」があり、隋唐以前から用いられたが、現在確認されている初出は南朝でなく北朝である。すなわち北魏の太和三年（四七九）に一切経を十部書写した記録がある（竺沙二〇〇〇ａｂ）。ここに「一切経」という言い方が北朝で行われていたことが分かる。

同じ頃の南朝には「一切経」の用例を見出せない。類似表現に「三蔵経」があるが、書写・収蔵すべき大蔵経や一切経の同義語として用いる例はない如くである。では六世紀前半の南朝の呼称は何かと言えば、「衆経」が最も一般的だったと考えられる。[12] 一切経目録の類いを表す梁代の名称に、上述の通り、宝唱「梁世衆経目録（華林仏殿衆経目録とも）」四巻があるが、経録における「衆経」の使用は釈道安『綜理衆経目録』以来の伝統であろう。写経跋文等の史料としては、鳩摩羅什訳『摩訶般若波羅蜜経』巻十五の末に「〔天監十一年〕壬辰歳」（五一二）に江州刺史建安王蕭偉が「衆経一千巻を敬造」した記録がある（大正八・三三四下、池田温一九九〇・一〇二頁）。

結

本章は、中国における学術仏教の特徴を概観する試みとして、梁の時代に焦点を当て、特に四点に注目した。第一に、南朝宋後半（五世紀後半）以降、訳経事業が急激に停滞した結果、斉から梁にかかる時期には、訳経に代替する活発な仏教活動として、既存の漢訳仏典の内容を整理する大型の仏書が複数編纂されたことである。第二に、知のインプット面と絡む経典読誦の方法として、転読と梵唄が盛んに行われたが、それと関係する学術的要素として、仏教における音義の作成が実質的に梁代まで遡れることに注目した。すなわち『出要律儀』に収める音義がそれであった。第三に、後に唐代の注釈文献に知られるような仏典の注釈と解説方法の祖型を形成した時期として、梁代の学問仏教は注目される。注釈学の成立は仏教の学術的受容の基盤である。本章では特に梁代注釈学の特徴を伝える『大般涅槃経集解』と智蔵の教理綱要書『成実論大義記』に注目した。第四に、「経蔵」ないし「経台」「般若台」と呼ばれる仏教図書館が作成されたことも学術仏教の基盤形成上、ある一定の役割を果たしたであろうことを指摘した。ただし本章に指摘した事柄のなかには、梁から始まったのではなく、以前の時代からあったものもある。筆者の意図は、前から存在したものも含めて諸事象が有機的に繋がり、後代に影響を与えるような形に統合を果たした時代として、梁代の学術仏教をとらえ、その意義を評価したいということである。

南朝の場合、仏教を手厚く保護した皇帝と言えば、宋の文帝と梁の武帝を挙げることができよう。この二人のうち、宋の文帝は、次々と到来する外国人僧によって主導された訳経事業に相当の財力を注いだ。対するに、訳経が停滞した時代に篤信の仏教徒として活動した梁の武帝の時代は、既存の漢訳を用いて教理その他の内容を整理することに意を注いだと対比し得る。とりわけ百巻以上の編纂物は一個人の知識や労力では処理しきれないところがあったと考えられるから、国家的規模の支援が果たした役割は大きかったはずである。

あらためて言うまでもないが、隋唐に開花するような後代の展開と比較する時、斉・梁時代には存在していなかった要素も多い。斉・梁仏教で重視された経典が何であったかと言えば、細かな考証は省くが、スートラにおいては、曇無讖訳『大般涅槃経』『菩薩地持《ぼさつじじ》経』、鳩摩羅什訳『法華経』『維摩経』『大品《だいぼん》般若経』『金剛般若経』、求那跋陀羅訳『勝鬘《しょうまん》経』、呉の支謙《しけん》訳『太子瑞応本起《たいしずいおうほんぎ》経』、呉の維祇難《いぎなん》等訳『法句《ほっく》経』、西晋の法炬《ほうこ》・法立《ほうりゅう》共訳『法句譬喩経』などであった。要するに基本的な大小乗経典の諸要素、特に原始大乗経典や、空思想・如来蔵思想を説く大乗経典は、梁代にほとんどすべて出そろっていた。

中国の中観派とも言うべき三論の学については、梁代には後の吉蔵のような発展にはまだ至らなかったが、『中《ちゅう》論』『百論』『十二門論』の三論書は出そろっていた。四論とする場合に加える『大智度論』も既に重視され、相当深く研究されていた。三論学の祖の一人である僧朗《そうろう》も梁の武帝に重んぜられた（『高僧伝』巻八の法度《ほうど》伝に付す僧朗伝、陳の江総《こうそう》「摂山棲霞寺碑《しょうざんせいかじひ》」）。また「三論」という語は、インド仏教に存在せず、中国で成立したものであるが、既に『高僧伝』義解篇の一部である巻七〜八に複数の用例があるから、梁代に三論という括りが成立していたのが分かる。あるいはさらに遡って鳩摩羅什の弟子たちの間で夙に形成されていた可能性もある。[13] しかし一方、例えば北朝の地論宗や陳の真諦と摂論宗を経て隋唐に開花する唯識学（法相学）の萌芽を梁に見ることはできないし、同様に、天台、密教、華厳、禅なども梁代にはまだ存在していなかった。また、論書としては、鳩摩羅什訳『成実論』と『大智度論』が重要であったほか、『阿毘曇心論』『雑阿毘曇心論』『阿毘曇毘婆沙』などの毘曇（アビダルマ）もかなりの程度で研究された。つまり唐代の倶舎学に相当するものは、梁代には『成実論』や毘曇諸論書を通じて行われていたが、『倶舎論』そのものの訳出は陳の真諦と唐の玄奘を待たねばならなかった。

このように、後代に重要となるいくつかの要素が梁代になかったのは確かであるが、一方で、インドと一線を画す中国特有の経典解釈法や、仏書の集積基地としての経蔵、目録、音義など、中国仏教を構成する重要な要素の幾つかが梁代に成立していたことは、梁代の仏教が中国的な仏教受容の基礎形成に大いに寄与したことを物語る。

注

（1）梁代文学活動における編纂書の意義を包括的に論じる最新の研究としてTian（2007）参照。同書は仏書への目配りが手薄であるが、同書に示された視座に従って梁代の仏書編纂活動を文学活動との関係から考慮するのも役立つであろう。本章で指摘するように、大型仏書の編纂活動は梁代に開始したのではなく、南斉、さらに遡って南朝宋後半以来の流れを受ける点も看過できない。この意味で、仏書編纂活動を文学書の編纂活動よりも先行する動向として位置付けることは可能である。

（2）転読と梵唄で名を馳せた僧は、『高僧伝』巻十二の誦経篇と巻十三の経師篇に立伝される。経師篇の各伝を見ると、転読や梵唄が宋の孝武帝の時代以降（つまり五世紀後半に）俄に再流行したことが窺える。このことは、転読や梵唄が斎会（仏教儀礼）の流行と密接な関わりのもとに行われたことを示す。転読に関する近年の論考として船山（二〇一五）参照。

（3）撰者が宝唱であることについては小野玄妙（一九三一）参照。近年、本書をドイツ語訳したChen Ch（2004）や英訳したVira / Yamamoto（2007）もある（しかしこの英訳には問題が多い）。Pinte（2012）は『翻梵語』はサンスクリット語の理解に誤りを含むと指摘する。

（4）『出要律儀』については船山（二〇〇九・九七～九八頁）（二〇一三a・一八九～一九一頁）をあわせて参照されたい。

（5）『出要律儀』の巻数については、本文に言及した『続高僧伝』法超伝は十四巻とするが、経録では二十巻、二十二巻などとする異なる記述もある。『大唐内典録』巻十に「出要律儀〈二十巻幷びに翻梵言三巻〉」（大正五五・三三一中）とあるのは興味深い。ここから、本文二十巻のほかに「翻梵言三巻」なるものが付されていたことが分かる。

（6）因みに中国との対比という意味合いで、インド仏教の注釈に触れておくと、インド成立のスートラの注釈の場合、注釈中に経の本文がすべて含まれるということはない。しかしスートラでなく論書の場合であれば、その論書の作者が自注を施す場合はこの限りではなく、散文形式の注釈が韻文形式の本文をすべて含むことがある。

（7）チベットの sa bcad が中国仏教起源である可能性を指摘する研究として、Steinkellner（1989: 235）, Schoening（1996: 119-120 ——上記 Steinkellner 説を追認）, Verhagen（2005: 195 —— Steinkellner 説に言及せずに同様の可能性を独自に指摘）を参照。

（8）この推定と同じ解釈が劉淑芬（二〇〇九・二二四頁）に示されている。女史は問題の一節を「定林上寺建般若台、大雲邑造経蔵記第一」と区切り、「大雲邑」は仏教社邑の名であろうと指摘し、さらにこれと関連する興味深い推測を試みる。

（9）六朝時代の経蔵に関する概説として湯用彤（一九三八・五九三頁）も参照。ただ氏が南斉の経蔵として「大雲邑経蔵」のみを挙げ、それと定林上寺や般若台との関係を説明しないのは不可解である。

（10）廬山の般若台精舎という寺名の「般若台」が何を意味するか、管見による限り資料が不十分で判然としない。『高僧伝』巻六の慧遠伝によれば、般若台精舎は廬山の北部に位置する寺であり、阿弥陀仏が祀られていた（大正五〇・三五八下。吉川・船山二〇〇九b・二一〇頁）。さらに『同』巻一の僧伽提婆伝によれば、東晋の僧伽提婆が仏典漢訳のために滞在した寺でもあった（大正五〇・三二九上。吉川・船山二〇〇九a・一一三頁）。同じ寺名を、僧祐『出三蔵記集』巻十三の僧伽提婆伝は「波若台」と記すから（大正五五・九九下）、「般若台」とも「波若台」とも呼ばれたことが分かる。あくまで後代の史料であるが、陳舜兪『廬山記』巻二は、廬山の隆教院に触れて「〔隆教院は〕般若峯の頂に在り。旧名は般若台なり」（大正五一・一〇三三a）と説明する。これに依るならば、般若台は般若峰の頂にある台という意味になるのであろうか。『廬山記』巻三の記す「般若台隆教院」（大正五一・一〇三八上）も同じ場所であろう。以上については後考を待つ。

(11)　方広錩（二〇〇六・三～四頁）参照。方は、隋の天台智者大師智顗（五三八～九七）の伝として智顗の直弟子であった灌頂（五六一～六三二）が編纂した『隋天台智者大師別伝』の末尾に「大師の造る所の有為の功徳は、造寺三十六所、大蔵経十五蔵、親手ら度せし僧一万四千余人、造りし栴檀・金銅・素画の像八十万軀、伝〔法〕の弟子三十二人なり。法を得て自ら行うものは称《あ》げて数うべからず」（大正五〇・一九七下）とあるのに注目し、「大蔵経」の語は隋代に既に存在した可能性を論ずる。その一方で、右の一節が伝の末尾に「銑法師」の言葉とされていることにも注意し、「銑法師」が誰かを確定できない限りは「大蔵経」の語が隋代に存在していたと断定できないと結ぶ。このように方広錩は「銑法師」を特定できなかったが、私見によれば、「銑法師」が天台系であり、智顗以後であることを考慮すれば、それが誰か自ずと特定できる。すなわち賛寧撰『宋高僧伝』巻五に立伝される「唐の銭塘の天竺寺の法銑」（七一八～七八、法詵とも法銓とも）である。『梵網経菩薩戒疏』二巻の撰者として著名である。従って方氏の着目した「大蔵経」の用例は八世紀後半にまで下る後代の補足であり、「大蔵経」の初出と無関係である。現在のところ、「大蔵」ないし「大蔵経」が六世紀前半に使われていたのは確かだが、初出の特定までには至っていない。

(12)　このほか、すべての経典という意味で用いる「一切経蔵」という語例が『賢愚経』（大正四・四四二中）と『摩訶摩耶経』（大正一二・一〇一四上）にあるが、仏書の目録とは直接的に結び付かないので、「一切経」の起源とは切り離して理解すべきである。

(13)　「三論」の用例は、吉川・船山（二〇一〇b）書名索引の「三論」を見よ。「三論」が鳩摩羅什門下の弟子達の間で早くも形成されていた可能性もあることについては、吉川・船山（二〇一〇a・七三頁注一）を見よ。

第二章　体用思想の始まり

一　島田虔次説

中国的思弁を代表する用語の一つに「体用」があり、最初期の用例が劉勰『文心雕龍』徴聖と梁の武帝『立神明成仏義記』（『弘明集』巻九）に認められることを始めて指摘したのは島田虔次（一九六一）であった。島田説は中国思想史（池田秀三一九九〇、土田二〇〇一）と仏教学（柏木一九七九、竹村一九八五）の双方に承認され、今に至る。本章は先学の研究に従い、最初期の体用の用例について補足を試みる。

島田は「体とは根本的なもの、第一性的なもの、用とは派生的、従属的、第二性的なもの、を相関的に意味すべく用いられている」として、「体用対挙の表現、もしくは論法は、一、すでに五、六世紀の交には、二、主として仏教関係の著作に明白に出現している」と論ずる（一九六一・四二九頁）。確かにこの頃を境に、それ以後の文献には体と用を用いた表現が俄に用いられるようになる。そして南朝のみならず、菩提流支『金剛仙論』（竹村一九八五・一一四頁）や浄影寺慧遠『大乗義章』など北朝の文献にも使用され、また、六朝末に成った『大乗起信論』――その成立論は今敢えて不問に付す――には「体大」「相大」「用大」という体相用の説が登場し、その結果、体・用の二項ないし体・相・用の三項は、隋の吉蔵の頃迄に縦横無尽といってよいほど頻繁に使用されるに至った。

体・用の対挙はひとたび成立するや、本来の文脈を越え、瞬く間に種々の文脈に適用された。一例を挙げれば、吉蔵『涅槃経遊意』は経の構造を分析する手段として「一、大意。二、宗旨。三、釈名。四、弁体。五、明用。六、料簡」という六つの観点を設ける（大正三八・二三〇中）。ここに体・用が「体を弁ず」「用を明かす」という形で注釈や論書の体例にも影響を及ぼしたことが分かる。吉蔵より以前、同様の表現は中大通五年（五三三）における武帝の御講録（『広弘明集』巻十九）に確認される。すなわち経題「摩訶般若波羅蜜」を分析し、それぞれの音訳を摩訶は大なり、般若は智慧なり、波羅は彼岸なり、蜜は度なりと説明した上で、題名に「一、称徳。二、出体。三、弁用。四、明宗」の四義を当て、それぞれ「大是称徳、智慧是出体、度是弁用、彼岸是明宗」と解説する（大正五二・二三九上）。ここで「体」は般若の智慧を、「用」は般若の持つ度脱せしめるはたらきを意味することが示される。こうしたスタイルをさらに遡れば、いわゆる梁の三大法師の一人である法雲の『法華義記』を挙げ得る。法雲は方便品第二の内容を「釈名義第一、覈明体相第二、明名有通別第三、明用有興廃第四、釈会五時経故弁二智不同第五」という視点から分析する（大正三三・五九二中、菅野一九九六・一三一頁）。『法華義記』の厳密な成書年は分からないが（菅野一九九六・二〇頁）、法雲（四六七～五二九）が武帝の仏教理解、とりわけ神不滅論の系譜上にある『立神明成仏義記』の成立と結び付くのは疑いない。というのも、『続高僧伝』巻五の法雲伝によれば、范縝『神滅論』の後、武帝は勅命をもって法雲の返答を請うと共に、法雲を通じて臣下に返答を求めた（大正五〇・四六四中）。その具体的様子を記すのが『弘明集』巻十『大梁皇帝勅答臣下神滅論』だった。

二　神不滅論と如来蔵思想

島田説が特に注目したのは梁の武帝『立神明成仏義記』であった。その成書は凡そ天監六年（五〇七）頃だったと推定されている（諏訪一九八二／九七・二九頁）。武帝のこの論は、東晋の廬山の慧遠（三三四～四一六）より連綿と続いた非仏教徒の神滅論と仏教徒の神不滅論の論争の上に位置付けることができる。

インド仏教では生きものの精神を、すべて瞬間的に生滅を繰り返し、永続的ではあり得ないとみなす。それがいわゆる「刹那滅」の理論である。それ故、インドの伝統宗教が是認するような永遠不滅の個我であるアートマン ātman の存在を決して肯定しない。しかし事物や精神の瞬間々々の因果関係としてカルマ karman（業）の理論を保持し、瞬間的に生滅する心は現世で生きている間も、死後もずっと続いていくと考える。要するに永遠不滅の恒久的な心は決して認めないが、瞬間ごとに生滅を繰り返す心が連綿と続き、死後も断絶しないという意味において、「神不滅論」すなわち心は不滅である――瞬間的な心が死後も断滅せずに続く――という理論を主張する。これが東晋末の慧遠や南朝宋に時代に主張された仏教の神不滅論であるが、この流れの上にさらに精緻な理論が展開された。それは北涼の曇無讖（三八五～四三三）の訳した『大般涅槃経』の登場を転機とした。『大般涅槃経』の漢訳は四二一年に完成し、その後約十年を経た四三〇～三一年頃に、南朝の都の建康に伝来し、絶大な影響を与えた（湯用彤一九三八・六〇六頁、塚本善隆一九六四／七五・九二頁）。

曇無讖訳『大般涅槃経』は、如来蔵思想という考えを強く打ち出した新たな大乗経典であった。如来蔵は、すべて生きもの（衆生）は将来に仏と成る潜在力を秘めているという思想である。それを最も的確に言い表す言葉が

「一切衆生悉有仏性《いっさいしゅじょうしつうぶっしょう》――すべて生きものは仏の素質をもつ」であった。この思想は大乗のなかでも比較的遅れて生じた新たな思想だった。例えば曇無讖の直前に活躍した有名な鳩摩羅什（四〇九頃卒）は如来蔵説をまったく知らなかった（本篇第一章第一節（二）参照）。

『大般涅槃経』の如来蔵思想は、その直後に漢訳された別の諸経典によってさらに補強された。その端的な例は南朝宋の求那跋陀羅（三九四～四六八）が訳した『勝鬘経』であった。とりわけ『勝鬘経』の説く煩悩（迷い）の教説のうち、生きものの心の最も深層に位置するがために最も除去し難い煩悩を「無明住地《むみょうじゅうじ》の煩悩――根本的無知にとどまる煩悩」と言い、この語は梁の武帝『立神明成仏義記』でもはっきりと用いられている。『立神明成仏義記』の思想が神不滅論を基盤とし、さらに如来蔵思想を取り入れたものだったことがここから分かる。

体・用の対挙を明示する最早期の文献に武帝『立神明成仏義記』があるということは、体・用を対にする表現が、一切衆生の迷いの心を悟りの心に転化する過程を説き示す理論と不可分の関係にあること、を我々に告げている。この点は、島田論文に明らかに説かれていないが、南朝仏教思想史の形成から見て間違いない。ごく単純化して言うと、瞬間ごとに生滅を繰り返す心の現象面を「用――はたらき」と称し、生滅を経ながらも絶えず連続してゆく奥底にある悟りの潜在的可能性を維持する心の不変の根幹を「体――根本・本体」と言い表している。

このように死後の輪廻転生を是認する神不滅論は、人の心は確かに刹那滅を繰り返すけれども、そうした変化を越えて死後も続いてゆく、それ故にこそ、人は本来から有していた悟りの可能性を実現できると考える。

三　体・用と漢訳仏典

前節では、中国における体・用の対挙は五〇〇年頃に仏教の如来蔵説・仏性説と神不滅論を合わせて論ずる文脈から発生したと考えられることを指摘した。体・用を使い始めた最早期の仏教僧に法雲がいることも指摘した。では、このような体・用対挙は中国思想から発生したのだろうか。それとも漢訳経典を介するインド起源の訳語と考えるべきだろうか。

体・用の使用が漢訳仏典の語例を起源とすると仮定した場合、その漢訳仏典を同定する必要が生じる。体用説の源となった漢訳仏典を特定するための一段階として、唐の玄奘訳などの用例を調査することは意味がない。確かに玄奘訳には体・用等の訳語が認められる。一例を挙げれば、玄奘訳『阿毘達磨順正理論』には、体・用や自体・用を対比的に用いる訳例がある（大正二九・三五五中）。しかしそれは中国仏教において体・用を使い始めた時期より二五〇年ほど後であるから、玄奘訳から体・用のインド起源を論じるのは本末転倒である。

真諦訳として大蔵経に収める『大乗起信論』の「体大」「相大」「用大」の三項目（大正三二・五七五下）から体・用対挙の起源を論ずることも無益である。『大乗起信論』の登場より以前に体・用を対挙する文献が既に存在しているからである。そもそも『大乗起信論』が本当にインド語文献の逐語的漢訳かという点も大きな問題である。

同様に、体・用を対とする訳例が、北朝仏教文献の場合、北魏の菩提流支『金剛仙論』に繰り返し登場することや、曇鸞『浄土論註』（大正四〇・八四一中）にあること、さらに南朝漢訳仏典の場合、真諦訳『十八空論』（大正三一・八六一上）や同訳『顕識論』の夾注（大正三一・八八〇中）にあることを指摘可能であるが、これらはいずれも法雲より後の訳本ないし撰述であるから、インド起源説検討の参考とはならない。体・用対挙がインド起源である可能性を検討するには、五〇〇年以前の漢訳に体と用の対にする訳例があるかどうかを精査すべきである。

竹村（一九八五・一一二〜一一三頁）は、『大乗起信論』の体・相・用はサンスクリット語原典『楞伽経

(*Laṅkāvatāra-sūtra*)』第二章一七九偈前半 "nāhaṃ nirvāmi bhāvena kriyayā lakṣaṇena ca /" に対応する可能性を記し、「体」の原語はブㇵーヴァ（bhāva 事物、モノ）であり、「相」の原語はラクシャナ（lakṣaṇa 特徴、特性）であり、「用」の原語はクリヤー（kriyā 作用、動作、はたらき）であると主張する。これは傾聴すべき指摘である。そして「体・相・用の原語は、bhāva, lakṣaṇa, kriyā に比定することが妥当であろう」と言う。しかし同時に、問題も大きい。第一の問題として、竹村の指摘するのは『楞伽経』原典の一箇所のみであり、それをもって体・相・用ないし体・用のすべての用例の原語を比定するのは論証過程に飛躍が大き過ぎ、俄に納得することはできない。氏も自覚している通り、そもそも語の文脈と意味がまったく異なる。従ってこれが本当に対応するのか、体・用の源泉なのかどうかは疑いを払拭できない。注目すべき事例であるのは間違いないが、『楞伽経』の例は偶々類似の三項が示されただけかも知れないし、他の原語比定を排除する根拠も乏しい。

さらに『楞伽経』の漢訳語も問題である。対応する偈は、南朝宋の求那跋陀羅訳『楞伽阿跋多羅宝経』では「我不涅槃性、所作及与相」（大正一六・四九六中）である。語の対応のみを言えば、「性」は bhāva の訳、「所作」は kriyā の訳、「相」は lakṣaṇa の訳と決めることはできるが、「性」に問題があって読解困難であるし、何よりも「性」「相」「所作」は「体」「相」「用」とも「体」「相」とも異なるから、訳語として漢語レベルで繋がりを見出すことができない。また、別訳である北魏の菩提流支訳『入楞伽経』の訳出は、『歴代三宝紀』巻九によれば延昌二年（五一三）であるから体・用を用いる武帝『立神明成仏義記』よりもさらに後であるが、念のため確認しておくと、対応する訳語は「我不取涅槃、亦不捨作相」（大正一六・五三八下）である。この訳は、求那跋陀羅訳にも増して現存サンスクリット語原典と対応しないのみならず、体も用も使われていない。

さらに四〜五世紀の中国で『楞伽経』がどれ程まで仏教思想に影響を及ぼしたかも問題である。『楞伽経』の初訳は右に示した通り南朝宋の求那跋陀羅訳であるが、その内容は難解であり、かつ漢語として甚だ読みにくい（高崎一九八〇・一七頁、六三～七〇頁参照）。それ故、漢訳の成った後すぐに南朝仏教教理学に影響を及ぼした痕跡は認められず、如来蔵思想の経典として注目されなかったのみならず、実はそこに唯識思想が含まれていることに気づく漢人はいなかった。『楞伽経』を重視したのはむしろ六世紀に入った後であり、梁の武帝が肉食を禁ずる経典として重視したことはよく知られているが、それ以外の観点で着目した痕跡は認められない（船山二〇〇〇b・一二九～一三〇頁）。『楞伽経』の思想が重視されたのは六世紀北朝の北魏に始まる地論宗の形成過程においてであり、その時期は南朝で体・用対挙を始めた約五〇〇年より後のことだった。

以上『楞伽経』の諸問題を考慮した結論として、『楞伽経』の漢訳から体・用対挙の語法が生じた可能性はない。改めて言うまでもなく、五世紀一百年間の南北朝の仏典漢訳の一般的な体例に思いを致すならば、「体」に相当するサンスクリット語は svabhāva スヴァブハーヴァ（それ自体、本体）か、ātman アートマン（自身）か、bhāva（事物）のいずれかを想定するのは無理のない、自然な推測であろう。そして「用」に相当するサンスクリット語として kriyā クリヤー（作用、動作、はたらき）、vṛtti ヴリッティ（作用、機能、はたらき、発動）、vyāpāra ヴィヤーパーラ（機能、はたらき）、śakti シャクティ（力、効力、効能）等を当てることは可能であろう。しかしこのような二種のサンスクリット語術語を組み合わせて二項対立的に存在や現象を説明するサンスクリット語仏教文献の事例を特定するのは容易でない。

要するに、体・用は存在論の根本に関わる基本的な考え方であるから、インドにも対応を探せば見つけられるかも知れないが、中国的な思想形成史をまったく度外視してインド仏教のみから説明することはできないため、体・用が漢訳仏典に基づいた訳語に基づく可能性は極めて低いと見るべきである。

四　従来の異説

さて次に我々は、体・用を対挙する文献の存在を『立神明成仏義記』より前に遡ることができるかを検証しなければならないが、それに先立ち、体・用の始まりについて島田説と異なる説が二つあるので、紹介しておきたい。

第一の異説は、思想的範疇ないし思考形式を示す語として「体」と「用」を対にして使用し始めるのは仏典より早く、既に『老子』の注を著した魏の王弼（二二六〜四九）であるとする見解である。例えばアンヌ・チャン（二〇一〇・三三三頁注一二）は、『老子』三十八章の王弼注に「はじめて「体」と「用」が対になって用いられる。この対は、王弼の著作中にはこの一度しか出てこないが、その後、仏教や、さらには宋代以降の新儒教の文脈の中でさかんに用いられた。」と解説する。王弼『老子道徳経注』の原文は次の通りである。

万物雖貴、以無為用、不能捨無以為体也。捨無以為体則失其為大矣、所謂「失道而後徳」也。

万物は貴しと雖も、無を以て用と為す。無を捨てて以て体と為す能わざるなり。無を捨てて以て体と為さば則ち其の大たるを失う。謂う所の「道を失いて而る後に徳」（『老子』三十八章）なり。

ここには『老子』の本文には現れなかった「体」と「用」が確かに使われている。しかしこれを中国思想における体・用対挙の源とみなすことは困難である。なぜなら後代の体用思想において、体は本体論的な性格を持ち、用はその作用ないし働きを表すのに対して、右の王弼注では本体を示す「無」は「用」とされ、「体」とは言われていないからである（池田秀三一九九〇・二二頁）。しかも王弼『老子注』に体と用が現れるのはこの一箇所のみである。ここでさらに同じ王弼は『周易注』において「其所説〝体〟指卦爻之義、〝用〟指卦義・爻義的作用」と述べる。ここでは「体」は本体・根源の意でなく「卦爻」のことであるから、この意味でも王弼の用いる「体」は本体論的範疇を示すものではない（王葆玹一九八七、朱漢民二〇一二）。

もう一つの異説は、鳩摩羅什の直弟子だった僧肇（約三七四〜四一四頃、塚本善隆一九五五・一二〇頁）の『肇論』を体・用を用いる先駆と見る説である。湯用彤の説（一九三八・三三二〜三三九頁）であり、日本の仏教研究者の中にも従う者がいる（平井一九七六・一三〇〜一三九頁、一九七九・六二〜六四頁）。だがこの説も是認し難い。なぜなら湯用彤が自ら述べる通り、『肇論』には体・用を対にする用例は一件もないからである。湯氏は体・用は用いられていないが、僧肇は体用思想家の典型と見られると主張した。もし文献的確証が何も得られず、書かれた内容に対する印象から僧肇を体用論者とみなすなら、そこには何の根拠もないことになろう。こうした論法を受け入れるなら、他の文献について同じことを主張しても許されよう。従って僧肇を体用論の先駆者とみなすことも承認し難い。

五　約五〇〇年頃の宝亮の語法

第一節に略説したような武帝と仏教僧の関係を考慮する時、武帝と神滅不滅論争を繋ぐ人物として法雲の存在が浮かびあがるのは確かであるが、しかし法雲が『立神明成仏義記』における体・用の主たる原因を形成したとは考えないほうがよい。その理由の一つには、法雲の生年が四六七年であり、四六四年生まれの武帝よりも若干年少という関係から武帝が法雲を模したかどうか不審ということもあるが、より大きな理由として、体・用の使用という点で注目すべき同時代の文献がもう一つある。それは『大般涅槃経集解』（大正一七六三号）であり、とりわけそこに記録される宝亮の説である。法雲が宝亮の弟子であったこと（『高僧伝』巻八の宝亮伝）も看過できない。

『大般涅槃経集解』の撰者は不明だが、梁代の文献であることは恐らく間違いない（菅野一九八六／二〇一二）。一まとまりの経文の下に、竺道生（三五五～四三四）・僧亮（約四〇〇～六八頃）・法瑤（約四〇〇～七五頃）・僧宗（四三八～九六）・曇准（四三九～五一五）・智秀（約四四〇～五〇二頃）・宝亮（四四四～五〇九）・法安（四五四～九八）・法智・慧朗など宋・斉・梁にかかる諸師の説が集められ、南朝仏教教理学の具体的発展の様子を看て取れる。

宝亮は、いわゆる梁の三大法師（智蔵・僧旻・法雲）に先んじて活躍した斉末梁初を代表する僧であり、武帝よりも二十歳近く年長だった。天監八年（五〇九）には武帝の勅により宝亮『（大）涅槃義疏』が成り、武帝が序を寄せている（『高僧伝』巻八の宝亮伝、『広弘明集』巻二十の梁武帝「為亮法師製涅槃経疏序」）。現存する『大般涅槃経集解』に記録される宝亮説が『（大）涅槃義疏』の文章のままかどうか確証がないが、宝亮が生涯に同経を八十四回の多きにわたり講義したという本伝の記述を信用するなら、『集解』の宝亮説は、少なくともその原型は、おそらく斉末梁初まで遡るであろう。つまり宝亮説の原形はおよそ西暦五〇〇年頃の成立と考えられる（船山一九九六・六四頁）。ところで、体・用対挙の確実な例として島田氏の指摘する二文献のうち、梁の武帝『立神明成仏義記』の成立は天監六年（五〇七）頃と推定される（諏訪一九九七・二九頁）。他方、劉勰『文心雕龍』の成立は斉末梁初頃だが、詳しくは諸説あり、特に最近は梁の初めとする説も少なくないようである（森賀二〇〇〇・六一〇頁注一六）。従って『集解』の宝亮説の成立は『文心雕龍』とほぼ同じ頃である。ただ宝亮は南朝宋の泰始二～三年（四六六～六七）頃に生まれた劉勰――劉勰は法雲や武帝とほぼ同世代である――より二十歳以上年長であるから、成書年はほぼ同じとしても、体・用の先駆を宝亮説に求めるべき蓋然性はさらに高まる。なお体・用の形成における宝亮説の意義に注目するのは本稿が最初ではない。筆者は、「体用の語を術語として使用したのはまずこの宝亮辺りではないかと思われる」とする中西久味説（一九八一・一二八頁注二二）に賛同する者である。
『大般涅槃経集解』に記録される宝亮説のうち、体・用を対にした端的な表現の原文を五つ挙げ、訓読を試みる。

A 談真俗、両体本同、用不相乖、而闇去俗尽、偽謝真彰、朗然洞照、故称為仏。（大正三七・三七九上）
　真俗を談ずれば、両体（＝真体と俗体）は本より同じく、用は相い乖せざるも、而れども闇去り俗尽き、偽謝《さ》り真彰《あらわ》れれば、朗然として洞照すれば、故に称して仏と為す。

B 衆生若造業、直以虚偽神明為体。……知有法性為神解主、常継真不滅。其体既無興廃、用那得滅。（五四八下）
　衆生若し業を造らば、直だ虚偽の神明を以て体と為す。……法性有るを神解の主と為し、常に真を継ぎて滅せざるを知る。其の体に既に興廃無ければ、用那《なん》ぞ滅するを得ん。

C 「非是世法」者、神解以法性為本、非因之所生、豈是世法。若拠体以弁用、義亦因之。（五一五中）
　「是れ世法に非ず」（南本『大般涅槃経』巻十九徳王菩薩品、大正一二・七三〇上）とは、神解は法性を以て本と為し、因の生ずる所に非ざれば、豈に是れ世法ならんや。若し体に拠って以て用を弁ずれば、義も亦た之れに因る。

D 「仏性雖在陰・界・入中、而陰〔・界・入〕所摂」者、真俗両諦、乃是共成一神明法、而俗辺恒陰・入・界、真体恒無為也。以真体無為故、雖在陰、而非陰所摂也。体性不動、而用無暫虧。以用無虧故、取為正因。若無

此妙体為神用之本者、則不応言「雖在陰・入・界中、而非陰・入所摂」也。故知理致必爾矣。（四六五上）

「仏性は〔五〕陰・〔十八〕界・〔十二〕入の中に在りと雖も、而れども〔五〕陰〔・十八界・十二入〕の摂する所には非ず」（南本『大般涅槃経』巻八文字品、大正一二・六五五上）とは、真俗の両諦は、乃ち是れ共に一神明法を成し、而して俗辺は恒に陰・入・界なるも、真体は恒に無為なり。真体の無為なるを以ての故に、陰に在りと雖も、而れども陰の摂する所に非ざるなり。体性は不動なれども、而れども用は暫しも虧くる無し。用の虧くる無きを以ての故に、取りて正因と為す。此の妙体をば神用の本と為すこと無きが若《ごと》き者は、則ち応に「陰・入・界の中に在りと雖も、而れども陰〔・界〕・入の摂する所に非ず」と言うべからざるなり。故に理として必ず爾るを致すを知る。

E明「涅槃之体」也、亦如虚空、無有住処。仏果妙体、真如無相、豈得有処所可尋。然法性無性相、如虚空之無異。而所以異者、異在於至虚。既就体相作論、恐人懐疑、後更就用来弁故、挙常楽我、来標其相也。「仏有二楽」者、寂滅楽処体相作語、覚知楽就用来弁也。（五三二中）

「涅槃の体」（南本『大般涅槃経』巻二十三光明遍照高貴徳王菩薩品、大正一二・七五七中）を明かすや、亦た虚空の如く、住処有る無し。仏果の妙体は、真如にして無相なれば、豈に処として尋ぬべき所有るを得んや。然るに法性の性相無きこと、虚空の異なり無きが如し。而るに異なる所以の者は、異なりは至虚に在り。既に体相に就きて論を作し、人疑いを懐くを恐るれば、後に更に用に就きて来弁するが故に、常楽の我を挙げ、其の相を来標するなり。「仏に二楽有り」（同、大正一二・七五七中「諸仏如来に二種の楽有り。一は寂滅楽、二は覚知楽なり」）とは、寂滅楽は体相に処りて語を作し、覚知楽は用に就きて来弁するなり。

このうち、Aは経序の一節であり、その直前に「体」に当たるものを「体相」と言い、「用」に当たるものを「功用」と言う（三七八下、なお下段第二一行の「工用」は「功用」の誤り）。「体相」は、六朝仏典においては、本体・それ自体・固有のあり方・本質などを意味するサンスクリット語「svabhāva スヴァブハーヴァ」の訳として使用されることが多い（特徴的なあり方を意味する lakṣaṇa ラクシャナの訳である場合もある）。なお上記Dでは「体性」が「体」と同じ意味で使用されている。他方、「功用」とも言い換えられる「用」は、サンスクリット語との対応を敢えて求めるなら、運動・作用・はたらき・機能などを意味する「karman カルマン」または「kriyā クリヤー」に相当すると考えてよかろう。「用」と同じ意味で「功用」と表現する例は、『大般涅槃経集解』において、南斉の僧宗説にも確認できる（大正三七・四〇二上、四二九中、四七七下）。ただ、僧宗説には体・用の対挙は見られない。

さらに五例いずれにも「神明」またはその類義語の使用が認められる。「神明」はこの場合、外在の神格を表す神明でなく、自らの内に存する精神主体の意である（福永一九九〇・七三頁）。神明には、事例Bの「虚偽神明」という表現に窺われるように、真なるものと偽なるものとがある。真なる神明は、宝亮が別の箇所で「神明妙体」（大正三七・四六〇下、四八八下、五三八中）、「神明之妙体」（三七八下）、「〔神明〕妙本」（五〇一上）と言い表すものと同じである。また宝亮説において「神明」に相当するものは「神解」「神解主」「神解之主」とも表現される（大正三七・五四九中、五五五上、五六〇下）。なおこうした宝亮の所謂「神明」ないし類義語が仏教教理学の訳語の何に当たるかを敢えて問うなら、真の神明は、如来蔵思想の経典とりわけ『勝鬘経』の「自性清浄心」（本来の輝く無垢なる心）であり、虚偽の神明は「客塵煩悩」（外来的汚れ）の付着した、「無明住地」にとどまる心と同じと解することができる。

宝亮の「体」「用」「神明」の用法には、武帝『立神明成仏義記』の「夫心為用本、本一而用殊、殊用自有興廃、一本之性不移。一本者、即無明神明也。……而無明体上有生有滅、生滅是其異用、無明心義不改」（大正五二・五四中〜下）という表現との類似性が濃厚である（本と用の対については次節参照）。「興廃」（＝生滅）があるのは用においてであって体ではないとの考え方も、既に引用紹介した宝亮・法雲・武帝の各説に共通する特徴である。さらに、「神明」とその「用」を云々する議論は、南朝宋の宗炳『明仏論』の「今以悟空息心、心用止而情識歇、則神明全矣」（『弘明集』巻二、大正五二・一一上）を、より早い時期の用例と見ることができる。

本節の検討結果は次のように整理できる。

一、宝亮は、心の構造を体と用または本と用という語で言い表す。

二、宝亮は、「神明」という術語を用い、未だ悟っていない状態を「虚偽の神明」と呼ぶ。宝亮の「虚偽の神明」は、梁武帝の「無明の神明」に当たる。こうした「神明」の理解は第二節で述べた如来蔵思想に基づくと解される。

三、体・用の使用は、世代的に武帝に先行する宝亮に認められるが、それ以前の僧亮・法瑤・僧宗には認められないから、始まりは西暦約五〇〇年頃と推定される。宝亮説は梁武帝に先行する。宝亮が武帝より年長であり、宝亮『大般涅槃経義疏』に武帝が序（大正三七・三七七上〜中）を書いていることも両者の密接な関係を示す。

六　体と用、本と跡、本と用

以上より、神不滅論の流れにおいて、恐らくは武帝以前に、宝亮が「神明」「体」「用」を使用していたことが知られるが、ただ誤解をさける上で補足するならば、宝亮説には他にも体・用を使用する表現はあり、そのすべてが神明と結び付くわけではないし、また、体・用以外の対挙表現もある。しかし体・用について言えば、それを用いる文脈と用いない文脈があるということは確かである。

体・用を主に用いるのは、上述の通り、「一切衆生悉有仏性」を掲げる如来蔵思想に立って精神主体（心）とその作用の関係を論ずる文脈――虚偽の迷える存在が真なる存在としての仏と成る過程において変わるものと変わらぬものを論ずる文脈――である。それは法身と丈六、真身と応身といった二身説や、法身・般若・解脱を「伊字の三点」（三角形の各角に各々小さな丸を付すとイという音を表す文字になる）に譬えて「一体三宝」とする仏の徳性論などの、広義の仏陀観――真実在である仏の体――を論ずる文脈とは異なる。例えば『大般涅槃経集解』巻五で仏身説を展開し、仏陀の「法身」（仏陀という真理そのもの）と「丈六」（一丈六尺の歴史上の仏陀）の関係を論ずる際、対語は体・用でなく、本・跡（迹）である。この傾向は宋の僧亮・斉の僧宗・梁の宝亮に一貫する。僧宗は「丈六是法身之迹」（大正三七・三九四下）と、宝亮も「丈六以法身為本、本迹雖殊、更無別体」（三九五中）と言う。

なお梁初の仏身論を示す文献は『大般涅槃経集解』だけではない。梁の武帝の長子であった昭明太子蕭統（五〇一～三一）を中心に当時の学僧たちが法身の教義に関する問答を繰り広げた書として「令旨解法身義〈并問答〉」がある（『広弘明集』巻二十一、大正五二・二五〇中～二五一中）。そこから仏の「法身」と「丈六」（色身）を論ずる際の用語がはっきり分かるが、「法身」と「丈六」は二度にわたって本・跡の関係として論じられる（大正五二・二五一上）。他方、体・用を用いる例は一度もない。この傾向は『大般涅槃経集解』の場合と軌を一にする。昭明太子が関わった仏教教理学文献に「令旨解二諦義〈并答問〉」があり、これも『広弘明集』巻二十一に集録されている。この文献は真諦（究極的現実）と俗諦（世俗的現実）の二諦論を扱う。真と俗を対にする語例を検討すると、「真」は「実」であり、「俗」は「集」である（大正五二・二四七下）とする問答があり、その後、「真」は「不生」を

「体」とし、「俗」は「生法」を「体」とすることに関する複数の問答が続く（二四七下〜二四九下）。そこに体・用の対挙は現れない。要するに、悟った後の仏の身体の分類や真理の階層的区別という論題は体・用対挙の淵源でないということが分かる。

本・跡の対は体・用の対より早い。本・末ないし本・跡は、東晋の孫綽『喩道論』から吉蔵『三論玄義』および以降に至るまで、儒仏道三教の優劣を論ずる際に用いられた。とりわけ日本の本地垂迹説にも繋がり得る論理の最も早い例は、鳩摩羅什門下の僧肇（約三七四〜四一四頃）の『注維摩』序の「幽関難啓、聖応不同、非本無以垂跡、非跡無以顕本。本・跡雖殊、而不思議一也」に求められる（大正三八・三二七中。吉川一九九〇a、福永一九九〇）。

一方、体・用については、第四節に述べた通り、体・用の淵源を同じ僧肇にもとめ、体・用と本・跡とを区別せずに等しい内容の事柄であるとして論ずる先行研究がある。これは湯用彤（一九三八・三三三〜三三九頁）を半ば無批判に承けた結果であるが、今や改めるべきである。

体・用と本・跡は出自の文脈も成立年代も同じでなく、また島田（一九六一・四二三〜四二六頁）および池田秀三（一九九〇・二五頁）の指摘するように、体・用の明確な相関的使用の前史ともいうべき萌芽的な用例であれば仏典に限らない。さらに早い時代の文献、例えば『易』繋辞上に対する晋の韓康伯注などに確認される。魏の嵆康《けいこう》『声無哀楽論』にある程度明らかな体・用列挙の例があるという指摘もある（土田二〇〇一・一二七頁）。それ故、体・用の対挙的表現が一つも見出されない僧肇――彼が相即的に用いるのは「寂」と「用」である――をもって、それこそが体用思想の最初期の例であるとするのは説得力がない。武帝『立神明成仏義記』に見られる梁初の新展開に注目する理由もなくなってしまう。なるほど体・用と本・跡に共通の論理と玄学的背景があったのは確かであろう。しかし『荘子』天運篇に由来する「跡」と「所以跡」の論理（福永一九九〇・五七頁、吉川一九九〇c・一五九頁）と、斉末梁初の仏教文献を明確な早例とする体・用の論理とを安易に同一視することはできないし、また、すべきでない。

ところで体と用、本と末の関連で考えるべき対概念に、さらに本と用がある。本・用は本・末と体・用の架け橋のような文脈的位置付けである。梁武帝『立神明成仏義記』が本・用を用いることは第二節で取り上げた通りである。

張（一九五七）によれば、本・用を対挙する例はかなり早くから見られ、前漢の司馬談『論六家要指』（『漢書』巻六十二の司馬遷伝）に道家の宗旨を述べて「其術以虚無為本、以因循為用」とあるのが例として挙げられる。

他方、仏典の場合はどうかと言えば、南斉の明僧紹『正二教論』に「虚無為本、柔軟為用」（『弘明集』巻六、大正五二・三八中）と、よく似た表現がある。そして梁の武帝『立神明成仏義記』の一節に「心為用本、本一而用殊」とあるのは既に言及した通りである。遡ってこれ以前には、神滅不滅論争の文脈で、南朝宋の謝霊運（三八五～四三三）の『答綱琳二法師並書』に「夫智為権本、権為智用」（『広弘明集』巻十八、大正五二・二二七上）と本用を対挙する表現がある。鄭道子（三六四～四二七）の『神滅論』にも「薪雖所以生火、而非火之本。火本自在、因薪為用」（『弘明集』巻五、大正五二・二八中）と、火の「本」と薪によって現れる「用」（はたらき）を対比する例がある。

こうしてみると、梁武帝における本・用は、体・用と繋がる一方で、以前より伝統的に使われていた本・用と繋がる面ももつ。しかし斉末梁初に至るまで体・用の対挙が明確に現われないのもまた事実である。そこで斉末梁初に体・用が使われ始めるようになった理由や背景を検討しておく必要があるのである。体・用の初期の用例がいかなる思想的背景と結び付いていたかを可能な限り知っておきたい。

このような観点から思想史を俯瞰する時、宝亮に至る南朝教理学の用語法として、仏身論の文脈では法身と丈六仏を本・跡として論じ、宝亮の時代まで体・用を当てはめることがなかったことは注目しておく価値がある。体・用は、仏陀の身体やそのあり方を論ずる文脈ではなく、凡夫の迷える状態（偽）から悟り（真、成仏）に至るまでの精神主体（神明）とその具体的・現象的な精神作用の相即的関係を論ずる文脈——広義の神不滅論——において使用され始めた可能性が考えられるからである。

七　体・用対挙の思想的背景

南朝の涅槃学は『南本涅槃経』——北涼の曇無讖訳『大般涅槃経』に基づき、その語彙を一部修正し、品名（章名）を法顕訳『大般泥洹経』（別名『六巻泥洹』）の品名に合わせて変更した編纂経典——を直接の研究対象としたが、鳩摩羅什訳『成実論』『大智度論』、求那跋陀羅訳『勝鬘経』などの他経典に基づいて構築した教理も少なくない。悟りと迷いの両方を領域とする仏教論議の一般的性格を背景として、南朝教理学でも本来的なものと現象的なものとについて相対する二項を用いる形而上学的論議が様々な局面でなされた。『大般涅槃経集解』で実際に使用されるものに限っても、体と用、本と迹のほか、本と末、本と応、実と迹、実と名、実と義、理と用、体と義、体と名、真と偽、真と応、真と仮など、多様な組み合わせがある。このうち体用説の形成に繋がるものとして特に注目すべきは理と用である。例えば次の如き南朝宋の法瑤説がある。

○衆生有成仏之理、理由慈惻、為「女人」也。成仏之理、於我未有用、譬「貧」也。
（経文「如貧女人」注、大正三七・四四八下）

衆生に成仏の理有り、理は慈惻（＝慈しみと惻隠の情）に由れば、「女人」と為すなり。成仏の理、我に於いて未だ用を有《も》たざるを、「貧」に譬うるなり。

○仏性之理、終為心用。雖復暫為煩悩所隠、如珠在皮中出不久也。（経文「是珠入皮、即便停住」注、四五二上）

　仏性の理は、終に心用を為す。復た暫し煩悩の隠す所と為ると雖も、珠の皮中に在って出て久しからざるが如し。

このように法瑤釈には「用」と対語を「理」とする例がある。法瑤は『高僧伝』巻七に立伝される呉興の小山寺の法瑤（約四〇〇〜七五頃）であり、湯用彤（一九三八・第十七章「南方涅槃仏性諸説」）によれば、法瑤は「理」を、「正因仏性」、すなわち人が仏となるための直接原因（正因とは縁因と協働して結果をもたらす主要因）として働くところの、あらゆる生きものに内在する仏性であると唱えた。法瑤の説はその後、僧宗（四三八〜九六）の説に繋がった。僧宗説とは次に掲げる断片的表現より窺い知られる、「理」「仏性」「正因」「因地神明」を同義とみなす説である。因みに「因地神明」とは、仏の悟りに至る原因――「因」――として働いている状態――「地」――にある、成仏という結果を生ずる以前の精神――「神明」――である。

○仏性是理。（大正三七・四三五上）

　仏性は是れ理なり。

○正因即神明、縁因即万善。（五五八下）

　正因（主要因）は即ち神明なり。縁因（付随因）は即ち万善なり。

○此神明是仏正因。（五八六下）

　此の神明は是れ仏の正因なり。

○夫因果之道、義実相関、有因則有果、無因則無果。正以仏性不離因地神明故、言「住陰中」耳。（四五四中）

> 夫れ因果の道は、義実に相い関す。因有れば則ち果有り、因無ければ則ち果無し。正に仏性は因地神明を離れざるを以ての故に、「〔五〕陰の中に住す」と言うのみ。

湯用彤（一九三八・六九二〜七〇〇頁）の解説によれば、これについて宝亮は、真如である神明が正因仏性であるとみなしたという（大正三七・四六〇下、五三八中、上掲宝亮D説等参照）。宝亮の体と用は以前より使用されていた理と用に繋がることが分かる。さらに遡って理・用対挙の例を求めると、その早い例として、南朝宋の謝霊運『弁宗論』の「仮知者累伏、故理暫為用。用暫在理、不恒其知。真知者照寂、故理常為用。用常在理、故永為真知」がある（『広弘明集』巻十八、大正五二・二二五下）。なお同じ文献に本・用の対挙も見えることは前節で指摘した通りであるが、『大般涅槃経集解』の場合は本・用を対比的に用いる例はむしろ少ない。

上来述べてきたように、広義の神滅不滅論争の文脈から斉末梁初の宝亮の頃に神明とその作用・はたらきを意味するものとして体・用対挙が登場したと理解する場合、では何故にその時期だったのか、宝亮より十余年先行する僧宗の説にそれが見られないのは何故なのか、その頃どのような変化があったのか、これらが答えるべき課題となろう。しかし残念ながら文献資料の制約も一因となって、この辺りの事情は必ずしも判然としない。

さて、これ以上確定的なことは言えないのだが、この頃、思想界の一大事件として、范縝『神滅論』が登場したことは注目しておきたい。范縝の論には、従来からの形神論の論法との際立った相違として、「形」（肉体）を「質」と表現し、「神」（精神）を「用」と表現する質用相即の論法がある（張一九五七・六八頁、蜂屋一九七三・七二〜七五頁）。すなわち「形者神之質、神者形之用。是則形称其質、神言其用。形之与神、不得相異」という論理である（『梁書』巻四十八の范縝伝、『弘明集』巻九の蕭琛『難神滅論』、大正五二・五五上）。仏教の神不滅論と真っ向から対立する『神滅論』を范縝が著述したのは南斉末であり、そのまま梁代にも影響を及ぼした（蜂屋一九七三・一〇八〜一〇九頁)。この范縝『神滅論』を視点に加味して思想史を検討するなら、『大般涅槃経集解』の僧宗説の成立は范縝『神滅論』の直前であり、宝亮説は范縝『神滅論』の直後ということになる。ここに、神滅不滅の論争の流れから、「用」ないし「功用」を術語として用いる当時の仏教内外の状況と、「仏性体」「涅槃之体」「神明妙体」等の諸表現を用いながら人が最終的には仏となり得る根拠を究明しようとする仏教教理学の蓄積とが相俟って、中国的思惟のみならず訳語としてもよくなじむ「体」が択び出された結果、体・用の対挙表現が発生し、そして同時代および直後に瞬く間に様々な文脈に適用されるに至ったという可能性が浮かび上がってくる。結論として断定することはできないが、このような仮説を提示しておくのも決して無駄ではあるまい。

本章において筆者は、体・用対挙の開始を斉・梁の転換期頃とする島田説を支持し、それをさらに裏付ける資料として、梁の武帝に先行する宝亮説に注目した。考察の結果、体・用対挙の始まりは仏身論(法身と丈六)や二諦論(真諦と俗諦)といった文脈ではなく、如来蔵思想と結び付いた神不滅論という時系列的文脈であったと解すべきことを提案した。すなわち一切衆生が成仏する可能性を秘めた心を「体」すなわち心の奥底の不変不動の状態と見て、その上で現象的瞬間的に千変万化する心の動きや働きを「用」とする文脈である。その意味で「体」の恒常性と「用」の動態性を対比的に捉えるのが体・用対挙の始まりであったに違いない。これが本章の結論である。

第三章　「如是我聞」と「如是我聞一時」
――経典解釈の基礎的再考

一　問題の所在

万人周知の通り、仏経は非常に多くの場合において、“evaṃ mayā śrutam ekasmin samaye buddhaḥ(/ bhagavān)...”から始まる。この定型句は、六朝時代のある時期から「如是我聞一時仏（／世尊）在……」と梵語の語順そのままに逐語的に漢訳されるようになったことも広く知られている。「在」のかわりに「住」や「遊」を用いる訳もあり、全体として、以下のような対応関係にある。

evaṃ　mayā　śrutam　ekasmin samaye　buddhaḥ / bhagavān...(viharati sma)
如是　我　聞　一　時　仏／世尊　（在／住／遊）……

「如是我聞」という語順は中国語本来の語順からすれば不自然である。古い時代には「聞如是」と訳され、後秦の鳩摩羅什の頃に「如是我聞」になった。「如是我聞」と「聞如是」とでは、「聞如是」という古い訳の方がむしろ違和感は少ない。なお、用例は少ないが、「我聞如是」という語順の表現や、それ以外の表現をとる訳例もある。(1)
「如是我聞」という訳を最初に考案したのは誰であったか。鳩摩羅什であった可能性が高いのであるが、しかし十分には確定していない。特に問題となるのは鳩摩羅什訳と竺仏念訳との先後関係である。竺仏念は訳経者としての活躍時期が長く、訳経中に「如是我聞」「聞如是」の両例があり[2]、正確な訳出年代が不明なものが多いため、鳩摩羅什訳との先後関係が必ずしも明らかでない。しかし従来、「如是我聞」という訳語を創出したのは竺仏念ではなく鳩摩羅什だったと理解しようとする傾向が強い[3]。

さて周知の通り、経典冒頭の定型句は「如是我聞。一時仏在……」と句切るのが正しいと、東アジアでは伝統的に考えたと、しばしば言われる。つまり「一時」は「仏在」に係るとする長い歴史があるとされるのである。

これについて、かつて英国のジョン・ブラフ John Brough は "Thus Have I Heard..." という興味深い論文を発表した（Brough 1950）。ブラフによれば、漢訳「一時」に当たる ekasmin samaye は、インドでは本来、「仏在」以下に係るのではなく、直前の「我聞」に係る語と考えるべきである。研究史的補足を加えておくならば、実はこの主張を行ったのはブラフが最初ではない。一九三三年、Staël-Holstein は、『大宝積経迦葉品』の文献学的研究をした際、同様の見解を表明した（von Staël-Holstein 1933: xii-xiv）。ブラフはこの主張を支持する複数の論拠を提出することによってこれを補強したのだった。

ブラフ説は、漢文に即して言えば、「如是我聞一時。仏在……」と句切って理解すべきであるという説である。この見解はその後の研究者にも影響を与え続けて今に至る[4]。ブラフ説には幾つかの根拠があった。例えば、「如是我聞」で句切れることを裏付ける梵語写本が確かめられないこと、チベット訳が「如是我聞一時」までを一つの連続として、「一時」の次に句の切れ目を示す棒線 shad を入れるのを通例とすること、後代のインド人注釈家が「一時」は「我聞」と結び付くと解説していることなどが主な根拠であった。

ブラフ説に対しては、概ねそれに賛意を表明する研究が多い。ただし全面的に受け入れられたわけではなく、パーリ語伝承の場合には妥当しないというドイツのオスカー・フォン・ヒニューバー Oskar von Hinüber（1968: 84-87）説もある。[5] 同氏は、パーリ語仏典には ekaṃ samayaṃ（サンスクリット語の ekasmin samaye に対応）から開始する例もあることを指摘し、「一時」が「我聞」に繋がるという解釈はパーリ仏典には認めがたいことを主張した。さらに、「一時」は「我聞」と「仏在」の両方に繋がるという点を重視しようとする研究もあり、「ある時、私はこのように聞いた。〔その時に〕仏は……にいらっしゃった」という意味に理解する傾向が近年は強まっている。[6] そのように理解する理由は、インド人注釈が「一時」を「我聞」と「仏在」の両方に繋がると解説するからである。この点はブラフ氏も十分気付いていたが、同氏の論文は「一時」に対する東アジアの伝統説が必ずしも正しくないという面を強調する余り、専ら「一時」と「我聞」との関係が論じられ、「一時」と「仏在」以下との繋がりはあまり明確に論じられていなかった。インド人注釈の例としていかなる文献があるかは後に具体的に取り上げる。

ここで一つ注意を喚起したいことがある。それは、従来の研究がいずれも共通して、中国においては伝統的に「如是我聞。一時仏在……」と句切るということを前提として議論してきた点である。意外に思われるかも知れないが、中国伝統説の形成の実態を論じた研究はないのである。果たして中国人はいつの時代も変わることなく一貫して「如是我聞。一時仏在……」と読んでいたのであろうか。六朝隋唐教理学史に異説はなかったのであろうか。私は本章においてこの点を問題として取り上げ、考察してみたいと思う。

「如是我聞」を主題とする場合、検討しなければならない事柄は、人が漠然と予想するよりも実は遥かに多い。まず第一に、「如是」とはいかなる意味か、「我」とは誰か等々の個々の事項を一つ一つ検討する必要がある。また、「如是我聞」云々の定型句全体をいくつの項目から成ると解釈すべきかという全体構造の問題もある。さらには、この定型句がほとんどすべての経典に付されているためにそれぞれの検討事項に即して対象とすべき経典と注釈文献は厖大な数に上り、それ故、「如是我聞」と関連するあらゆる問題を総合的かつ網羅的に論ずることには非常な困難が伴う。そこで本章では、専ら「一時」は前に繋がるか後ろに繋がるかという点に焦点を絞って検討を試みたい。

二　「如是我聞」四字を一句とする説

中国と日本で「如是我聞」と「一時仏在……」を切り離すことは、確かに通説の通り一般的である。その実例は夥しい数に上るが、いまその二三の端的明瞭な事例を隋唐時代の文献中に求めるならば、例えばまず、唐の窺基『説無垢称経疏』がある。そこには「経、如是我聞。賛曰、……」、「経、一時薄伽梵。賛曰、……」という形式が認められるから、窺基が「如是我聞。一時仏在……」と句切って理解していたことが分かるのである。同様に、隋の吉蔵『仁王般若経疏』にも「如是我聞」（大正三三・三一六上）、「一時仏住王舎城」（三一六下）という句切りが明白であり、さらに「一時」は「即説経之時」と説明されている（三一六下）。このように「一時」を「仏在」以下と連続させる場合、「一時」は仏が経を説いた時のことであると解釈される。

かかる伝統説の来歴を遡る時、隋の浄影寺慧遠の注釈は注目に値する。これについては菅野（一九八四／二〇一二）があるので、本章と直接的な関わりのある事柄について紹介を試みたい。氏は慧遠『維摩経義記』巻一本の次の一節に着目する。

「一時」が後部と繋がり、前の句に属さないことはどのようにして分かるかと言えば、『十地経』に従って知ることができるのである。『華厳経』の中の「十地品」は冒頭に「爾の時、仏は天にいました」とある。龍樹による別な伝承では「爾〔時〕」を「一〔時〕」に改めている。「爾の時」という語句は前句の一部を構成することができないから、「爾」を「一」に改めた。〔「一時」という表現も同様に、前句にではなく〕後続部分に繋がるのだ。

　云何得知「一時」従後、非是属前。準依『地経』、所以得知。『華厳大本』十地品初言「爾時仏在天中」。龍樹別伝、改「爾」為「一」。「爾時」之言不可成上、改「爾」作「一」、寧不属下。（大正三八・四二五中）

鳩摩羅什訳『十住経』の冒頭に、「如是我聞。一時仏在他化自在天王宮摩尼宝殿上、与大菩薩衆倶」（大正一〇・四九七下）とあり、この羅什訳を編輯して『華厳経』に取り込んだ「十地品」（仏駄跋陀羅訳）には、冒頭に、「爾時世尊在他化自在天王宮摩尼宝殿上、与大菩薩衆倶」（大正九・五四二上）とある。恐らく慧遠はこの相違を意図して論述しているのであろう。ただ上の一節における「龍樹別伝」が何を指すかは不明であり、問題が残る(7)。羅什訳『十住経』そのものを指すのか、それとも別本があったと考えるべきかが判然としない。その点はひとまず措くが、冒頭句は伝承によって「一時」とも「爾時」とも表記され、後者は必ず文頭や句頭に置かれるべきであるから、「一時」もまた前句の末とはなり得ず、それ故、「如是我聞一時。仏在……」ではなく、「如是我聞。一時仏在……」と理解しなければいけない――これが慧遠の主張である。

また、菅野（一九八四／二〇一二）は次の一節にも注目する。

　『温室経』の冒頭に「阿難は言った、私は仏からこのままのことを聞きました」とある(8)。それ故、仏の説いたことを如（そのまま）といい、仏の説いたことそのものが是（これ）である。ただ地方によって言葉が違うのであり、彼の『温室経』は中国語に随い、それ故にまず最初に「私が仏から聞いた」と言い、その後に聞いた内容を「如是」の法として掲げる。他の経は多くの場合、外国（インド）の言葉に随って先に「如是」を出し、その後に「我聞」と言う。

『温室経』初言、阿難曰、吾従仏聞於如是。故知名仏所説為如、遵仏所説、以之為是。但方言不同、彼『温室経』順此方語、是故先遵吾従仏聞、後出所聞如是之法。余経多順外国人語、先挙如是、却云我聞。

（大正三八・四二四上）

この一節について菅野氏は次の二点を指摘する。第一に、「如是我聞」という語順が中国語ではなく梵語の語順に従うものであると慧遠が解釈することであり、第二に、「如是」は「このように」という意味の副詞ではなく、「このようなこと」という意味の体言であると慧遠は解することである。この指摘は妥当であろう。慧遠は「如是我聞」を梵語表現に合わせた語順の不自然な表現と感じ、その意味は「我聞如是」ないし「我聞於如是」と同じとした。

因みにこれとほぼ同様の説は慧遠『大般涅槃経義記』巻一にもある（大正三七・六一六上）。

ここで少々傍論にわたるが、「如是」をいかなる意味に解釈するかについては、注釈によって相違がある。複数の説を列挙する文献もある。一般的な意味に従って「このように」（thus）という方向で解釈する場合が多いが、慧遠説と同様に「このようなこと」と名詞的に解釈し、「如是」とは「所聞之法」を指すとする注釈も少なくない。十分な確証が得られていないのであるが、「聞如是」という古訳も「如是」を名詞的に解釈した結果ではあるまいか。因みにサンスクリット語 evam には名詞の価値は直接には存在しない。しかし「聞く√śru-」や「言う√vac-」などの動詞の直前に evam が置かれる場合、その直後に示す事柄を予め指示するという意味において、「このようなこと」を意味し得る。すなわち「以下のように」は「以下の事柄」を実質的に含意する。evaṃ mayā śrutam も同様に、実質的には名詞的価値を有するとも判断できる。それ故、「如是」の名詞的理解は中国語のみに独自の解釈というわけではない。インド語の解釈においても不可能ではないのである。

さて以上は「如是我聞。一時」と句切る解釈の場合である。従来の定説によれば、漢文仏典にはそれ以外の解釈はないということになる。しかし文献を丁寧に検討するならば、隋以前の経典解釈においてはいつも必ずこのように理解したわけではなく、むしろ「如是我聞一時、仏在……」という理解も無視できぬ程に有力であったことが分かる。この点を以下に第三節と第四節において検証しよう。

三　漢訳における「如是我聞一時」の例

中国人の解釈を検討する前に、翻訳において「一時」が「我聞」と連携する例を指摘しておきたい。その第一は竺仏念訳『出曜経』である。本経訳出は三九八～九九年頃と考えられる（丘山一九八四・二八頁、三六頁注一三）。巻一に、第一次仏典結集の状況を以下のように語る（現代語訳は省略）。

仏臨欲般泥洹時、告大迦葉及阿那律、汝等比丘、当承受我教、敬事仏語。汝等二人莫取滅度。先集契経戒律阿毘曇及宝雑蔵、然後当取滅度、……五百羅漢皆得此解脱、捷疾利根衆徳備具、普集一処、便与阿難敷師子高座、勧請阿難使昇高座。已昇高座、便問阿難、如来最初何処説法。時阿難便説、聞如是一時［1］。説此語已、時五百羅漢皆従縄床起地長跪、我等躬自見如来説法、今日乃称聞如是一時［2］、普皆挙声相対悲泣。時大迦葉、即告阿難曰、従今日始出法深蔵、皆称聞如是、勿言見也。仏在波羅㮈仙人鹿野苑中、爾時世尊告五比丘、此苦原本、本所未聞、本所未見、広説如経本。是時衆人已集契経。是時尊者迦葉復問阿難、如来最初何処説戒律。時阿難報大迦葉、吾従仏聞如是一時（、）［3］仏在羅閲城伽蘭陀竹園、……是時迦葉復問阿難、如来最初何処

説阿毘曇。阿難曰、吾従仏聞如是一時（、）［4］仏在毘舎離……広説如阿毘曇。（大正四・六一〇下～六一一上）

以上、便宜的に原文に［1］から［4］の番号を付したが、このうち、［1］［2］の「一時」は直後の句と無関係であるから、「聞如是一時」が一句を構成することは確実である。そしてこれを認める時、［3］［4］についても同様のことが妥当する可能性が強くなる。もちろん［3］［4］の「一時」は直後の「仏在」と結合すると解釈することも不可能ではない（［3］［4］の句切りはそれぞれ「吾従仏聞如是、一時仏在……」「阿難曰、吾従仏聞如是、一時仏在……」であったと理解する可能性も無ではない）[10]。しかし［1］［2］との一貫性を考慮に入れるならば、上記原文の様に［3］［4］も同じ句切りであったと解釈するのが自然である。[9]

仏典結集をめぐる状況は鳩摩羅什訳『十誦律』にも記述されている。巻六十にいう。

摩訶迦葉問阿難、仏修妬路、初従何処説。阿難答、如是我聞一時仏在波羅柰仙人住処鹿林中。阿難説此語時、五百比丘皆下地胡跪、涕零而言、我従仏所面受見法、而今已聞。摩訶迦葉語阿難、従今日一切修妬路、一切毘尼、一切阿毘曇、初皆称如是我聞一時。阿難言、爾。（大正二三・四四八中）

ここでも「一時」はその直後の語と関係しないから、「如是我聞一時」が一句であることが明白である。

四　鳩摩羅什の漢訳と自説

鳩摩羅什訳の場合、同様のことは『大智度論』にも確認される[11]。『大智度論』巻一には、「摩訶般若波羅蜜初品如是我聞一時釈論第二」と題する章があり、そこでは、

経、如是我聞一時。論、……（大正二五・六二下）

という形式で、経（大品般若経）と論（大智度論）が排列されている。このことから、「如是我聞一時」が一つのまとまりを構成することは疑いが無い。さらにまた、巻二の次の一節も同様に解釈できる。

是蔵初応作是説。如是我聞一時仏在某方某国土某処樹林中。何以故。過去諸仏経初皆称是語、未来諸仏経初亦称是語、現在諸仏末後般涅槃時、亦教称是語。今我般涅槃後、経初亦応称如是我聞一時。是故当知是仏所教、非仏自言如是我聞。……（大正二五・六六下〜六七上）

一連の議論は次の句で締めくくられている。

略説如是我聞一時総義竟。（大正二五・七〇中）

『大智度論』が一貫して「一時」を「我聞」にかける解釈を提示していることが分かるが、では、本文献を中国に知らしめた鳩摩羅什自身の見解も同様であったか。これは極めて興味深い問いである。というのも、現在、『大智度論』には鳩摩羅什自身の考えが濃厚に入っていると考える研究者もいるからである。これに関する卑見を述べるならば、羅什の自説と『大智度論』の説とは異なるように私には思われる。その根拠は『注維摩詰経』巻一における次の鳩摩羅什説である。

「一時」（ある時）について。鳩摩羅什は言う、〔ある時とは、仏が〕経を説いた時のことである。僧肇は言う、法王が〔人々のために〕運命を啓き、めでたき集会が成った時のことである。

「一時」。什曰、説経時也。肇曰、法王啓運、嘉集之時也。（大正三八・三二八上）

鳩摩羅什が「一時」を「説経時」と理解したことが分かる。注意したいのは「説」であって、「聴」という文字を用いていないことである（この点はさらに後述）。経を「説」くのは仏にほかならない。もし仮に羅什が「如是我聞一時」と理解していたならば、彼は「説経時」ではなく「聴経時」あるいは「聴聞時」と説明した筈である。従ってこの短い一節から、鳩摩羅什が「如是我聞。一時仏在……」と「一時」を「仏」に繋げて理解した可能性が知られる。「一時」の解釈に関する限り、羅什の自説と『大智度論』の説は異なるのである。

『注維摩』と関連する後代の文献として、ここで少し時代が飛ぶが、『浄名経集解関中疏』にも簡潔に言及しておこう。この注釈文献は道液が撰集した（七六〇年述、七六五年再治）。そこには僧肇『注維摩詰経』の文言が利用されている。『浄名経集解関中疏』巻上に次の如くある。

〔「如是我聞」以下の〕最初の文に、また六要素がある。一は経を信ずる言辞、二は経を伝える主旨、三は経を聞いた時、四は経を説いた者、五は経を聴聞した場所、六は経を聴聞した者たちである。……「一時」について。これは第三の要素であり、経を聞いた時のことである。衆生に重く信ずる心があると感（仏菩薩に対するはたらきかけ）を行い、如来は大悲に基づく誓願心でそれに応対し、感と応とが交渉しあうので、かくして「一時」（ある時／同じ一つの時）というのである。僧肇は言う、法王が〔人々のために〕運命を啓き、めでたき集会が成った時のことである。「仏」について。これは第四の要素であり、経を説いた者である。

初文又六。一信経辞、二伝経旨、三聞経時、四説経者、五聴経処、六聞経衆。……「一時」。此三、聞経時也。衆生信重為感、如来悲願為応。感応道交、故曰「一時」。肇曰、法王啓運、嘉集之時也。「仏」。此四、説経者。……（黎明一九九六・一八一頁。大正八五・四四一中）

ここで撰者の道液が「如是我聞一時仏在……」の所謂「通序」を六項目に分類し、その第三「一時」を聞経時と規定しているのは興味深い。「一時」の注釈末尾に僧肇注を出しているが、鳩摩羅什の注は削除されている。その理由は、羅什が「一時」を「説経時」と解釈したのに対して、道液は「聞経時」と解釈しているため、齟齬を来たす羅什説は削除されたのであろう。しかしこの処理も実はあまり一貫性をもたない。何故なら、子細に検討するならば僧肇注の内容もまた、仏陀が経典を述べた時という意味だからである。羅什の注ほど明白ではないが、実のところは僧肇注は羅什注と対立するものではなく、「一時」を我（阿難）ではなく仏を観点として注釈する点で同じであり、僧肇も「如是我聞。一時仏在……」と「一時」を「仏」に繋げて理解していた可能性が高い。

羅什とその門下において「如是我聞。一時仏在……」という理解が「如是我聞一時。仏在……」（『大智度論』）と同時に存在したことは、「如是我聞」の四字を一句とする所謂「中国伝統説」が五世紀初頭には確かに成立していたことの明証である。ただしその起源は依然として不明である。少なくとも鳩摩羅什自身の発案と考えるべきではあるまい。言い換えれば、「如是我聞一時。仏在……」が「如是我聞。一時仏在……」よりも古い解釈であったとか、あるいは、中国においては最初に「如是我聞一時。仏在……」という解釈が知られ、後の時代に「如是我聞一時。仏在……」が生じて定着したとかと結論すべきではない。前節において我々は竺仏念訳『出曜経』の中に「吾従仏聞如是一時」の八字が一句を構成する例を確認した。ここから、後に置かれた「一時」が先行する「聞如是」に意味的に係ることが分かるのであるが、一方で我々は、「聞如是」を用いる経典の場合には一般に「聞如是。一時仏在……」と句切る伝統に慣らされている。しかし虚心に文献を眺める時、四世紀末までに成立した文献において、「聞如是」の三字で句切る理解が原訳者の意図であったと断定するに足る証拠は実は何もない。つまり数多の経典の冒頭に置かれる「聞如是一時」については、それを「聞如是。一時仏在……」と句切る可能性と共に、「聞如是一時。仏在……」と句切る可能性もあり、この可能性を我々は今のところ積極的に否定することができない。

五　梁代『大般涅槃経集解』の解釈

次に『大般涅槃経集解』（梁代成立）の説を見る。巻二に次のような題記がある。

釈「如是我聞一時」。釈「拘夷城」。釈「力士生地」。……　（大正三七・三八二中）

これによれば、本注釈の編纂者が「如是我聞一時」を一つのまとまりとみなしていたことが明白である。同じことは次の注釈にも確かめられる。

「一時」について。案ずるに、僧宗は次のように言う。〔阿難は〕素晴らしい力を仏より与えられ、また仏陀の覚りに等しい三昧を得て、一度教えを受けたらそれをしっかり心に保持して、忘失することがなかった。「我聞」という句はこのような意味であると。

「一時」。案、僧宗曰、仏加威神、又得仏覚三昧、能一受領受、無所遺失也、為成「我聞」句也。（大正三七・三八四上）

僧宗（四三八〜九六）は南斉を代表する学僧であった。『高僧伝』巻八に立伝される。上の一節は、阿難が仏陀の不可思議な力に加護されて仏覚三昧を得て、ひとたび仏説を聞けば決して忘れない力を身につけたことを述べている。最後の句からも「一時」が「我聞」と繋がることが分かる。仏覚三昧とは仏と同様の優れた記憶力を得る三昧のことであり、失訳『舎利弗問経』に語例がある（大正二四・九〇二下）。

因みに「如是我聞」以下の定型句は後代「通序」と呼ばれるようになるが、その最も初期の語例として『大般涅槃経集解』巻二の南斉の僧宗説がある。[12]「通序」という語はその後、梁の法雲『法華義記』巻一（大正三三・五七六下）にも用いられ、以後の諸注釈で多用されるようになる。一般に僧宗の経典解釈が直後の南斉・梁初の宝亮（四四四〜五〇九）に影響を及ぼしたことは広く知られるが、さらに僧宗説は北地の地論宗にも強い影響力を与えた（船山二〇〇〇b・一三五〜一四〇頁）。

『大般涅槃経集解』は宋・斉・梁と続く南朝涅槃学の真髄を伝える重要資料である。曇無讖訳『大般涅槃経』の訳語を一部改訂し、品名（章名）を法顕訳『大般泥洹経』（別名『六巻泥洹』）の品名に合わせて変更した編纂経典である『大般涅槃経』南本は、鳩摩羅什訳『成実論』と並んで南朝教理学の重要な骨格を形成した（船山二〇〇七a・一一一〜一一三頁）。根本典籍『涅槃経』の注釈スタイルは他の諸経を解釈する上でも一つの基準となったであろう。それ故、本文献において確認される「如是我聞一時。仏在……」という句切り方は、この定型句が他の諸経と共通する以上、唯一『涅槃経』に適用される特殊な解釈だったとは考えられない。むしろ他の諸経典も同様に解釈された可能性を想定すべきである。そしてもしそうであるならば、五世紀末から六世紀初頭の建康において、あるいは南朝全体において、「如是我聞一時。仏在……」という句切りはかなり広く普及していたことになる。

しかしここで一つ但書を付けておきたい。いま述べたように「如是我聞一時。仏在……」と句切る伝承が南朝に存在したことは確実なのであるが、しかし一方、「如是我聞。一時……」という解釈も同時に並行して行われていた可能性が高いのである。詳論は控えるが、そのことは例えば僧祐『出三蔵記集』巻九に収める僧祐「菩薩善戒菩薩地持二経記」より窺い知ることができる。僧祐は斉・梁を代表する仏教史家であり律学の権威であった。彼は当該経記において、求那跋摩訳『菩薩善戒経』と曇無讖訳『菩薩地持経』との異同関係を精査する文脈で、『菩薩善戒経』には第二巻の冒頭に初めて「如是我聞」が有ることと、『菩薩地持経』の冒頭には「如是我聞」が無いことと等を指摘している（大正五五・六二下〜六三上）。僧祐が「如是我聞」の語を用い、「如是我聞一時」とは言っていないことは、彼が「如是我聞」の四字を一句とみなしていることを示すものと見てよかろう。

以上を勘案するならば、六朝時代には「如是我聞一時。仏在……」という解釈——『大般涅槃経集解』をその例とする——と「如是我聞。一時仏在……」という解釈——僧祐や鳩摩羅什がその例である——とが同時に、しかも同じ学派のなかで併存していたと推察される。両者のうち、いずれがより影響力を有したかは興味深いが、安易な速断を許さない問題でもある。

六　北魏の菩提流支『金剛仙論』の解釈

『金剛仙論』は北魏の菩提流支訳として伝わる。しかし実際は翻訳ではなく、菩提流支（五二七卒）の講義録の類いと推測される（竹村・大竹二〇〇三・二三～二五頁。Funayama 2006: 48-50）。巻一に次の一節がある。

「一時」について。「我聞」（私は聞いた）と言った以上、（仏が）説法した具体的な日時がある。それ故に次に「一時」と言う。……〔『金剛経』を聴聞伝承した〕須菩提は「我聞一時（私はある時に聞いた）」とのみ言ったのであって、どの年〔に聞いた〕か言っていない。それ故に「一時」（ある時に）とだけ言うのである。上に、このような般若の理法と教説を私はある時に聞いたのではあるが、しかしいったい誰から聞いたか分からない。もし誰か別の人から聞いたならば、信ずることはできない。今は私は仏から聞いたと言っているので、如来の所説であることがはっきり分かる。

「一時」者、既曰「我聞」、説必有時、故次云「一時」。……須菩提直道「我聞一時」、不云幾年。是故但言「一時」也。上雖如是般若理教、我聞一時、未知従誰辺聞。若余人辺聞、則不可信。今言我従仏聞、明知是如来所

説。　　　　　　　　　　　　　　　　　　　　　　　　　（大正二五・八〇一上〜下）

ここで「我」は須菩提であると理解されている[13]。そして「如是我聞一時。仏在……」という句切り方が明確に知られる（竹村・大竹二〇〇三・六〇頁注一）。地論宗の創立に寄与した菩提流支がこのように解釈し、講義録として残されたということは、これが北魏で規範的な解釈であったことを告げる。ただし当時、別な解釈方法がまったくなかったと帰結されないことは言うまでもない。

七　「一時」を前後双方に繋げるインドの注釈

後代のインド人注釈家が、「一時」は「我聞」と連関するとする一方で、直後の「仏在」とも繋がると考えていたことは既に述べた。本節では、この点をさらに要約的に検討することにより中国仏教説との接点を探ってみたい。本章は中国六朝隋唐仏教を主題とし、インド仏教を主題とするものではないが、六朝隋唐の仏教教理学における「如是我聞一時」の意義を深く考察しようとする際に、インドにおける後代の発展と中国仏教説を比較することには少なからぬ意義があると私は考える。そこで中国における解釈の展開を多角的に理解するために敢えて少し回り道となる考察をしておきたい。

インド人の注釈のなかで、「一時」は「我聞」と「仏在……」の両方に関係すると解説するインド人の注釈として、まず、カマラシーラ（Kamalaśīla 蓮華戒。約七四〇〜九五頃）の *Śālistamba-ṭīkā*『稲芉経釈』がある。サンスクリット原典は存在せず、チベット語訳のみが現存する。一九九五年、校訂版と英訳が Jeffery D. Schoening によって出版された。「一時」に関わる箇所を示すと次の通りである。

「一時に」は「聞いた」と前に繋がる。時（samaya 機会）とは時間（*kāla）あるいは集会（*pariṣad, 'khor 'dus pa）のことである。いかなる所でもいかなる時でもかくの如き経典という宝をしっかりと聴聞することは困難（得難い機会）であるからである。或いは又は、「一時（ある時）に」「世尊は住した」と後ろに繋がる。これにより、調御されるべき〔聴衆〕は無数にいるから、別な時には世尊は別な所に住したということを示す。

dus gcig na zhes bya ba ni *thos pa* zhes bya ba gong ma dang sbyar te / dus ni dus sam / 'khor 'dus pa ste / thams cad du / thams cad na / mdo sde dkon mchog 'di lta bu dag shin du thos par dka' ba'i phyir ro // yang na *dus gcig na bcom ldan 'das bzhugs so* zhes 'og du sbyar te / 'dis ni 'dul ba'i bya ba mtha' yas pa'i phyir gzhan kyi tshe na ni / bcom ldan 'das gzhan na bzhugs so zhes stond to //

（Schoening 1995: vol. 2, 455, 10-13）

このように、カマラシーラは「一時」は「我聞」に繋がると解説した後に、「或いは又は」（*Skt.* atha vā, *Tib.* yang na）という語によって別の解釈を挙げて、「仏在」に繋がるという説を補足するのである。

「或いは又は」（atha vā）は注釈文献にしばしば用いられ、ある語を解釈する際に別の解釈が可能であることを示す。今の場合は、第一解釈と第二解釈とを二者択一的、二律背反的に理解する必要はあるまい。二つのいずれか一方ではなく、両方の解釈が可能であるという意味において、「一時」はその先行要素とも繋がるし、同時にまた後続要素とも繋がるということが注釈において示されていると理解すべきである。

次に、カマラシーラの直後の頃に活躍したハリバドラ Haribhadra の説を見る。彼の『現観荘厳光明論 *Abhisamayālaṃkārālokā*』は、『八千頌般若経』に対するヴィムクティセーナ Vimuktisena の注釈『現観荘厳光明論』をさらに注釈した文献である。本書には、カマラシーラ説、特にカマラシーラ『摂真実論釈 *Tattvasaṃgrahapañjikā*』に展開された説を一部継承する形で著作された部分がある（天野一九六九）。ハリバドラの同論に次のような一節がある。

「一時」は、ある時間に聞いたと前と結び付く。……或いは又は、ある一つの瞬間にすべてを聞いたという意味である。……或いは又は……利他に専心することによって「一時（ある時）に霊鷲山に住した」と後ろの句と結び付く。それ以外の機会には（世尊は）別の所に住したからである。

ekasmin samaya iti. śrutam ekasmin kāla iti pūrveṇa saṃbandhaḥ. ... atha vaikasmin kṣaṇe sarvaṃ śrutam ity arthaḥ. ... atha vā ... parahitapravaṇamatitven*aikasmin samaye gṛdhrakūṭe* viharati *smety* uttareṇa padena saṃbadhyate, anyadānyatra viharaṇāt.

（Woghara 1932: 6, 23-24; 7, 1; 7, 18; 7, 23）

ここでも、「一時」が第一義的には「我聞」と繋がり、別解として「仏在……」とも繋がるとも解釈し得ることが、後者の説明を導入するために「或いは又は」（atha vā）という接続詞を用いて説明されている。

次に、ヴィーリヤシュリーダッタ Vīryaśrīdatta によって著作された『決定義経注 *Arthaviniścayasūtra-nibandhana*』における解説を見る。当該箇所の要点は次の通りである。

「一時」とはある時間に、である。聴聞の時間は連続していることによって断絶がないから一つの時間なのである。そしてこれによって、自分自身（阿難）が多聞であることを述べる。まず、一時（ある機会）にはこれを聞いた。また別の時には別の事柄を聞いたということを示しているからである。或いは又は、「一時（ある時）に世尊は住していた」と後ろと結び付けるべきである。[14]

ekasmin samaya ekasmin kāle. śravaṇakālasya prabandhenāvicchedād ekaḥ kālaḥ. anena ca bāhuśrutyam ātmanaḥ kathayati. idaṃ tāvad ekasmin samaye śrutam, anyad apy anyadā śrutam iti saṃsūcanāt(!). *ekasmin samaye bhagavān viharatīty* uttareṇa vā saṃbandhanīyam.

（Samtani 1971: 75, 9-76, 3）[15]

この注釈も基本的には上記二書と同内容である。著者は、本書の末尾に付された跋偈によれば、パーラ朝ダルマパーラ Dharmapāla 王の時代のナーランダー寺の比丘であった（Samtani 1971: 133-136）。ダルマパーラ王の統治期間はインドの歴史学者マジュムダール R. C. Majumdar によれば約七七〇～八一〇年頃、シルカル D. C. Sircar によれば約七七五～八一二年頃であり、またこれら以外の説もあり、各々多少の相違はあるものの、年代に関する極端な異説はなく、大凡の年代はほぼ確定的である（Majumdar 1993: 45, Sircar 1977: 967）。すなわち本注釈作者はカマラシーラやハリバドラとほぼ重なる時期の学匠と考えられる。ただしカマラシーラとハリバドラについて、前者が先に、後者が後に活躍したことが確定している点を除けば、三者間の正確な先後関係は未定である。

以上の三注釈は玄奘以降に成立したものであり、漢訳されることはなかったが、中国仏教と無関係だったわけではない。まず間接的関係として、カマラシーラはいわゆる「サムイェの宗論」において中国の禅仏教を代表する摩訶衍和尚と頓悟と漸悟をめぐって対論した人物として伝説化されている。そしてより直接的には、カマラシーラの経典解釈法は、九世紀前半の敦煌の仏教学者、法成に影響を与えた。法成『大乗稲芊経随聴疏（大乗稲芊経随聴手鏡記）』には次のような興味深い注釈の一節がある。

経「如是我聞一時」。……「一時」と言うのは経を聴聞した時にほかならない。これには二つの解釈が可能である。一は聴聞との呼応関係であり、二は住処との呼応関係である。聴聞との呼応関係（すなわちある時に聞いたという呼応関係）は、この経典という宝を明らかにしている。聴聞する機会は得難いからである。[16] 住処との呼応関係（すなわちある時に仏は某所にいたという呼応関係）は、これは如来を明らかにしている。別な時には（如来は）衆生を済度する為に別な所に住したからである。

経、如是我聞一時。……言「一時」者、即聞経時也。此有二釈。一与聞相合、二与住相合。与聞相合者、顕此

経宝、難得聞故。与住相合者、此顕如来、即於余時為度衆生住余処故。（大正八五・五四六下）

「一時」は経典を聞いた時という意味であるが、それは「我聞」と繋がるとも「仏住……」とも繋がるというのである。二つの解釈を挙げる点において上述のカマラシーラ説と共通するが、さらに実線部や破線部はカマラシーラ説とハリバドラ説と並行関係にある。一般に法成説がカマラシーラ説に基づくことについては既に上山大峻（一九九〇・二一二頁）の指摘があり、詳論もそれに従う。カマラシーラ説は、長安その他の中国本土の要地で知られることは無かったであろうが、吐蕃期の敦煌仏教にある一定の影響を与えたと言うことができる。

八　中国における対応説

「一時」が「我聞」「仏在（住）」の両方に連接すると解釈する場合、それは、「我」――伝統的には阿難を代表とする経典伝持者――が仏の説法の現場に参与していたことを含意する。つまり「我聞」の時と仏が説経した時とは同じ時である。このように「我聞一時」という連関を認めるならば、その当然の帰結として「仏在」とも必然的に連関してくるのである。もし逆に、聴聞時と説法時は異なると仮定するならば、「我聞」は間接的伝聞の意味となり、仏説の信憑性を保証するという「如是我聞」が担う本来の意義を失ってしまう。

以上は私が論理的整合性という観点から導いた推測にすぎないが、前節に見たインド諸注釈に先行する時代に、既に六朝隋唐の仏教徒もある程度似たような考え方を持っていたのではないかと私は推測する。というのも、聴経時と説経時は符合するという説が複数文献に確認されるからである。例えば玄奘訳『仏地経論』巻一は次のようにいう。

「一時」と言うのは、〔仏が〕説法し〔聴衆が〕聴聞する時をいう。これは瞬間が連続して断絶することがないことに即して、説法と聴聞とがその様を極めることを総じて「一時」（同じ一つの時に）と呼ぶ。……或いは〔説者と聴者が〕共に出会い、その時間にずれがないから、それ故に「一時」（同じ一つの時に）と呼ぶのである。すなわち説者と聴者とが共に出会って一緒になるのであって、同じ一つの時を共有するという意味である。

言「一時」者、謂説聴時。此就刹那相続無断、説聴究竟、総名「一時」。……或相会遇、時分無別、故名「一時」。即是説聴共相会遇、同一時義。（大正二六・二九二上）

『仏地経論』は「親光菩薩等造」と伝えられるが、一般的に言って、果たして本当に原典の忠実で逐語的な漢訳かどうかという点に問題は残る。しかし上の一節に関しては、玄奘らが恣意的に挿入した可能性を考慮する必要は特にないように思われる。玄奘が留学した当時のインドのナーランダー系解釈学を反映すると見て大過あるまい(18)。

特に注目したいのは「説聴時」という語である。これは仏の説時と仏弟子の聴時が同時であって異ならないことを意味する。さらに、そのことを示す特徴的な語として「時分無別」と「共相会遇」にも注目したい。これらの語句は玄奘以後の諸注釈に影響を及ぼした。例えば窺基『大般若波羅蜜多経般若理趣分述讃』巻一にいう。

もっぱらこれら説者と聴者とは、共に出会って一緒になり、説法と聴聞とがその様を極めることを総じて「一時」（同じ一つの時に）と呼ぶ。

但是説聴二徒、共相会遇、説聴究竟、総名「一時」。（大正三三・二九上）

以上のうち、「（共）相会遇」と「説聴究竟、総名『一時』」が『仏地経論』の文言に基づくのは疑いない。また、窺基『妙法蓮華経玄賛』巻一末にいう。

経、一時。『賛』の注釈、〔一時とは〕第二の教説を説く時のことである。これには二つの意味がある。第一に、法王が教化の場を啓き、しかるべき時機と法の受け手とがすべて集合し、説法と聴法に関する事態が完成したさまを総じて「一時」と呼ぶ。第二に、説者と聴者とが共に出会って一緒になり、その時間に相違がないから、「一時」と言うのである。

経、一時。賛曰、第二説教時分也。此有二義。一法王啓化、機器咸集、説聴事訖、総名「一時」。二説者聴者共相会遇、時分無別、故言「一時」。（大正三四・六六四上）

以上によって、窺基が『仏地経論』の説に基づいて「一時」を理解したことが分かる。

さらに、円測『仁王経疏』巻上本には次のような興味深い記述がある。

〔説者と聴者とが〕共に出会うことを「一時」と呼ぶ。従ってかの論（『仏地経論』）に、或いは〔説者と聴者が〕出会って一緒になり、その時間に相違がないから、それ故に「一時（同じ一つの時に）」と呼ぶのである。すなわち説者と聴者とが共に出会って一緒になるのであって、一時（同じ一つの時）を共有するという意味である、と言う。〈〔衆生が〕聖人にはたらきかけ、機会に乗じ、〔衆生が聖人と〕出会って一緒になる様を「一時」と呼ぶのである。……〉

共相会遇、名為「一時」。故彼論云、或相会遇、時分無別、故名「一時」、即是説聴共相会遇、同一時義。〈感聖赴機、更相会遇、名「一時」也。……〉。（大正三三・三六四上）

ここで円測が夾注において「感」「機」という中国伝統の感応理論の語句を用いて同内容の事柄を言い換えていることは注目すべきである。インド仏教と中国思想の絶妙な融合の一例をここに見ることができる。聖人たる仏陀が経説を開示したのは衆生済度の為であり、どのような時期にどのような教えを人々が求め、そして釈尊がそれを説いたかということはいわば啐啄同時の事象であるという考え方が背景にあると思われる。

興味深いことに、これと基本的に同じ考え方は玄奘以前の段階において既に存在していた。鳩摩羅什の高弟であった竺道生は『法華経疏』巻上の冒頭で次のようにいう。

「一時」について。言葉は理と合致していても、もし時期が合わなかったらやはり無駄に説法するばかりである。それ故、次に「一時」ということを明らかにする。時というのは、衆生の機根が聖人にはたらきかけ、聖人は応現して来ることができ、凡夫と聖人とが交渉しあい、良き機会を失わぬこと、それを「一時」という。

「一時」。言雖当理、若不会時、亦為虚唱、故次明「一時」。時者、物機感聖、聖能垂応、凡聖道交、不失良機、謂之「一時」。（続蔵一・二乙・四・三九七葉裏下）

竺道生のこの言は感応理論に基づく点において中国的である。しかし一方、その意図するところは何かと言えば、上掲の窺基や円測の説と共通すると解釈することは十分に可能である。

「一時」を感応思想と関連させる注釈方法は、梁の三大法師の一人である光宅寺法雲（四六七～五二九）の説にも看て取れる。法雲『法華義記』は言う。

「一時」とは、これは通序中の第三の要素であり、阿難が仏陀の語を伝えることができるという意趣が虚妄でないことを明らかにしている。本経（『法華経』）は、如来が時機や機会に適合順応した教えであるのだから、どうして秘密にしたまま弘めずしてよいものか。……今、「一時」と言うのは、この教説が時機にぴたりと適いまったく逸脱のないさまを明らかにしている。……

「一時」者、此是通序中第三、明阿難仏語可伝之意不虚。此経既是如来応機適会之教、云何秘而不伝。……今言「一時」、正明此教与機同会無差。……（大正三三・五七七上）

釈尊は衆生の欲求と機根に応じて時宜に適った教説を宣示し、それを阿難が正しく伝えているということが、上の一節では「応機」「機」という感応思想の語を用いて解説されているのである。

結

経典冒頭の定型句「如是我聞一時仏在……」を「如是我聞。一時仏在……」と句切るべきか、それとも「如是我聞一時。仏在……」と句切るべきか、この点について、従来の定説では、中国仏教はその全歴史を通じて例外なく専ら前者の立場をとり、「如是我聞」の四字を一句とすると考えてきた。しかし今回の考察により、六朝時代には前者の理解も確かに存在していたが、同時に、後者の理解も相当の影響力を有する形で普及していたことが明らかになった。前者の例は僧祐や鳩摩羅什の自説であり、後者の例は鳩摩羅什訳『大智度論』や『大般涅槃経集解』に見える南朝涅槃学の説であった。特に五世紀前半から六世紀前半頃の建康では「如是我聞一時」を一句とする解釈が広く行われていた蓋然性が大きい。

このような二解釈併存の状況は、恐らく、六朝時代の仏教が中国独自の展開を遂げたことを示すというより、インドにおいて二つの解釈が存在したことを何らかの形で反映するものと解すべきであろう。二説のうちでもとりわけ「如是我聞一時」の六字を一句とする解釈は、古典中国語の一般的語順から見れば極めて異例の、語法的にかなり強引な解釈であり、中国語による思考の伝統から自然に発生したとは到底考えられない。漢文本来の語順としては「如是我聞」も十分に奇異な表現といわざるを得ないが、それにも増して「如是我聞一時」の場合には尚更のこと、そこにインドにおける経典解釈の伝統が与えた影響を無視することはできない。

いずれの句読に従うにせよ、仏の対機説法という観点から、仏は衆生を応接教化する為に、最も適切な時節に最も適切な法を説いたという信念の上に立つ場合、阿難等の経典伝持者が個々の仏説を聴聞したということは仏の対機説法を実体験したことにほかならない。このことを示すのが、「一時」はその前後に係るとする解釈である。すなわち仏が本経を説法した「ある時」に、まさにその時に「我」は仏説を聞いたという意味である。この解釈は八世紀後半から末頃のインドの注釈に明白であるが、ほぼ同内容の考えは先行する六朝隋唐の中国にも存在したと考えることができる。中国とインドの相違は表現方法に存する。すなわち中国仏教の場合は中国の伝統説である感応思想の用語や概念を用いて解説した点にインドとは異なる一つの特徴が認められる。

「一時」がその前後と関連する以上、「如是我聞一時仏在……」は、「如是我聞一時。仏在……」と句切ることも可能であり、また「如是我聞。一時仏在……」と句切ることもできる。さらには、二つの解釈が等しく可能であることを示すためには、白文の原文に敢えて句読を入れないでおくという方法すら可能かも知れない。

「如是我聞」云々の定型句については基本的な事柄においてまだまだ不明な点が多い。むしろ不明な点の方が多い。本章が、経典解釈学という巨大な氷山の一角を聊かでも照射し得たならば幸いである。

注

（1）「我聞如是」は東晋の僧伽提婆等訳『中阿含経』や魏の康僧鎧訳として伝わる『無量寿経』（康僧鎧訳でないとの説もある）に用いられる。また別の形式としては、「阿難曰、吾従仏聞如是一時仏在……」という表現もある（西晋の法炬訳と伝えられる『羅云忍辱経』、後漢の安世高訳と伝えられる『温室洗浴衆僧経』など）。

（2）竺仏念訳のうち、例えば『菩薩十住除垢断結経』『菩薩瓔珞経』は「聞如是」を、『菩薩従兜術天降神母胎説広普経（菩薩処胎経）』『中陰経』は「如是我聞」を冒頭に有する。また竺仏念訳『出曜経』における対応語については本章第三節を見よ。

（3）丘山ほか（二〇〇〇・二七一頁注一）は、「竺仏念は羅什来華以前より仏典の漢訳者として活躍していたが、はっきりと羅什来華以前に訳出された経典には「聞如是」を用いながら、恐らくは羅什来華後に訳出したと考えられる経典には「如是我聞」を用いるようになる」と解説する。岩波仏教（一九八九）は「如是我聞」の項で「なお、〈如是我聞〉は鳩摩羅什以後の訳で、それ以前は〈聞如是〉と言った」という。以上は「如是我聞」という訳を創出した人物を羅什とする見解であり、これが正しい可能性もあるが、疑いなく確定するには、竺仏念訳『菩薩処胎経』『中陰経』が羅什以後の訳であることを論証する必要がある。この点は未だ議論が尽くされていない。

（4）ブラフ説に支持を表明し、議論を展開させた主要な研究として、中村・紀野（一九六〇／二〇〇一・解題一九七〜一九八頁）、梶山（一九七七／二〇一三・四二九〜四三一頁）、Kajiyama（1977）、中村元（一九八〇・訳注一八三〜一八五頁）、Silk（1989: 158-163）、Tatz（1993）および後注（5）（6）の諸研究がある。

（5）さらにブラフ説に反対するGalloway（1991）、岡本嘉之（一九九七）も参照。

（6）ブラフ説の価値を認めつつも「一時」がその前後双方と等しく関係する点を重視する研究としてHarrison（1990: 5 n. 3）、下田（一九九三・二三頁注一b）、Schoening（1995: vol. 1, 200 n. 2）がある。

（7）ほぼ同じ説として慧遠『大般涅槃経義記』巻一（大正三七・六一七上）参照。ただしそこでは「龍樹別伝」を「及其別伝」に作る。因みに、十地説と龍樹が直結する文献として連想されるのは龍樹『十住毘婆沙論』であるが、そこに「如是我聞」の注釈は何もない。

（8）『温室洗浴衆僧経』の文は「阿難曰、吾従仏聞如是。一時仏在……」（大正一六・八〇二下）であり、「於」字がない。

（9）「阿難曰、吾従仏聞如是一時仏在……」という表現については注（1）も見よ。

（10）因みに大正蔵の句読は、［1］［2］は「……聞如是一時。……」、［3］［4］は「吾従仏聞如是。一時……」である。しかし内容の一貫性を考慮するならば、筆者の私案によれば、四例すべて一様に「……聞如是一時。……」と句切るべきである。なお『出曜経』における「仏在某某」の句は、「昔」を直前に付した「昔仏在某某」を定型表現とする。

(11)　漢訳のなかでも例外的に『大智度論』と上述『十誦律』の一節が「如是我聞」の四字でなく「如是我聞一時」六字を句切りとする点については、ごく簡単にではあるが、次の研究に既に明確な指摘がある。藤田宏達（一九七五／二〇一五・一九六頁）。なお、これ以外にも「如是我聞一時」の六字を句切りとする重要な文献があることは本章に検討する通りである。

(12)　『大般涅槃経集解』巻二「僧宗曰、序者由致也、将説正宗、若不序述由致、無以証信也。有二序。一曰現序、亦曰別序。二曰未来序、亦曰通序。……如是我聞五証、是阿難所請、名未来序。経皆有此、故名通序也」（大正三七・三八三中）。

(13)　『金剛仙論』巻一「故知今言「我聞」者、是須菩提也」（大正二五・八〇一上）。

(14)　先行研究として本庄（一九八八九・四二頁）と石川（一九九八）を参照。本文に掲げた梵語原文中、saṃsūcanāt は本庄（一九八八九・一六〇頁）訂正案に基づく。Samtani 本は saṃstavanāt に作る。

(15)　如是我聞に関する専論としてSamtani（1964-65）があるが筆者未見。

(16)　原文「顕此経宝、難得聞故」は本文上掲のカマラシーラ『稲芊経釈』の一節（破線部）と並行する表現。

(17)　原文「相続無断」は本文上掲『決定義経注』の prabandhenāvicchedāt（連続性により断絶がないから）に対応。

(18)　玄奘訳『仏地経論』と密に関係するチベット語訳の戒賢『仏地経解説』に関する先行研究として西尾（一九四〇・一八四頁）参照。

第四章　梁の智蔵『成実論大義記』

一　緒　言

本章は、梁代学術仏教の特徴の一端を窺わしめる資料として、智蔵（四五八～五二二）の撰した『成実論大義記』に注目し、散佚して今に伝わらないこの書物の佚文を回収し、ある程度まで原形を推定することを主眼とする。

周知のように智蔵は「梁の三大法師[1]」の一人として名を知られる。三大法師とは開善寺智蔵・荘厳寺僧旻（四六七～五二七）・光宅寺法雲（四六七～五二九）を指し、いずれも『続高僧伝』に立伝される。三者のうち智蔵は最も年長である。ただ、半世紀の長きにわたる梁代仏教のすべてが三大法師によって先導されたわけではなかった。三者はいわば梁代前期仏教教理学の代表であり、武帝（四六四～五四九）とほぼ同世代を代表する三人の義学僧なのであった。さらに言えば、三大法師時代よりもさらに以前には、南斉・梁初をまたいで多大な影響を与えた人物として霊味寺宝亮（四四四～五〇九、『高僧伝』巻八、小亮とも）がいた。

東晋から宋・斉・梁・陳へとつづく南朝仏教の教理学を知るためには、まず重視され学習された基本経典が何であったかをおさえる必要がある。これは今後の研究において様々な角度から検討を重ねるべき要点であるが、一つの見通しとして、筆者の仮説的見通しを最初に述べておこう。

後秦時代の長安にて活躍した鳩摩羅什の訳経が建康に伝播した東晋末・劉宋初の西暦四一〇～二〇年代より以降、宋・斉・梁の南朝三王朝で主流を形成した教理学は「涅槃成実学」すなわち『大般涅槃経』と『成実論』に基づく教理学であった[2]。「涅槃成実学」という名称はあくまで仮称であるが、その実態は何かと言えばすなわち『大般涅槃経』と『成実論』を根本典籍として発達した教理学である。『涅槃経』に関しては、北涼の曇無讖訳『大般涅槃経』（北本、大正三七四号）の訳語を一部改訂し、品名（章名）を法顕訳『大般泥洹経』（別名『六巻泥洹』）の品名に合わせて変更した編纂経典である『大般涅槃経』南本（慧厳・慧観・謝霊運等撰、大正三七五号）が用いられ[3]、この「経」に説かれる大乗如来蔵思想を一方の骨格としつつ、他方では鳩摩羅什訳『成実論』十六巻（大正一六四六号）を、アビダルマ的法数理論を説く「論」として重視し、両者を融合させる形で発達した教理学体系、それが南朝のいわゆる涅槃成実学であった。そしてそれが南朝仏教教理学の基本構造を形成した。

ただ誤解を避けるために補足しておくならば、南朝で形成展開した理論のすべてが『大般涅槃経』か『成実論』のいずれかのみを起源とするわけではない。それらはいわば二大要素であり、この基盤の上に、他経典すなわち先行する時代から既に広く読まれていた仏伝である呉の支謙訳『太子瑞応本起経』（大正一八五号）・呉の維祇難等訳『法句経』（大正二一〇号）・西晋の法炬・法立共訳『法句譬喩経』（大正二一一号）等の諸経が用いられ、鳩摩羅什訳の『大品般若経』（大正二二三号）・『大智度論』（大正一五〇九号）・『法華経』（大正二六二号）・『維摩経』（大正四七五号）・『金剛般若経』（大正二三五号）等が盛んに読誦され研究され、さらに、北涼の曇無讖訳『菩薩地持経』（大正一五八一号）や『優婆塞戒経』（大正一四八八号）が『大般涅槃経』と共に四三〇～三一年ころ建康に到来し、そして東晋末に成った仏駄跋陀羅訳『華厳経』（『六十華厳』、大正二七八号）・宋の元嘉年間に訳出された求那跋陀羅訳

『勝鬘経』（大正三五三号）・求那跋摩訳『菩薩善戒経』（大正一五八二号、一五八三号）・曇摩蜜多訳『観普賢菩薩行法経』（大正二七七号）等の南朝における訳経が重用されたのであった。さらに言えば、学僧にとっては東晋の僧伽提婆訳『阿毘曇心論』（大正一五五〇号）や北涼の浮陀跋摩・道泰等訳『阿毘曇毘婆沙論』（大正一五四六号）などの薩婆多部（説一切有部）アビダルマ論書も教理学の基盤の一つとして研究された。いかなる経典がいかなる文脈で引用されたかの具体相は、端的には、例えば南斉の竟陵王蕭子良（四六〇～九四）の『浄住子』(4)から知ることができる。

南朝仏教において重視された経典が何であったかはほぼ右の通りと考えて大過あるまいが、これはいわば情報インプットの側面である。それに対して、吸収した教理学を南朝仏教徒がいかに自らのものとして表現したかというアウトプットの側面にも簡潔に触れておこう。

すでに別稿で指摘したことであるが(5)、斉・梁の教理学の一つの特徴は翻訳経典数の推移と関係する面がある。すなわち後秦の鳩摩羅什訳、北涼の曇無讖訳、そして劉宋元嘉年間における求那跋摩・求那跋陀羅・曇摩蜜多らの訳により、五世紀前半には所訳経典が数量的に飛躍的に増大し、それと共に新出経典に対する理解が深まっていった。つまり五世紀前半には翻訳活動によって仏教が活性化した面があったと認められるのであるが、これに対し、劉宋後半から梁にいたる西暦五世紀後半から六世紀前半には、訳経僧の到来の減少等により、経典翻訳の数が急減するに至る。しかし興味ぶかいことに、訳経の数量的激減が仏教の停滞を引き起こすことはなかった。それどころか、斉・梁の間に仏教活動は愈々盛んになったとさえ言い得る。このような趨勢のなかで、翻訳事業に代替して仏教活動を保持発展させた要素が何だったかと言えば、厖大な数量の既存経典に何らかの編輯を施し、内容を整理して理解を深めようとする傾向が強まったことを指摘し得る。

既存経典から知られる教説の整理編纂は大別して二つの方向に進んだ。一つは、経典に説かれる内容を短く簡略化しようとする方向である。端的には南斉の蕭子良による多数の抄経作成などがこれに当たり、本章の主題である『成実論』十六巻にもあてはまる。すなわち教理の習得を容易ならしめるため、永明八年（四九〇）に『抄成実論』または『略成実論』と称される九巻の要約版（佚）が、蕭子良の影響のもとで僧柔や慧次たちにより作成された。(6)

もう一つの方向は、簡略化とは逆に、教説を体系化して一つにまとめ上げようとする方向である。具体的に言えば、斉・梁の間には、『経律異相』に代表される類書等の大型編纂物が登場し、また、教義を整理するために種々の綱要書が著作されたことがこれに当たる。本章における中心人物である開善寺智蔵に即して言えば、後述するように、一種の仏教百科全書だったと推測される『義林』八十巻（佚）が武帝の勅命により智蔵らによって編輯された。また、智蔵の撰述として『成実論大義記』があるが、これは『成実論』の逐語的注釈ではなく、主題別綱要書の性格を有していたことも後にみる通りである。すなわち劉宋後半以降の仏教史において通観される既存経典情報の編輯整理としての簡略化と体系化の両方向が『成実論』の受容過程において共に認められるのである。

先に南朝仏教教理学の端的な表現として「涅槃成実学」という仮称を用いたが、『涅槃経』と『成実論』のうち、前者については南朝の教理的発展を比較的つぶさに告げる資料が現存する。『大般涅槃経集解』（大正一七六三号）がそれである。これは撰者不明ながらも梁代成立であることがほぼ確実な文献であり、そこには竺道生（三五五～四三四）・僧亮（道亮、約四〇〇～六八頃）・僧宗（四三八～九六）・法瑤（約四〇〇～七五頃）・宝亮（四四四～五〇九）らの随文釈義が収録され、宋から梁初に至る涅槃経解釈の変遷を具体的に知ることができる。他方、『成実論』については、僧伝にしばしば南朝における講義が記録される（湯用彤一九三八・七一八～七六五頁、春日一九四四）。僧伝や経録等はまた、梁末頃(7)までに左記のような解説書が著わされたことをも記す。〔　〕は出典を示す。

宋の僧導『成実論義疏』（『高僧伝』巻七の僧導伝）
宋の道亮『成実論義疏』八巻（『高僧伝』巻七の道亮伝）
北魏の曇度『成実論大義疏』八巻（『高僧伝』巻八の曇度伝。曇度は四八八卒）
斉の蕭子良（僧柔・慧次等撰）『抄成実論』九巻、周顒作序（『出三蔵記集』巻十一）
梁の招提寺慧琰『成論玄義』十七巻（『続高僧伝』巻九の智脱伝）
梁の袁曇允『成実論類抄』二十巻（『歴代三宝紀』巻十一、大正四九・一〇〇上）[8]
梁の開善寺智蔵『成実論義疏』十四巻（吉蔵『大乗玄論』巻二）
梁の光宅寺法雲『成実論義疏』四十二巻（『続高僧伝』巻五の法雲伝）
梁の荘厳寺僧旻『成実論義疏』十巻（『広弘明集』巻二十の蕭綱「荘厳旻法師成実論義疏序」）

残念ながら、これらはいずれも現存しない。それゆえ具体的なことは殆ど何も分からない。そのなかにあって、唯一の例外は智蔵の場合である。右掲の『成実論義疏』十四巻との異同が問題となるのであるが、智蔵には『成実論大義記』という名で後世に伝わる解説書もあったのである。智蔵『成実論大義記』の存在は経録等には明らかでないが、後に第四節で示すように、日本の安澄『中論疏記』[9]その他に引用されるその佚文を相当数回収することができる。そしてそこからある程度まで原形を推定することも可能である。『成実論大義記』佚文に注目する意義は決して小さくない。

智蔵の著作中に『成実論』に対する「義疏」があったことは吉蔵『大乗玄論』巻二より知られる。それによれば、梁の武帝はある時『成実論』の「義疏」を著作するようにと智蔵に勅命を下したが、智蔵は講義等に多忙であり十分な時間がとれなかったため、諸学士が話し合って「安城寺の開公」と「安楽寺の遠子」（いずれも未詳）に智蔵の講説を代理執筆させた。二人の僧侶は飲み込みがよく、また内典外典に精通していたので、智蔵法師の講義を二遍聴いて十四巻の義疏を作り、法師の検閲を乞うたところ、法師は一遍読んで認可を与えたという。義疏成立のこのような経緯を説明した後、吉蔵は当該義疏の一節を引用している[10]。ここに知られる智蔵『成実論義疏』十四巻と本章で主題とする『成実論大義記』との関係は必ずしも明白でない。題名が別である以上、両者はひとまずは別個の著作とみなすことができるが、ただ、同一著作であった可能性も無ではない[11]。

二　智蔵の著作

智蔵の伝は『続高僧伝』巻五にある（梁鍾山開善寺沙門釈智蔵伝）。智蔵は「姓は顧氏、本名浄蔵、呉郡呉の人なり」とあるように、呉郡の顧氏に属する人物であった[12]。智蔵の説は後の文献とりわけ三論系諸論において「開善」という名で引用される。開善寺は天監十四年（五一五）に建立された。智蔵はこの鍾山開善寺の建立と同時に勅命により住持となり、卒年まで七年を過ごした[13]。

智蔵の著作について本伝は次のようにいう。

凡そ『大小品』・『涅槃』・『般若』・『法華』・『十地』・『金光明』・『成実』・『百論』・『阿毘曇心』等を講じ、各の義疏を著し、世に行わる。（大正五〇・四六七中）

『大小品』と『般若』を別出する理由が不明であるが、その点をひとまず措くならば、以上の一節より、智蔵には、鳩摩羅什訳の『大品般若経』（『摩訶般若波羅蜜経』、大正二二三号）・『小品般若経』（大正二二七号）・『法華経』（大正二六二号）・『十地経』（『十住経』、大正二八六号）・曇無讖訳『金光明経』（大正六六三号）などの大乗諸経、『涅槃経』

すなわち南本『大般涅槃経』(曇無讖訳『大般涅槃経』(北本)の再治本、大正三七五号)、鳩摩羅什訳の『成実論』(大正一六四六号)・『百論』(大正一五六九号)などの大乗論、そして僧伽提婆訳『阿毘曇心論』(大正一五五〇号)という薩婆多部アビダルマ論書などに対する「義疏」があったことが分かる。以上のうち、『成実論』に対する義疏は、前節で見た『成実論義疏』十四巻に違いあるまい。

さらに、智蔵の得意とした経典中に『涅槃経』があることは、智蔵が南朝の涅槃成実学のまさに主流であったことを裏付ける。隋の吉蔵は『法華玄論』巻一において「開善(智蔵)は『涅槃』を以て誉れを騰げ、荘厳(僧旻)は『十地』『勝鬘』を以て名を擅まにし、光宅(法雲)は『法華』を以て当時に独歩す」という(大正三四・三六三下)。これら梁の三大法師は前節一覧表中に示したようにいずれも『成実論』に通じているから、『成実論』と『涅槃経』の両方に最も精通していた法師は智蔵であったと後の時代にみなされていたことが分かる。

本伝より知られる著作のほか、武帝の勅による仏教類書である『義林』八十巻の編纂にも智蔵は中心人物として積極的に関与したことが『歴代三宝紀』巻十一と『続高僧伝』巻一の宝唱伝より分かる。[14] 智蔵の著作として後世に伝わったものとしてはさらに、『大乗義章』一巻のあったことが『東域伝燈目録』(一〇九四年)に「開善大乗義章一巻」(大正五五・一一六一中)とあることより知られる。ただしこれは智蔵より五百年以上も後の経録に基づく情報であるから、『大乗義章』という文献を果たして本当に智蔵に帰してよいかどうかは問題が残る。

三　方法論的覚書

智蔵の言説は後代の文献、とりわけ吉蔵を始めとする三論系諸論書において、「開善云わく」という形でしばしば批判的に言及される。それらを用いて梁代論師の説を再構築しようとする先行研究も少なくない(15)。しかしそれらの引用出自と信頼性にはいささか問題のある場合もある。それ故、本章で扱う直接的対象から除外し、智蔵の原文を最も忠実に伝えると考えられる『成実論大義記』の引用断片にもっぱら注目したい。その理由を以下に列ねる。

まず第一に吉蔵の引用する開善の説が原文通りであるかどうかに対する疑念がある。一般的に言えば、もちろん吉蔵の引用が原文に忠実な場合は多いとすべきであろう。しかし一方で、例えば『中観論疏』巻七本の次のような例は状況がいささか異なる。

問、生死為有楽、為無楽。答、開善云、生死実是苦、都無楽、但於苦法中横生楽想、言有楽耳。
（大正四二・一〇三上）

これによれば、「生死は実に是れ苦にして都べて楽無し。但だ苦法の中に於いて横しまに楽想を生じ、楽有りと言う耳」は「開善」すなわち智蔵の発言ということになる。ところが『中論疏記』はこれを注釈して次のように言う。

言「答開善云生死実是苦」等者、案『大義記』初巻「四諦義中」云、「問曰、有説三有実楽。此入何諦。答曰、『論』云、楽若小実、不名顛倒。既楽心入顛倒、云何有楽耶。故前釈於下苦無生耳。又問曰、生死是縁仮、無涅槃中実楽。執此名倒耳。若如上釈、則因縁楽亦無乖情背□何其甚乎。答曰、涅槃実楽、生死実苦。対而観之、生死只是因縁苦、那得因縁楽。故謂因縁楽。此心則顛倒、何待執性楽、方顕其倒耶」。准之可悉。
（『安澄記』巻六末、九五〜九六、後述佚文七）

すなわち安澄は吉蔵の言を受けて、智蔵の言を正確に紹介するために『成実論大義記』の一節を逐語的に引用しているのである。このことは、裏返して言えば、吉蔵の引く「生死実是苦、都無楽、但於苦法中横生楽想、言有楽耳」は智蔵の言説の正確な引用ではないことを注釈家安澄が認めていたことになるのである。

吉蔵の引用が原文通りでない場合があり得ることを示す好例は他にも複数存在するが、もう一点だけ、佚文四九の例を紹介しよう。吉蔵『中観論疏』巻七本に次のようにある。

釈小乗見思、三師不同。一者、依『雑心』明十五心為見道、第十六心、則属修道。成実師云、前属十六心、直属見諦。……

（大正四二・一〇六下）

このうち「成実師云わく、前属の十六心は直だ見諦（＝見道）に属す」の箇所を承けて安澄は次のように記す。

言成実師云等者、案『大義記』第十三巻「見思義」云、「問曰、『毘曇』十六諦心、十五属見諦、第十六入思惟。『論』亦十六心製為二通不。答曰、『論』雖十六心、非十六念。又悉属見諦、非思惟。問曰、若不十六念、何名十六心復非思惟耶。答、「断過品」云、無量断非八非九。豈容十六念耶。而名十六者、判大階位、如思惟九品耳。非思惟道者、猶治示相、未重慮也。又「六通品」明二乗他心智得知見諦心、云、縁覚欲知見諦第三心、即見第七、声聞欲知第三心、即見第十六心。如是定非知見諦道耶。文理両徴非思惟」。又云、「見諦思惟惑迷通之心也。道有初後、宜立見思之称。此心乖之、謂見諦思惟惑也。道者何耶。以理審云諦、而物不覩及学至初了、宜名見諦、然理深玄非一、監頓明仮、重思惟、乃可究尽、故進求所得重慮曰思惟」、乃至広説。准之可悉。

（『安澄記』巻六末、一〇六～一〇七）

すなわち『大義記』巻十三の見思義を逐語的に引用することによって、吉蔵のいう「成実師」が智蔵を指すことを安澄は説くのであるが、ここでも「『論』に十六心と雖も、十六念に非ずとあり、又た悉く見諦〔道〕に属し、思惟〔道〕に非ず」と類似表現は確認できるが、吉蔵の表現とは異なっている。以上より、吉蔵の紹介する先人の文章が原文通りでない場合のあることが分かる。

また吉蔵『中観論疏』には「荘厳光宅云わく」（大正四二・一一六下）のように、一つの引用文の発言者を複数とする場合もある。また、「開善は真と俗は一体なるが故に名付けて一と為すと謂う。龍光は真俗は異体なるが故に名付けて異と言うと謂う」（大正四二・二六中）のように、簡潔な短文で二人以上の論師の説を対比的に示す場合もある。これらはいずれも忠実な引用ではなく、大意を吉蔵が自らの言葉で要約したものと考えるべきである。筆者はここで吉蔵による梁代論師説の紹介がまったく信用できないと主張しているのではない。隋唐の三論という異時空間から俯瞰した梁代論師の言説紹介と、梁の時代と同じ目線に立った時に見えてくるものは自ずと異なるはずである。梁代諸論師の思想を研究する場合、後代の三論家による、半ば自説に引きつけた要約的引用紹介のみから梁代の思想内容を正確に看取しようとする態度は方法論的に不備があると言わざるを得ない。

一般に、後代の引用が原文の逐語的引用でないことは起こり得る。その理由としては、例えば原文が長大饒舌であるために、そのままでは引用に適さないような場合もあろう。あるいは、論点を明確にするために、引用者が自らの地の文における用語法にあわせて、先人の発言について、その内容は変えずに、言い回しや術語のみを統一的に改めるようなケースもあろう。さらにはまた、引用が先人の説を批判するためであるような場合には、引用者が批判し易い体裁にすべく、原文の内容や文言を故意に歪曲して引くことも時にはあろう。いずれの場合も、もし引用が原文に忠実でないならば、それを原文と同じ性格のものとみなすのは危険である。目下の事例に即して言えば、吉蔵及び彼以降の三論諸家の言及する智蔵の説は、それを批判する三論を研究する文脈ではそれをそのまま智蔵の説と受けとっても特に重大な不都合は生じないかも知れないが、智蔵の説それ自体としてその用語法や議論の組み立て方を梁代仏教研究の文脈で分析しようとするような場合には問題が生じかねない。智蔵の著した原文通りの引用とみなすべきものと、後人が書きかえた可能性があるとみなすべきものとは区別する必要がある。本章が、三論諸文献に厖大に存在する「開善」の説をひとまず敢えて等閑に付し、『成実論大義記』の正確な引用の選定に意を注ぐ所以である。

四　『成実論大義記』佚文

本節では『成実論大義記』の引用断片を筆者の知り得た限りにおいて網羅的に集成する。佚文の出典は多くの場合、日本の安澄（七六三～八一四）の『中論疏記』である（伊藤一九七七）。これを以下に『安澄記』と表記することとする。この文献は吉蔵『中観論疏』に対する注釈である。元来は巻一本から巻八末までの都合十六巻から成っていたが、大正蔵本（大正蔵巻六五所収、二二五五号）は巻一末・巻四本・巻四末・巻六本・巻六末を欠く。このうち巻六末は平井・伊藤（一九七七）[16]に原文校訂がなされているので、巻六末についてはこれを用い、それ以外の巻は大正蔵本の頁数を示すこととする。

安澄の引用する智蔵の言はほとんどの場合、智蔵の原文の忠実な引用と考えてよいと思われる。さらに、安澄の場合には引用末尾を明確にするために、原文引用の直後に「乃至広説」「准之可悉」等の語が置かれているから、引用の終わりがどこまでかを決定することに困難をきたすことも起こりにくい。以下の一覧では、『成実論大義記』の佚文と判断した箇所を「　」で示す。

なお、数は僅かであるが、日本の澄禅（一二二六～一三〇七）『三論玄義検幽集』からも若干の佚文を回収することが可能である。この文献は吉蔵『三論玄義』に対する注釈である。これを以下に『検幽集』と表記することとする。当該佚文は一・二・一四異文の三条のみである。そのうち一と二が『中論疏記』からの引用であることを明示することから、『検幽集』のそれは『安澄記』中の現存しない巻一末・巻四本・巻四末・巻六本のいずれかからの孫引きかと推測される。

各佚文の後に二字下げして掲げたものは、簡単な注記や対応する『成実論』本文や関連資料の類いである。佚文を読み解く上で何らかの参考になれば幸いである。本来ならば各原文について逐一和訳と解説を試みるべきところであるが、本章ではその準備ができなかったことを予め断わっておきたい。

＊　＊　＊　＊　＊

『成実論大義記』佚文

【一、二】『中論疏記』云、案『大義記』初巻「序論縁起」云、「曇無徳部、此土不伝。『成実』一論製作之士、名訶梨跋摩、梁語師子鎧」。又云、「秦主姚興弘始十三年、尚書令姚顕、請者波法師[1]、於長安始訳此『論』、聴衆三百、亦[2]影筆受[3]。其初訳国語、未暇治正、而沙門道嵩、便齎宣流、及改定前、伝已広。是故此『論』遂両本倶行。其身受心法名念処者、前本也。名為憶処者、後本也[4]」。今検『論』本、或有二十巻、或有十六巻[5]。

（『検幽集』巻三、大正七〇・四一八上）

［1］「者波」は「者婆」の誤りであろう。

［2］「亦」は「曇」の誤りであろう。

［3］「成実論記」（『出三蔵記集』巻十一）「大秦弘始十三年、歳次豕韋、九月八日、尚書令姚顕請出此『論』、至来年九月十五日訖。外国法師拘摩羅耆婆手執胡本、口自伝訳、曇晷筆受」（大正五五・七八上）。「略成実論記」（『出三蔵記集』巻十一）「『成実論』十六巻、羅什法師於長安出之、曇晷筆受、曇影正写。影欲使文玄、後自転為五幡、

余悉依旧本」（大正五五・七八上）。『高僧伝』六の曇影伝「影恨其支離、乃結為五番、竟以呈什、什曰、大善、深得吾意」（大正五〇・三六四上）。

［4］『成実論』現存本には「念処」と「憶処」の用例が混在する。

［5］『開元釈教録』巻四「『成実論』二十巻〈或二十四、或十六、或十四。弘始十三年九月八日、尚書令姚顕請出、至十四年九月十五日訖。曇晷等受。仏滅後九百年、訶梨跋摩造。見『僧祐録』〉」（大正五五・五一三上）。また、現行本の場合、高麗蔵本『成実論』は十六巻であるが、大正蔵校勘によれば宋元明版（宋の思渓蔵等）は二十巻であり、調巻が異なる。

【三】『大義記』初巻「三三蔵義」云、「三蔵者、声聞学法也。釈迦之教、凡有三種。一是大乗、名方等経。二是小乗、名三蔵経」。依准此文、声聞学法名声聞蔵、菩薩学法名菩薩蔵。

（『安澄記』巻二末、大正六五・四二上）

【四】『大義記』初巻「四諦序」品[1]、「何者苦諦。謂三受為体。若論苦実義、即唯一苦受。但聖人開合為物、故言教不同。或言一切皆苦、即唯一苦受。或分一苦受為三受、謂苦受等。或説三受是三苦、謂苦苦等」、乃至広説。准之可悉。

（『安澄記』巻六末、九〇）

［1］「品」は「云」の誤りかも知れない。

【五】『大義記』初巻「四諦序」云、「若推例尋数、可有二種三。一者、異境為三、如怨親中人。二者、一境為三、謂新故中、如寒者遇火。既新脱寒苦、熱逼相徴故、於軽逼謂楽。聖人随之称楽。若近火転人縁逼則重、衆生能覚、故説為苦受。中間不了、名不苦不楽受」、乃至広説。准之可悉。

（『安澄記』巻六末、九三）

【六】『大義記』初巻「四諦義」云、「若論苦実義、則唯一苦受。何故云爾。謂逼悩是苦義、而有為心数、皆於縁中起動、既起由縁来、則縁有逼心之義。若心領逼縁、理成逼悩、故心行斯苦、無繊分之楽。所以如来初生、便言三世皆苦。豈非理実唯一苦受而已哉」。准之可悉。

（『安澄記』巻六末、八九）

【七】言答開善云生死実是苦等者[1]、案『大義記』初巻「四諦義」中云、「問曰、有説三有実楽。此入何諦。答曰、『論』云、楽若小実、不名顚倒[2]。既楽心入顚倒、云何有楽耶。故前釈於下苦無生耳。又問曰、生死是縁仮、無涅槃中実楽。執此名倒耳。若如上釈、則因縁楽亦無乖情背□[3]何其甚乎。答曰、涅槃実楽、生死実苦。対而観之、生死只是因縁苦、那得因縁楽。故謂因縁楽。此心則顚倒、何待執性楽、方顕其倒耶」。准之可悉。

（『安澄記』巻六末、九五～九六）

［1］『中観論疏』七本「問、生死為有楽、為無楽。答、開善云、生死実是苦、都無楽、但於苦法中横生楽想、言有楽耳」（大正四二・一〇三上）。
［2］『成実論』六「又人於苦中先起楽倒、後生貪著、楽若少実、不名為倒」（大正三二・二八二中）。
［3］一字不明。

【八】『大義記』第五巻「二聖行義」云、「二聖行者、空行・無我行也。仮名空謂之実。実法空為無我也。称為聖行者、聖是正名。行是法求義也。以空理真当能使渉求心正故。以理自心、曰空行・無我行」。

【九】『大義記』第五巻解云、「内離人故空、去離陰我、不自在故無我、去即即陰我」。准之可悉。

（『安澄記』巻五末、大正六五・一四五中）

【一〇】又「二聖行義」云、「見諦之外、諸結具在、理皆未見。若但観苦不観空、即通厭不成。我心不伏、不見真理。若但観空不観苦、則無縁折境、空観不成、諸結不伏。是以遍観諸理、通厭衆結、故惑伏解成、即見真理。而思惟資見諦苦等、能通厭我慢。以能通厭故、所以用伏結、無復方便空、空無伏義」。

（『安澄記』巻五末、大正六五・一四五上）

【一一】『大義記』第五巻「四果義」云、「『数論』雖倶明四果、而義不同。何数有超果。謂凡夫未嘗断結、入仏法見諦、断十五心為初向、第十六心為初果。若曾断欲界六品、即十五心為第二向、第十六心為第二果。若曾断九品、十五心為第三向、第十六心為第三果。凡夫不能断非想結、故無超証第四果也。『論』[1]明凡夫不能断結、悉次第証果。但有出観不出観果[2]耳」、乃至広説。

（『安澄記』巻七本、大正六五・一七三上）

（『安澄記』巻五末、大正六五・一五六中）

［1］参照『成実論』巻十六「又『経』中説、断三結已、能断三毒。凡夫不能断三結、故無得離欲」（大正三二・三六七中）。

［2］「果」は「異」の誤りであろう。左記【一一異文】参照。

【一一異文】『大義記』第五巻「四果義」中云、「数有超果、謂凡夫未嘗断結、入仏法見諦、即十五心為初向、第十六心為初果。若曾断欲界六品、即十五心為第二向、第十六心為第二果。若曾断九品、十五心為第三向、第十六心為第三果。凡夫不能断非想結、故無超証第四果也。『論』明凡夫不能断結、悉以次第証果。但有出観不出観異耳」。（『安澄記』巻七本、大正六五・一七三上）

【一二、一三】『大義記』第七巻「仮実義」中云、「相続皆仮無実者、雖刹那至従、必有初後。若刹那亦続有、皆仮無実也。開為仮実者、以時相続、亦有同異。若六十刹那為一念、此同類断、説続接他義味合名、実時余時隔絶。若両念云続、此異類断、為続接他義顕故仮名続。不断相続者、有接連義也。為明法不断、宜云続矣。前念自滅、後念自生、但実生滅、実不相至、而云接連者、以前念為因、後念為果。因果相召、能令後念於前念滅時起、則接使前不無、故仮言前不断至後、猶有以仮名在不断」、乃至広説。又云、「仮義何耶。因他無自体也。実義何耶。有自体不因他也」。（『安澄記』巻六末、一〇二～一〇三）

［参考］『中観論疏』巻七本「一、開善云、前念応滅不滅、後念起続於前念、作仮一義、故名為続」（大正四二・一〇五中）。

【一四】『大義記』第七巻「仮名実法義」中云、「五塵及心幷無作、此之七法、名為実法。検世諦有唯此七法也。因成・相続・相待、此云仮名」、乃至広説也。准之可悉。（『安澄記』巻五本、大正六五・一〇九下）

【一四異文】『大義記』「仮名実法義」云、「仮名実法者、謂三種仮名・七実法也。三仮名者、因成・相続・相待也。七実法者、五塵及心無作也」。（『検幽集』巻七、大正七〇・四九四下）

【一五】『義集』[1]又云、開善『大義』第八巻「二諦義」云、「釈二諦有十重。[2]一序意、二釈名、三出体性有無、四即離、五摂法、六真理無階級、七会衆離、八夷神絶果、九寂照昨世俗、十遍融通」云云。（日本平安後期・珍海『名教抄』巻一夾注、大正七〇・六九三中）

［1］　未詳。
［2］　吉蔵『二諦義』巻上「所以為十重者、正為対開善法師二諦義。彼明二諦義有十重、対彼十重、故明十重」（大正四五・七八中）。

【一六】言問他亦云等者[1]、案『大義記』第八巻「二諦義」云、「弁有・無者、謂俗有・真無也。俗雖名有、非是実性。但衆縁相類虚仮曰俗。俗既虚仮。検之無体、即此之無是仮無、謂無為真。真俗二理、悉当但称諦也」。准此記文、今言他者、開善寺智蔵師也。（『安澄記』巻三末、大正六五・八九上）

［1］　吉蔵『中観論疏』巻二末「問、他亦云、有為世諦。空為真諦。与今何異」（大正四二・二七下）。

【一七】案『大義記』第八巻「二諦義」中、因成仮・相続仮・相待仮、此謂三仮。解云、……

（『安澄記』巻一本、大正六五・一六下）

（注）本条は厳密な佚文でなく、梗概摘要の類いかも知れない。

【一八】言如開善義明虚空是二諦所摂虚空是世諦等者[1]、『述義』云、開善意言、既称虚空、即及名言、故是世諦耳。今案『大義記』第八巻「二諦義」云、「夫法無不総、義無不該者、真俗之理也[2]。故五陰通束諸有界入、則有無悉収。既以陰界等為俗、総何法不尽乎。是以上通涅槃、下遍生死[3]、虚空断滅、無非名相。故上言俗有真無者、謂名相為有耳。名相為有、故空等俗諦」、乃至広説。准之可悉。

（『安澄記』巻五末、大正六五・一五三中）

[1] 吉蔵『中観論疏』巻五「四者、如開善義、明虚空是二諦所摂、虚空是世諦、故名為有」（大正四二・七二上）。

[2] 吉蔵『大乗玄論』巻一「摂法第八。論二諦摂法、為当尽不尽耶。常有三解。第一、荘厳云、二諦摂法不尽。……第二、開善、解二諦摂尽、故云、「法無不総、義無不該者、真俗之理」。舒之即無法不是、巻之即二諦爾已。故『大品』云、設有一法出過涅槃者、我亦説如幻如夢。大涅槃空如来空。第三、冶城解云、仏果為真諦所説、而非俗諦。……」（大正四五・二二上）。

[3] 吉蔵『二諦義』巻下「開善云、二諦摂法尽、下至生死、上極涅槃、預名相所及者、故皆世諦。只此名相即体不可得為真諦。為是義故、二諦摂法尽也。又彼明生死涅槃、皆是虚仮、故是世諦。既是虚仮、故可即空為真諦、所以一切法、無出二諦也。彼引『大品』云、仏与弟子、知法性外、無更有法、法性還是真諦、法性既摂法尽、故真諦摂法尽也。又引『大品幻聴品』、須菩提問、生死如幻如夢、涅槃亦如幻如故耶。設有一法出涅槃者、亦説如幻如夢。涅槃既是幻夢、故涅槃虚仮、以虚仮故是世諦、虚仮即空、故為真諦也」（大正四五・一一三上）。

[参考] 吉蔵『二諦義』巻上「開善云、二諦者、法性之旨帰、一真不二之極理。又云、不二而二、中道即二諦。二而

不二、二諦即中道」（大正四五・八八中～下）。同『大乗玄論』巻一「開善云、二諦者、法性之旨帰、一真不二之極理」（大正四五・一五上）。

【一九】開善寺智蔵師云、無有仮体、而有仮用及以仮名也。[1]而今云、有人法者、約就総相、而為言之。今案『大義記』第八巻「二諦義」云、「所以有皆仮者、謂大地雖広、而無体能持。因色香等、故能勝載。既由他無自体、非仮云何。次色香等法、復因細色等成、故麁細雖異、頼他是一。及人因五陰、陰復有因、如是相続相待、備在仮実釈也。其仮皆無者、三仮同無也。既仮有矣、復言無者、如合四微為地。是因成仮、而地是一也。微四也、即不是一、四無一也。離四、無別一、一自無也。雖離四無別、一即四、不是一、故実有此四、可仮之以為一。似如定有、有仮不以仮。故無但推四、復是仮四、皆自無四法、尚自無有、何仮為一。故知以仮故諸有皆無也。空仮名義、照然有微也。既因成仮実、空是無法体、則相続・相待、不待言自無也」。（『安澄記』巻一本、大正六五・一八中）

［1］『淡海記』云、光宅寺法雲師云、無仮体仮用、唯有仮名。荘厳寺慧《ママ》旻法師云、有仮体仮用仮名。開善寺智蔵師云、無有仮体、而有仮用及以仮名也。（『安澄記』巻一本、大正六五・一八中）。吉蔵『百論疏』巻上之下「開善無仮体有仮用」（大正四二・二五四下）。

【二〇】案『大義記』第八巻「二諦義」云、「俗是仮名、無定名而非絶名。真諦是仮名而絶名者。俗法依名而縁猶得俗用、真諦若依名而縁乖真弥遠、故須《ママ》一切妄、豈非絶名乎」。准之記文、今云常等是開善師也。

（『安澄記』巻五末、大正六五・一五二下）

【二一】今案『大義記』第八巻「二諦義」中云、「俗法参差、有等・不等。不等故、精麁万重。等故、因仮斉一。真諦唯遣、故一相無相。一相無相、故理無浅深」、乃至広説。准之可悉。（『安澄記』巻三末、大正六五・一〇二中）

【二二】今案『大義記』第九巻「十八界義」云、「問曰、根者、根是生立義。亦是本義。此六在身内、同是生識本為根也」。（『安澄記』巻五本、大正六五・一三〇上）

【二三】案『大義記』第十巻「五陰義初」云、「心始造縁、対実法境、照識義顕。亦問、現在故初心宜名識。識後相応、没識為数。是以識陰従別立、次色生也。想名取仮名、亦有通別。謂一切是仮名、而凡夫縁皆着、則諸心同名想。故想義通。但仮中有階級、開為仮実。而識初縁実、得仮所因故。第二心方取仮相。既於実縁仮、宜名為想。以従別制故次識也。受名領取義。復通別者、謂心皆領前縁、無非是受。但仮実二境、但損益已而識想未具、領於己好悪。第三具領好悪苦楽明了。此宜名受。故受亦従別制。次想生也。行是起作義、亦有通別。謂五陰相生、皆作成果。但此通行中、前四非善悪受。後生心能成善悪、則第四心能起作来果。起作功顕。此宜名行」、乃至広説。准之記文、今言成実義等者、是開善寺智蔵師義也。（『安澄記』巻五本、大正六五・一三三中〜下）

【二四】故『大義記』第十巻「五陰義初」云、「陰者、蓋也」。（『安澄記』巻五末、大正六五・一三八下）

【二五、二六、二七】案『大義記』第十巻「五陰義」云、「苦集之体、弁縁中果、報性善悪、於報中更弁作用、而心之作用、在強分別。是以識想有苦楽、善悪在行」。又云、「識了実法、想取仮名、受領損益、已皆始得縁、故雖想受分別、分別尚弱、而第四行心、以好悪為好悪、故分別力強作、能作来果」。又云、「識想受心是一向無記」、乃至広説。准之可悉。　（『安澄記』巻五末、大正六五・一五九下）

【二八】今案『大義記』第十巻「五陰義」中云、「総論世諦、不過仮実、然於衆生倶有損益。何者、如習業青、則青於我好。若習憎悪、則青於我悪。若想未知好悪、要至第三方縁者、則識縁実青想取青為瓶受領瓶、属好行染貪受」、乃至広説。准之可悉。　（『安澄記』巻五末、大正六五・一四四下）

【二九】案開善師『成実論大義記』第十巻「五陰義」中三[1]、「次色識通別前後者、識是了別義、心皆当念了別、一切心是識、此通義。但了別功異、取縁前後、故於通立別。何者、心始造縁、対実法境。既造実境照識義、又同現在、故初心宜名識、識復相応、没識為数。是以識陰従別立」。　（『安澄記』巻八末、大正六五・二三九下）

［1］「三」は「云」の誤りであろう。

【三〇、三一、三二】今案彼師『成論大義記』第十一巻「三相義序」云、「三相者、謂生・住・滅、体貌各殊為相也。有為法体、本無今有、則謂之生。已有還無、則謂之滅。有一時在、名曰住也。釈此三相、凡有両家。一云、体実一時、義有前後。謂挙体本無今有為生、挙生体応還無、不至後時為滅。有此一時為住也。二云、体実前後、仮説一時。故一念実有六十刹那。初二十刹那為生相、是本無今有。後二十刹那為滅相、是已有還無。中二十刹那為住相。『論』云、相続故住[1]。総此三想[2]、仮名一念也。然則前釈以体為所相、義為能相。後釈仮名一念是所相、三相是能相也」[3]。又云、「数明三相、別有其体。是不相応行。此論所弁、即法是相。若色初起名色、為生住滅亦爾。若心若無作、皆体為相也。是則三相、縁有為法。尽非無為也」。又云、「問曰、数家別有相法、『経』中亦爾、故文言、生不自生、由生生故生、論主凡人何得謂無別法也、又何処論文言無別法。答曰、『論』有「不相応品」[4]。悉破数家諸不相応文無別生也。但所引『経』、不足拠理。何者、『経』不曾言要有別法、直有生、有生生。今以前後説三相、亦得有重生単生耳」。准之可悉。

（『安澄記』巻二本、大正六五・三四下）

［1］『成実論』巻二「又仏説有為法三相可得。生滅住異。生者、若法先無、今現有作。滅者、作已還無。住異者、相続故住、変故名異。是三有為相、皆在現在、非過去未来」（大正三二・二五五中）、『同』巻七「生者、五陰在現在世名生。捨現在世名滅。相続故住、是住変故名為住異」（二八九中）。

［2］「想」は「相」の意に解すべきであろう。

［3］〔参考〕有人解云、開善寺智蔵師云、「能相是実法、所相是仮名、故以自所相之外、別有能相之時」（大正六五・三四中）。

［4］『成実論』巻七（大正三二・二八九上～下）。

【三三】案『大義記』第十一巻云、「生者、起成義、亦本無今有也」。

（『安澄記』巻八末、大正六五・二四一中）

【三四、三五】案『大義記』第十一巻「三世義」中云、「三世者、過去未来現在也。世者、総代謝之一期也。過於現相曰過去、生而已滅者也。未嘗現相曰未来、応生而未生者也。法体現起而未謝曰現在。斯則過於現相、明其体無。是時俗遷易、不得常在、而是曾有因義不失也、称為未来、明体未有、而是当有果義、非無也。然則過去未来、体是無為、而有有為義。現在之世、体是有為、而有無為義。故二世体無、不得言常皆有。有義、不所謂断、現在陋然、豈得邪見言無。故三世理明、即正見因果也。三世法体、不出三聚。以此三聚有代謝不得、故名三世[1]」。又云、「三世之名、或云三際。際者、限極義、不相参濫也。而三世隔別、故言三世。但『経』称前後際、釈義不同。一云、過去名後際、未来是前際。以生滅論之、方向未来也。二云、過去名前際、未来曰後際。以次第前後義、未来在後故。故『経[2]』云、従無明前際来、後際亦如是。知未来為後」、乃至広説。准之記文、今言『成論』者、是開善師也。

（『安澄記』巻五本、大正六五・一〇九上～中）

［1］開善師解云、三世法体、不出三聚。以三聚有代謝不停故、名三世。（安澄五本、大正六五・一一七上）

［2］目下未詳。

【三六】案『大義記』第十一巻「三世義」云、「但此世体、弁相不同。大而談之、不出三種。謂小中大三世也。小三世者、三念便是現在世、前念是過去世、後念名未来世也。中三世者、三身為体。令[1]身名現在世、前身曰過去、後身是未来也。大三世者、三劫為体。如賢劫名現在、荘厳劫名過去、星宿劫曰未来」、乃至広説。

（『安澄記』巻五本、大正六五・一一五下）

［1］「令」は「今」の誤りであろう。

【三七】彼（＝大義記）云、「問、今論無二世、云何無耶。答、過去時中、無現在未来。未来時中、無過去現在。現在時中、無去来。此三世互相無義、非三世無義也。二世無者、是形今現時、二世体自無」、具如第十一巻「三世義」。

（『安澄記』巻一本、大正六五・一六中）

【三七異文】『大義記』第十一巻云、「二世無者、形今現時、二世体自無」。准之可悉。

（『安澄記』巻五本、大正六五・一一一下）

【三八】今案『成実論大義記』第十一巻「四縁義」中云、「四縁者、因縁・次第縁・縁縁・増上縁[1]。以心生之所由莫不皆従此四、由藉是縁義故、同謂為縁也。因縁者、以因為縁也。次第縁者、能生後次第心也。縁縁者、謂一切諸法可為心境者、是前縁義也。用此縁作由藉、故重云縁縁也。増上縁者、顕勝之義、曰増上也。如根与塵共生一識、而根能標識、塵無此用、故諸根為増上縁也。三因者、生因・習因・依因也。生名起成、亦云本無今無。此是果称也。因以感果為義、則善悪業也。今以果因、因謂生因也。習因者、修習義、取其同類、還相生因果共名也。『論』云、如習貪欲、貪欲増長[2]也。依者、依託義。心識為依、四大等為因。此亦果目因、謂色為依因也」。

（『安澄記』巻一本、大正六五・一六中）

[1]『成実論』巻二「以四縁識生。所謂因縁・次第縁・縁縁・増上縁」（大正三二・二五一上）。『同』巻二「四縁。因縁者、生因・習因・依因。……次第縁者、如以前心法滅故、後心得次第生。縁縁者、若従縁生法、如色能生眼識。増上縁者、謂法生時、諸余縁也」（大正三二・二五二下～二五三上）。

[2]『成実論』巻二「習因者、如習貪欲、貪欲増長」（大正三二・二五三上）。

【三九】今案『成実論大義記』第十一巻「十二因縁義」云、「十二因縁、不出三聚、謂色心不相応行也。無明唯心、不雑余法、故知一切諸有、皆心為本。心迷則生死雲集、心解則天窮悉断。行体有二、謂心及無作識。唯心聚名色、或備三聚、或唯心色。六入有両、謂色心也。触受愛取、並唯心也。有同前行、具心無作也。生応例識、而名通三聚、老死時長、義亦通三也。然則十二数中、六唯心功、謂無明識触受愛取也。三枝各備三聚、謂名色及生与老死也。行有両、具同是心及無作。以色非善悪、無造来果故也。六入備両、謂色与心。以不相応行不為識根故」。准之可悉。

（『安澄記』巻一本、大正六五・八中）

（注）十二因縁は無明・行・識・名色・六入・触・受・愛・取・有・生・老死の十二項。

【四〇】又第十一「十二因縁義」中云、「行縁識者、随業善悪、得受今身。身是父母遺体、有此色法。若無識託、則非衆生。故受身初心、名此為識。然識来託胎、自有多品、故『論』文所説有四。入胎初一、不自憶入胎出胎、所謂恍忽不自覚知、便来受身形也。後復三種、雖甚優劣、然利根福徳也、但就初入復三品、一謂処厠衆穢悪中、二謂処林河之間、三謂処殿堂、登上高山也。品雖多、大別唯両。一是五陰初識、二是前身行陰、通識為識也。所以前後二身、業報懸絶、既改形易道、必生初識。若二身業果相似非隔絶者、則於前身見受生処、起愛而来、未更分別者、故『経』[1]云有善悪心・無善悪心者、謂此也。『大集経』[2]云、従業因縁、父母和合、初受意識、歌羅羅時、其身猶如亭歴子許、未有出入気息、亦不覚苦楽、不苦不楽、離先色相、未具後色、無力無欲、無有精進、無有憍慢。初入胎心、名之為識」。准之可悉。

（『安澄記』巻八末、大正六五・二三九下）

［1］　目下未詳。
［2］　曇無讖訳『大集経』巻二十四の虚空目分第十之三中聖目品第六「従業因縁、父母和合、初受意識、歌羅羅時、其身猶如葶歴子許。是時未有出入気息、亦不覚知苦之与楽、不苦不楽、離先色相、未具後色、無力無欲、無有精進、無有憍慢、上色上姓、上自在相、無五欲愛、諸根不具。如是衆生、我当云何不生憐愍。如是衆生、過去相取、名為無明。過去業有、名之為行。初入胎心、名之為識。……」（大正一三・一六九上〜中）。

【四一】『大義記』云、「衰変為老、神逝死也」。（『安澄記』巻八末、大正六五・二四一中）

［参考］『太子瑞応本起経』巻上「何如為老。曰、年耆根熟、形変色衰、飲食不化、気力虚微、坐起苦極、余命無幾、故謂之老」（大正三・四七四下）。同「何如為死。曰、死者尽也。寿有長短、福尽命終、気絶神逝、形骸銷索、故謂之死」（大正三・四七四下）。

【四二】『大義記』第十二巻「三業義」云、「三業者、身口意業也。所稟七尺当分有体者、身也。唇舌牙歯、能吐音辞者、口也。神慮之法能思慮者、意也。業名造作義、動此三所造、故云三業也[1]。検此三名、有其通別。其口意二法、唯別無通。身有通別。通者五陰之体、都有身名也。別者唯七尺形段色陰為身也。然則三各論名体。業義有離合。離者謂現有起作、動此到彼、唯身口是業、意無也。若体是善悪、能造業報、唯意是業、身口非也。其義伊邪[2]。以身口是色有方処法故、現有起作、従此到彼、意非形方、故無此彼造也。然意是法本。於離有乖会、故意有善悪、能造来果。身口色、可割截。性非善悪。故無能造業報之功」、乃至広説。准之記文。

（『安澄記』巻七本、大正六五・一八〇中）

［1］ 開善師解云、「所受七尺、当分有体者、身也。唇舌牙歯、能吐言辞者、口也。神慮之法、能思慮者、意也。業名造義、動此三所造、故云三業也」（『安澄記』巻七本、大正六五・一七九上）。

［2］ 「伊邪」は「何耶」の意。古写本は屢々「耶」を「邪」と表記する。

【四三】今案『大義記』第十二巻「十四種色義」云、「十四種色者、謂四大五根五塵。形礙是色義也。四種名大者、謂地水火風、遍致故名大、謂遍身内外有一切処名遍、則諸根無其義、故四大独得称大也。五種名根者、眼耳鼻舌身也。五種名塵者、色声香味触」、乃至広説。

（『安澄記』巻二末、大正六五・五六中～下）

【四三異文】『大義記』第十二巻云、「十四種色者、謂四大五根五塵也。形礙是色義」、乃至広説。

（『安澄記』巻五末、大正六五・一三八上）

【四四】言次開善云等者[1]、案『大義記』第十二巻「転業義」中云、「論主法成就、無別得縄、又唯成就過去現在、不成就未来也。其義如耶[2]。過去遠近無在。且促百劫時法、以示相貌。如百劫之初、起一念貪。従此一念生後念。心善悪無記、悉無所在。但使後念実由前生。如是転起相続、乃至今日。故相続道中、得云百劫初心。言『論』文[3]云、昔起貪心相続至今等者、今猶在以起貪心。尚在而其間未受報、復無相違道、得云今心昔起貪、貪今猶在、即今心能成就昔貪。是所成就、以昔起貪、心来至今、今心不異昔、得云本貪実有我也。而無未来貪相続至現在、是故不得云成就未来法」、乃至広説。准之可悉。

（『安澄記』巻七本、大正六五・一八四上）

［1］『中観論疏』巻八本「次開善云、業謝過去、成就来現在故、現在心中有成就、業有現起業。『論』文云、昔起貪心、相続至今。今心不異昔、故言我有」（大正四二・一一八上～中）。
［2］「如耶」は「何耶」または「如何」の誤りか。
［3］目下未詳。

【四五、四六】『大義記』第十二巻云、「『論』云、仮名故有、遍到故名大。[1]当知仮名無体[2]」。又云、「五塵名中、准色与触両名通五。一云五塵体皆是触、同発身識。二云雖同名触、非身識触。但体有形段、棠触有礙、皆触耳」、乃至広説。

（『安澄記』巻五末、大正六五・一三八上）

［1］『成実論』巻三「四大仮名故有、遍到故名大」（大正三二・二六一上）。
［2］吉蔵『百論疏』巻上之上「荘厳仮有体。開善仮無体」（大正四二・二三五上）。灌頂撰・湛然再治『大般涅槃経疏』巻二十七「開善仮名有用有名無体。荘厳名用体倶有。此両皆不可」（大正三八・一九六中）。安澄『中論疏記』巻八本「荘厳云、仮有別体、有用有名。開善云、無体有用」（大正六五・二一三上）。

【四七】『大義記』第十三巻「十使義」云、「因疑起見、決定尽境相、謂之見義。然五見有通別。言身見通別者、『論』云、五陰名身、於中起見、名為身見。[1]見皆従陰起、悉応名身見。但衆生執陰用、以当我、故計我名身見。是以此見両称謂身見我見、受身名、余見不立也」。

（『安澄記』巻七本、大正六五・一七五上～中）

［1］『成実論』巻十「五陰中我心、名為身見。実無我故、説縁五陰。五陰名身、於中生見、名為身見」（大正三二・三二五下）。吉蔵『中観論疏』九末「五陰名身、於中起見、名為身見」（大正四二・一四六中）。

【四八】『大義記』第十三巻「十煩悩義」中云、「邪見通別者、諸見違正理、無不皆邪、但一切無見多所傷害、故一切無名邪見、余見亦不受也」。
（『安澄記』巻二本、大正六五・三七下）

【四九、五〇】言成実師云等者、[1] 案『大義記』第十三巻「見思義」云、「問曰、『毘曇』十六諦心、十五属見諦、第十六入思惟。『論』亦十六心製為二通不。答曰、『論』雖十六心、非十六念。又悉属見諦、非思惟。問曰、若不十六念、何名十六心復非思惟耶。答、「断過品」云、無量断非八非九。[2] 豈容十六念耶。而名十六者、判大階位、如思惟九品耳。非思惟道者、猶治示相、未重慮也。又「六通品」明二乗他心智得知見諦心、云、縁覚欲知見諦第三心、即見第七心、声聞欲知第三心、即見第十六心。[3] 如是定非知見諦道耶。文理両徴、非思惟」。又云、「見諦思惟惑、迷通之心也。道有初後、宜立見思之称。此心乖之、謂見諦思惟惑也。道者何耶。以理審曰諦、而物不覩及学至初了、宜名見諦、然理深玄非一、監頓明仮、重思惟、乃可究尽、故進求所得重慮曰思惟」、乃至広説。准之可悉。
（『安澄記』巻六末、一〇六～一〇七）

［1］『中観論疏』巻七本「釈小乗見思、三師不同。一者、依『雑心』明十五心為見道、第十六心、則属修道。成実師云、前属十六心、直属見諦。……」（大正四二・一〇六下）。

［2］『成実論』巻十一「故知以無量智、尽諸煩悩、非八非九」（大正三二・三二四中）。

［3］『成実論』巻十六「有説、辟支仏欲知見諦道中第三心、即見第七心。声聞欲知第三心、即見第十六心」（大正三

二・三六九下）。

【五一】又第十三巻「見思義」云、「問曰、外道修禅伏結、非観理除正応如儀、何義同断、下下除上上耶。答曰、修禅知見、同断習因。故従麁次第」、乃至広説。准之可悉。

（『安澄記』巻七本、大正六五・一七三上）

＊＊＊＊＊

『成実論大義記』の佚文の可能性があるもの

【甲】此『疏』云、「二諦中道、云何談物耶。以諸法起者、未契法性也。既未契故有有、則此有是妄有、以其空故是俗也。虚体即無相、無相即真也。真諦非有非無而無也、以其非妄有故。俗雖非有非無而有、以其仮有故也。与物挙体即真故非有、挙体即俗故非無、則非有非無、真俗一中道也。真諦無相、故非有非無、真諦中道也。俗諦是因仮、即因非即果故非有、非不作果故非無。此非有非無、俗諦中道也」。（吉蔵『大乗玄論』巻二、大正四五・二六上既出[17]）

【乙】開善師『金剛心義』云、「金剛三昧者是学地之終極、以其照隣仏慧、万惑因此而忘故、借以金剛喩其解用。世有金剛、真実堅而且利。以其堅故、所不能傷、以其利故、能摧壊万像、譬窮学之心、以其照一切境故、能断諸惑、以思壊遣相故、惑所不能。又此是慮法、故受心名、是定中能有、故名三昧」。准之可悉。

（『安澄記』巻八本、大正六五・二一三下）

【丙】開善『感応義』云、「所以名感者、懸相扣召為義也。応者逗適無差、以為義也。為感之功、在於衆生、為応之能、必在聖人也」。此釈亦非。（慧均『大乗四論玄義』巻六、続蔵一・七四・一・三二葉裏下）

【丁】故開善『感応義』云、「当生善為感正体[1]。正以未来善有可生之理、此善雖未有、聖人已能懸見此善有可生之義、故名聖人知機。機者、取際会機微之義也」。故引『周易』言、機者動之微、吉之先現也。又言、知機者其神乎[2]。（『大乗四論玄義』巻六、続蔵一・七四・一・三六葉表上）

〔1〕『大乗四論玄義』巻六「第八家開善云、雖有多句悪者、約論体唯収未来善為義。何以故。未来若有応生之理、須聖人為其作縁。若無仏為縁者、此善即不生、或此善任宜亦生、生不熾盛、必須聖人為作縁、生則力用増強、是故聖人出応為作生善之縁。若爾則正談能感之体、是当生善也。今謂不然。……」（続蔵一・七四・一・三四葉裏上）。

〔2〕『易』繫辞下「子曰、知幾其神乎。君子上交不諂、下交不瀆、其知幾乎。幾者動之微、吉〔凶〕之先見者也。君子見幾而作、不俟知剛」。

五　『成実論大義記』の特徴

前節に、都合五十一条の佚文及び佚文の可能性ある四条を列挙した。本節ではそれらの佚文より窺い知られる『成実論大義記』の特徴を幾つか指摘してみたい。

（一）構　成

文献全体の構造的枠組みに関わる事柄として、『成実論大義記』の巻数と章立ての意義を検討してみたい。まず、本章前掲「四『成実論大義記』佚文」に基づくと、『成実論大義記』の構成は次の通りである。

巻	各科の名称	佚文より知られる主題と概略
初巻	序論縁起	総序
	三三蔵義	大乗三蔵など三種の三蔵について
	四諦義	苦〔・楽〕・集・滅・道について
（第二～四巻）	（不明）	
第五巻	二聖行義	空行と無我行について
	四果義	声聞乗の四果（初果・二果・三果・阿羅漢果）
（第六巻）	（不明）	
第七巻	仮実義（仮名実法義）	二種の存在——三仮と七法（実法） 三仮（三種の仮象）——因成仮・相続仮・相待仮 七法（七種の実在）——五塵（色・声・香・味・触）・心・無作
第八巻	二諦義	真諦と俗諦 三仮（因成仮・相続仮・相待仮）
第九巻	十八界義	六根（六種の感覚器官）について
第十巻	五陰義	五蘊（色・受・行・想・識または心）について

第十一巻	三相義	刹那滅論＝極小時間論＝無常論（生・住・滅）
	三世義	極大時間論（過去・現在・未来）
	四縁義	四縁（因縁・次第縁・縁縁・増上縁）と六因
	十二因縁義	十二支縁起について
第十二巻	三業義	身業（身体的行為）・口業（言語行為）・意業（心理的行為）
	十四種色義	四大（地水火風）・五根（感覚器官）・五塵（五対象）の物質論
	転業義	行為と時間（行為や煩悩の生成継続）について
第十三巻	十使義（十煩悩義）	煩悩の種類と煩悩の除去法
	見思義	見諦道（見道）と思惟道（修道）――声聞乗の聖者の修行論
（以下不明）		

この構成は本論である『成実論』のそれとはっきり異なる。『成実論』は全体が発聚・苦諦聚・集諦聚・滅諦聚・道諦聚の五群に大別されるが、『成実論大義記』がこれを踏襲したものではないのは明瞭である。詳説は省略するが、『大義記』の構成はむしろ隋の浄影寺慧遠による綱要書『大乗義章』（大正一八五一号）の構成に近い。

右の一覧をみて気づくのは、初巻から十三巻に至るまでの論題の順序には恐らく一貫した視点があった。初巻の序論縁起・三三蔵義・四諦義は全体の総論としての性格を有し、第七巻と第八巻は仮名（仮象）と実法（真実在）という二種の存在形態を論ずる。第九巻と第十巻は「五蘊十八界」という存在の構成要素を論述し、第十一巻の三相義・三世義は時間論を扱う。その後、同巻の四縁義・十二因縁義で因果論が展開され、第十二巻ではカルマの理論すなわち行為論に進む。この流れから、悪しき行為の問題として、第十三巻は煩悩論を取り上げ、その煩悩を止滅する実践の理論として「見思義」すなわち見諦道（見道）と思惟道（修道）から成る修行体系の教義を論ずる。佚文より知られる巻数は十三までであるが、恐らくは後続する部分がさらにあったであろう。これ以降の主題は仏と仏智、仏の法身論、涅槃論などだったのではないかと想像される。その当否はともかく、こうした論題の流れから想像を巡らすことが許されるならば、全体の巻数は佚文から知られる十三巻を大きく超過するとは考えにくい。因みに智蔵『成実論義疏』は十四巻であった。これと『大義記』の異同に問題があるのは既述の通りであるが、『大義記』も同じく十四巻ほどの分量であった可能性は十分にあろう。

巻数は佚文に明示されているので確定可能であるが、他方、同一巻内における「某某義」と称されるまとまり——これを「科」ないし「門」と呼ぶこともできよう——の相互の順序は確定できない。右に掲げた一覧における順序はあくまで試案であり、本来の順序とは異なるかも知れない。ところで、いま仮に十四巻構成で各巻平均三科と仮定すると、四十二科となる計算である。多少の誤差があるとしつつもほぼ四十科前後となるとみて大過ないのではあるまいか。というのも梁の光宅寺法雲『成実義疏』と類似の一面を有するのである。法雲の義疏は現存しないが、本伝より「四十科四十二巻」であったのは確実である[18]。それゆえ、巻数は大きく異なるが主題の数は近似すると言える。他方、隋の慧遠『大乗義章』は二百二十二門二十六巻から成り、大きな違いがある。

ところで経典等を解説する際に、本文に即して「随文釈義」の形式で解説を施す「注」や「疏」（義疏）とは別に、経典論書の全体的内容に注目し、各主題毎に「某某義」と称する解説をまとめ上げる形式の解説文献を、後代の仏教では「章」ないし「義章」と呼ぶようになる。隋の長安で成立した慧遠『大乗義章』はその一典型であるが、『成実論大義記』は、章とは呼ばれていないが基本的に同じ形式である。しかも年代的に大幅に先行する。智蔵の卒年は五二二年であり、彼はいうまでもなく南朝の都建康で活躍した。つまり仏教注釈学史からみても智蔵は注目すべき位置にいる。なお第二節で関説したように、後代には智蔵の著作として『大乗義章』一巻を記す伝承もあるが、信憑性が定かでないため、今同列に論ずべきでない。

各々の「某某義」はさらに細部に区分されていたようである。例えば後掲佚文四〜七からは、初巻に四諦義があったことが分かるが、佚文四には「四諦序品」、さらに佚文五には「四諦序」とある。[19]つまり四諦義の内部にも「序」ないし「序品」と称する下位区分が存在したことが分かる。同様の区分は巻十の五陰義（佚文二三と二四）と巻十一の三相義（佚文三〇・三一・三二）にも確認される。また、佚文一五によれば、第八巻に収める二諦義には「十重」すなわち十段階に分けた解説がなされていた如くである。

（二）佚文甲乙丙丁について

第四節佚文一覧の末に、『成実論大義記』の佚文と確定することはできないが、その可能性あるものとして甲乙丙丁の四断片を示した。そのうち、甲の『疏』は智蔵『成実論義疏』の一節である。ただ、これが『成実論大義記』と同一文献であるかどうか決定しがたい。仮に然りとしても、右掲十三巻までの章立てのどこに位置付けるべきかは確証がない。さらに、乙の『金剛心義』と丙と丁の『感応義』についても智蔵の著作断片であるのは疑いないが、『成実論大義記』の一章か、まったく異なる一独立著作とみなすべきかを確定する手がかりは得られない。

（三）「三仮」

本篇第一章第四節（二）で指摘したように『成実論大義記』に「三仮」という概念が明示されているのは思想史的に意義がある。佚文一四と一七に記される通り、三仮とは三種の仮名（仮の存在、かりそめの名ばかりの存在）であり、因成仮・相続仮・相待仮を指す。この三者は漢訳諸文献に種々に前提とされているのは確かであるが、必ずしもまとまった規定がない。三仮はインド仏教の用語でなく、羅什以降の中国仏教史で徐々に確立した術語である。三仮を明確に規定する後代の文献としては吉蔵『大乗玄論』巻一の次の一節がある。

凡そ三種の仮名有り。一は因成仮なり。四微は柱を成し、五陰は人を成すを以ての故に因成と言う。二は相続仮なり。前念自ら滅し、続いて後念を成し、両念摂連するが故に相続仮と言う。三は相待仮なり。君臣・父子・大小の如く、名字定まらず、皆な相い随い待するが故に相待仮と言う。（大正四五・一八中）

すなわち因成仮とは諸原因の集合体としての仮の存在（仮名）であり、諸原子の集合体として粗大な大きさをもつ諸々の物体や人などがその例とされる。相続仮とは時間的連続体である。仏教は刹那滅論に立つから、複数の刹那にまたがり時間的幅を有する存在は真実の存在（実法）とはみなし得ない。例えば昨日の私と今日の私、直前の刹那の私と現在の一刹那の私は別な存在であるにもかかわらず分別知によって同じ私と誤って認識される。時間的連続体は真実在ではありえない。第三の相待仮とは長と短、大と小、父と子のように相対的関係においてのみ成立する存在形態である。

仮の存在に関する説は二諦説（勝義諦と世俗諦、または、真諦と俗諦、空と有、無と有）を背景とし、中国仏教では東晋以来の伝統がある。すなわち東晋には「六家七宗」の諸家が空と有をめぐる諸説を主張した。その後、鳩摩羅什の訳経は思想状況を飛躍的に展開させた。とりわけ重要な役割を果たしたのは『摩訶般若波羅蜜経』と『大智度論』と『成実論』であった。このうち『摩訶般若波羅蜜経』巻二には「三仮品」という章があるが、そこに想定される三仮は名仮施設・受仮施設・法仮施設の三であり（大正八・二三一上）、智蔵や吉蔵の述べるものと用語法が異なり、異同関係が問題となる。『大智度論』巻十二には「相待有」「仮名有」「法有」の三種が仮の存在として解説される（大正二五・一四七下）。そして『成実論』巻十一には「仮名品」という章があり、また同十二の「滅尽定品」

にも関連議論が散見される。しかし仮名とは何かの明解な規定はない。こうした漢訳情報を承けて宋・斉・梁の諸論師が、一見繋がりのないように見える諸説を二諦説と統一的に関係付けながら「三仮」の概念を徐々に形成確定していった様子は、『大般涅槃経集解』から知られる。すなわち劉宋の僧亮や法瑤の説ではあまり明らかでなかった「仮」の概念が、南斉の僧宗の説（大正三七・五二三中）や梁の宝亮の説（大正三七・四六一上、五〇九上、五四八下、五五九下）には、「因成仮」・「相続仮」・「相待仮」を適宜用いた注解が行われた。こうした思想史の流れにおいて開善寺智蔵『成実論大義記』が「因成・相続・相待、此れを仮名と云う」（佚文一四）、「因成仮・相続仮・相待仮、此れを三仮と謂う」（佚文一七）と、三種の仮の存在を明確に定義し、第七巻仮名実法義と第八巻二諦義において縦横無尽の解説を展開していることは、三仮という概念が梁初には既に確立していた証である。

(四)『成実論』訳本の補訂

『成実論』の成立事情についても注目すべき点がある。『成実論』は弘始十三年九月八日から翌十四年九月十五日まで、丸一年をかけて鳩摩羅什によって訳出されたとされるのが通例である（『出三蔵記集』巻十一「成実論記」）。これに対して、佚文二は、弘始十三年に訳出が開始されてより後、完本が成立する前に、改定途中の本が沙門道嵩によって広められ、世間に二つの異なる本が知られるようになったと述べる。蓋し道嵩とは、『高僧伝』巻八の僧淵伝に言及される僧嵩であろう。僧淵はかつて徐州の白塔寺において僧嵩より『成実論』と毘曇を授かったとされている。僧嵩はまた、『魏書』釈老志に見える「嵩法師」とも同じ人物であろう――「嵩法師」は鳩摩羅什より『成実論』を授かり、徐州（彭城）の白塔寺で活躍したという。同じ人物は吉蔵『中観論疏』巻一末には「彭城の嵩法師」と言及される。一方、『高僧伝』巻七の道温伝には、宋の泰始年間頃に建康の中興寺に活躍した「僧嵩」

のことが付伝され、吉蔵説と同じ逸話であるから同じ僧を指すと考えられるが、伝承の実質は異なる。[20]

佚文二はさらに、「身受心法」を（四）念処と呼ぶか、（四）憶処と呼ぶかという点において、改定前の本と改定後の本には訳語の相違があるともいう。念処も憶処も共に梵語スムリティ・ウパスターナの訳である。羅什訳としては念処が一般的であり、憶処は『成実論』以外では用いられない如くである。因みに羅什以前には念処のほか、意止と訳す場合もあった。唐の玄奘訳では念住を用いる。訳本校訂が完了する以前の本が流出した例は、鳩摩羅什訳の場合、『十誦律』についても確認される（『高僧伝』巻二の卑摩羅叉伝、巻十一の僧業伝）。従って『成実論』に類似の状況が生じたとしても特に怪しむに当たるまい。ただ、現存する『成実論』には念処と憶処の両方が混在している。厳密に言えば、憶処は『成実論』巻六の憶品（大正三二・二八八中）と同十四の出入息品（三五五下、三五六下）と同十五の止観品（三五八中）に限って使用されており、大正蔵による限り諸本に異読は存在しない。他方、念処の用例は『成実論』中においても数多い。この事実をいかに解釈すべきか、ここに一つの問題が残されている。今は問題点の指摘にとどめたい。

なお佚文一は『成実論』と曇無徳部（法蔵部）との何らかの繋がりを述べるものの如くであるが、残念ながら短文のため智蔵の意図を十分にくみとることができない。

いずれにせよ、佚文一及び二に記された説は『成実論大義記』のみに特徴的であり、従来の研究では触れられることがなかった梁初の一伝承として注目に値しよう。

以上僅か四点に限ってのことであったが、現時点で指摘し得る『成実論大義記』の特徴の一端を紹介した。個々の佚文それ自体が梁代仏教教理学を知る上で恰好の資料となることは言うまでもない。

注

（1）「三大法師」という呼称の正確な初出は目下未詳。唐代に『続高僧伝』等に用例があるのは勿論であるが、それより以前では隋の吉蔵が『法華玄論』（大三四・三六三下）等で「三大法師」という表現を用いている。

（2）斉・梁時代に『涅槃経』と『成実論』が隆盛したことについては湯用彤（一九三八・六七七頁、七一八頁）等参照。

（3）『大般涅槃経』南本を編纂したのは宋の慧厳・慧観・謝霊運たちであった。その編纂状況は、慧皎『高僧伝』巻七の慧厳伝（大正五〇・三六八上、吉川・船山訳二〇一〇a・五九頁）に詳しい。南本は北本を修訂し品名（章名）を法顕訳『大般泥洹経』六巻の品名に合うように変更した中国における編纂経典であり、曇無讖訳と別個の漢訳ではない。編纂経典については船山（二〇一三a）第六章を見よ。

（4）船山（二〇〇六・「蕭子良の所依経典」三〇九〜三一四頁）参照。

（5）船山（二〇〇六・「南斉時代の仏書編纂について」二六九〜二七三頁）と（二〇〇七b）参照。

（6）「略成実論記」（『出三蔵記集』巻十一）「故即於律座、令柔次等諸論師抄比『成実』、簡繁存要、略為九巻、使辞約理挙、易以研尋」（大正五五・七八上）。また周顒「抄成実論序」（『出三蔵記集』巻十一）も参照。

（7）本文に示した一覧は梁末を下限とする。陳及び以降の『成実論』関連文献については湯用彤（一九三八・七二九〜七三〇頁）参照。

（8）『歴代三宝紀』巻十一「『成実論類抄』二十巻。右天監年（五〇二〜一九）、優婆塞袁曇允撰。与斉文宣抄経相似。亦見『唱録』」（大正四九・一〇〇上）。

（9）安澄『中論疏記』の引く『成実論』注釈文献としては、智蔵『成実論大義記』のほか、「聡法師成論章」・「崇法師成論疏」・「宗法師成実論章」がある。このうち聡法師と嵩法師の同定問題に関する先行研究として、伊藤（一九七七・一三七頁、注五四〜五五）がある。「宗法師成実論章」は、その佚文の一部に真諦三蔵の言を引用するから（大正六五・一六下）、「宗法師」が誰かは不明ながらも、真諦（四九九〜五六九）より後の人物であろう。

（10）吉蔵『大乗玄論』巻二「梁武帝勅開善寺蔵法師令作『義疏』、法師講務無閑、諸学士共議、出安城寺開公、安楽寺遠子、令代法師作疏。此二人善能領語、精解外典、聴二遍、成就十四巻為一部、上簡法師。法師自手執疏読一遍、印可言之、亦得去送之。此『疏』云、二諦中道、云何談物耶。以諸法起者、未契法性也。既未契故有有、則此有是妄有。以其空故是俗也。虚体即無相、無相即真也。真諦非有非無而無也、以其非妄有故。俗雖非有非無而有、以其仮有故也。与物挙体即真故非有、挙体即俗故非無、則非有非無、真俗一中道也。真諦無相、故非有非無、真諦中道也。俗諦是因仮、即因非即果故非有、非不作果故非無。此非有非無、俗諦中道也」（大正四五・二六上）。「此『疏』云」以下の部分は、智蔵の義疏からの引用である。これについては本章第四節の佚文甲をあわせて参照されたい。

（11）湯用彤（一九三八・七二八頁）は同一著作の可能性も注記する。

（12）本伝は続けて智蔵の家系について「呉の少傅の曜の八世也。高祖の彭年は司農卿たり。曾祖の淳は銭唐の令たり。祖の瑤之は員外郎たり。父の映は朝請を奉ずるも早く亡ぶ」とある（大正五〇・四六五下）。ただし、これらの祖先がいわゆる呉郡の顧氏のなかでいかなる位置にあるかは筆者には目下不明。『世説新語』賞誉篇の劉孝標注に、「呉録士林に曰わく、呉郡に顧・陸・朱・張有り、四姓と為し、三国の間に四姓盛なり」とある。

（13）開善寺の建立に関する論考として、諏訪（一九七八／九七・特に一五五〜一六二頁）参照。

（14）『歴代三宝紀』巻十一「『義林』八十巻。右一部八十巻、普通年（五二〇〜二七）、勅開善寺沙門釈智蔵等二十大徳撰。但諸経論有義例処、悉録相従、以類聚之、譬同世林無事不植。毎大法会、帝必親覧、以観講論、賓主往還、理致途趣、如指掌也」（大正四九・一〇〇上）。『続高僧伝』巻一の宝唱伝「天監七年（五〇八）、帝以法海浩汗、浅識難尋、勅荘厳僧旻、於定林上寺纘『衆経要抄』八十八巻。又勅開善智蔵纘衆経理義、号曰『義林』八十巻。又勅建元僧朗注『大般涅槃経』七十二巻。並唱奉別勅、兼賛其功、綸綜終始、緝成部帙」云々（大正五〇・四二六下）。因みにこの宝唱伝引用中に見える僧朗の大般涅槃経注釈書については次も参照。『歴代三宝紀』巻十一」『大般涅槃子注経』七十二巻。右一部七十二巻、天監年（五〇二〜一九）、勅建元寺沙門釈法朗注。見『宝唱録』」（大正四九・九九中）。

（15）吉蔵その他三論諸家の文献を資料として梁代論師の説を紹介する研究として、湯用彤（一九三八）や福島（一九六三）等がある。

（16）平井・伊藤（一九七七）の巻六末校注に先行する研究として泰本（一九六七）がある。

（17）この一節は境野（一九三三・一二九頁）・湯用彤（一九三八・七四七〜七四八頁）・任継愈（一九八八・四三八頁）に取り上げられている。ただし細部の訓点は三者三様である。本章の句読にはそのいずれとも異なる所がある。

（18）『続高僧伝』巻五の法雲伝「時諸名徳各撰『成実義疏』、雲乃経論合撰、有四十科、為四十二巻、俄尋究了」（大正五〇・四六四上）。

（19）本章に集めた佚文中に「某某義中云」という言い回しが少なからず散見されるが、「中」の意味はいささか問題を残している。「某某義中」という表記は佚文七・一一異文・一二・一四・一七・二一・二八・二九・三四・三八・四〇・四四・四八に見える。一般的に言って、大蔵経の中国撰述部諸文献のなかには「某某経云」と同じ意味で「某某経中云」と表現する例が数多くあることや、本章佚文中には「初」「序」「中」はあるが「後」や「末」といった表現が見当たらないことを考慮するならば、「中」は「某某義のなかに言う」という程度の意味を示すと考えるべきか。

（20）『魏書』巻一一四の釈老志「十九年（四九五）四月、帝幸徐州白塔寺、顧謂諸王及侍官曰、此寺近有名僧嵩法師、受『成実論』於羅什、在此流通。後授淵法師、淵法師授登・紀二法師」云々。吉蔵『中観論疏』巻一末「次、彭城嵩法師云、双林滅度、此為実説、常楽我浄、乃為権説。故信『大品』、而非『涅槃』。此略同上座部義。後得病舌爛口中、因改此迷」（大正四二・一七下）。『高僧伝』巻七の道温伝付伝「時中興寺復有僧慶・慧定・僧嵩、並以義学顕誉。……嵩亦兼明『数論』、末年僻執、謂仏不応常住、臨終之日、舌本先爛焉」（大正五〇・三七三上）。彭城の嵩法師すなわち僧嵩については本書第二篇第四章一節に関連事項を紹介したので参照されたい。

〔追記〕

本書の原稿脱稿から初校に至るまでの間に、本章一一八〜一一九頁に示した表が何の断りもなく次の中国語論文に掲載されていることを知った——聖凱「智蔵与《成実論大義記》」、『三論宗研究』一、二〇一七、三二八〜三二九頁。本章の元になった筆者の論文は二〇〇七年に出版された。聖凱論文には筆者の名も論文も言及されていない。しかし両者の表を比較すれば、筆者自身の日本語による解説がそのまま中国語に置き換えられていることは確実である。筆者の作成した表は、『成実論大義記』の佚文を網羅的に蒐集した作業の結果、はじめて作成可能となったが、聖凱論文は網羅的蒐集作業をしていないので、同じ表を著者が自ら作成することは不可能である。このような剽窃が行われたことに深い悲しみを感じる。

（二〇一八年九月二十一日記）

第五章　真諦三蔵の活動と著作

本章は、六世紀中頃に活躍したインド人僧の真諦（四九九～五六九）による著作活動の基本的特徴の解明を課題とする。真諦は中国仏教史における主要な漢訳者の一人であるが、彼は諸経論を漢訳したのみならず、それら経論の注釈——それはしばしば訳本の分量を上回った——を自らの言葉で中国の弟子たちに説き示したという点において、他の翻訳者と一線を画す特色がある。例えば鳩摩羅什や玄奘は『金剛般若経』を漢訳したが、彼らは自身による注釈を何も作らなかった。それに対して真諦は真諦訳『金剛般若経』と真諦撰『金剛般若疏』を作成したことが様々な文献に記録されている。真諦自身の諸注釈は残念ながら殆ど散佚してしまい現存していないが、後代の注釈書の類いから、ある程度までは回収可能である。

本章で主として着目したい文献は、真諦の漢訳——真諦訳——ではなく、[1]真諦自身の著作——真諦撰の文献——と関連事象である。真諦の教理学的特徴や思想内容が重要であることは言うまでもない。真諦の教理学的特徴に関する先行研究は数多い（宇井一九三〇ｂｃｄｅ、勝又一九六一・第二部第三篇第二章～第三章、高崎一九八一／二〇〇九、岩田二〇〇四など）。だが本章ではそれよりもむしろ、[2]その基盤を形成する、より一般的な事柄に注意を向けてみたい。それらにとりわけ着目したい理由は、これまでの真諦研究がしばしば彼の所訳経論のみを取り上げ、しかも主に瑜伽行派の教理学をめぐるものであったからに他ならない。新たな真諦研究への一つの視座として真諦の著作の特徴がある程度まで解明できれば、その成果は翻って将来、真諦所訳文献や彼の思想を今後さらに研究する一助となろう。

一　真諦の伝記

(一) 史　料

最初に、真諦の伝記としていかなる史料があるか、真諦の事績にはいかなる特徴があるかを見ておきたい。周知のように真諦の伝記と訳経については夙に宇井伯壽（一九三〇ａ）が綿密な考察を行った。[3]その直後、蘇公望（蘇晋仁）が北京で出版された仏教系の雑誌『微妙声』に「真諦三蔵訳述考」（一九三六～三七）、「真諦三蔵年譜」（一九三七～四〇）を連載した。[4]それらは宇井説の中国語版と言ってもよい程に宇井に多くを依拠したものであった。さらに宇井と蘇公望を基に、湯用彤は名著『漢魏両晋南北朝仏教史』（一九三八）の第二十章の中の「真諦之年歴」という項を草した。さらに後の研究は、殆どの場合、何らかの形で宇井説に基づいている（吉津二〇〇三、Radich 2012）。同様に本章もまた宇井に多くを負うが、その後の研究の進展によって宇井説を補足修正すべき点も少なくない。

まず、真諦の伝に関する基礎事項を見ておきたい。周知のように真諦は唐の道宣『続高僧伝』巻一に立伝されているが、それに先行する史料として以下のものも重要である。

○陳の慧愷「摂大乗論序」（大正三一・一一二中～一一三中＝一五二下～一五三中）
○同「阿毘達磨倶舎釈論序」（大正二九・一六一上～中）
○同「大乗唯識論後記」（大正三一・七三下）
○同「律二十二明了論後記」（大正二四・六七三下）
○陳の法虔「金剛般若波羅蜜経後記」（大正八・七六六中～下）[5]
○未詳作者「広義法門経跋文」（大正一・九二二上）
○未詳作者「勝天王般若波羅蜜経序」（聖語蔵、房山石経、敦煌写本）[6]
○未詳作者（僧隠？）「金光明経序」（聖語蔵）[7]
○隋の彦琮「合部金光明経序」（大正一六・三五九中～下）
○隋の費長房『歴代三宝紀』巻九（大正四九・八七下～八八中）、同巻十一（九八下～九九上）
○同巻十二の新合金光明経八巻の条（未詳作者「金光明経序」と彦琮「合部金光明経序」との同文を含む。大正四九・一〇五下～一〇六上）
○陳の曹毘「三蔵歴伝」。また「曹毘三蔵伝」「曹毘別歴」「曹毘真諦伝」とも表記。散佚。（『歴代三宝紀』巻九、大正四九・八八上。同巻十一、大正四九・九九上。『続高僧伝』巻一の法泰伝附曹毘伝、大正五〇・四三〇中。『大唐内典録』巻四、大正五五・二六六上）
○陳の僧宗「行状」。散佚。（『続高僧伝』巻一の拘那羅陀伝に「宗公別著行状、広行於世」と言及される。大正五〇・

四二〇中）

真諦伝によれば、真諦が初めて中国に到着したのは梁の大同十二年（五四六）、四十八歳の時であり、到来地は広州南海郡（現在の広東省広州）だった。従って彼のもたらしたインド仏教の新情報の下限はさし当たり五四六年となる。ただ厳密に言えば、彼はインドから広州に到来する間に扶南国（現在のカンボジア一帯[8]）に滞在しているから、彼のインド仏教情報や文献の下限は五四六年よりさらに前となろう。今仮に五四〇年頃を想定しておきたい。

（二）真諦という名と別称

彼の名については、『歴代三宝紀』巻十一に「西天竺の優禅尼（ウッジャイニー *Skt.* Ujjayinī, *Pāli* Ujjenī, *Pkt.* Ujjenī, etc.[9]）国の三蔵法師波羅末陀、梁に真諦と言う」（大正四九・九九上）とある。ここにパラマアルタ *Skt.* Paramārtha, *Pāli* Paramattha に対応する名が確認される。この他、慧愷「摂大乗論序」には「三蔵法師有り、是れ優禅尼国の婆羅門種にして、姓は頗羅堕（Bhāradvāja / Bharadvāja[10]）、名は拘羅那他（クラナータ Kulanātha）なり。此土に翻訳すれば称して親依と曰う」（大正三一・一一二下＝一五二下）とある。周知のように彼の名は『歴代三宝紀』巻九（大正四九・八八上）、『続高僧伝』巻一本伝（大正五〇・四二九下）及び以後の文献においては、la 音「羅」と na 音「那」とが音位転換 metathesis を起こして「拘那羅陀」とも表記されるがそれは正しくなく、慧愷の表記「拘羅那他」こそが正しい。「拘羅那他」の最後の文字「他」は「陀」と表記する場合もあるが、「他」の方が望ましい。また「拘」を「响」と書く文献もある。「拘羅那他」の意味は「親依」や「家依」と訳された。ただしナータ（nātha 守護者）と結び付く時にクラ（kula「親」「家」）が何を意図するかを示す資料はなく、名の意味はあまり明らかでない。またこれと真諦という別名との関係もよく分かっていない。

慧愷（五一八〜六八）は智愷ともいう。真諦の高弟の一人であり、訳場に参席した人物であるから、彼の言は最も信頼に値する。慧愷の伝としては『続高僧伝』巻一の法泰伝附智愷伝がある（大正五〇・四三一中）。俗姓は曹氏である。なお、『歴代三宝紀』の真諦三蔵伝のもとになった「三蔵歴伝」（上述）を書いた真諦の在家の弟子に曹毘がいる。曹毘は生卒年未詳であるが、真諦の「菩薩戒弟子」――菩薩戒（を受戒した在家）の仏弟子――であり[11]、慧愷の「叔子」と記されている（『歴代三宝紀』巻九、大正四九・八八上二七行。『続高僧伝』巻一、大正五〇・四三一中二四行）。曹毘と慧愷は父方の従兄弟であったことがここに分かる。

（三）インドにおける活動地と修学地

直前に確認したように、真諦伝において彼の出身地はウッジャイニーとされる。このことは信じてよいだろう。問題は、真諦の説がウッジャイニーで形成されたと考えてよいか、彼はインドの他のどの地域とも関係しなかったかという点であるが、これについては確証がない。本伝は、彼が扶南に至るまでに諸国を歴遊したことを述べるが、具体的地名は何も記されていない。フラウワルナー Frauwallner（1951a: 149）は、真諦に特有のアマラ識の概念をめぐり、それをヴァラビーの唯識教理学と結び付けて論じている。しかしこれは少し問題がある。確かにウッジャイニーはヴァラビーと地理的に近い場所にはある。しかし真諦伝を見る限り、インドにおける彼の活動地として言及されるのはウッジャイニーだけであり、ヴァラビーへの言及はないからである。

ヴァラビー（Valabhī, Vallabhī, Valabhipura）は現在のカティアワル半島グジャラート州ワラ Vala, Wala（バーヴナガル Bhavnagar 近郊）に比定される。玄奘系文献によれば[12]、ヴァラビーでは『唯識三十頌』に注釈した十論師の中に数えられる安慧（スティラマティ）と徳慧（グナマティ）が活躍した。とりわけ徳慧は安慧の師と言われ、真諦訳とされる『随相論』（大正一六四一号、後述第五節（二）参照）は徳慧法師造とされるから、真諦との関わりを想定可能である。しかし真諦が実際にヴァラビーを訪れて修学したのか、それとも故地ウッジャイニーにヴァラビーから同時代的の唯識文献がもたらされたかについては詳しく分からない。従って真諦とヴァラビーの関係を想定するとしても、関係が直接的か間接的かをめぐっては若干の慎重さを保っておく必要がある。

（四）所属部派

次に真諦の所属部派については、真諦自身がそれを明言している箇所は見当たらないが、正量部であった可能性が考えられる。このことは先行研究において既にある程度は想定されていることであるが、所属部派は重要な論点の一つであるので、今それを確定的にするために、さし当たり以下の三つの根拠を示すことができる。

第一に、真諦訳『律二十二明了論』（単に『明了論』とも。大正一四六一号）は、正量部の仏陀多羅多法師の作とされる[13]（大正二四・六六五中）。ここに真諦と正量部の関係を律を観点として確認することができる。『明了論』が正量部の文献であることは、跋文情報だけでなく、テキストの内的証拠からも言える。すなわち『明了論』において使用される修道論の用語として、「忍・名・相・世第一法」があり、これは正量部及び正量部と同系の犢子部系諸派の修道論に特徴的な用語であることが既に指摘されている（宇井一九三〇d・三九五頁、並川一九九五、二〇〇〇・一八九頁以下、二〇一一・一五一～一六〇頁）。因みに「忍・名・相・世第一法」とは、見道に至る直前の「順決択分」あるいは「四善根位」と呼ばれる段階であり、説一切有部の階位説における「煖・頂・忍・世第一法」に当たる。真諦がもたらした律文献が正量部のものだったことをごく自然に受け止めるならば、真諦は正量部に所属していたと考えるべきであろう。ただし、何らかの偶発的理由から正量部文献をもたらした可能性も排除できないから、単にこれだけの理由では真諦と正量部の関連は確実とは言えない[14]。そこで真諦と正量部の繋がりを示すさらなる根拠を以下に挙げる。

真諦の所属部派を正量部とすべき第二の根拠は、後述するように、真諦は、訳や著作の一部においてインドの諸部派の見解を紹介する際に、しばしば正量部に言及するということがある。これもまた、真諦と正量部の密接な関係を裏打ちするものと言えよう。とりわけアラニヤをめぐる諸部派の説を紹介する真諦の発言を後に紹介するが（第四節（一）参照）、そこにおいて真諦自身の説が説一切有部や上座部の説ではなく、正量部の説を基にしていることは特に注目すべきである。これは真諦説が正量部説の延長上にあることを示すからである。

第三に、正量部に特有の説や術語に基づく文献は他にもある。例えば右に見た「忍・名・相・世第一法」は、真諦訳『顕識論』（大正一六一八号）のうちに、否定すべき他者の説としてではなく、本論作者の自説として現れる（大正三一・八七九中）。『顕識論』が純粋な翻訳ではなく、真諦による注釈の性格を帯びた文献であって、インド語ではなく漢語に依存した文章をも含むことは後述する（第二節（二）、第五節（二）参照）。これを真諦による一種の講義録と見るならば、ここにも真諦と正量部の密接な関係を認めることになる。さらに、同じ説は婆藪跋摩造・真諦訳『四諦論』巻四にも同定可能である。同論には、四念処・四正勤・四如意足・五根・五力・八聖道・七覚分から成る三十七助覚（三十七菩提分法）と修行階位を対応付ける一節がある。その箇所を三十七助覚の各項目に「　」を付し、修行階位を**ゴシック体**とすることによって対応を示すならば次のようである。

「四念処」観是初**発行位**、即解脱分。「四正勤」名**忍位**。「四如意足」是**名位**。「五根」名**相位**。「五力」名**第一法位**。此四通名決了位。「八聖道」名**見位**。「七覚分」名**修位**。尽智無生智名**究竟位**。（大正三二・三九九中）

発行位という修行の出発点を示す階位（ここでは「解脱分」とも称される）の後、忍・名・相・世第一法が順に示され、次に見位（見道）と修位（修道）が続き、最終の究竟位に到達するというものである。注意すべきは、これが『四諦論』において承認すべき自説として展開されており、反論者の見解として紹介されているわけではないということである。この説は同じ対応付けを説く真諦訳『阿毘達磨倶舎釈論』巻十八の分別聖道果人品に示される説一切有部説（大正二九・二八四上一八行「釈曰」以下）と比較する時、特異性がさらに明瞭となろう。以上により『四諦論』もまた正量部またはそれと同系の部派の見解を伝える文献であることが言える。因みに言えば、『四諦論』は様々な固有名詞（人名、経典名、部派名）が見られる点においても極めて興味深いがその詳細な解明は今後の課題として残されている（今西二〇〇六・一七～一八頁）。なお、『四諦論』には通常の翻訳文献の常識から外れる要素が見られる点も注目される（後述第四節（五）も参照）。

以上の三点より、真諦と正量部の結び付きは偶然ではなく、真諦説の根幹と関わることが分かる。これを最も自然に明解に説明する方法は、真諦は正量部に所属していたと考えることであろう。

なお一般に、漢訳語「正量部」に当たる梵語にはサンマティーヤ Saṃmatīya とサンミティーヤ Saṃmitīya の二者があるが、真諦と関連する部派名は後者である。このことは、真諦訳『部執異論』において当該部派が「正量弟子部」（大正四九・二〇中一三行）と意訳され、「三眉底与部」（二二下一四行）と音訳されていることから確定できる。「眉」は mi 音を示し、ma 音ではないからである。[15]

以上は小乗部派の一である正量部と真諦の繋がりである。つまり真諦は正量部の律を受戒して比丘となり、そして日々の実生活は正量部の規定に基づいて生活したと推測される。ただし、真諦と繋がるのは正量部だけではない。思想的立場に目を転ずるならば、小乗の別な部派である説一切有部や大乗の瑜伽行派（瑜伽行唯識派）との繋がりが重要となる。周知のように、彼がその生涯を通じて説一切有部の『倶舎論』（大正一五五九号、*Abhidharmakośa*[*-bhāṣya*]）と瑜伽行派の無著造『摂大乗論』三巻（大正一五九三号、*Mahāyānasaṃgraha*）及びその天親釈『摂大乗論釈』十五巻（大正一五九五号）の翻訳と解説に精力を傾けたことは、やはり重視しないわけにはいかない。ここに真諦とヴァスバンドゥ（Vasubandhu）の密接な関係が知られる。

さらに言えば、真諦により年代的に近接する論師としては、ディグナーガ（Dignāga / Diṅnāga 陳那、四八〇～五四〇頃）を挙げることも可能である。ディグナーガの真諦訳としては、『無相思塵論』一巻（大正一六一九号、*Ālambanaparīkṣā*）、『解捲論』一巻（『解拳論』とも表記。大正一六二〇号、**Hastavāla-prakaraṇa*）がある。[16] ただし、真諦がディグナーガの晩年に至るまでの全著作を知っていたわけではない可能性もある。[17]

ディグナーガの思想的立場は、現代の研究者の用語を用いるならば「経量部瑜伽行総合学派」であるが、彼もまた『倶舎論』の本文を抜粋した綱要書 **Abhidharmakośavṛtti Marmapradīpa-nāma*（『要点の燈と名付けるアビダルマ倶舎論釈』、チベット語訳として現存。北京五五九六号）を編纂していることから、『倶舎論』を重視したことが知られる。しかしその一方で、ディグナーガは説一切有部ではなく犢子部の師のもとで受戒して僧となったとする伝承がある（Obermiller 1932: 149; Chimpa et al. 1970 / 90: 181; Frauwallner 1969: 390）。このことは、真諦の立場を考える際にも参考となる。五～六世紀頃のインドにおいて、説一切有部の教理学と大乗の瑜伽行唯識説を採用しながらも、出身ないし所属部派は有部以外であった論師が相当数存在した可能性をも我々は想定すべきであろう。一般に正量部は犢子部系の四部派の一と分類されるから、ディグナーガと犢子部の関係を認めてよいならば、『倶舎論』や唯識思想との繋がりという点において、ディグナーガと真諦には共通性があると言えるのである。

なお真諦の教説には部派情報として注目すべき事柄が他にもある。これについては第三節で検討を加える。

（五）真諦の行脚と始興郡

既に見たように、真諦は梁の大同二年（五四六）、四十八歳の時に初めて広州に到着した。その後、彼は建康に入ったが、折しも侯景の乱に遭遇したため、やむなく建康を離れ、南朝各地を転々と移動しながら、その都度、支援者（檀越）を探し、瑜伽行派の典籍を中心に、訳経を断続的にではあるが意欲的に続けた。

真諦の訪れた土地は『続高僧伝』の本伝や関連の各種経序ならびに『歴代三宝紀』の真諦訳経リスト——ただし地名には同定不明のものや疑問の余地のあるものもある——などから知られる。いま『続高僧伝』巻一の本伝に見える地名をその表記のままに列挙するならば次のようである。西天竺国優禅尼国、扶南、楞伽修国、都（建康、建業、金陵、楊都。現在の南京）、富春（富春県。現在の浙江省富陽）、豫章（豫章郡。現在の江西省南昌）、新呉、南康（南康郡。現在の江西省贛州）、始興（始興郡。現在の広東省韶関の東北）、臨川郡（現在の江西省撫州の臨川）、晋安郡（現在の福建省福州）、梁安郡（現在の福建省南安の豊州[18]）、広州ないし南海郡（さらにまた嶺南、南越）。以上のうち、彼の最も重要な活動拠点は広州であった[19]。そして広州と建康を繋ぐ内陸ルートである広州—始興郡—大庾嶺—南康郡—豫章郡—江州—建康を往き来した。広州から北上して始興郡を経てさらに北上するこの道は一般人にも用いられたが、広州にいる要人を建康に招聘する時などにも用いられたと推定され、僧伝においては『高僧伝』巻三の求那跋摩伝に言及がある（吉川・船山二〇〇九b・二八六頁注一）。また『高僧伝』巻一の曇摩耶舎伝に付伝される竺法度は南康で生まれた人物であり、法度の活動は、広州から南康に至る移動が背景となっている（吉川・船山二〇〇九b・一二六頁）。後に唐の鑑真も一度このルートを通っている（安藤一九六〇・二三四～二四九頁）。

以下に、真諦伝の直接的関連を一時離れて、真諦の地理的な移動経路を検討する上でもっとも重要な大庾嶺を南北に越えるルートに触れておきたい。

真諦らが広州から北上し、緩やかに標高の高まる地域を通り、始興から大庾嶺越えのためにとった経路は、恐らくは現在「梅関古道」と呼ばれているところかその近辺であろう。梅関古道は、唐の開元年間、張九齢（六七八～七四〇）がそれまで存在していた旧道を拡張整備し、人物往来と物資移動が急激に増加したと言われる。

大庾嶺の標高と比較すると、梅関古道は、高さはあまりなく、海抜四百メートルほどにすぎない。これは人が歩いて支障なく山越えすることが十分可能な高さである。そして梅関古道より南方は、広州に至るまで、現在の河川名で言えば珠江水系で繋がっている。一方、梅関古道を越えて北上し、さらに東北に進むと、南康に至る。そしてこの辺りからは贛江によって豫章郡に至り、さらにそこからは廬山を経て江州（現在の江西省九江）に至り、そこから長江を下って建康に至ることができる。要するに広州と建康をむすぶ内陸ルートは、大庾嶺を境に、南は珠江水系、北は長江に注ぐ支流河川の水系として、ほとんど舟で移動することが可能な場所である。鑑真の伝からも水系を利用したと思われる移動の様子が知られる（安藤一九六〇・二三八頁注八、二四六頁、二四七頁注二二、二四九頁注二四）。真諦関連の資料には彼が舟を用いたことを示す積極的証拠は見出せないが、真諦及び彼の一行もまた、すべての内陸ルートを歩いたのではなく、しばしば水運を利用したと考えてよいのではないだろうか。

（六）真諦伝の一齣――自殺の試み

真諦伝のうち、僧伝に記載されるのが稀な事柄に自殺がある。キリスト教と異なり、仏教の場合は自殺に対する態度に振幅があるが、インド仏教が自殺を完全に禁止していないのは事実である。実際、自殺を行った阿羅漢のことなどが経典に記される場合もある。ただ、漢語で書かれた僧伝の場合、僧伝は多く聖者伝としての性格を有することとも関わり、高僧の自殺のこと――いわゆる「捨身」[20]は例外であるが――をあからさまに記録することは珍しい。この意味において真諦伝における以下の記述は注目に値する。

光大二年〔五六八〕六月、真諦は世俗のごたごたを嫌い、気持ちが肉体の故に疲弊するより、理のままに精神を補佐して早く優れたところに生まれ変わる方がましと思い、かくして南海の北山に入り、命を捨てようとした。ちょうどその時、智愷はまさに〔師の訳した〕『倶舎論』を講じていたところであり、知らせを聞いて馳せ参じた。出家も在家も走り赴き、山河に人が連なった。刺史〔広州刺史欧陽紇〕はさらに使者を派遣して、様子を窺いまもり〔自殺を〕阻止し、自ら額を地に付けて礼拝して三日間引きとどめたところ、〔真諦は〕ようやく気持ちを曲げ、街に迎えられて戻り、王園寺に滞在した。

至光大二年六月、諦厭世浮雑、情弊形骸、未若佩理資神、早生勝壌、遂入南海北山、将捐身命。時智愷正講『倶舎』、聞告馳往。道俗奔赴、相継山川。刺史又遣使人、伺衛防遏、躬自稽顙、致留三日、方紆本情、因爾迎還、止于王園寺。（大正五〇・四三〇上～中）

以上のうち、真諦が『倶舎論』を講じた時期については、『続高僧伝』巻一の法泰伝に付す智愷伝に記事がある。それによれば智愷〔慧愷〕は智慧寺にて光大元年から『倶舎論』の講義を始め、二年八月二十日に病になり、同年五十一歳で逝去した（大正五〇・四三一中）。それ故、真諦が自殺を図ったのは光大二年六月から八月二十日の間と推定される。王園寺が広州にあったことは『歴代三宝紀』巻九（大正四九・八八中七～八行）より知られる。

ただ、ここに記述される自殺の動機をどのように解釈すべきかは恐らく見解が分かれよう。現代でいうところの鬱病による自殺が六朝時代の文献には明確に記されていない以上、真諦は精神的に健常な状態で自殺を企図したのか、極度の神経衰弱ないし鬱病のような状態を事件の背後に想定すべきかを特定することはできない。また真諦が修行僧として自殺を肯定したかどうかも不明である。本伝には真諦が一度ならず中国を離れてインドに戻ろうとしたことが記されている（大正五〇・四三〇上三〜六行、一二〜一八行）。同じことは直弟子の慧愷が記した「阿毘達磨倶舎釈論序」（大正二九・一六一中一〜五行）と「摂大乗論序」（大正三一・一一二下一七〜一八行）にも記されている。侯景の乱の後、中国内陸の各地を転々とせざるを得なかった真諦にとって、中国は安楽の地とはなり得ず、常に帰郷の念を抱き続けたとしても何ら不思議ではない。

さらに言えば、僧伝は一種の聖者伝であるから、そこに立伝される人物はみな「悟った」人と我々は思いがちだが、実はそうではない。ごく一部の例外を除けば、僧といえども悩みをもった生身の人間であった。仏教の修行論に基づいて悟りを規定するならば、大乗の場合、何らかの真理を体得して聖者となるのは初地以上であり、初地に至らない者は凡夫に分類される。一般に僧伝において、初地あるいはそれ以上の階位に上ったとされる修行者の数はきわめて限られるのである。[21] 真諦伝においても彼がいわゆる聖者であったかどうかの明確な記録はない。ただ先の自殺未遂の約半年後のこととして彼の逝去を告げる次の一節は注目すべきであろう。

太建元年（五六九）、〔真諦は〕病気になり、少しして遺言をしたためた。それは厳粛に因果の理を説き示したものであり、書き記したものは何紙にも及んだ。〔真諦は〕それを弟子の智休に預けた。正月の十一日正午に遷化した。享年七十一。翌日、潮亭にて身を焼き塔を建てた。十三日に、僧宗や法准らはそれぞれ経論を携えて匡山（廬山）に戻った。

以太建元年遘疾、少時遺訣厳正勗示因果、書伝累紙、其文付弟子智休。至正月十一日午時遷化。時年七十有一。明日於潮亭焚身起塔。十三日、僧宗法准等、各齎経論、還返匡山。（大正五〇・四三〇中）

六朝時代、火葬は一般的でなく、聖者など特別な者の死の場合にのみ行われた。上の一節で火葬と起塔を記すのは、弟子たちが師を聖者とみなした証かも知れない。因みにここで建立された塔は僅か一日で成ったものであるから箇略な塔だったのであろう。なおその翌日には弟子たちが広州を去っているのは異例の早さと言えよう。

二　真諦の著作

（一）『開元釈教録』から

真諦の「訳」にいかなるものがあるかは比較的よく知られているので割愛する。本章でとくに注目したいのは真諦の訳ではなく、真諦の撰すなわち真諦自身の著作ないし口述筆記録とも言うべき諸文献である。つまり真諦の自説である。そうしたジャンルに入るものを明確化するものとして経典目録がある。『開元釈教録』巻七は、真諦の訳経論を挙げた後、次のようにいう。

また『長房〔録〕』『内典〔録〕』などの経録にはさらに「正論釈義」等の十三部一百八巻が記録される。〔しかし〕それら経論義疏はいずれも真諦の所撰であって梵本からの翻訳ではないから、今それらを〔真諦の漢訳一覧から〕削除し、採録しないものとする。

又『長房』・『内典』等録、復有「正論釈義」等一十三部一百八巻、今以並是経論義疏、真諦所撰、非梵本翻、故刪不録。（大正五五・五四六下）

ここに「「正論釈義」等の十三部一百八巻」というのは、『歴代三宝紀』巻九（大正四九・八八上）と『大唐内典録』（大正五五・二七三下）の対応箇所を、特に排列順序と十三部という部数ならびに巻数に留意しながら検討するならば、次の十三著作を指すに違いない。(22)

1『正論釈義』五巻
2『仏性義』三巻
3『禅定義』一巻
4『倶舎論疏』六十巻（ただし慧愷の倶舎釈論序によれば五十三巻[23]）
5『金剛般若疏』十一巻（疏十巻、経一巻）
6『十八部論疏』十巻
7『解節経疏』四巻
8『無上依経疏』四巻
9『如実論疏』三巻
10『四諦論疏』三巻
11『破我論疏』一巻
12『随相論中十六諦疏』一巻（大正一六四一号『随相論』として現存）
13『衆経通序』二巻

以上のほとんどは現存しないのであるが、その幾つかについて簡単に補足説明しておくと以下の通りである。まず4『倶舎論疏』について。普光『倶舎論記』等に引く真諦説の多くの断片は本疏の引用と推定される。同様に、5『金剛般若疏』、6『十八部論疏』、7『解節経疏』も現存しないが、これらは隋唐の論師たちによって断片的に引用されることによって、その存在及び具体的内容の一部を知ることができる。

6『十八部論疏』は『部執疏』の名で引用されることが多く、『部執記』『部執論記』等ともいう（Demiéville 1931/73）。

7『解節経疏』は『解説記』等ともいい、唐の円測『解深密経疏』に多くの引用がある。そしてそれを基にした佚文集として欧陽漸（一九二四）『解節経真諦義』が存在するが、個々の佚文の同定と版本の選定において今や再検討の余地があり、そのまま無批判に用いることはできない。

9『如実論疏』については一部佚文を回収可能である。

12『随相論中十六諦疏』は、現存大蔵経に『随相論』として修めるものと同じ可能性が指摘されている（宇井一九三〇b・九六～九七頁、青原一九九三、二〇〇三参照。吉津二〇〇三・二四一頁、二七七頁と比較）。

13『衆経通序』二巻については詳細が何も分からないが、題名から想像すると、諸経の冒頭に「如是我聞」以下の定型句に関するものであった可能性がある。というのは、別の論文において指摘したように、中国仏教において「通序」という語は「如是我聞」云々の定型句を指し、その用例は南斉の僧宗に遡ることができ、梁の三大法師の一人である法雲にも用いられる（船山二〇〇七c・二五七頁）。『衆経通序』という題名がその表現において、こうした南朝仏教解釈学の伝統を承けたものであった可能性は想定してよいであろう。さらに言えば、本文献は後に言及する『七事記』と内容的に重なる可能性がある（29『七事記』参照）。

（二）その他

『開元釈教録』において真諦の著作と断定された上記十三部以外にも、真諦作の可能性のあるものが存在する。以下にそれらを掲げ、簡単な解説を施す。

◉『歴代三宝紀』巻九と巻十一の真諦訳経一覧に記載されるが、実際は訳ではなく、彼の著作と考えられるもの

14『翻外国語』七巻——本文献は、『歴代三宝紀』巻九において、13『衆経通序』の直後に真諦録の最後の文献として「『翻外国語』七巻〈一名雑事、一名倶舎論因縁事〉」と記録される（大正四九・八八上）。内容の実態は不明であるが、題名からして翻訳文献ではなく、真諦の著作である可能性が大きい。

15『金光明疏』十三巻——真諦は『金光明経』七巻の翻訳の他、注釈十三巻を残した。『歴代三宝紀』巻十一（大正四九・九九上）。『金光明記』等ともいう。佚文が複数文献より回収することができる。[24]

16『仁王般若疏』六巻——『歴代三宝紀』巻十一（大正四九・九九上）。吉蔵・智顗・円測らの著作より、真諦撰『仁王般若疏』の佚文を回収可能である。子細に検討すると、真諦の疏は、鳩摩羅什訳として伝えられるところの『仁王般若経』の表現を経文として、それに真諦が解説を施したものであることが窺い知られる。このことは、インド人の真諦が（恐らくは漢人僧に請われるままに）中国成立の偽経にも解説を加えたことを示しており、甚だ興味深い。これについてはいろいろな視点が絡むため、改めて後述したい（第四節（六）参照）。

17『中論疏』二巻——『歴代三宝紀』巻十一所掲の真諦訳経一覧に「中論疏二巻」がある（大正四九・九九上）。注釈文献の漢訳には「釈」を用いるのが通例であり、「疏」を用いることはない。一方、真諦自身の著作には『金剛般若疏』『中辺疏』『摂大乗論義疏』など「疏」を用いる例があるから、「中論疏二巻」もまた、内容は不明ながらも、訳でなかった可能性を想定することができ、その佚文と思われるものも僅かに回収可能である。

18『九識論義記』二巻または『九識章』三巻——『歴代三宝紀』巻十一（大正四九・九九上）。本文献は、真諦が、瑜伽行唯識派の通常の八識説とは異なる九識説を提唱していたことを示す文献であるが、残念ながら一部の断片が

残存するに過ぎない。近年、真諦が九識説を立てたとする理解に対する疑念も出されてきたが、本文献の実在性を完全に否定するまでには至っていない。

19『転法輪義記』一巻——『歴代三宝紀』巻十一（大正四九・九九上）。未詳。

◉『歴代三宝紀』には言及されないが、序や後記の類いから真諦の著作と判断できるもの

20『明了論疏』五巻。別名『律二十二明了論疏』五巻——本疏は、『律二十二明了論』の跋文（大正二四・六七三下）において、陳の光大二年（五六八）に論の本文一巻を翻訳したのと同時に「解釈を註記して五巻を得」たと記されるものに当たる。関連記事は『続高僧伝』巻一の法泰伝にも見られる（大正五〇・四三一上一七～一九行）。跋文によれば、訳場で「筆受」を担当したのは建康の阿育王寺出身の慧愷と言われているから、慧愷は本疏の成立に直接関わったと考えてよかろう。なお、国訳一切経律部十一に収める『律二十二明了論』の解題（一九三一年）で西本龍山が指摘する通り、定賓『四分律疏飾宗義記』を始めとする唐代律宗文献等からかなりの分量の本疏の佚文を回収可能である。

21『摂大乗論義疏』八巻——慧愷「摂大乗論序」より知られる。『摂論記』『梁論記』等ともいう。佚文は宇井伯壽によって集められているが、実際にはそれより遥かに多くの佚文を回収することができ、その先行研究として宇井（一九三五）がある。なお本義疏の成立事情については後述第六節で再検討したい。

22『大乗唯識論注記』二巻——『唯識二十論』（*Viṃśatikā / Viṃśikā*）の真諦訳である『大乗唯識論』一巻への注釈。同論巻末に慧愷の後記が付せられ、そこに詳しい内容が記されている（後述第六節参照）。それによれば、本文献は二巻であり、その制作地は広州の制旨寺である。ただし真諦の注記の具体的内容は不明である。なお、これと関

連する経録情報として、『歴代三宝紀』巻九に「唯識論文義合一巻〈第二出。与元魏般若流支訳者小異。在臨川郡翻〉」（大正四九・八八上）とあるのが注意される。具体的内容は不明だが、仮に『大乗唯識論注記』と同じ文献への言及とすると、巻数と成立地に相違が生じる。ただし更なる情報がないため結論を下し難い。

◉大蔵経諸本に真諦訳として入蔵されるが、訳と見るより、真諦の著作とみなす方が自然であるもの

23『婆藪槃豆伝』一巻——大正二〇四九号として現存。『婆藪槃豆法師伝』ともいうが、より古い文献は「法師」を欠き、『婆藪槃豆伝』と称する。伝統的に真諦の訳とされるが、内容を検討すると、純然たる翻訳文献の性格から逸脱する要素が散見される（Takakusu 1904: 293 n. 110, Frauwallner 1951b: 17-18）。これについては後述第五節（二）で取り上げる。

24『顕識論』一巻——大正一六一八号として現存（宇井一九三〇ｂｄ、高崎一九七九／二〇〇九・四六五～四六七頁）。これも真諦の訳と伝えられ今日に至るが、純粋な訳と見ることには内容と構成の点から疑問が残る。本論は『摂大乗論』の解説書としての性格を有する。あるいは真諦が『摂大乗論』を講じた一連の筆記録が存在したことを仮定してよいならば、その一部であった可能性も大きい。この文献については後述第五節（二）も参照されたい。

25『十八空論』一巻——大正一六一六号として現存（宇井一九三〇ｂｃ、高崎一九七九／二〇〇九・四六八頁、Radich 2009: 66-67）。

26『三無性論』一巻——大正一六一七号として現存（宇井一九三〇ｆ、高崎一九七九／二〇〇九・四六三～四六五頁、Radich 2009: 72-79, esp. 164 n. 490）。

以上の24『顕識論』、25『十八空論』、26『三無性論』の三論はいずれも「無相論」の一部であると言われ、関連

伝承について勝又俊教の研究がある（一九六一・第三章第二節「無相論について」）。

27『涅槃経本無今有偈論』一巻――大正一五二八号として現存（高崎一九七九／二〇〇九、河村一九七〇）。なお『歴代三宝紀』巻十一の真諦訳経一覧に挙げる「本有今無論一巻」（大正四九・九九上）は、現存『涅槃経本無今有偈論』に当たると考えることができる（宇井一九三〇b・七五～七六頁）。

28『仏性論』四巻の一部――『仏性論』（大正一六一〇号）は『宝性論』と密接な関係にあり、『仏性論』の一部は『宝性論』とほぼ同内容の場合がある一方で、大きく異なる部分もある（月輪一九三五／七一、服部一九五五）。とりわけ『仏性論』にしばしば用いられる「釈曰」あるいは「記曰」で始まる一節は、真諦自身の注記と考えることができるとの指摘がある（坂本一九三五・二六四～二六七頁）。この考え方を敷衍することが許されるならば、他の真諦訳本中――例えば『転識論』や『顕識論』においても「釈曰」「記曰」は確認されるから、同様の手法によって、さらに真諦の直説を回収できる可能性があろう。しかしこの作業を実際に行うのは予想以上に困難である。「釈曰」「記曰」の開始点は誰にでも簡単に分かるが、それがどこで終わるかについて十分に確定することは時に非常に難しいからである。また「釈曰」「記曰」以外の箇所に中国的要素が認められる場合もあるから、『仏性論』に真諦説が含まれているとしても、画定には困難が伴う（高崎二〇〇五・特に六一～六二頁）。

◉『歴代三宝紀』には記録されていないが、佚文を回収できるもの

29『七事記』――七事記という名の文献が各種経録中の真諦録に言及されることはないが、円測その他の論師によって引用される場合がある。七事とは仏経冒頭の定型語句である如是・我・聞・一時・仏世尊・住処・大比丘の七項目を指し、それらに関して詳細な解説を施したものが『七事記』であった。(25) 引用内容から察すると、5『金剛般若疏』との密接な関係が考えられる。そのことを示す根拠は複数ある。第一に、円測『解深密経疏』には他の文献で「七事記」とする内容を真諦「般若記」という名で引用する箇所がある（続蔵一・三四・四・三〇〇表下）。第二に、唐の定賓『四分律疏飾宗義記』は同じ箇所を「真諦三蔵『金剛般若記』」として引用する（続蔵一・六六・三・二九〇裏下）。また第三に、法虔「金剛般若経後記」には真諦が「婆藪の論釈」に依拠して『金剛経』を解説したと述べる一節があるが（大正八・七六六下六行）、同じく婆藪への言及が『七事記』の内容を引用する吉蔵『金剛般若経疏』にも「真諦三蔵は婆藪の釈を述べて云わく」と言われる。これも『七事記』が『金剛般若疏』の一部であったことを傍証するであろう。これら三点よりすれば、『七事記』は『金剛般若疏』の冒頭の単なる別称であった可能性がある。しかし同時にまた、「七事記」なる名で様々に引用される事実から推測すると、本来は『金剛般若疏』の冒頭部分が後に独立し、経典の冒頭を広く一般に解説する別個の文献となった可能性も考えておくべきである（『七事記』の研究として、宇井一九三〇b・八五頁と船山二〇〇二c・二八頁注四二）。とりわけ『七事記』と内容的に重なると想像される13『衆経通序』二巻が経典目録に記録されることは、『七事記』と『衆経通序』が同じであった可能性をも想像せしめる。

30『中辺疏』三巻──『中辺論記』とも。僅かであるが佚文を回収できる。なお本疏について『歴代三宝紀』に記載はないが、『大唐内典録』巻五の夾注（割注）に「疏三巻」への言及がある（大正五五・二七三中）。また本論である真諦訳『中辺分別論』の高麗版の夾注（大正三一・四五一下）に「疏本」における頌の句作りに関する言及が見られることは、宇井一九三〇bに指摘される通りである。

31『大空論疏（擬題）』──『歴代三宝紀』巻九に真諦訳「大空論三巻」が挙げられる（大正四九・八八上）。

32『涅槃義記（擬題）』──『大般涅槃経』の「十四音」説に対する真諦の断片が後代の文献に見られる。そのことから真諦が『涅槃経』に対する解説をしたと推測できるが、それがどれ程の分量のものだったかは不明。なお『歴代三宝紀』巻九に真諦の訳した文献として「大般涅槃経論一巻」が挙げられ（大正四九・八八上、また「大涅槃経論一巻」とも）、それが同じ文献の可能性もある。

(三) 真諦著作一覧

以上に列挙した諸文献を三蔵の別等にあわせて一覧表としてまとめるならば以下の如くである。「＊」は真諦撰と断定可能であることが未だ完全に論証されていないことを示す。**ゴシック体**は佚文が回収可能な文献であることを示す。

一、経に対する注釈
大乗　般若経系
『金剛般若疏』、**『仁王般若疏』**
大乗　如来蔵・瑜伽行派系
『解節経疏』、『無上依経疏』、**『金光明疏』**、**『涅槃義記**（擬題）**』**
小乗――なし
二、律に対する注釈
『明了論疏』
三、論に対する注釈

小乗　アビダルマ系
『倶舎論疏』、『随相論中十六諦疏（現存）』、『破我論疏』
大乗　瑜伽行派系
『摂大乗論義疏』、**『中辺疏』**、『大乗唯識論注記』、『*大空論疏』
大乗　中観派系
『中論疏』
その他（実態不明を含む）
『部執疏』（**『十八部論疏』**）、『四諦論疏』

四、独立作品
大乗　如来蔵・瑜伽行派系
『仏性義』、**『九識論義記（九識章）』**、『*顕識論（現存）』、『*婆藪槃豆法師伝（現存）』、『*仏性論（現存）』中の一部
その他（実態不明を含む）
『十八空論（現存）』、**『七事記』**、『衆経通序』、『正論釈義』、『翻外国語』、『禅定義』、『転法輪義記』

（四）真諦著作佚文を含む文献

これら真諦の失われた諸著作の断片を引用する文献は多いが、その代表的なものを大凡の年代順に列記するならば次の如くである。

○慧均『大乗四論玄義記』（百済で成立か。六世紀末頃。校本として崔鉛植二〇〇九、研究として同二〇一〇参照）
○吉蔵（五四九～六二三）『仁王般若経疏』『金剛般若経疏』『法華義疏』『勝鬘宝窟』
○智顗（五三八～九七）説・灌頂（五六一～六三二）記『仁王護国般若経疏』『妙法蓮華経玄義』
○未詳作者『金剛経疏』（大正二七三八号、敦煌写本、初唐頃か）
○道宣（五九六～六六七）『四分律行事鈔』『四分律羯磨疏』
○道世（?～六八三頃）『毘尼討要』
○円測（六一三～九六、新羅出身、唐の長安で活躍）『解深密経疏』『仁王経疏』『無量義経疏』(26)
○元暁（六一七～八六）『弥勒上生経宗要』（新羅で活動）
○窺基（基、大乗基、六三二～八二）『阿弥陀経疏』『大乗法苑義林章』
○遁倫（道倫）『瑜伽論記』（年代未詳）
○定賓『四分律疏飾宗義記』（八世紀初頭）
○大覚『四分律鈔批』（七一二年）
○慧苑『続華厳略疏刊定記』（法蔵〔六四三～七一二〕より以後、澄観〔七三八～八三九〕より以前）
○道氤『御注金剛般若波羅蜜経宣演』（敦煌写本、天宝年間〔七四二～五六〕頃か(27)）
○良賁『仁王護国般若波羅蜜多経疏』（七六六年）
○法崇『仏頂尊勝陀羅尼経教跡義記』（七七六年）
○善珠（七二三～九七、日本、奈良時代）『唯識義燈増明記』
○道邃『摩訶止観論弘決纂義』（大暦年間〔七六六～七九〕～貞元年間〔七八五～八〇五〕頃。常盤一九四一b参照）

○澄観（七三八～八三九）『華厳経随疏演義鈔』
○澄禅『三論玄義検幽集』（一二八〇、日本鎌倉時代——唐の大覚『四分律鈔批』からの引用に『部執論疏』の断片が引かれるが、現存する『四分律鈔批』には対応する文章が存在しない）

次に真諦の著作の佚文を集めることに関する方法論的な問題を考えておきたい。

右に掲げた諸文献の中に本来は同一であるはずの真諦説が若干異なる句作りで引用されるケースは珍しくない。その場合、もし仮に最も古い引用が最も信頼できると理解してよいならば、どれが最も古い引用かが決まれば済むから、佚文の同定や校訂作業に困難が伴うことはないであろう。しかし現実はそれほど単純ではない。

例えば年代的に最も早期の引用は、吉蔵の注疏に見られる。しかし吉蔵の場合、概して言えば、引用はいつも必ず原文に忠実というわけではない。別稿において指摘したように[28]、吉蔵の場合、先行する文献からの引用という形をとりながらも実際には単に要約にすぎない場合や、記憶に頼って引用しているためなのであろうか、途中に字句の省略がある場合もある。さらにややこしいのは、逆に、引用という形をとらずに吉蔵自身が自分の言葉で述べる文の中に、真諦説がほぼ逐語的に用いられる場合すら認められる（そのような事例は、吉蔵の当該文章と他の著者が「真諦云わく」と明言して引用する事例とを比較することによって確定可能である）。

また、自らの文章の中に真諦説を用いるという点で吉蔵と共通の性格は、唐の道宣『四分律行事鈔』においてもある程度指摘できるように思われるが、その詳しい調査は今後の課題である。

問題は他にあるが、例えば右に挙げたような問題を意識しながら厖大な数の文献に散在する真諦の著作の佚文を集め、同一内容のものについて複数の文献からの引用断片を比較検討する時、我々は「真諦云わく」と引用されるパッセージについて、それをそのまま真諦説に忠実な内容と考えても特に問題のないもの（これを「佚文」と呼んでおく）、佚文と見ることはできるが字句に多少の相違が見られる別な引用（「異文」）、真諦の元の文章では長い説明であったものを端折って手短に要約したにすぎないものと考えられるもの（「大意」）。要約であることが引用と共に明記される場合もある）、またさらには、大意ですらなく、引用者が自らの議論の流れのなかで真諦説に僅かに関説しているにすぎないもの（「関連説明」）等の区別をしておくのが有意義であると筆者には思われる。

さらにまた、引用の正確性という点で留意すべき点としては、その引用が引用者にとっても正しいと認められる肯定的な意味合いでの引用であるのか、それとも誤った見解として引用者が否定するために取り上げる否定的な引用なのかという区別も意識しておく必要があろう。例えば窺基などの玄奘門下の学僧が真諦説に言及する時、真諦説は、師である玄奘の正説とは異なる古くて誤った説として否定的に紹介される場合が多い。そのような場合、引用者は、自らが批判を加え易いように表現を変えたり、批判の論点と直結しない箇所を省略したり、内容を極端にデフォルメして自説との相違を際立たせたりすることが往々にしてある。勿論この傾向は真諦に限らない。中国にせよインドにせよあるいは他の地域であれ、またどの時代であれ、おそよ批判や否定のための引用には広く一般に起こりうる傾向である。このように真諦の佚文を回収する際には、佚文が本当に真諦が語った原文とみなせるのか、引用者が引用する際に何らかの歪曲を加えているのかという点にも我々は留意しなければならない。さもなくば真諦の著作の佚文を集成したところで、それは真諦説ではないということになりかねない。

真諦説として後代の注釈家が引用する断片は、果たして本当に真諦にまでさかのぼり得るものであろうか、それとも引用者が曲解しているのであろうか。この点を真諦に即して検討する場合、最も重要な引用者の一人は円測である。彼の『解深密経疏』及びそれと内容的にかなりの程度で重複する『仁王経疏』における真諦説の引用は、他の文献と較べた時、質量共に群を抜いて重要である。この意味で、真諦説の引用の信憑性を大きく左右するものとして、円測の引用が信頼に足るものであるかどうかを我々ははっきりとさせておく必要がある。ただ、言うまでもないが、佚文の正確さを検証することは方法論的困難が伴う。というのも佚文とは原文が既に失われている引用断片であるが故に、その正確さを原文と照らし合わせて結論付けることが原理的に不可能である。では、佚文の精度はまったく測定不能なのかと言えば、実はそうではない。一つ有効な方法がある。それは、失われた真諦説の引用精度はそれ自体確定不能だとしても、『解深密経疏』には夥しい数の他文献の引用があり、その殆どは大蔵経中に現存する文献であるため、それらの引用精度を原文と照らし合わせて調べることが可能である。こうして現存する文献について、引用が正確か否かが確定できれば、同じことは真諦の佚文にも当て嵌めることができる。なぜならば同疏のなかで円測が真諦佚文のみ不正確に引用したと考えることは不適切だからである。

右に述べた方法論に従って円測『解深密経疏』における真諦以外の引用を調査し、その正確さを調べてみた。ただし同疏は九巻（本来は十巻であるが第十巻は現存しない）という厖大な分量であるため、現時点において筆者が調査し終えたのは巻二と巻五にすぎない。しかしながら僅か二巻とは言え、そこに見られる引用数は、真諦の佚文を除外してもほぼ三百（厳密には二九八箇）に及ぶ。これは十分に有意味な分量であろう。今その詳細をすべてここに述べることはできないので、結論のみを紹介すると以下の通りである。二巻中の同定可能な引用約三百を、

A　現存する大蔵経版の原文と完全一致するもの

B　文字の僅かの相違を除き、ほぼ完全一致するもの

C　引用に何らかの省略が施されているが、意味内容的には特段の問題がないもの

D　引用に何らかの補足ないし加筆が施されているが、意味内容的には特段の問題がないもの
E　引用が原文と大いに異なりが見られ、引用文として問題を含むもの

という五種に便宜的に区別し、引用を分類してみた。その結果、A三九%、B二七%、C二八%、D二%、E四%となった。この数値は何を意味するか。唐代の円測が見たテキストの文字が数百年後に木版印刷された大蔵経のテキストの文字と多少は相違する可能性をも考慮すれば、AとBを区別することは実際は殆ど意味がない。つまり円測の引用中、六六%はほぼ原文通りである。若干の省略を含む場合Cを含めるならば、引用の九四%はほぼ正確と言える。これと同じ結果は現存しない真諦の佚文にも妥当すると考えるのが自然であるから、円測の引用は頗る正確であり、ほぼ原文と考えてよいと結論することができる（さらに船山二〇一三b も参照）。

三　経量部説と正量部説から見た真諦佚文の意義

（一）真諦と経量部

真諦訳『倶舎論』には弟子の慧愷による「阿毘達磨倶舎釈論序」が現存し、真諦訳の冒頭に付されている。そこには真諦が本論を訳出するに至った状況が詳細に説かれている。就中、序の一節に見える鳩摩羅什訳『成実論』への言及は極めて重要である。原文は次の通り。

ここ中国で先に訳された薩婆多部〔の文献〕は、ただ『毘婆沙』と『雑心』四巻があるのみだった。『毘婆沙』は教義を明らかにする点では詳細だが、その文言に〔欠落があり〕これまで十分に完備していなかった。『雑

心』の説は適切だが、ただ、自部派の説の主旨を四巻に祖述するにすぎず、それらは省略のあることが欠点であり、趣旨を容易には追究し難い。ここ中国で先に訳された経部〔の文献〕は、『成実論』ただ一つがあるのみだった。『成実論』は経部の説によって他の論師たちを論駁し斥けるが、議論の過程で用いられる事柄は他部派と共通することもある。また〔他説の〕反駁と〔自説の〕立証においてもすべてが絶妙を尽くしているわけではない。

此土先訳薩婆多部、止有『毘婆沙』及『雑心』四巻。『毘婆沙』明義雖広、而文句来不具足。『雑心』説乃処中、止述自部宗致四巻、過存省略、旨趣難可尋求。此土先訳経部、止有『成実』一論。『成実』乃以経部駁斥余師、其間所用、或同余部。又於破立之中、亦未皆尽其妙。　（大正二九・一六一上）

以上は真諦による『倶舎論』の訳出以前に、同じく経部の説を説く文献として何があり、問題点がどこにあったかを述べる一節である。かかる文脈において「経部」がサーウトラーンティカ（Sautrāntika 現代の研究者の間では「経量部」と呼ばれる）を指していることは疑う余地がない。右に紹介した一節において慧愷は『成実論』を経部の文献と規定している。これは驚くべき一節である。というのは訶梨跋摩造・鳩摩羅什訳『成実論』（*Tattvasiddhi*）の帰属部派については現代の研究者の間で様々な推測がなされてきた。そして近年は、水野弘元（一九三一／九七）「譬喩師と成実論」が本論と譬喩師（Dārṣṭāntika 譬喩者）の教説の間に一致点が多いことに着目し、譬喩師と重なる人々を指す経部に注目したのを承けて、複数のアビダルマ研究者が『成実論』とサーウトラーンティカの関係に注目するようになっているが、しかし現代のアビダルマ研究は、右に紹介した慧愷の発言にこれまで留意してこなかった。その重要性に気づかず、まったく無視してきたといっても言い過ぎではない。

現代の文献学的成果と同じ結論を、『倶舎論』を最初に漢訳した真諦の高弟がその序文のなかで明言している事実を我々は看過すべきであるまい。慧愷の考えは真諦に由来すると考えることができるであろう。この点については、隋の吉蔵『三論玄義』が、『成実論』の立場に関する真諦説として、次のように述べるのが注目される。

真諦三蔵は「〔『成実論』は〕経部の教義を採用している」という。『倶舎論』を調べると、その経部の教義が『成実論』と一致する場合が多い。

真諦三蔵云、「用経部義也」。検『倶舎論』、経部之義、多同『成実』。（大正四五・三中～下）

これは慧愷の序の内容と適合すると言える。

ただ、『成実論』の部派問題に関する真諦説としては、実は一つ悩ましい問題がある。『部執異論』に対する真諦の注釈の佚文と伝えられるものの中に、『成実論』と多聞部を結び付ける説がある。例えば唐の定賓『四分律疏飾宗義記』巻三本（続蔵一・六六・一・三九表上）、平安時代の学僧、安澄（七六三～八一四）『中論疏記』巻第一本の引く「宗法師の『成実義章』第一巻」からの引用（大正六五・一六下）その他があり、そこでは『成実論』に大乗的要素があることを多聞部の成立と関連付けて説明される。この点をどのように解釈するか、今は結論に至らないが、後代の伝承よりも真諦の高弟が自ら記した序文の内容の方が遥かに信頼性が高いであろう。

(二) 正量部の戒律用語

次に『律二十二明了論』に見られる術語を手がかりに正量部の特徴を瞥見する。『明了論』は律そのものではなく律の綱要書である。その全貌の解明は今後の課題であるが、一般の律用語も見られる一方で、他の文献とは異なる非常に特徴的な用語も見られる点に注意したい。例えば通常の律文献ならば「律儀」と訳す *Skt.* saṃvara を本論は「護」と訳すということもあるが、最大の特徴はいわゆる五篇聚に認められる。一般的な漢訳においては五篇聚とは波羅夷、僧残、波逸提、波羅提提舎尼、突吉羅と表記される。そしてそれぞれの語に当たる梵語やパーリ語も同定されており、部派の相違を反映する側面もあることが指摘されている。

『明了論』に用いられる五篇聚の用語は波羅夷、僧伽胝施沙、波羅逸尼柯、波胝提舎尼、独柯多である（大正二四・六六六中）。このうち、波羅夷は一般の用語と同一であり、独柯多は *Pāli* dukkaṭa に当たるから特に問題はない。また波胝提舎尼の原語としては *patideśanī[ya]（> pratideśanīya）が想定されるから、これもまた特に大きな問題はないと思われる[29]。今とりわけ注目すべきは僧伽胝施沙と波羅逸尼柯である。

平川彰『二百五十戒の研究』によれば、通常の漢訳語「僧残」に当たる原語は saṃghāvaśeṣa であり、しばしば僧伽婆尸沙と音訳される。一方、パーリ律では用語が異なり、saṃghādisesa である。さらに『摩訶僧祇律』系統の原典である説出世部の梵文戒経では、僧残は saṃghātiśeṣa となっている（平川一九九三a・三五八頁）。一方、『明了論』の僧伽胝施沙はどうかと言えば、これは saṃghātiśeṣa を支持し、saṃghāvaśeṣa とは異なる語形を示している。

さらに興味深いのは波羅逸尼柯である。これは波逸提に当たるが、波逸提は波夜提と漢訳される場合もある。さらにインド語文献においてはさらに様々な語形が存在し、パーリ語では pācittiya、説出世部の梵文戒経では pācattika、説一切有部の梵文戒経とローゼン（Valentina Rosen）の出版した説一切有部の比丘戒経の注釈では pātayantika、根本説一切有部の伝持した梵文戒経では pāyantika であり、さらに根本説一切有部と同系統の『翻訳名義大集』（*Mahāvyutpatti*）は pāyattika という語形を提示する（平川一九九四・六〜七頁）。これらの術語の各々の意味、相互関係、相違を綿密に検討した平川（同・二九頁）は、最後にまとめとして、「以上、波逸提（波夜提）の意味を追求して種々に検討したが、結局、波逸提の意味は決定できないという結論に達した」と述べる。

波逸提に当たる術語として『明了論』の示す波羅逸尼柯はいかなる原語を示しているであろうか。これについては『明了論』の中に「逸」の発音を示す夾注が付されているので、原文をそのまま転記すると次の通りである。

第三波羅逸〈羊達反〉尼柯部有三百六十罪。（大正二四・六六六中）

「羊達の反」は、対応する梵語で表記すれば *yat という音をはっきりと示すものである。因みに「羊達反」は宮本すなわち開元寺版による読みと後代の引用（下記の道宣など）が示す読みであり、一方、高麗版や思渓版等は「羊逆」に作る。しかし「羊逆」（*yak）では意味が通じない。今の場合は「羊達」が正しいと判断する。

さらに波羅逸尼柯については、『明了論疏』において意訳が与えられている。すなわち唐の道宣『四分律行事鈔』巻中一は、『明了論』の「波羅逸〈羊達反〉尼柯部有三百六十罪」を引用した後に、「正量部翻為応功用」（正量部ではそれを応功用〔努力すべき事柄〕と意訳する。大正四〇・四八上）と解説する。同様に宋の元照『四分律含註戒本疏行宗記』巻三に収める道宣の疏にも、「明了論解、波羅逸〈羊達反〉尼柯部、此云応功用也。……」（『明了論』の解説では、波羅逸〈羊達反〉尼柯部は、ここ中国では応功用と意訳する……と。続蔵一・六二・三・二一七表上）とある。これらの引用から「応功用（努力すべき事柄）」という意訳が『明了論疏』に示されていたことが窺い知られる。この意訳と波羅逸〈羊達反〉尼柯という音訳から導出される原語はただ一つであり、それは prayatnika ないしその派生形 prāyatnika 以外に考えられない。要するに正量部のブッダトラータが著した綱要書『明了論』によれば、通常、波逸提ないし波夜提と呼ばれる術語は正量部では波羅逸尼柯であり、努力して遵守すべき項目という意味だったと理解されるのである。これは従来の律研究で指摘されていない重要な一資料である。(30)

これによってさらに派生的に推定できることが二つある。第一に、prayatnika / prāyatnika という語形はこれまでに同定されているもののなかでは pāyattika に最も近い。梵語からパーリ語ないし俗語への変化として pra > pa, yatni > yatti（cf. yatna > yatta）を想定することは一般に問題なく可能である。第二に、漢訳語「波逸提」における「逸」

の音価についてである。これについては平川前掲書に明確な説明が何も見られないが、『明了論』にも同じ語が用いられ、その発音が「羊達反」すなわちyatであることを考慮すれば、「波逸提」の「逸」もまた同じ方向で*pāyatti(ka) あるいはそれに類する音を想定することが許されるのではないか。いずれにせよ、真諦訳における「逸」が真諦や弟子の独創ではなく、また、特定の地域の方言に基づくものでもないのは確実であろう。

四　真諦の経典解説法——七つの特徴

真諦の著作（彼自身の注釈）の佚文を読む時、そこにインドの正統的注釈スタイルに則った解説の様子を見てとることができる。このことは真諦がインドの優れた学僧であったことに鑑みて半ば当然だが、それとは別に、他の論師による解説と比較した場合に真諦に特有あるいは顕著な特徴を指摘することもできる。以下は筆者が気づいた限りの範囲のものに過ぎず、他に類例をさらに指摘できるものも、逆に真諦以外にも類例を見出すことのできるものも含まれているかも知れないが、ともかく現時点で気づいたところを指摘し、大方の批正を仰ぎたい。

（一）一つの語句に複数の意味があることを明かす

真諦が行った経典解釈法の特徴としてまず指摘可能な点は、ある一つの語句を解説する際、真諦がしばしば複数の意味を列挙し紹介する点である。例えば次の通り。

真諦は解説する、「阿練若にはもとより三つの意味がある。第一は騒音（raṇa）を離れた場所〔という意味〕である。すなわち都市や村の音声がまったく届かないから。第二は伐採を離れた場所〔という意味〕である。すなわち（樹木の）伐採もまったくなされないからで。第三は闘い（raṇa）を離れた場所（という意味）である。すなわち一切の煩悩はすべて善なるものを混乱させる力を持つので闘いと呼ぶ。ここにいると煩悩を調伏することができるから闘いを離れた（場所）と呼ぶのである。一クローシャ（krośa）以上、百千ヨージャナ（yojana）までをすべて「アラニヤの地」と呼ぶ。説一切有部の解釈では一クローシャは五百ダヌ（dhanu 弓）である。[31] 正量部の（律の）解釈によれば一クローシャは一千ダヌであり、一ダヌは八尺であるから、都合八百丈の土地である。[32] この地（の度量衡）に準拠すると、四里と少しであろう[33]」。

真諦釈云、「阿練若者、自有三義。一者離声処、謂国邑音声所不至故。二者離斫伐処、謂採薪所不至故。三者離闘諍処、謂一切煩悩総能動乱善法、名為闘諍。若住此処、能伏煩悩、故名離闘諍也。従一拘盧舎外、外去乃至百千由旬、皆名阿練若処。若薩婆多部解、一拘盧舎五百弓。依正量部解、一拘盧舎凡一千弓也。一弓八尺、凡八百丈地。若准此間、応成四里少許」。（円測『解深密経疏』巻三、続蔵一・三四・四・三五一表下）

ここで真諦は、森林や静かな修行の場所を表すアラニヤ（*Skt.* araṇya, *Pāli* arañña）という語を a-raṇa に分解して（araṇya < a-raṇa）、a- を非所有を示す否定辞として意味を「離〜」（〜の無い、〜に束縛されない）と解説した上で、raṇa に三種の解釈を与える。すなわち raṇa には騒音、伐採、闘い（煩悩を含意）という意味があるとする。[34] 律におけるアラニヤの範囲に関する主な研究に平川（一九九五・二七七頁）（一九九三b・五六四〜五六五頁）がある。しかしこれまで律研究者は右の引用箇所に注目しなかったため、真諦説に今後着目することは意義がある。

このような、一つの単語に複数の意味があることを示す語義解釈法は真諦の著作断片に散見される。例えば「仏子」（ブッダの息子）の五つの意味[35]や、「爾時（その時）」の十一種の意味（円測『解深密経疏』巻三、続蔵一・三四・四・三四九表上）、「神通」の三種の意味（同巻二、続蔵一・三四・四・三三四表上）、「大」の三種の意味（同巻一、続蔵一・二四・四・三一七表上、吉蔵『法華義疏』巻一、大正三四・四五七下）といった風に、真諦は「某某有～義」「某某有～種」「某某自有～義」式の列挙説明をしばしば行う。いうまでもなく、このような説明方法そのものは真諦のみに特有というわけではない。むしろインド人論師に広く当てはまる一般的性格と言える。しかし真諦の場合は比較的顕著な傾向を見て取ることができる。

上の一節において真諦は、阿練若の三義を明かした後に、薩婆多部すなわち説一切有部と正量部の度量衡解釈が異なることを指摘し、最後に自説として、インドとの比較で中国を意味する時に真諦がしばしば用いる「此間」（ここ、この地）という語を用いて、中国の度量衡との対応をも解説している。このような解説の仕方は、複数の部派の説に精通した上で中国に到来したインド僧としての真諦ならではのものと言えよう。

さらに注目すべきは、最後に示された真諦の自説における度量衡計算が説一切有部説（一クローシャ＝五百ダヌ）ではなく、正量部説（一クローシャ＝一千ダヌ）に基づいているという事実である。このことは、先に第一節（四）に言及した通り、真諦が正量部を自派と考えていたことを傍証するものと解釈可能であろう。

（二）固有名詞の語義解釈

次に、固有名詞の意味を解説する際の通俗的語義解釈にも真諦の特徴を指摘できることを示す例を三つ挙げる。

第一は、マハー・カーシュヤパ（大迦葉）という名前の由来である。

『十八部論疏』（＝『部執論疏』）にいう、「〔迦葉は〕詳しくは迦葉波（*Skt.* kāśyapa, *Pāli* kassapa）と言うべきである。迦葉とは、ここ（中国）では光（*Skt.* kāśa）の意味である。波とは、ここでは飲む（*Skt.* √pā）の意味である。以上を合わせて飲光（光を飲む者）と言う。飲〔光〕は姓である。太古の仙人で飲光という者がいた。この仙人は体中に光を備え、諸々の光を飲んで現われないようにすることができた。今のこの迦葉は飲光仙人の末裔であるので、飲光を姓とし、姓に基づいて名付けて飲光と称したのである」。

『十八部論疏』云、「具足応言迦葉波。迦葉、此云光。波、此云飲。合而言之故云飲光。飲是其姓。上古仙人名為飲光。以此仙人、身有光明、能飲諸光、令不復現。今此迦葉、是飲光仙人種、即以飲光為姓、従姓立名、称飲光也」。

（吉蔵『法華義疏』巻一、大正三四・四五九中）

これは部派名の迦葉維（Kāśyapīya）を飲光部と意訳するのと同じ説明法だが、真諦の解説はかなり詳しい。

第二に、仏の十大弟子の一人である「目連」の名前の由来を説く一節を見てみよう。

真諦三蔵はいう、「〔目連は、正しくは〕勿伽羅（*Skt.* maudgalyāyana, *Pāli* moggallāna）と言うべきである。勿伽（*Skt.* maudga < mudga, *Pāli* mugga）とは、この地では胡豆という意味である。つまり緑色の豆のことである[36]。羅とはこの地では受ける（*Skt.* √lā）という意味である。あわせて言うと、受胡豆「胡豆を食す者」と言うべきである。思うにこれは姓であって、太古に勿伽羅という名の仙人（*ṛṣi）がいて、何も食べず専らこの豆だけを食したから、受胡豆と呼ぶ。〔目連は〕この仙人と同じ種姓であるから、こう呼ばれるのだ」。

真諦三蔵云、「応言勿伽羅。勿伽者、此言胡豆、即緑色豆。羅、此云受。合而為言、応言受胡豆。蓋是其姓、上古有仙人名勿伽羅、不食一切物、唯食此豆、故名受胡豆。其是仙人種、故以為名也[37]」。

（吉蔵『法華義疏』巻一、大正三四・四五九下）

さらにもう一つ、『部執疏』の佚文に見られる、マガダ国のパータリプトラ（Pāṭaliputra 婆吒梨弗多羅、現在のビハール州パトナ）という街の名に関する説明を見てみよう。

『部執論の疏』にいう、「……婆吒梨弗多羅（パータリプトラ）とは、婆吒梨（パータリ）は樹木の名である。ここ、（中国）にはこの樹木がないので、婆吒梨という名は翻訳できない。弗多羅（プトラ）は子と訳す。その地にはもと一本の樹木があり、この木が死に絶えると、種子がまた木を生やし、そうして今に至るまで存在している。それ故、婆吒梨弗多羅と称する。そこにこの樹木があるから、それ故、その国はそう呼ばれたのだ」。

『部執疏』云、「……婆吒梨弗多羅者、波吒梨是樹名。此間既無此樹、波吒梨名不可翻。弗多羅翻為子。彼処本唯有一樹、此樹已死、子更生樹、于今猶在、故称波吒梨弗多羅。彼処有此樹、故彼国作名也」。

（善珠『唯識義燈増明記』巻一、大正六五・三二九中）

後の時代、真諦とは異なる語義解釈が『大唐西域記』巻八の摩掲陀国上に現れ、よく知られるようになった（大正五一・九一〇～九一一上、季羨林一九八五・六二三～六二六頁）。その前に真諦は婆吒梨（パータリ）を樹木名としている。樹木とする説明は辞書にもあり、パータリ樹は芳香を発する和名テリハボクという香木である（満久一九七七・四四～四五頁）。それは恐らくパータリプトラの別名がクスマプラ（Kusumapura「花の街」の意。漢訳は「華氏城」「香花宮城」等）であることとも関連する。しかし木が代々絶えない点から街の名を説明する例は真諦のみである。少なくとも広く知られた説明でないのは確かである。管見の限り唯一の例外として真諦『随相論』に関連の一節がある。すなわちサーンキャ学派の因中有果論（satkāryavāda）を説明して次の譬喩に言及する。

サーンキャ学派の教義では、原因の中に既に結果が備わっていることを明らかにする。例えば鉢多（パータラ、パータリ）の樹木の種子に既に枝・葉・花・果がすべて備わっているように、……

僧佉義明因中具有果。如鉢多樹子中具足已有枝葉華果、……　（大正三二・一六七下）

これは街の名の説明ではないが、パータリ樹の種子の特殊性に言及する点と真諦に由来する点で注目される。

これら人名や都市名の由来について、現存大蔵経において真諦撰の文献の佚文が記録されて残っているということは、それらが他のインド人論師の解説や漢訳経典内の説明の場合には類例を見出しにくい、真諦特有のものであったことを示唆している。ただ、我々はそうした説を真諦の独創と捉えるべきではあるまい。例えばカーシュヤパの語義解釈については、同一ではないけれども共通する説明がヤースカ『ニルクタ *Nirukta*』にも見られる。従って語義解釈に関する真諦説は、漢訳には類例を指摘し難いが、恐らくはインドの婆羅門教と仏教注釈学で相当広く採用されたニルヴァチャナの伝統を踏まえるものとみなすべきであろう[38]。

（三）インドと中国を比較する

真諦はインドと中国を比較するコメントも残している。例えば次のような季節に関する言明がある。

また真諦法師は〔一年に〕三期を立てて言う、「ここ〔中国〕の正月十六日から五月十五日までが〔インドの〕灼熱期四ヶ月である。五月十六日より九月十五日までが降雨期の四ヶ月である。九月十六日より正月十五日までは寒冷期の四ヶ月である。降雨期の第二の月の後半の九日目から夜が徐々に長くなる。それは、ここの七月九日に当たる。寒冷期の第四の月の後半の九日目から夜が徐々に短くなる。それはここの正月九日に当たる」。

又真諦法師立三際云、「従此間正月十六日、至五月十五日、為熱際四月。従五月十六日、至九月十五日、為雨際四月。従九月十六日、至正月十五日、為寒際四月。雨際第二月後半第九日夜漸増、当此間七月九日。寒際第四月後半第九日夜漸減、当此間正月九日」。（普光『倶舎論記』巻十一、大正四一・一八八上）

因みに、一年の季節区分については真諦とは異なる説も存在した如くであるが[39]、上記の一節で真諦は一年を三季に分ける説をとり、それが中国――ここでも「此間」という――の何月何日に当たるかを解説している。

次に紹介するのは楽器に関する事柄である。『解深密経』（*Saṃdhinirmocana-sūtra*）の真諦訳である『解節経』一異品に現れる語「毘拏」（大正一六・七一三中二五〜二六行）に対する真諦の注釈の断片である。

真諦の『（解節経）記』にいう、「ヴィーナー vīṇā は楽器である。この地の琵琶に大凡似ている」。

真諦『記』云、「毘拏者是音楽器。此間毘巴、大略相似」。

（円測『解深密経疏』巻二、夾注。続蔵一・三四・四・三四七表下）

真諦による解説の出発点となる楽器は『解節経』に登場する vīṇā である。[40] それを真諦は「毘拏」と音訳し、当時の中国に存在した「毘巴」と類似の楽器であると述べている。「毘巴」は琵琶と言い換えてもよいであろう。琵琶については、外村中（二〇一〇）によれば、中国南北朝末頃までは「阮咸」のような琵琶であり、隋唐に「曲項」琵琶に変化してゆくという。そして古代インドの琵琶と言えば、正倉院の「五絃」のような琵琶を指すとされる。このように琵琶及びヴィーナー（単に絃楽器の総称である場合もあるという）の形の同定は時代と地域により複雑に錯綜した状況があったようであり、その正確な理解は筆者のよくするところではないが、右に紹介した真諦説の一節は短い説明であるが、六世紀中〜後半頃の江南における実態を示す一資料となり得よう。インドのヴィーナーは弓形ハープのことを意味する場合もあるが、真諦がここで意図しているのは弓形ハープではあるまい。中国の琵琶に似ると言う以上、リュートの類いを指すと考えるべきだろう。

（四）諸部派の異説を比較する

「一つの語句に複数の意味があることを明かす」の項で見た一節にも現れているが、真諦の解説中には、同一の論点をめぐって説一切有部や正量部など異なる部派の見解を併記する場合がある。次の一節は衣の色を解説する。

真諦三蔵は言う、「赤い血のような色の衣は、外国（インド）では袈裟（kaṣāya, kāṣāya）という。五部派の相違にもかかわらず、皆いずれも赤色である」。問う。普通〔衣に関係する色としては〕三種の壊色と言うのに、どうしていずれも赤色であると言うのか。答える。通常の理解は次の通りである。すなわち新たな衣は、まず青く染め、それから泥のなかに入れ、次に樹液を全体に行き渡らせると、これを木蘭〔色〕という。だから、〔壊色は〕青もしくは泥もしくは木蘭と言われている。〔真諦〕三蔵はいう、「およそ中国（ここではインドを指す意）の人々にはそのようなやり方はない。三種類の壊色と言われるものは、三色のなかのいずれか一色で点を入れて印をつける。もし青いものがあるところでは青で点を入れて〔壊色する〕が、もし青いものがないところならば泥で点を入れる。泥がないところならば鉄を擦りつぶした液で点を入れる。いずれの場合も、もっぱらどれか一色を使えば十分であるが、ただ、時と場合の違いによりどの一色かは一定しないが、比丘たちが疑いや後悔を懐くことを恐れるから、それ故、三種のうちのいずれか一色を用いると言うのである。十八の部派は、教義は異なるけれども、衣の色はみな同一である。それ故、『大〔般涅槃〕経』に「我が弟子が赤い衣を着ているのを見て血の色だと言った」という[41]。ただ点を入れる仕方だけが同じでないから、それ故、それが諸部派の相違となる。説一切有部は、目立つところに点を入れ、上座部は布の継ぎ目に点を入れ、正量部は四隅に点を入れる」。

真諦三蔵云、「赤血色衣、外国袈裟。雖復五部不同、同皆赤色」。問、常云三種壊色、云何言並赤色。答、常解云、新衣前取青染、次則入泥、次樹汁度之、名為木蘭、故云若青若泥若木蘭。三蔵云、「預是中国人、都無此法。言三種壊色者、三色之中、随用一色、以点印之。若有青処、則用青点。若無有青処、用泥為点。無泥処、可磨鉄汁点之、竝但応取一色便足、但為時処各異、一色不恒、恐諸比丘生於疑悔、故言於三種随取一色。十八部義雖異、衣色是一。故『大経』云、「見我弟子著赤衣、謂呼是血」。但点不同故、有諸部為異。若薩婆多部、

点顕現処。上座部則節節皆点。若正量部、但点四角也」。（吉蔵『金剛般若経義疏』巻二、大正三三・九七中〜下）

以上と関連するが表現の異なる佚文断片は『玄応音義』巻十四＝『慧琳音義』巻五十九（大正五四・六九九上）、道宣『羯磨疏』（『四分律羯磨疏済縁記』巻十八。続蔵一・六四・五・四五九表下）等にも知られるが、いずれの断片にも共通して言えることは、中国の聴衆を意識した上で真諦がインドにおける僧衣の色について発言しており、彼によれば、部派によって点浄の方法（すなわち新たな衣に点を付けて汚すことによっていわゆる壊色をするための具体的方法。平川一九九四・六〇六〜六一一六頁と佐藤密雄一九六三・六八三〜六九〇頁）に相違はあるものの、インドの諸部派の衣の色は赤色という点で共通していると述べている点である。なお、右の一節において真諦が「五部派の相違」という言い回しをしているのは留意しておく必要がある。五世紀前半頃より以後、中国においてインドの部派に言及する際、五部派という言い方をする場合がしばしばである（船山二〇〇七d・八六〜八九頁）。現在のインド仏教史では部派と言えば十八部派という言い方がより普通であるが、五〜六世紀頃の中国では五部派という表現が一般的だった。真諦が五部派に言及するのは、そうした当時の中国の風潮の反映とみなすことができる。

次の一節は法門の数が八万か八万四千かについての部派間の相違を示す。

真諦先生は言う、「問い。これら五蘊などは八万法門が同一不変の意味を得るというのは、そのあり方はどのようか。〔答え。〕上座部によれば、八万四千法門であるが、いま正量部によるならば、八万だけである。応答。六種類の法のあり方を主題として、同一不変の意味を明らかにする。……」。

真諦師云、「問、此五蘊等八万法門得一味義、其相云何。若依上坐部、則有八万四千法門。今依正量部、但有八万。答、約六種法相、顕一味義。……」（円測『解深密経疏』巻三。続蔵一・三四・四・三五二裏上）

ほぼ同じスタイルは真諦の「訳」として伝承されているいくつかの文献にも見られる。例えば『顕識論』には次の

ような部派の対比的解説がある。一部関連の議論は『随相論』にもある。(42)

〔唯識のアーラヤ識に当たるものを〕小乗の教義では、正量部は無失（*avipraṇāśa）と呼び、ちょうど契約書のようなものだという。……摩訶僧祇部は〔これに当たるものを〕摂識と呼ぶ。……説一切有部は同随得（*samanvāgama prāpti）と呼ぶ。……上座部は有分識（*bhavāṅgavijñāna）と呼ぶ。……

若小乗義、正量部名為無失、譬如券約。……摩訶僧耆柯部名為摂識。……薩婆多部名同随得。……他毘梨部名有分識。……

（『顕識論』、大正三一・八八〇下～八八一上）

（五）例証にインド人名ではなく中国人名を用いる

インド語文献は、議論の途中で二人の人物を区別しながら例示説明する必要があるような場合、日本語であれば鈴木さんや佐藤さんを挙げるのと似た感覚で、デーヴァダッタとヤジュニャダッタという名で例証することが多い。真諦も例外ではなく、例えば『倶舎論』破我品のなかで二人の人物の心を区別するための例証として「デーヴァダッタの心（Devadatta-cetas）」と「ヤジュニャダッタの心（Yajñadatta-cetas）」に言及する一節があり、その箇所を真諦は「天与心祠与心」と直訳している（大正二九・三〇八中一〇行）。しかしその一方で、ほぼ同様の例証として、真諦が「張王」——張さんと王さん——を用いる場合のあることは興味深い。さらに三人の名を挙げる場合は、真諦がそれを「張王李」を用いて説明する箇所がある。それは定賓『四分律疏飾宗義記』巻第六本に引く『明了（論）疏』に見える（「張王李三家、如其次第、諸比丘食……」、続蔵一・六六・二・一七三表上～下）。張、王、李の三姓を用いて説明するのである。真諦の場合、こうした例が漢訳でも用いた例として『仏性論』巻一を挙げる。

先に身体の異なる相続（心の流れ）という観点から自他の意味を確立する。例えば次の通りである。二つのものが向き合っていることから、相互に自己と他者とをなす。張が王の方を向く時、張は自己であり王は他者である。王が張の方を向けば、王が自己であり張が他者である。対象となる事物の場合も同様である。

前約異体相続、立自他義、如両物相望、故互為自他、以張望王、張即為自、王即為他。以王望張、王自張他。義亦如是。

（大正三一・七八九下。また七九二下二四行も参照）

同様の例示は『四諦論』巻四にもある[43]。

汝は質問する――諸々の有為なる存在は暫しも止まらないから、記憶はいったいどうして成立するのか（成立し得ない）。なぜかと言えば、ある者が〔何かを〕見て、別な人が〔それを〕記憶することは意味をなさないから。応答。もし認識する主体が異なるならば、記憶は成立しない。例えば張が何かを見て王が記憶すること〔が成り立たない〕ように。もし認識の相続（心の流れ）が異なるならば、記憶もまた成立しない。例えば牛を見ても馬等を思い出さないように。もし認識が単一であるならば、やはり記憶は成立しない。なぜなら後続する認識が〔生じ〕ないから。以上の三つの事例とは異なるものを記憶と名付ける。

汝問。諸有為法、刹那不住、念云何成。何以故。他見他憶無此義故者。答。若知者異、念則不成。如張見王憶。若智相続異、念亦不成。如見牛不憶馬等。若智一、念亦不成。無後智故。反[1]此三義、則名為念。

〔1〕「反」は宋元明三本に従う。麗本は「及」に作る。

（大正三二・三九七中）

こうした訳例は、天与と祠与では即座に理解できない漢人聴衆の存在を念頭において、いわゆる「格義」（船山二〇一三a・二二四～二二五頁）に類するが如き感覚をもって、真諦ないし彼の翻訳グループの誰かが思いついたのだろう。もとより張や王に字義通り対応する語がインド語原典にあった筈はないけれども、かといって、あくまで理論内容には影響をきたすことのない例証である点を考慮すれば、不適切な訳とは決して言えまい。

(六) 中国成立経典をも解説する

真諦ないし彼の翻訳グループが聴衆が中国人であることを意識したことは他の色々な面に現れている。例えば真諦が解説を施したテキストの中に、インドには存在しない、中国成立の経典が含まれている点は看過し得ぬ事実である。その経典とは鳩摩羅什訳として伝えられる『仁王般若経』であり、この経典を中国成立と考えるべきことは既に望月信亨・大野法道の他、筆者も論考を試みたことがある(船山一九九六)。それ故、今ここで屋上屋を重ねることは控えるが、真諦が『仁王般若経』を対象として何らかの解説を行い、自説を展開したことは疑いない。

本章第一節でも言及したように、『歴代三宝紀』巻十一(大正四九・九九上二行、上一〇行)をはじめとする諸経録によれば真諦は『仁王般若経』一巻を訳し、かつ『仁王般若疏』六巻を著作したことになる。後者の『疏』については吉蔵、智顗、円測らによる引用があることによって、真諦の解説が実在したことは疑うことができない。一方、真諦が訳したとされる『仁王般若経』の実在性はどうかと言えば、仁王経中国撰述説をとる望月信亨らの先行研究は当然ながら真諦訳の存在を否定するのであるが、さらに興味深いことは、円測らが真諦の『仁王般若疏』として引用する佚文に引かれている経文が鳩摩羅什訳として伝わる偽経『仁王般若波羅蜜経』(大正二四五号)と同一である事実である。偽経『仁王経』と円測の引用する『本記』の関係は次のようである。『本記』とは真諦(撰)『仁王般若疏』を指す[44]。

『仁王般若経』（大正二四五号）	**円測の引用する『本記』（大正一七〇八号）**
不住色、**不住非色**、**不住非非色**（大正八・八二五下二八行）。	一、『本記』云、「**不住色**者、第一句、遮色。色是色蘊、即質礙義。**非色**者、第二句、遮四蘊、即了別心等。**非非色**者、第三句、重遮色心。若具、応言不住非色非非色、為存略故、但言「**非非色**」」（大正三三・三八一中一九～二三行）。
三界愛習順道定、**遠達**正士**独**諦**了**（八二七下一六行）。	一、『本記』云、「**三界愛習**一句、謂三界愛皆順如理、不復別見、故言**順道定**。**遠達**一句、別前未証見如如、故言**独了**」（大正三三・三九六下二～五行）。
返照楽虚無尽源（八二七下一九行）。	依『本記』云、「言**返照**者、返照過去地前之事。言**楽虚**者、縁現在楽虚而不実楽。言**無尽源**者、照知未来道後、不可尽其源」（大正三三・三九七上九～一一行）。

以上、僅か三箇所による例証に過ぎないが、それでも真諦釈に使用される経文（梵語注釈における pratika に相当）がいわゆる羅什訳と一致することは一目瞭然である。このことから、経録情報と相反して、真諦が自ら訳した『仁王経』は初めから存在しなかったであろうことと、真諦が確かに『仁王経』に何らかの解説を施したであろうこと、そして真諦が基づいた経典は、中国において鳩摩羅什が訳したと伝えられていた、その実は中国成立の偽経であったであろうこと、の三点がかなりの確実性をもって言えるのである。そもそも円測が『解深密経疏』において真諦

訳『仁王般若経』について、次のように述べるのは興味深い。

梁の時代の承聖三年（五五四）、西天竺の優禅差（尼）国の三蔵法師、波羅末陀、梁に真諦と云う、豫章の宝田寺に於いて一巻を翻出し、『仁王般若経』と名づく。疏に六巻有り。三本有りと雖も、晋本は創初なれば恐らくは周悉せず。真諦の一本は隠れて行われず。故に今且らく秦時の一本に依る。

梁時承聖三年、西天竺優禅差（尼）国三蔵法師波羅末陀、梁云真諦、於豫章宝田寺、翻出一巻、名『仁王般若経』、疏有六巻。雖有三本、晋本創初、恐不周悉。真諦一本、隠而不行。故今且依秦時一本。

（大正三三・三六一下）

ここでは西晋の竺法護訳・後秦の鳩摩羅什訳・梁の真諦訳の三種に言及し、鳩摩羅什訳にのみに基づいて疏を作成する理由として、竺法護訳は最初の訳であって内容的にすべてを詳しく説いたものではないと言い、そして真諦訳は目録に名が見えるだけで実際はまったく流布した形跡がないと述べている。この書きぶりからすれば竺法護訳『仁王般若』と称されるものが当時は存在した如くであるが、大いに不審である。ともかく真諦訳の非存在を明言している点は興味深い。真諦は翻訳作業とは無関係に、恐らく弟子に乞われるがまま、この中国で有名な経典――羅什訳とされるもの――に対して何らかの解説をしたのであろう。因みに円測がここで、目録情報として承聖三年に豫章の宝田寺で訳したと述べているのは『歴代三宝紀』巻十一の記載と合致する。その箇所は、高麗版その他で字句の異同が多いが、『歴代三宝紀』を承けて同内容を記す『大唐内典録』巻四（大正五五・二六六上）の表記をも考慮しながら『歴代三宝紀』の本来の字句がどうであったかを想定すると次の通りである。

『仁王般若経』一巻〈第二の訳。西晋時代の竺法護の訳出本とやや異なる。同三年（五五四）、宝田寺において訳した。曹毘「真諦伝」に記載がある〉。

『仁王般若経』一巻〈是第二訳。与晋世法護出者少異。同三年、在宝田寺訳。見曹毘「真諦伝」〉。
（大正四九・九九上、ただし諸本を勘案して高麗版の字句を訂正）

これによれば、真諦が『仁王経』を訳したとする最初の文献は、曹毘「真諦伝」と呼ばれている。これはより一般的には「三蔵歴伝」と呼ばれる佚書である。『歴代三宝紀』において費長房はその内容を踏襲したことが分かる。

さてここで話を真諦の解説にもどそう。真諦が羅什訳に基づいて解説をしたであろうことは、真諦の判教（教相判釈）にも表れている。真諦と判教の問題を今ここに十分な形で論じる準備はないのであるが、かいつまんでポイントのみを紹介するならば次のようなことが言える。まず真諦には普光『倶舎論記』巻十八の「又真諦云、仏涅槃後経今一千二百六十五年」（大正四一・二八二上、Frauwallner 1951b: 7-8）という一節から知られるが如き、ある種の仏教的歴史観を確認することが可能なのであるが、真諦は同時に、仏陀の生存時における説法そのものにおける発展をも想定したようである。その根本にあったのは真諦『解節経疏』及び『部執論記』の佚文より見る限りは『解節経』すなわち『解深密経』の三種の転法輪説であった如くである。ただし、真諦は類似するが別な形での判教をも主張したようであり、それは『仁王般若経』の解説において展開されたのであった。すなわち如来の説法を四十五年とみて、それを「転法輪」「照法輪」「持法輪」の三法輪に区分する説である。例えばそのような説は次の一節より知られる。

真諦は言う、「如来は四十五年の間この世にいて、三種の法輪を説いた。すなわち転法輪・照法輪・持法輪であるが、これら三法輪には顕在化したものと隠されたものとがある。隠されているものとは、〔如来が〕成道した夜から涅槃の夜に至るまでのいずれの時にも法輪を三種とも説いていたことである。顕在化したものとは成道後の七年間はもっぱら転法輪を回し、七年後の三十一年間は照法輪を回し、三十八年以後の七年間は持法輪を回したことである。転法輪を回してから三十年より〔一年〕前の二十九年までに他の『般若経』を説いてから、今や第三十年の正月八日になって、そこで『仁王〔般若経〕』を説いたのである。かくして〔『仁王般若経』に〕「初年月八日」という語が〔見られる〕のである。すなわち〔釈尊は〕悟りを開いてから三十七年にこの経典を説いたのであり、つまり七十二歳であった」云々。

真諦云、「如来在世四十五年、説三法輪。謂転・照・持。然此三輪、有顕有密。密則従得道夜、至涅槃夜、倶転三法輪。顕則初成道七年、但転転法輪。七年後三十一年中、転照法輪。三十八年後七年中、転持法輪。従転転法輪来、有三十年前至二十九年已説余『般若』、今至三十年初月八日、方説『仁王』。故言「初年月八日」、此則成仏道三十七年説此経、乃年七十二歳也」云云。[45]

（智顗説・灌頂記『仁王護国般若経疏』巻二、大正三三・二六二中）

釈尊一代の説法を何年と見るかについては、中国仏教史において二つの伝統がある。結論のみを要約すれば、第一は、釈尊の一生を十九歳で出家し、三十歳で成道し、四十九年間説法して、七十九歳で入滅したとする説である。第二は、二十九歳で出家し、三十五歳で成道し、四十五年間説法して八十歳で入滅したとする説である。[46]上記の一節で真諦が「如来在世四十五年」というのは第二説と合致する。これは、『仁王般若経』に「爾時十号三明大滅諦金剛智釈迦牟尼仏、初年月八日、方坐十地」云々（大正八・八二五中）とある箇所の解説である。「初年月八日」という表現は、恐らく他の経典にはまったく見られない、本経に特徴的な言い回しである。それ故、上の一節は真諦が殊更に『仁王般若経』を解説するために、独自の判教を展開した箇所と考えることができる。

「転法輪・照法輪・持法輪」といい三種法輪説の典拠は『仁王般若経』でも『解深密経』でもなく、真諦訳『金光明（帝王）経業障滅品第五』（合部金光明経巻二所収）の「帰命頂礼一切諸仏世尊、現在十方世界、已得阿耨多羅三藐三菩提者、転法輪、照法輪、持法輪、雨大法雨、撃つ大法鼓、吹大法螺、出微妙声、竪大法幢、秉大法炬」（大正一六・三六八中）という一節と考えられる。[47] その場合、「転法輪」「照法輪」「持法輪」はそれぞれ法輪を転ず、法輪を照す、法輪を持すの意であろう。それに対して、右に紹介した真諦説の佚文においては「転転法輪」「転照法輪」「転持法輪」という極めて特徴的な術語が見られ、それらは転法輪を転ず、照法輪を転ず、持法輪を転ずという意味に解される。すなわち「転法輪」「照法輪」「持法輪」は「転」の対象を示す名詞ということになる。通常の仏教漢語であれば「転法輪」は「法輪を転ず」、「照法輪」は法輪を照す、「持法輪」は法輪を持すと、動詞と名詞の組み合わせとして解すべきであるが、真諦の注釈ではそう解釈せず、それぞれ名詞とみなすのである。これは恐らくはインド語では説明のつかない、実に奇妙な、まったく漢語に依拠した得意な熟語と言ってよかろう。

現代のわれわれは、真諦はインド人であるから偽経に注釈を施すことなどあり得ないと考えがちであるが、そのように結論することは正しくない。他方また、インド人である真諦が注釈を施しているのだから『仁王般若経』は真経と結論するのも正しくない（望月一九三〇、一九四六ほか参照）。つまりインドの正統的経典解釈法を継承する真諦からみればいかにも怪しげで到底受け入れ難かったはずの偽経にすら注釈を施した形跡を認めないわけには行かないのである。では何故そのようなことを真諦は行ったのか。その理由を特定することは今はできないが、大きな理由の一つは、既に中国における多くの漢人聴衆に馴染みのある経典や教理を用いながら彼らを一層深遠な教えに導こうとした、真諦の漢人聴衆に向けた対機説法だったと考えることができるのではないだろうか。

（七）中国仏教独自の「三十心」説を許容する

仏典解説に当たり、真諦が中国の研究現状を意識していることは、菩薩の修行階梯を説明する際に「十信」「十解」「十行」「十迴向」という術語を採用したことにも看取される。既に知られているように、菩薩の修行理論における十信・十住・十行・十迴向という用語は中国仏教教理学特有のものであり、それをインドの文献に求めることはできない。従来の教説における十住が真諦説においては十解と表現される点も既に指摘されている（水野弘元一九八四）。これら中国成立の用語法を真諦が使用した例証として、以下を挙げることができる。

○真諦三蔵『九識章』云、「問。『大本』云「縁覚十千劫到[1]」、到何位、是何宗。答。此是寂宗意、除三界或（惑）、迴心学大乗、入十信、信法如如」。准知真諦亦説十信為所到処。

［1］『大般涅槃経』（大正一二・四九一下）　（円測『解深密経疏』四、続蔵一・三四・四・三九一表下～裏上）

○依『本記』云、「出二乗也。大乗有二。一、十信至十解、是不定。猶退為二乗。二、十行至十地、是定。故言「行独大乗」」。（円測『仁王経疏』巻上本、大正三三・三六九上）

○一『本記』云、「十信為習種性。十解為性種性。十行為道種性。十迴向已上、即属見道。経説信等為其性故。又下経云、「十信・十止・十堅心」。故知十信為習種性」。（同巻中本、大正三三・三八六下）

以上の三箇所の和訳は省略するが、真諦が「十信」「十迴向」等の術語を使用しながら修行理論を解説したことを窺い知ることができる（船山二〇〇二c・二二頁、二〇〇三a・一二六頁）。

五　漢訳の領域を逸脱する注解的要素

前節末尾に触れた「十信」「十解」「十行」「十迴向」等の中国特有の階位説に絡む問題は、むしろもう一つ別の面にある。すなわち、そうした術語を真諦が自らの注釈内で使用する限りは問題ないが、真諦は同じものを漢訳のなかで使用したことが真諦訳の活用と解釈を困難にする一要因である。既に指摘されていることであるが、例えば真諦訳『摂大乗論釈』巻三には「菩薩有二種、一在凡位、二在聖位。従初発心、訖十信以還、並是凡位。従十解以上、悉属聖位」（大正三一・一七四下）といった表現が見られる。また同巻四には「菩薩有二種。謂凡夫・聖人。十信以還是凡夫、十解以上是聖人」（大正三一・一七七下）という説明もある。これらより知られる真諦説は、インドの修行論と用語が異なることは言うまでもないが、同時代の中国仏教の教理学から見ても極めて独特の説であった。いま梗概のみを確認しておくと、中国仏教史において、六朝隋唐を通じて標準であった菩薩の修行階位説は、初発心→十信→十住（真諦の用語では十解）→十行→十廻向→十地→後二地という五十二位の体系のうち、初発心より十信の終了時までを「外凡夫位」、その後のいわゆる三十心の段階を「内凡夫位」、そして初地以上を「聖人位」とする（本書第三篇第一章参照）。これに対して上記の二つの引用から知られる真諦説は、初発心より十信の終了までを「凡夫位」とし、十住の初心以上をすべて「聖人位」とする点で、凡夫と聖人の境界線の設定が同時代標準説と大きく相違しているのである。いずれにせよ、当時の中国人聴衆からすれば極めて理解しやすい形で修行階位説が説かれている点は大いに評価すべき反面、そうした非翻訳的要素が真諦自身の著作ではない、いわゆる「訳」の中に挿入されている点は問題であり、訳文中のどこからどこまでが純然たる翻訳であり、どの部分が真諦あるいは彼の訳経グループの認めた挿入箇所なのかが今日ではまったく分からなくなってしまっている。

（一）梵語の一語を漢字二字で訳し、各々に別な解釈を与える

直前に指摘した事柄とも密接に関わるが、時に真諦は、インドの語であれば一単語であるはずのものを漢字二文字をもちいて翻訳し、かつ、その漢字二文字に差異を与える解説を行うことがある。もちろんインド語で一語の言

葉を類似の漢字二文字を用いて表現することは通常の現象であるが、その二文字に別々な解釈を与えるのは、非常に奇妙な、おそらくは真諦に特有の現象と言えそうである。そのような現象を端的にあらわす事例として、「歓喜」という語を「歓」と「喜」に分けて解釈する場合のあることが既に指摘されている（長尾一九八七・六〇頁）。「歓喜」は菩薩の十地の初位「初地」の別称であり、「歓喜」に当たる原語は pramudita-「喜んだ、嬉しい」という形容詞の一単語である。この語について、真諦訳『摂大乗論釈』（世親釈）巻八は次のようにいう。

自分への愛着を捨てることを「歓」といい、他人への愛情を生じることを「喜」という。〔従って「歓喜」とは、自らへの執着を捨てて他者を慈しんで喜びにあふれることを表す。〕

捨自愛名歓、生他愛名喜。（大正三一・二〇六上）

これはまったく漢語に依存した解説方法であって、梵語としてはあり得ない事柄といってよいだろう。長尾雅人はこの前後の文脈を精査することにより、単に歓喜の説明だけでなく、それを含む一節全体にわたって翻訳とはみなしがたい要素のあることを指摘している。さらに長尾は、真諦訳『説大乗論釈』においては歓喜のみならず、「意用」（āśaya）を「意」と「用」とに分けてそれぞれを区別していることも指摘している。

また、同じ『摂大乗論釈』巻九には、「信楽意」（adhyāśaya）という語を信と楽と意に区別する場合がある。以下に、そのうちの「信」と「楽」に差異を与える説明部分を挙げる。

六波羅蜜の正しい教えに対して心が確定し疑いがないことから「信」と名付ける。信を起こした対象のままに従って修行しようとするから「楽」（ねがい、欲求）と名付ける。

於六度正教中、心決無疑、故名為信。如所信法、求欲修行、故名為楽。（大正三一・二一三中）

「信楽意」に当たる梵語は adhyāśaya と考えられる。因みに同じ語の仏陀扇多訳は「深心」、笈多訳も同じく「深心」、玄奘訳は「増上意楽」である。「信」と「楽」の区別は梵語では意味をなさない。

類例はさらに『仏性論』巻二の「潤滑」なる語の解説にも認めることができる。「潤滑」という語を詳細に解説する箇所の中に「潤」と「滑」とに区別して、「潤滑者、潤以顕其能摂義、滑者顕其背失向徳義」という説明がある（大正三一・七九七上一二～一三行）。ところで、これを含む一連の解説は「三潤滑性者」（大正三一・七九六下一七～一八行）から始まり、それは「別相有三種。何者為三。一者如意功徳性、二者無異性、三者潤滑性」（大正三一・七九六中五～六行）を解説する箇所の一部を構成している。この三種は、幸いなことに、梵語本『宝性論』三一偈と散文の注釈に対応しており（高崎一九八九・四七～四八頁和訳参照）、そのことから、如意功徳性・無異性・潤滑性は順に、prabhāva, ananyathābhāva, snigdha（あるいはsnigdhabhāva）の訳であると確定できる。以上により、「三潤滑性者」（大正三一・七九六下一七～一八行）以下の「潤滑者、潤以顕其能摂義、滑者顕其背失向徳義」を含む箇所にぴったりと対応する文章は『宝性論』にはないにもかかわらず、その根幹をなす潤滑という語の原語がsnigdhaであることは確実に知られる。かくして、潤滑は本来は梵語では一語で表現される一つの概念であることが分かり、それにもかかわらずそれを「潤」と「滑」に区別することはインド語の文脈では意味をもたないことが分かる。因みにこの箇所は、かつて坂本幸男が『仏性論』内部に存する真諦自身の解説部分と推定した「釈曰」から始まる箇所ではなく、テキストのいわゆる地の文に見られる説明である。

また、『随相論』においては、『倶舎論』で用いられているchanda「愛欲」という語を「愛」と「欲」とに分解して「我及愛是見道所破、欲是修道所破」（大正三二・一六五下四～五行）と説明し分けている可能性があると既に指摘されている（青原二〇〇三・一八八頁）。

以上、梵語で一語であるものを類似の漢字二字で訳し、その二字に意味上の差異を与える例が『摂大乗論釈』

『仏性論』等に確認できることを見た。かかる事例について、従来の研究は概して、それらはインドの原典にはあるべくもないからインド人学匠たる真諦がそのような解釈をした筈はなく、恐らくは弟子の誤った筆記録が混入していることを示すのであろうという方向で解釈してきた[48]。真諦訳中の不可解や不具合を弟子の誤解に帰せしめようというわけだが、果たして正しい解釈か筆者は大きな疑問と考える[49]。本章において明らかにしたように、真諦は偽経『仁王般若経』にすら解説を施した形跡があり、しかも、地前の修行階位として十信・十解・十行・十迴向という中国仏教教理学特有の用語さえ使用していることを考慮する時、それらの現象すべてを弟子の誤解として処理することはかえって説得性を欠く。積極的に認めたかどうかはともかく、真諦自身あるいは彼の訳経者集団がグループの総意として、中国特有の要素を用いて解説することを認めていたとみなすと諸事象を理解し易い。

（二）漢訳で夾注であるべき内容が本文に示される例

真諦の「訳」として伝承される文献のいくつかには、厳密な意味で純然たる翻訳文献であるならば夾注（割注）であるべき文言が本文として表記されている場合がある。以下にその二三の実例を示そう。

まず、『顕識論』より一例を示すと次の通りである。

　第三の用識は、眼識界を初めとする六種であり、六識に他ならない。『大論』ではそれを正受識と呼ぶ。

　第三用識者、六種眼識界等、即是六識。『大論』名為正受識。 （大正三一・八七九上）

中国仏教で『大論』と言えば通常は『大智度論』を指すが、ここではそうではなく、『大論』とは『摂大乗論』のことである。そのことは『顕識論』の前後の文脈より容易に推察される。興味深いのは、「用識」も「正受識」も梵語では共に同じ aupabhogikam vijñānam または upabhogavijñānam となることである[50]。用識と正受識の訳し分けは中国語としては意味をなすが、梵語等のインド語ではトートロジーとなり、文脈上意味をなさない。つまりこれは中国語に依存した表現である。それ故、上の一節のうち、傍点部の七字は、本来はインド語の原テキストには存在しなかった可能性がある。『顕識論』には、これに類する例を他にも指摘できる。(51)

『婆藪槃豆法師伝』（単に『婆藪槃豆伝』とも）にも類例を指摘できる。周知のようにこの文献も真諦の「訳」として伝わるが、例えば次のような一節は、何らかの意味での非翻訳的要素を想定せずには読めないであろう。

この土地に、カウシカという姓の婆羅門がいて、その三人の息子はみなヴァスバンドゥという名であった。ヴァスは「天」（神）という意味であり、バンドゥは「親」（一族）という意味である。インドでは子供に名前をつける時にこのような仕方をするのであり、みな同じ名前であっても、さらに別な名前を付けて〔各人の相違を〕表す。第三子のヴァスバンドゥは説一切有部で出家して阿羅漢果を得た。彼は又の名を比隣持跋娑（*Viriñcivatsa?）という。比隣持は母親の名である。跋娑（vatsa）は「子」の意であり、「児」ともいう。この名（vatsa）は人間にも家畜にも用いる。例えば牛の子も跋娑（vatsa）というが、ただ、この地（中国）では牛の子のことは「犢」と呼ぶ。

此土有国師婆羅門姓憍尸迦。有三子同名婆藪槃豆。婆藪訳為天、槃豆訳為親。天竺立児名、有此体。雖同一名、復立別名、以顕之。第三子婆藪槃豆、於薩婆多部出家、得阿羅漢果。別名比隣持跋娑[1]。比隣持是其母名。跋娑[2]訳為子、亦曰児。此名通人畜、如牛子亦名跋娑[2]、但此土呼牛子為犢[3]。（大正五〇・一八八中）

［1］「娑」。原本「婆」を意を以て改める。［2］「跋娑」。麗本は「紱婆」、宋元明三本は「跋婆」に作るが、意を以て改める。
［3］この直後の箇所を大正蔵（縮蔵も同様）が「……為犢長子。婆藪槃豆是菩薩根性人」と区切るのは誤り。正しくは「……為犢。長子婆藪槃豆是菩薩根性人」と区切るべきである。

以上の一節はヴァスバンドゥという名前[52]を解説した箇所であるが、傍点部については、翻訳されるべき原典に存在していたと想定するよりも、この漢語文献が編纂された時に付された情報と考えるのが自然であろう。

次も同じく『婆藪槃豆法師伝』の一節である。

仏滅度後の第五の百年内に（仏滅後五世紀末までに）、迦旃延子（Kātyāyaniputra）という阿羅漢がいた。母の姓が迦旃延であり、母に従って〔迦旃延の息子と〕名付けられた。まず説一切有部で出家した。もとは天竺（インド）の人であったが、後に罽賓（ガンダーラやカシュミール）に行き――罽賓は天竺の西北に位置する――、五百人の羅漢及び五百人の菩薩と共に説一切有部のアビダルマを編輯して『八伽蘭他 *Aṣṭagrantha*』――この地で『八犍度論』と呼ぶものにほかならぬ――を製作した。……

仏滅度後五百年中、有阿羅漢名迦旃延子。母姓迦旃延、従母為名。先於薩婆多部出家。本是天竺人、後往罽賓国。罽賓在天竺之西北。与五百阿羅漢及五百菩薩、共撰集薩婆多部阿毘達磨、製為『八伽蘭他』、即此間云『八犍[1]度』。……（大正五〇・一八九上）

〔1〕「犍」は宋元明三本に従う。麗本は「乾」に作る。

ここでも傍点部をインド語原典の逐語訳と考えることはできない。上記二箇所いずれも訳として伝承された文献中に「此土」ないし「此間」という語で中国での意味を解説するのは漢訳中の加筆的要素である。『婆藪槃豆法師伝』が純粋な翻訳ではあり得ず、真諦の口述内容を色濃く反映している可能性は夙に高楠順次郎によって指摘されており、筆者もおおむね同意する。ただし、高楠がその根拠として言及を指示した次の跋文については高楠説に誤解があるので明確にしておきたい。

ここまではヴァスバンドゥ〔三〕兄弟のことを記録した。これ以降は三蔵闍梨（真諦）が建康の宮城より出て東部に行き、〔その後〕広州に到って大乗の諸論を重訳したこと及び逝去後のことを記録し後代に伝える。

前来訖此、記天親等兄弟。此後記三蔵闍梨従臺城出入東至広州、重訳大乗諸論并遷化後事、伝於後代。

（大正五〇・一九一上）

以上の箇所について、高楠の英訳[53]が、「臺城」（しかし高楠の表記は「台城」）を“the capital of Tai-chou”すなわち台州（浙江省）の都城とするのは誤り。正しくは建康の内城、すなわち天子の住まう臺城（宮城のこと）を指すと理解すべきである（朱偰一九三六・一〇八～一一六頁）。

なお末尾の夾注を書いた者が誰かは解くことのできぬ今後の課題である。筆者は、この跋文が後代の加筆ではなく、当該文献の成立当初から存在したと仮定してみたい[54]。いずれにせよ、現在『婆藪槃豆法師伝』の名で伝えられる文献が、その連続する失われた後半部分において真諦三蔵自身の中国到着後の事跡を記すものだったとするならば、そのようなものを「訳」と呼ぶことができないのは明らかであろう。

この跋文について宇井伯壽は次のように記す、「現本は之をよく見ると本文と註記とが互に混じて存すると考へらるるから、熟読すれば大体は両者を区別し得ると思ふ。かく区別して概観すると、本文の部は如何にも訳たることが表はれ、それに三蔵が註解的の句を附加したのであらうと推定さるる。然し元来は之に三蔵の伝が添加せられて居たこと本文最後の割註によつて知らるる」（宇井一九三〇b・一〇〇頁。傍点船山）。

宇井はこう述べるが、果たして本当に「本文」は「訳」であったのか、筆者には甚だ疑わしい。右に見た跋文は『婆藪槃豆法師伝』が翻訳であることの明証となるだろうか。その逆であるように筆者は思う。訳でなく真諦の口述であったからこそ、真諦の伝記とも接合可能であったと考える方が理に叶うという印象を筆者は抱く。

そもそも漢訳仏典で「伝」と称するものが本当に翻訳であったかどうかは極めて疑わしい（船山二〇一〇b・二

七三頁、二〇〇七d・八頁、二〇一三a・一六六～一六九頁参照)。もちろん『阿育王伝』のようにある程度対応する梵語文献『アショーカ・アヴァダーナ』を想定可能なものはある。またある特定の人物の事跡を讃歎する内容が讃 stotra として韻文で著作される例はある。しかし鳩摩羅什の訳と伝えられる『龍樹菩薩伝』『提婆菩薩伝』『馬鳴菩薩伝』や目下問題の『婆藪槃豆法師伝』はどうか。これらの四伝は概して当該人物の出自から説き起こし、幼少よりほぼ時系列に沿って逝去に至るまでの一生を散文で語る体裁を有する。その形式は、中国伝統の「伝」及びそれを踏まえる僧伝とあまりにも酷似している。管見の限り、類似のものが梵語の散文体で著された事例を挙げることはできない。さらに言えば、北魏の吉迦夜と曇曜の訳とされる『付法蔵因縁伝』が翻訳ではあり得ず、『十誦律』や『大智度論』その他の文言を用いて中国で編輯された文献であることも既に論証されている。『婆藪槃豆法師伝』を始めとする四伝が仏伝文学とは無縁のものであり、また訳者名のみを明記してインド人の著者を示していない点もあわせて考慮すべきであろう。結論として、『婆藪槃豆法師伝』は、その素材と言うべき逸話等は勿論インドに遡ることが可能であろうが、伝記という形式はインド文献に明確な対応がない。真諦が口述したインド起源の逸話の数々を中国人の弟子が書き記したものと筆者は暫定的に考えておきたい。

六　真諦佚文の意味するもの

第四節と第五節を通じて真諦自身の経典解説方法の基本的特徴を見てきた。要するに真諦は、インド仏教教理学の正統的知識を有する一方で、自らの弟子や聴衆が中国仏教の伝統に慣れていることを十分に理解した上でインドの情報を授けたり、インドと中国の相違を明確にし、また時にはインドには存在しなかった中国成立の経典やそこに展開される教説や術語をも否定することなく、むしろ積極的に活用したと考えられる。換言すれば、真諦の学説には、他のいずれの文献にも見られない貴重なインド情報を含む側面と、インド文化と中国文化の混淆的な側面とが認められる。そしてそれ故に、真諦説は著作が失われた後にも断片的に引用され続けたのであろう。

細かな論証は省略するが、後代の学僧が真諦説を引用する場合、自説の補強のために真諦を肯定的に引用する場合と、真諦説を自説と対立するものとして否定するために引用する場合とがあった。後者はとりわけ窺基を始めとする玄奘門下に顕著である。その際、玄奘系の人々はかれらの師の説こそがインドの正統中の正統であることを説明するために、真諦の説を似て非なるものであるとして、しばしば批判した。その場合、しばしばやり玉に上げられたのは、真諦説の文化混淆的な性格と密接に関わる、インドの正統から逸脱する要素であった。

インド人真諦が中国の偽経にすら解説を行ったことを我々はどのように理解すべきであろうか。高崎直道が、『涅槃経本無今有偈論』は真諦自身の説を反映するものであり、そして同経のその偈が真諦当時のインドでは知られていなかったと考えられることについて、可能な解釈として次のように述べているのは傾聴に値する。

一つ考えられることは、真諦の弟子たちが、『倶舎論』の講釈の際に、三世論に関連して自分たちに周知の『涅槃経』のこの偈をもち出して、真諦三蔵の教えを仰いだというような光景である。こういう状況設定は他の訳書のいくつかにも適用出来そうである。（高崎一九七九／二〇〇九・四七一頁）

恐らくはこのように理解してよいのであろう。高崎は『涅槃経本無今有偈論』との関連から右の推測を表明しているが、同じことは真諦撰『仁王般若疏』にも妥当するであろう。また第四節（七）に見た「三十心」の説なども同様であろう。

真諦は中国成立の経典の文言や教理学的術語のことを本国において梵語として知っていた可能性は無である。にもかかわらず、そのような非インド的要素を否定してしまうことなく、それに評論を加えたということは一体何を意味するであろうか。その理由を正確に特定することはできないであろうが、真諦が弟子に請われるがままに漢人聴衆に向けた一種の対機説法として、既に中国で確立していた経典や教理を頭から否定するのではなく、むしろそれらを利用しながら相手を導き、仏法を弘めようとした可能性が考えられる。こうした真諦説の成立についてさらに新たな視点を補足するならば、次の二点に注目すべきである。

第一に、インド人僧が中国に合わせて経典を解説してみせるという方法は、真諦のみに認められるものではないということである。例えば先に我々は初地を意味する「歓喜」について、それがインド語としては一語であって分解不可能であるにもかかわらず、真諦が「歓」と「喜」に分解して解説した様子を見た。これと類似の傾向は、後秦の鳩摩羅什訳と伝えられる『大智度論』の一節にも見られる。[55]『大智度論』の作者が果たして本当に「龍樹」かどうかは異論のあるところであり、鳩摩羅什その人の解説であった可能性すらあることは周知の通りである。さらにまた、北斉から隋の頃に活躍した「長耳三蔵」という名のインド人三蔵法師——ナレーンドラヤシャスと同定し得る——の経典解釈法もまた同様に、経の冒頭の定型句「如是我聞」中に現れる「如是」(evam このように)を「如」と「是」とに分けるものであったことが複数文献に確認される。[56]勿論、インド語で一語の「如是」を「如」と「是」に分解して解説するという周到さは漢人の注釈には見られるが、同じことをインド人が行ったことは刮目に値する。類例は恐らく他にも指摘可能であろう。[57]以上の例より知られることは、インド人僧が本国の伝統的方式に反してまで中国人の理解に合わせる例は真諦に限ったことではないことである。

第二に、真諦自身の説を解説した注釈を実際に著したのは真諦自身ではなかったと推定される点にも大いに留意すべきである。これについては興味深い資料が二つある。一つは『大乗唯識論』の後記の次の一節である。

〔『大乗唯識論』の〕本論にはインドに注釈があり、それを訳して両巻を得た。三蔵法師はさらに本論の本文を解釈し、わたくし慧愷がそれを注記して二巻を得た。

此論外国本有義疏、翻得両巻、三蔵法師更釈本文、慧愷注記、又得両巻。

（大正三一・七三下）

ここには真諦の疏に相当するものを慧愷が「注記」したと記している。つまりここで「注記」とは、真諦が口頭で説いた解説の文言を慧愷が注記したという意味である。慧愷は著者ではなく、記録者である。

この「注記」とほぼ同じ語例が『律二十二明了論』の末尾に付す慧愷の後記にも見られる。

『〔明了〕論』の本文を翻訳し一巻を得て、〔真諦三蔵の〕解釈を注記して五巻を得た。

翻論本得一巻、註記解釈得五巻。

（大正二四・六七二下）

『明了疏』五巻に当たるものについて慧愷が「註記」したことを述べている。言うまでもなく「註」と「注」は同じ。先の「慧愷注記」と合わせれば、「註記解釈」とは、真諦が註記して解釈したという意味ではなく、真諦の解釈を慧愷が註記（＝注記）したという意味である。

言うまでもなく本文を訳す場合について言えば、その筆記者を「筆受」と表記し、「注記」と表記することはない。これを考え合わせる時、右の二例において「注記」という語が用いられていることは何を意味するか。真諦の語った事柄を慧愷が逐語的に筆写したなら「注記」という表記は不自然である。ここに我々は、慧愷が自分の理解に応じて何らかの選択ないし判断を行い、自分の言葉を交えて文章化した可能性が浮上する。別の言い方をすれば、真諦は自身の頭の中にあった事柄を弟子に述べたのであって、原稿を準備してそれを見ながら講義したのではなかったであろう。インド語で筆記された真諦の疏など存在しなかったのだ。このことは、慧愷が「注記」を作成したという真諦釈成立の最初の過程で既に、真諦説が中国人聴衆の側の視点を交えて記録されていたことを含意する。

もちろん真諦説を筆記したのがすべての場合に慧愷であったわけではない。ただ、少なくとも上記二つの「注記」を作成したのが慧愷だったのははっきりしている。

真諦にとって最重要文献であった『摂大乗論』についても注目すべき記事が存在する。この文献には慧愷の序があるが、残念ながら慧愷の序は、漢訳の際に慧愷が筆受したことや、僧忍ら同学の僧がさらに補助をしたことを記すのみであり、真諦撰『摂大乗論義疏』の成立事情については「本論三巻、釈論十二巻、義疏八巻、合二十三巻」（大正三一・一五三中）と明記されるのみで、どのようにして作成されたかを示す詳細な記録はない。一方、『続高僧伝』巻一の本伝は次の興味深い記事を含む。

「依心勝相品」より後の義疏はすべて僧宗によるものであるが、それは自ら本師の真諦に対面して、（真諦が）繰り返し彼に趣旨を解説したのであるから、分量に違いはあっても、全体の意味に欠けるところはない。

「依心勝相」後疏、並是僧宗所陳。躬対本師、重為釈旨。増減或異、大義無虧。
（大正五〇・四三〇中。なお「心」を「止」に作る版本もあるが「心」が正しい）

ここで「疏」とは真諦の注釈『摂大乗論義疏』のことである。「依心勝相品」は「依心学勝相品」の「学」字が脱落した表記であろう。『摂大乗論』は依止勝相品・応知勝相品・応知入勝相品・入因果勝相品・入因果修差別勝相品・依戒学勝相品・依心学勝相品・依慧学勝相品・学果寂滅勝相品・智差別勝相品という章立てであるから、最後の三分の一弱を弟子の僧宗が補ったことが分かる。『摂大乗論義疏』の少なくとも一部は、内容的には真諦説に基づくとしても、文献の成立状況という点から見れば、最初から弟子が書写したものだったというわけである。

他の場合はどうであろうか。法虔「金剛般若経後記」の記事は、次のような一般的な書きぶりに終始する。

そこで壬午の年（五六二）の五月一日、（鳩摩羅什の旧訳を承けて）再びインド語のテキストを翻訳して訳文を定め、婆藪（ヴァスバンドゥ）の論に基づいて注釈した。法師は土地の言葉（漢語）をよく理解したので、通訳を煩わせることなく、〔原典写本を手に持ち〕かの〔インド語の〕深遠な文を見ては、ここ〔中国の言葉で〕深い意味を述べ、偕宗法師や〔わたくし〕法虔らが皆で筆受し、九月二十五日に至って注釈はすべて完了し、経文一巻、注釈十巻となった。

即於壬午年五月一日。重翻天竺定文。依婆藪論釈。法師善解方言。無労度語。矚彼玄文。宣此奥説。対偕宗法師法虔等。並共筆受。至九月二十五日。文義都竟、経本一巻、文義十巻。（大正八・七六六下）

ここでは「文義」すなわち『金剛般若疏』もまた経の訳文と共に「筆受」されたと記述されており、真諦の口述内容と筆記録がまったく同じであったかの如き表現となっている。この他、『倶舎論』に序が存在するが、そこには真諦の疏については巻数のみが記され、成立状況を告げる具体的記述はない。従ってこれ以上は単なる推測の域を出ないが、真諦が残した著作には、『明了疏』『大乗唯識論注記』及び『摂大乗論義疏』の末尾四章以外の場合もまた、多かれ少なかれ類似の状況を想定可能ではあるまいか。

ところで右に紹介した「金剛般若経後記」には、真諦が通訳を必要としなかったことが記されていた。同様のことは他にも記録されている。例えば慧愷「摂大乗論序」は「法師は……土地の言葉をよく知っていた」（法師……善識方言、大正三一・一一三上）とある。さらにまた、慧愷「阿毘達磨倶舎釈論序」は次のようにいう。

法師は各地を歴遊することが長かったので、この土地（中国）の文字の発音と意味を詳しく理解しており、どのテキストを翻訳するにも通訳を必要としなかった。

法師遊方既久、精解此土音義、凡所翻訳、不須度語。（大正二九・一六一上）

しかし、弟子たちが師匠を讃歎して述べる言辞と実際の状況は必ずしも同じではあるまい。彼は広州に初めて到来した時に四十八歳であったこともあわせて考慮すべきであろう。また、仮に真諦が会話のやりとりで通訳不要だったとしても、難解な唯識教理学のような場合に、彼が古典漢語を、しかも文語を、漢人と同じく流暢に操って自ら筆記できたかと言えば、もちろん甚だ疑問である。むしろ、ある程度まで意味は分かるがかなりブロークンな状態で発話された真諦の教えを聞いて、漢人の弟子たちがそれを読むに堪える表現に改め、内容にもある程度の手を加えることによって真諦の注釈と称するものを作った可能性が大きいであろう。

さて以上に触れた『明了論』『大乗唯識論』『摂大乗論』において、真諦の疏の成立に最も深く関与した人物が誰であったかといえば、言うまでもなく慧愷であった。興味深いことに彼は真諦の注釈を筆写した人でもあったという記録がある。すなわち『続高僧伝』巻十三の道岳伝によれば、道岳（五六八～六三六）は、十五歳で出家した後、『成実論』や『雑心論』を学び、そして真諦の『摂大乗論』の学習も始めたが、当時の長安には真諦訳『倶舎論』の注釈がなかったことを深く無念に思い、注釈なしでは本論を理解できないと判断し、そこで嶺南に赴く商人に金を与えて真諦の疏を探し求めさせた。その結果、ついに道岳は、広州の顕明寺にあった真諦「倶舎の疏本」と「十八部論記」の写本を手に入れることに成功したのであった。それらの写本について道岳伝は、「幷びに是れ凱師（＝慧愷）の筆迹なり。（慧愷は）親ら真諦の口伝を承け、顕明は即ち凱公所住の寺なればなり」といい、写本を得た道岳が欣喜雀躍したことを記している（大正五〇・五二七中二六行～下三行）。ここに真諦『倶舎論疏』と『十八部論記』（『部執疏』と同本であろう）が慧愷によって筆写され、彼の住まった顕明寺に保管されていたことが分かる。要するに、『明了論疏』『大乗唯識論注記』『摂大乗論義疏』『倶舎論疏』『十八部論記』といった真諦説の根幹を構成するものが、いずれもみな何らかの意味で慧愷の手にかかるわけである。

慧愷の写本が広州から長安にもたらされたこと自体きわめて興味深いが、道岳伝は真諦の両注釈をめぐってさらに複雑な状況が発生したことをも告げている。それによれば、武徳二年（六一九）、道岳は自らの得た真諦の『倶舎論疏』があまりにも繁多で研究困難であったため、文意を損なわぬように配慮しながら三分の二を省略した略本二十二巻を編纂したという。また詳細は記されていないが、道岳はさらに『十八部論記』にも同様の手を加えた如くである（大正五〇・五二八上五～一〇行）。道岳の編輯した二十二巻本については、『新唐書』巻五十九の芸文志三にも「道岳『三蔵本疏』二十二巻〈姓孟氏、河陽人、貞観中〉」という記録がある。上述の第二節（一）に見たように、真諦『倶舎論疏』は、『歴代三宝紀』巻九によれば六十巻であり、慧愷「阿毘達磨倶舎釈論序」によれば五十三巻であった。道岳はそれを編輯して二十二巻に減じた略本を作成したのであった。『倶舎論』に関して現在我々が見ることのできる真諦の疏の佚文は玄奘門下の普光（大乗光。年代不詳）『倶舎論記』等に引用されるものであるが、それが真諦の本来の疏であった確証はない。また一方、道岳が略本を作成した段階で彼自身の言葉づかいや考えがまったく混入しなかったとも言えまい。同じ状況は、さらに『十八部論記』にも恐らく妥当するであろう。道岳以前、長安では真諦『倶舎論疏』が流布していなかった状況を考える時、我々が現在垣間見ることのできる佚文は、果たして真諦の元の疏から直接引用されたのか、道岳の略本から引用されたのか、我々は様々な想像を掻き立てられる。

結

本章では、後代の引用断片等を通じて、真諦の教説を記す彼自身の著作断片の特徴を検討した。その結果、真諦の経典解説法として、一つの語句に複数の意味があることを明かす場合があること、固有名詞の語義解釈に特徴が見られること、インドと中国の文化や事象を比較する発言があること、同一の論題についてインドの諸部派の見解を列挙したり比較検討したりする場合があること、例証中に中国人名をもちいる場合があること、インドには存在しない中国成立の経典を否定することなく、むしろそれらを積極的に活用した形跡が認められること、そして同様のことが中国仏教特有の教理や術語についても当てはまることを確かめることができた。また、翻訳文献においてさえ、梵語の一語を漢字二字で訳した上に各々別々な解釈を加え二字の相違を述べる場合があること、厳密な意味で純粋な翻訳文献であれば夾注であるべきものが本文として記されている場合があること等、翻訳らしからぬ要素が認められることも指摘した。また、真諦の所属部派が正量部（Saṃmitīya）であった可能性を指摘し、さらに真諦との繋がりにおいて経部（経量部 Sautrāntika）に関しても若干の考察を試みた。

第四節と第五節より得られた結論は、いわば真諦の著作の内容を、その発話者である真諦の側から見た場合の特徴である。同じことは、真諦の注釈を聴いて筆記した弟子側から規定することも可能であり、第六節において慧愷の役割に注目して導出した内容は、いわば聴き手の側から見たものとしての真諦説の性格規定である。

梵語で書かれた真諦説が残っていない以上、真諦説を漢語を用いて筆記した漢人弟子の視点を抜きにして真諦説の「本来の姿」を抽出することは原理的に不可能である。このことは、佚文から知られる内容を真諦の説なのか、弟子の解釈ないし誤解なのかと穿鑿することの無意味さを示している。インド人である真諦の説を漢人である弟子たちが筆記したことが我々にとって所与の事態であり出発点である。それが真諦説そのままかどうかを問うことはあまり生産的でない。慧愷らが理解した真諦説を越えて、真諦説のオリジナルに辿りつくことはできない。我々にできるのは、複数の様々な引用断片の中からどれが本来の形か、あるいは本来の形に最も近いかを確定することであり、そしてそれが数世紀を経る間にどのように変わっていったかを辿ることである。その点において真諦の著作の佚文は、彼の同時代及び後代の人々が真諦説と認定して伝承してきた言説の集成であって、厳密に言えば真諦が発言した内容そのものではない。真諦佚文は真諦と彼の弟子達の共同作業の結果として捉えるべきであろう。ある意味で真諦の注釈は成立した当初から既に「中国化」されていたのである。

（附）聖語蔵本「金光明経序」録文

『金光明経』序　　釈僧隠別訳

曇無讖法師云[1]、『金光明経』、篇品闕漏、毎尋文--揣義、謂此説有徴、而讎検無指[2]。永懐寤寐[3]。梁--武皇帝愍三趣[4]之輪廻、悼四生之漂被[5]、汎宝--舟以救溺、秉慧炬[6]以照迷。大同中、扶南献使--還反外国、勅直後苴破虜監張記等、随往扶--南、求請名僧及大乗諸論『雑華』等経[7]。彼国乃--屈西天竺優禅尼国三蔵法師波羅末他[8]、梁--云真諦、幷齎経論、恭膺帝旨。法師遊歴諸--国、故在扶南、風神爽悟、悠然自遠、羣蔵淵部、--罔[9]不研究。太清元年、始入京邑、引見殿内。--武皇躬申頂礼、於宝雲供養、欲翻経論。寇羯--憑陵、大法斯舛[10]、国難夷謐。僧隠始得諮揀法--師[11]、経目果闕「三身分別」・「業障滅」・「陀羅尼最浄--地」[12]・「依空満願」等四品。宿昔矇惑、煥若披雲、傾--身半偈、幸聞先旨、折骨書写、踊躍甘心。以承--聖二年二月廿五日、於建康県長凡里楊雄[13]--宅別閤道場、仰請翻文。以三月廿日、乃得究--訖。法師在都稍久、言説略通。沙門慧宝洞解--殊語、伝度明了[14]、曾无擁礙。菩薩戒弟子蘭陵--蕭礎字純臣[15]、脱略栄利、深念火宅[16]、緝句詮旨、--詳審无遺。依所翻経本次第、以為七巻、品部--究足、始自于斯。文号経王、義称深妙。願言幽¦顕、頂戴受持。[17]（宮内庁正倉院事務所（編）『聖語蔵経巻カラーデジタル版』第三期、第Ⅳ類、景雲二年御願経、一五三一号、東京・丸善株式会社、二〇一〇年）

「¦」は聖語蔵本の改行を示す。

[1]「云」本文：「称」参考1、参考2、参考3
[2]「検」本文：「校」参考1、参考2、参考3
[3]「寤寐」本文、参考1、参考2：「寐寤」参考3
[4]「武皇帝」本文、小野玄妙（一九二九）：「武帝」二楞生（一九三四）
[5]「被」本文、小野玄妙（一九二九）：「波」二楞生（一九三四）：「没」参考2、参考3
[6]「矩」本文：「炬」小野玄妙（一九二九）：二楞生（一九三四）、参考2、参考3
[7]「大同中、扶南献使還反外国、勅直後苴破虜監張記等、随往扶南、求請名僧及大乗諸論『雑華』等経。」本文：「大同年中、勅遣直後張記等送扶南、献使反国、仍請名僧及大乗諸論『雑華経』等。」参考2：「大同年中、勅遣直後張汜等送扶南、献使反国、仍請名僧及大乗諸論『雑華経』等。」参考3
[8]「末他」本文：「未他」小野玄妙（一九二九）、二楞生（一九三四）：「末陀」参考2、参考3
[9]「冏」本文、小野玄妙（一九二九）、参考2、参考3：「図」二楞生（一九三四）
[10]「舛」本文、参考2、参考3：「拼」小野玄妙（一九二九）：「（不明一字）」二楞生（一九三四）
[11]「諸揀法師」本文：「諸稟法師訳経」参考2、参考3
[12]「『三身分別』・『業障滅』・『陀羅尼最浄地』」本文：「三身分別・業障滅陀羅尼・最浄地」小野玄妙（一九二九）：「三身分別・業障滅陀羅尼・最浄地」二楞生（一九三四）
[13]「康」本文、小野玄妙（一九二九）、参考2、参考3：「連」二楞生（一九三四）
[14]「了」本文、二楞生（一九三四）：「事」小野玄妙（一九二九）

［15］「純」本文、二楞生（一九三四）：「能」小野玄妙（一九二九）
［16］「緝」本文、小野玄妙（一九二九）：「絹」二楞生（一九三四）
［17］「受」本文：「護」参考2、参考3

【参考1】隋彦琮「合部金光明経序」（一部抜粋）

…前略…而『金光明』見有三本。初在涼世、有曇無讖訳為四巻、止十八品。其次周世、闍那崛多訳為五巻、成二十品。後逮梁世、真諦三蔵、於建康訳「三身分別」・「業障滅」・「陀羅尼最浄地」・「依空満願」等四品、足前出没、為二十二品。其『序』果云、「曇無讖法師称『金光明経』、篇品闕漏、毎尋文揣義、謂此説有徴、而讐校無指、永懐寤寐」。宝貴毎歎、此経秘奥、後分云何。竟無「嘱累」、旧雖三訳、本疑未周。長想梵文、願言逢遇。…後略…

（大正一六・三五九中）

【参考2】隋費長房『歴代三宝紀』巻十二

又真諦訳復為七巻。其『序』果云、「曇無讖法師称『金光明経』、篇品闕漏、毎尋文揣義、謂此説有徴、而讎校無指、永懐寤寐。梁武皇帝愍三趣之輪迴、悼四生之漂没、汎宝舟以救溺、秉慧炬以照迷。大同年中、勅遣直後張記等送扶南、献使反国、仍請名僧及大乗諸論『雑華経』等。彼国乃屈西天竺優禅尼国三蔵法師波羅末陀。梁言真諦、并齎経論、恭膺帝旨。法師遊歴諸国、故在扶南、風神爽悟、悠然自遠、群蔵淵部、罔不研究。太清元年始至京邑引見殿内、武皇躬申頂礼、於宝雲供養、欲翻経論。寇羯憑陵、大法斯舛、国難夷謐。沙門僧隠始得諮稟法師訳経、経目果闕「三身分別」・「業障滅」・「陀羅尼最浄地」・「依空満願」等四品全別、成為七巻。今新来経二百六十部内、其間復有銀主陀羅尼品及嘱累品、更請崛多三蔵出、沙門彦琮重覆校勘。故貴今分為八巻。品部究足、始自乎斯。文号経王、義称深妙。願言幽顕、頂戴護持。」（大正四九・一〇五下〜一〇六上）

【参考3】唐道宣『大唐内典録』巻五

又真諦訳復為七巻。其『序』果云、「曇無讖法師称『金光明経』、篇品闕漏、毎尋文揣義、謂此説有徴、而讐校無指、永懐寐寤。梁武皇帝愍三趣之輪迴、悼四生之漂没、汎宝舟以救溺、秉慧炬以照迷。大同年中、勅遣直後張汜等送扶南、献使反国、仍請名僧及大乗諸論『雑華経』等。彼国乃屈西天竺優禅尼国三蔵法師波羅末陀、梁言真諦、幷賷経論。恭膺帝旨。法師遊歴諸国、故在扶南、風神爽悟、悠然自遠、群蔵淵部、罔不研究。太清元年、始至京邑、引見殿内。武帝躬申頂礼、於宝雲殿供養、欲翻経論。寇羯憑陵、大法斯舛、国難夷謐。沙門僧隠始得諮稟法師訳経、経目果闕「三身分別」・「業障滅」・「陀羅尼最浄地」・「依空満願」等四品全別、成為七巻。今新来経二百六十部内、其間復有銀主陀羅尼品及嘱累品、更請崛多三蔵出、沙門彦琮重覆挍勘。故貴今合分為八巻。品部究足、始自乎斯。文号経王、義称深妙。願言幽顕、頂戴護持。」（大正五五・二八七中）

注

（1）翻訳文献としての真諦訳の特徴を論ずる主な先行研究として高崎（一九七九／二〇〇九）、岡田行弘（二〇〇二）がある。真諦訳の多くは現存する大蔵経において真諦訳と明示されるが、例外として真諦訳の記載がないものを真諦訳と推定すべき場合もある。その例として金剛寺一切経に収める『四諦経』がある（今西二〇〇六）。逆に、大蔵経では真諦訳とされるが実際には真諦訳とみなし難いものもある。その代表は『大乗起信論』である。本章は『大乗起信論』は真諦の活動と直接関係しないものとみなし、言及しないことにする。

（2）真諦の教理学的特徴に関する先行研究は数多い。主なものとして、宇井（一九三〇ｂｃｄｅ）、勝又（一九六一・第二部第三篇第二章「真諦三蔵の識説」、同第三章「真諦三蔵の訳書と無相論」）、高崎（一九八一／二〇〇九）、岩田（二〇〇四）がある。

（3）宇井と同じ頃、ドゥミエヴィル Demiéville（1931 / 73）が『大乗起信論』に関する論文を発表し、真諦に関しても概説している。年代的に当然だが、宇井とドゥミエヴィルはお互いの著作を参照していない。

（4）蘇公望（一九三六～三七）（一九三七～四〇）。これらはすぐに蘇公望（一九四〇）として一冊にまとめられた。なお「公望」は蘇晋仁（一九一五～二〇〇二）の字である。「真諦三蔵訳述考」を執筆し始めた頃、彼は二十歳を過ぎて間もなかった。

（5）本後記の作者は明記されていないが、以下の状況に鑑みて法虔と考えてよかろう。すなわち後記中に、壬午（五六二）の年の九月二十五日に「訳経一巻」と「文義十巻」（文義は真諦疏を指す）が完成した折、筆受の一人であった法虔が百部を造り流通せしめたことを記す。筆受を担当した人物としては「僣宗法師と法虔」の名に言及し、僣宗には「法師」が付せられているが、法虔にはそれがない。そして後記全体は「普願衆生、因此正説、速至涅槃、常流応化」という願文で終わる。以上は本後記の作者が法虔であることを推定せしめる。後記の内容は、宇井（一九三〇ｂ・二六～二七頁）を比較参照。また、矢吹（一九三三・七八頁）と許明（二〇〇二・一七二頁）も本後記の作者を法虔とするが、共に著者同定理由を何も記さない。

（6）第一に、序の聖語蔵本については小野勝年（一九八八）を参照。第二に、房山の同序は『房山石経（隋唐刻経）2』（二〇〇〇・二〇九頁）に収められ、さらに『中華大蔵経』（巻八・一〇九頁）は後者に基づく画像を載録するけれども、それは『中華大蔵経』の編纂に当たっての新たな現代の書き起こしであり、誤写もあり、資料的価値は無い。第三に、敦煌写本としてペリオ将来敦煌写本三四七一号がある。字句の異同について、当該経序に関する限り、房山版とペリオ版はしばしば一致して聖語蔵版よりもよりよい読みを示す。

（7）二楞学人（一九二六）、小野玄妙（一九二九）、二楞生（一九三四）。三者とも同著者。三論文には一部の写真と序文全体の録文があるため大凡のことは知ることができる。特に「大蔵文庫古逸善本目録（一）」は、寿量品の一部に増広が見られることを指摘し、その箇所の録文を載せている点で貴重である。しかし三論文に掲載された録文の字句がそれぞれ微妙に異なる点は注意を要する。現在、聖語蔵のCDとDVDが丸善より発売されており、序文の画像が参照可能な状態となったことは研究環境の革新的変貌である。当該序文の原文を本章本文末尾に示すので参照されたい。

（8）扶南の仏教史から見た真諦の位置に関する先行研究として、静谷（一九四二・特に二四頁）参照。静谷によれば、真諦当時の扶南王は仏教に対して好意的であった留陀跋摩（Rudravarman 約五一四～五〇頃）とされる。

（9）ウッジャイニーは古代のアヴァンティ国 Avanti の都であった街であり、現在のマディヤ・プラデーシュ州ウッジャイン Ujjain に当たる。因みに「優禅尼国」の地域区分は、真諦と同時代の漢語史料のうち真諦伝の関係では「西天竺」とするが、月婆首那伝の関係では「中天竺」とし（『続高僧伝』巻一、大正五〇・四三〇中。聖護蔵「勝天般若経序」）、インド内の地域区分は必ずしも一定しない。

（10）Demiéville（1929: 16）は Bharadvāja と表記する。これも可能であるが、本章では「バラドヴァージャ仙の子孫」という意味で最初の母音を長化した Bhāradvāja をむしろ想定する。宇井（一九三〇b・九頁）が「頗羅堕は確にバーラタ（Bhārata）の音訳」とするのは誤り。頗羅堕が Bhāradvāja / Bharadvāja の音訳であることを示す例として、いわゆる「賓頭盧頗羅堕」を挙げることができる。

（11）真諦から菩薩戒を授かった在家者としては、曹毘の他、「摂大乗論序」に言及される欧陽頠がいる（大正三一・一一二下）。また聖語蔵に収める「金光明経序」には真諦の菩薩戒弟子として蘭陵の蕭碏、字は能臣に言及する。

（12）『大唐西域記』巻十一伐臘毘（大正五一・九三六中～下、季羨林一九八五・九一一～九一三頁）、巻八摩掲陀国上の徳慧菩薩伽藍（大正九一三下～九一四下、季羨林一九八五・六五三～六五九頁）。徳慧は『成唯識論述記』巻一本（大正四三・二三一下）も参照。

(13) 仏陀多羅多（*Buddhatrāta ブッダトラータ、覚護）については、第三果を獲得した聖者であったことが同論跋文に記される（大正二四・六七二下）。隋の吉蔵『中観論疏』巻八本「明了論是覚護法師造、而依正量部義」（大正四二・一一九下）。唐の大覚『四分律鈔批』巻二三「……是仏陀多羅法師之所造、此云覚護。法師第三果人也」（続蔵一・六七・五・四六八裏下）。

(14) 例えば仏駄跋陀羅は大乗経典『華厳経』六十巻を訳したが、この経典と仏駄跋陀羅との関連性は実は緊密ではない。『高僧伝』巻二の本伝によれば、同経の梵本は支法領という人物によって于闐からもたらされたが未訳のままであったが為に、仏駄跋陀羅が訳出に参与することを請われたにすぎない（大正五〇・三三五下）。このように訳出者が当該経典と本来の関係性を有さない場合も時にある。

(15) 因みに真諦訳における「正量部」の原語を、並川（二〇一一・四一頁）が Sāṃmatīya であると記すのは誤り。

(16) *Hastavāla-prakaraṇa* とその真諦訳については、Frauwallner (1959: 127-129; 152-156) と長澤（一九七八・第二篇第三章第二節「漢訳二本対照チベット訳『手量論註』和訳」、第三節「『無想思塵論』の形態論的検討」）を参照。真諦のもたらした論書中にディグナーガの著作があり、ディグナーガの相対年代は約四八〇～五四〇年頃と推定されている点から、真諦はおそらく最新の文献をふくむインド情報を中国にもたらしたと考えられる。ディクナーガと真諦の年代関係を論じた先行研究として服部（一九六一・八四～八五頁）がある。なお、真諦訳の場合、『解捲論』と『解拳論』のいずれが本来の題名かは決定し難く、表題の意味にも問題が残る。「解拳」とは握った拳を開くことを意味するように筆者には思われる。真諦同訳は義浄訳『掌中論』に対応する。梵語表題 *Hastavāla* は現存する梵語文献中に同定されているわけではなく、チベット語訳の冒頭に示される原題の音訳に基づく。vāla の意味は諸説あり、未確定である。

(17) ディグナーガの晩年の著作と考えられる『集量論』*Pramāṇasamuccaya* への言及を真諦説に確認できないし、先行する『因明正理門論』*Nyāyamukha* への言及もない。さらに言えば、ディグナーガが創案した二量説（正しい認識手段は知覚と推理の二種のみであるという説）に真諦が言及した痕跡も管見の限り得られていない。そもそも真諦の著作佚文から窺う限り、彼がディグナーガ系論理学（推理論、例えば因の三相説など）の知識を備えていた明証を得ることができない。関連する内容としてディグナーガ以前の旧説である三量説を説明する真諦説の大意は、円測『解深密経疏』巻二（続蔵一・三四・四・三三四裏下）に紹介されている。ただしあくまで大意にすぎないことは、円測が引用語に夾注を付し、「真諦の『記』に依れば十四、五紙あり、繁を恐れて述べず」と記す通りである。またそこでは知覚を意味する語が「現量」（玄奘の術語と一致）であり、同じ意味の真諦特有の訳語「証量」（pratyakṣa）が用いられていない点からも問題が残る。真諦訳「証量」についてはFunayama（2014: 40-41）を見よ。

(18) 梁安郡についてはこれまで広東省恵陽の一帯である、晋安郡の誤写である等と想定されてきたが、章巽（一九八三／八六）、廖大珂（一九九七）、楊維中（二〇〇七・三五〇〜三五三頁）等によって、梁安郡は現在の福建省南安市豊州に当たることが分かっている。また「金剛般若経後記」に言及される梁安郡の「建造伽藍」（円測『解深密経疏』巻一に言及される「建造寺」。続蔵一・三四・四・二九九表下）は現在の南安の延福寺に比定可能である。

(19) 広州で真諦は欧陽頠（四九八〜五六三）と欧陽紇（五三八〜七〇）の父子二代にわたる庇護を受け、彼らの経済的支援を背景に訳経を行った。欧陽氏と真諦の関係は吉川（一九八九）（二〇〇〇／一〇）参照。関連研究に石田（一九七九）と楊維中（二〇〇七）がある。

(20) 捨身とその意義、種類、自殺との関係については船山（二〇〇二a）、特に自殺については（二〇〇二a・三三六〜三三一頁）を参照。

(21) 中国中世仏教における聖者の規定、具体的事例、伝統の種々相については船山（二〇〇五a）を参照。

(22) 当該リストを『正論釈義』以下十三部数えると、第十三は『婆藪槃豆伝』一巻であるが、同伝は『開元釈教録』巻七（大正五五・五四五下）に訳として既出するので除外すると、第十三は次の『衆経通序』二巻となり、巻数総計も合う。

(23) ただし『倶舎論疏』成立と唐初における流伝にはさらに複雑な状況があったことが『続高僧伝』巻十三の道岳伝に記される。これについては本文第六節末尾を見よ。

(24) 『金光明疏』のこれまでの佚文研究に佐藤哲英（一九六一・第四篇第三章第四節「真諦三蔵の金光明経疏」）や林鳴宇（二〇〇三・第二篇第二章第二節「真諦の『金光明経疏』」）がある。

(25) 『七事記』は経典冒頭の定型句を七項目に分けるが、これを幾つに分けるかという点はインドの注釈でも中国の注釈でも定説があるわけではない。「我」「聞」を一つのまとまりとみなして六項目とする注釈もある。その場合、それを「六成就」と呼ぶ場合もある。

(26) 橘川（二〇〇〇・七三頁）によれば、円測著作中、『仁王経疏』は最晩年の作という。『無量義経疏』は橘川（二〇〇八）を参照。

(27) 金剛経注釈研究として麥谷（二〇一一・二五〇～二五一頁）とそこに引用される諸研究を参照。校本に定源（二〇一〇）がある。

(28) 吉蔵の引用はしばしば逐語的でなく要約的であり、そのことが佚文を回収する上で問題となる。本書第一篇第四章第三節「方法論的覚書」参照。

(29) ただし「僧伽胝施沙」と「波胝提舎尼」に用いられる「胝」(*ti) は真諦訳に特徴的と言えるかも知れない。

(30) 正量部のこの用語は従来注目されてこなかったが、例外的研究が一つだけ存在する。荻原（一九二八／三八・八五六頁、八六一頁）である。本論文は波夜提に対応する諸々の語形を挙げ、『明了論』に触れて prāyatnika という原語を想定する。だが該語の特異性を格別に議論しないため、研究者の注目を集めることなく今に至る。同論文を批判的に扱った平川（一九九四）も『明了論』に言及しない。

(31) 同じ説は『倶舎論』第三章八七偈cd及びその自注に規定されている。

(32) 一丈は十尺。従って計算上、八〇〇丈＝八〇〇〇尺＝一〇〇〇ダヌ（弓）＝一クローシャ。

(33) 一里は一八〇〇尺。従って一クローシャ＝一〇〇〇ダヌ＝八〇〇〇尺＝四・四四四……里となる計算。すなわちアラニヤはラナの三義に鑑みて、ラナに相当する場所から一クローシャ以上（正量部の計算を中国の度量衡に換算すれば四・四四四……里以上）離れていなければならないとの意味である。因みに真諦説以外には、一クローシャ（拘盧舎）は五里であるとする漢語文献がある。唐の道世『毘尼討要』巻一に引く『耶舎伝』に「拘盧舎者、大牛鳴音也。其音聞於五里」（続蔵一・七〇・二・一一四裏上）とある。また北魏の吉迦夜共曇曜訳『雑宝蔵経』一「一拘屢者〈秦言五里〉」（大正四・四五二下）、未詳作者『四分律幷論要用抄』上の夾注に「〈一拘盧舎者五里〉」（大正八五・六九四下）とある。『耶舎伝』がナレーンドラヤシャスの伝記であることは船山（二〇一四c）を見よ。

(34) 三種のうち、raṇa が騒音ないし喧噪（sound, noise）を意味し得ることは通常の辞書において確認可能である。また raṇa が煩悩（kleśa）の意味に用いられ得ることについては次を参照。Edgerton（1953: vol. 2, 64 s. v. "a-raṇa," 450 s. v. "raṇa"）. 争いのない境地の三昧を意味する *araṇā-samādhi* を真諦訳『倶舎論』は「無諍三摩提」と訳す。

(35) 円測『解深密経疏』巻一（続蔵一・三四・四・三一七裏上。三二四上も比較参照）に引く真諦の解釈（恐らく『解節経疏』）。真諦の著作ではないが、類似の解釈は天親造・真諦訳『摂大乗論釈』巻八（大正三一・二〇六中）にもある。

(36) maudga < mudga（*Pāli* mugga）. 緑色の豆とは、現在ムング豆 mung と呼ばれるものに当たるか。

(37) （参考）窺基『阿弥陀経疏』「故真諦云、応名勿伽羅、此云愛胡豆。愛胡豆即菉豆也。上古有仙人唯食此豆、是彼仙種、因姓為名」（大正三七・三一五下）。なお同疏原文に二度現れる「愛」は「受」の誤りであろう。さらに中観澄禅『三論玄義検幽集』巻六における「抄批」（唐の大覚『四分律鈔批』、ただし現行本には対応箇所がない）の引用にも「目連」の語義解釈を含む真諦説（大正七〇・四六五中～下）が見え、それが元来は『部執論の疏』の一節であったことが分かる。

(38) インド伝統学術におけるニルヴァチャナ nirvacana（ニルクティ nirukti ニルクタ nirukta）についての先行研究として Karhrs（1998）、真野（二〇〇一）、船山（二〇一七b・六六～七一頁「先行研究」）参照。

（39）因みに季節（*Skt.* ṛtu）の区分に関する他の説としては、『大唐西域記』巻二に真諦と同じ一年三分説ならびに、さらに細かな一年六分説などが紹介される他、失訳『薩婆多毘尼毘婆沙』巻七（大正二三・五四七下）や道世『毘尼討要』巻二に引く『耶舎伝』という文献（続蔵一・七〇・二・一三四表下）にも季節を三期に分ける説が見える。

（40）本文に示した通り、当該箇所の真諦訳は「毘拏」（大正一六・七一三中）。対応する玄奘訳『解深密経』巻一の勝義諦相品第二の訳語は「筌篌」（大正一六・六九一上一七行）。チベット語訳は pi bang である。Lamotte（1935: 46, chap. 3, 6, 4-7）参照。チベット語の pi bang は pi wang と表記される場合もある。本経典の梵語原典は存在しない。

（41）北涼の曇無讖訳『大般涅槃経』巻十六の梵行品「……是象嗅已、狂酔倍常、見我翼従被服赤色、謂呼是血、……」（大正一二・四五七中）。南本『大般涅槃経』巻十四の梵行品（六九九中）。

（42）「若是薩婆多義、有同随得繋之戒善、生雖謝同随得繋、其住在過去、繋果在未来。若正量部戒善、生此善行、与無失法倶生、其不説有業能業、体生即謝滅、無失法不滅、摂業果令不失。……」（大正三一・一六一下〜一六二上）。同随得及び不失に関する研究として那須（二〇〇四）参照。

（43）これ以外にも『四諦論』には興味深い語法がある。例えば滅を意味する nirodha を「尼盧陀」と音訳し、それを分析して「尼者訓無、盧陀訓遮障。渇愛等法能障、此中永無故、名尼盧陀」（「ニ」は無という意味であり、「ローダ」は遮り妨げるという意味である。渇愛等のダルマは妨げとなるが、これ〈ニローダ＝滅〉にはそれがないから、それ故、「ニローダ（妨げなきもの）」と呼ぶ。大正三二・三八九下）と、音訳（音写語）に対応する意味の訳を「訓」字で示すのは特徴的と言ってよかろう（ただしニローダのこの語義解釈がどの程度まで普遍的かは筆者には分からない）。また「生之与起、云何為異」（生じると起こるはどう異なるのか。三八〇下三行）と、並列関係を「之与」二字で示すのは、他の翻訳文献にも例がないわけではないが、漢訳の中で用いる頻度は概して低い。

（44）円測の引く真諦の『本記』が真諦『仁王般若疏』であることは宇井（一九三〇b・五三頁）に指摘される通り。円測『仁王経疏』に引用される真諦佚文の一覧については木村（一九八二）を見よ。『本記』とは本来の注記というような意味であろうが、しかし何故に真諦『仁王般若疏』のみに『本記』という呼称を用いるのか、その理由は定かでない。

(45)　同内容を伝える別な引用として、円測『仁王経疏』巻上末の次の一節も参照。「有云、真諦三蔵意、如来在世四十五年、説三乗（種）法輪。一転転法輪、説小乗故。然転有顕密。密則始従得道夜、至涅槃夜、但具転三法輪。顕即従初成道七年、但転転法輪。次七年後三十一年中、兼転・照法輪。従三十八年後、於七年中、転種（持）法輪。従初照至于転治（持）来、合有三十一年。前二十九年已説余般若、今至三十年初月八日、方説『仁王般若』、故云「初年月八日」。故今『本記』云、「言「初年月八日」者、即正月八日。如来成道七年説『般若』」。案此経文、已二十九年、至此時、応是成道後三十六年。此『本記』意、義如上記」（大正三三・三七六中～下）。また吉蔵『仁王般若経疏』巻上一「「初年月八日」者、此明時節。成道三十六年正月八日説此経、仏成道七年、方説余般若」（大正三三・三二一上）も参照。さらに義寂『法華経論述記』巻上における関連箇所を示す和訳研究として朴姚娟（二〇一一・一九〇頁）参照。

(46)　ただし諸文献がいずれも釈迦の説法年代と年齢に言及するわけではなく、殆どの文献は、いずれかの要素のみを部分的示すにすぎない。以下に説法年数に関する諸文献を挙げる。釈迦四十九年説法説は、西晋の白法祖訳『仏般泥洹経』巻下「得仏説経、四十九歳」（大正一・一七一中～下）、同「仏為三界天中之天、神聖無量、至尊難双、開化導引四十九年、仙聖梵釈、靡不稽首」（一七二下）、「世尊説経、四十九歳」（一七二上）、失訳『般泥洹経』巻下「仏報王、自我得仏、四十九歳、所説経戒、一切具悉」（大正一・一八七上）、前秦の釈道安「鼻奈耶序」「阿難出経、面承聖旨。五百応真、更互定察、分為十二部。於四十九年之誨、無片言遺矣」（大正二四・八五一上）、後秦の鳩摩羅什訳『禅秘要法経』巻中「過去有仏名釈迦牟尼、唯独一身、教化衆生、住在此世四十九年、入大涅槃而般涅槃、猶如薪尽火滅、永滅無余」（大正一五・二五六上）、南斉の蕭子良『浄住子』「故如来一代四十九年、随縁示教、種種説法」（大正五二・三二一八下）などに見られる。一方、釈迦四十五年説法説は、失訳『大乗悲分陀利経』巻六「於娑訶仏刹賢大劫百二十歳、世人中、於四十五年、如是成満大具仏事」（大正三・二七六中）、北涼の

曇無讖訳『悲華経』巻八「人寿百歳於中成仏、号智華無垢堅菩提尊王・如来・応・正遍知・明行足・善逝・世間解・無上士・調御丈夫・天人師・仏世尊。住世説法四十五年作於仏事」（大正三・二一九下）、南斉の僧伽跋陀羅訳『善見律毘婆沙』巻一「世尊得阿耨多羅三藐三菩提、乃至涅槃時、於二中間、四十五年」（大正二四・六七五中）、北魏の菩提流支『金剛仙論』巻三「若釈迦如来、従王宮生、六年苦行、修道成仏、四十五年住世説法、後入涅槃」（大正二五・八一八中）等にある。

(47) 真諦説が『金光明経』に基づくことを指摘する文献として、『法華経論述記』巻上の「此三如次、名転・照・持。依『金光明』、立此三名」（朴姚娟二〇一一・一九〇頁）がある。澄観『大方広華厳経疏』巻一「真諦三蔵依『金光明』立転・照・持三輪之教、亦大同此、而時節小異。謂。七年前説四諦、名転法輪。七年後説『般若』、具転・照二輪、以空照有故。三十年後具転・照・持、以双照空有持前二故」（大正三五・五〇八下）も参照。因みに義浄訳は「転妙法輪、持・照法輪」（大正一六・四一四上）と、あまり明確でない。

(48) 長尾（一九八七・六〇頁）「このような中国的注釈を真諦自らが行ったとも考えにくい。従ってむしろ弟子たちの注釈がそこにまぎれこんでいるというべきではないかと思われる」。

(49) 直前注の長尾説と論点は異なるが、フラウワルナー（Frauwallner 1951b: 18）もヴァスバンドゥ二人説を提唱するに当たり、真諦は正しく理解していたにもかかわらず、異なるヴァスバンドゥを真諦の弟子が誤って同一人として記した結果、『婆藪槃豆法師伝』が成立した可能性を想定する。しかし虚心に考えれば、長年にわたって師事した師匠の説のうちでも、瑜伽行派の祖師の伝記という最も基礎的で重要な事柄について、弟子たちがまったく誤解したまま数年を共にし、遂に最後まで誤りに気づかなかったと想定するのは非現実的であると筆者には思える。こうした基本的事実を弟子が誤解し続けると想定することはむしろ困難ではないだろうか。

(50) 「用識」という訳語は真諦訳『中辺分別論』巻上の偈文（大正三一・四五一下二八行）と散文の注釈（四五二上一～二行）に見える。対応する梵語は偈文（Ⅰ九b）では aupabhogikam（vijñānam）であり、散文釈では upabhoga（vijñānam）である。なお、『中辺分別論』のこの偈は『摂大乗論』において引用されており、その真諦訳は「受識」である（大正三一・一一五下一九行）であり、この受識に対応するものは、直前の散文釈においては「受用識」と訳されている（大正三一・一一五下一八行）。つまり真諦訳『中辺分別論』及び『摂大乗論』の対比によって、真諦訳の「用識」「受識」「受用識」は梵語では同じであることが分かる。また、「正受識」は真諦訳『摂大乗論』巻上（大正三一・一一八下二三行）に見える。それに対応する玄奘訳が「彼能受識」であり、梵語としては upabhoga が想定されるべきことについては、長尾（一九八二・二七五～二七七頁）を参照。以上によって、用識と正受識との区別は、専ら漢語表現に依存しており、梵語では単なるトートロジーとなってしまい意味をなさないことが判るのである。

(51)　『顕識論』にはこの他にも注解的要素を指摘可能である。夾注ではあるが、前半部の末尾に次のような「体」と「用」を用いる用語法がある。「〈義疏九識第三合簡、文義有両。一明識体、二明識用。一識体者、出『唯識論』〉」（大正三一・八八〇中）。また後半部で生に触生・嗅生・沙生・声生の四種があるとして第四の声生が鶴や孔雀等の鳥類であることを説明する文脈で唐突に「一切出卵不可食、皆有子也（すべて卵は食してはならぬ。子供が中にいるから）」（八八二上）というのは内容的に興味深いが、議論の文脈上はまったく不要な発言のような印象を読者に与える。

(52)　ヴァスバンドゥという名は彼が出家した時に僧から授けられた名ではない。出生時に親が名付けた本名である。このことは、『婆藪槃豆伝』の記録からも明瞭であるが、さらにまた、神泰『倶舎論疏』巻一（続蔵一・八三・三・二七七裏上～下）によれば、ヴァスバンドゥのヴァスはヴァスデーヴァ神（Vasudeva）を意味し、父母が「婆藪天廟」すなわちヴァスデーヴァ神の祠廟にお参りしたことにより子を授かったのに因んだ名前であると説明されている。因みに、このように出家後に本名をそのまま用いた例は実は相当あったと考えられる。シャーリプトラ（Śāriputra）など「～の息子（putra）」という形式の名は母名に基づくのが一般的である。またグナヴァルマン（Guṇavarman）のように「～ヴァルマン（varman 鎧）」という形式の名はクシャトリア出身者であるのが一般的であり、僧に限らず世俗の王に同名の者が存在する場合もある。さらには、鳩摩羅什伝によれば、クマーラジーヴァ

(Kumārajīva) という名は父名クマーラヤーナ (Kumārayāna) と母名ジーヴァー (Jīvā) を合わせたものである。これらの事例においては名前に出生に関する事柄が盛り込まれており、そうした世俗的因縁を背景とする名を出家してサンガに入った時に初めて僧が授けたと想定することは困難である。

(53) Takakusu (1904: 293)。さらに高楠説は正字体における臺（臺城）と台（台州）を区別しない点でも誤り。Frauwallner (1951b: 18) は高楠訳の当否を云々しないが、臺城を "the city of T'ai (Nanking)" と比較的正しく説明する。

(54) 『婆藪槃豆伝』跋文を書いた人物が真諦の弟子であったことを傍証する一つの表現として「三蔵闍梨」がある。真諦の説として先に言及した『涅槃経本有今無偈論』の末尾に「三蔵闍梨の解旨に云わく」云々とあること（大正二六・二八二下）や、真諦訳『広義法門経』の跋文に「此の経は中阿含の一品より出づ。陳の天嘉四年（五六三）、歳、癸未に次《やど》るの十一月十日、広州の制旨寺に於いて真諦三蔵闍梨に請いて訳を為す」（大正一・九二二上）とあることを考慮すると、「三蔵闍梨」は真諦の直弟子ないしそれに準ずる近しい関係の者たちの間で行われていた呼称であった可能性が高い。

(55) 『大智度論』「尊重者、知一切衆生中徳無過上、故言尊、敬畏之心過於父母師長君王利益重故、故言重。恭敬者、謙遜畏難、故言恭、推其智徳、故言敬。讃歎者、美其功徳為讃、讃之不足、又称揚之、故言歎」（大正二五・二七七上）。訓読「「尊重」なる者は、一切の衆生中、徳は過ぎ上ること無ければ、故に「尊」と言い、敬畏の心、父母・師長・君王を過ぎ、利益重きが故に、故に「重」と言う。「恭敬」なる者は、謙遜して難きを畏れれば、故に「恭」と言い、其の智徳を推せば、故に「敬」と言う。「讃歎」なる者は、其の功徳を美わしをするを「讃」と為し、之れを讃ずるも足らず、又た称えて之れを揚げれば、故に「歎」と言う」。ここには、「尊重」を「尊」と「重」に、「恭敬」を「恭」と「敬」に、「讃歎」を「讃」と「歎」に分解する説明がはっきりと認められる。以上の箇所について『大智度論』の仏訳者ラモットは、「尊重」「恭敬」「讃歎」の原語としてそれぞれ順に satkāra, gurukāra, varṇana を想定した。そして特に「讃歎」に注を付して、それを「讃」と「歎」に分解することが中国語に基づく注解であることを指摘している (Lamotte 1976: 1934 n. 1)。以上はまさに卓見と言う他ないが、ただ、細かい点を論うと、ラモットの原語想定に聊か訂正を要するところがあるのも事実である。問題は varṇana である。以下にこの点を説明したい。第一に、当該箇所は鳩摩羅什訳『摩訶般若波羅蜜経』巻一の序品の次の一節に対する注釈である。

「欲以諸善根供養諸仏、恭敬・尊重・讃歎随意成就、当学般若波羅蜜」（大正八・二一九中二一～二三行）。

この漢訳に当たる梵語文は、鳩摩羅什訳とやや異なるが、次の通りである。

punar aparaṃ Śāriputra bodhisatvena mahāsatvena yaiḥ yaiḥ kuśalamūlair ākaṅkṣati tathāgatān arhataḥ samyaksaṃbuddhān satkartuṃ gurukartuṃ mānayaituṃ pūjayituṃ tāni tāni me kuśalamūlāni saṃṛddhyantām iti bodhisatvena mahāsatvena prajñāpāramitāyāṃ śikṣitavyam. (*Pañcaviṃśatisāhasrikā prajñāpāramitā I-1*, ed. Takayasu Kimura, Tokyo: Sankibo Busshorin, 2007, p. 32, ll. 24-27)

以上から明らかなように、「恭敬」「尊重」「讃歎」に当たる梵語は恐らく satkartum, gurukartum, mānayaitum という三つの不定詞であり、前二者については語形の相違を考慮すればラモットの想定は正しかったと言えるが、第三の要素である「讃歎」の原語を varṇana とする点は恐らく誤りである。語形を前二者の satkāra と gurukāra に敢えて合わせるならば、varṇana ではなく mānanā を想定すべきである。ただ、「供養（pūjayitum / pūjā）」「尊重」「讃歎」に対応する語が梵語でそれぞれ一語である点は、正にラモットが指摘した通りである。従ってそれらを注釈する『大智度論』の中に、それぞれを一字ごとに分解して解説する方法は、インド語文献では不可能な語釈である。それを行っている当該箇所は、鳩摩羅什が弟子たちに漢語を基に注釈した内容が影響を与えていると考えられる。

（56）　円測（『解深密経疏』『仁王経疏』）その他の唐代諸論師が時に引用する「長耳三蔵」というインド僧の教説にも、「如是我聞」の「如是」（evam）を「如」と「是」とに分解する経典解説法や、中国仏教特有の修行階位説への言及などが確認される。検討すべき項目を①～⑥に分けて各ポイントのみを簡潔に記しておきたい。

①　「如是我聞」に関する長耳三蔵の注釈断片は、唐の円測『解深密経疏』巻一（続蔵一・三四・四・三〇一表上）、円測『仁王経疏』巻上本（大正三三・三六二中）、窺基『妙法蓮華経玄賛』巻一末（大正三四・六六三上）、基

『説無垢称経疏』巻一末（大正三八・一〇〇三中）、法蔵『華厳経探玄記』巻二（大正三五・一二六中〜下）等にある。なお同じ文脈で「一時」の注釈断片も存在するが割愛する。

② 中国特有の修行階位説である「三十心」に言及する長耳三蔵の注釈断片は、円測『解深密経疏』巻五（続蔵一・三四・五・四一七表下）、円測『仁王経疏』巻中本（大正三三・三八七上）、唐の法崇『仏頂尊勝陀羅尼経教跡義記』巻下（大正三九・一〇三六中）、良賁『仁王護国般若波羅蜜多経』巻中一（大正三三・四六五上）等に見える。

③「尚統師」と長耳三蔵の対話の問答が湛然『維摩経略疏』巻二（大正三八・五八三中）に記されている。

④ これらの箇所において長耳三蔵が誰かは明記されていないが、湛然『維摩経略疏』巻二（大正三八・五八三中五行）が「尚統師」すなわち法上（四九五〜五八〇、また「高斉尚統師」〔大正八五・五一四中四〜五行〕とも。「尚」と「上」は音通する）と「長耳三蔵」のやり取りを記す点と、耳が長大であるという身体的特徴（大正五〇・四三三上一七〜二〇行、大正五五・三六五中一一〜一三行）から、北斉で昭玄統をつとめた那連提耶舎（また那連提黎耶舎とも表記。大正四九・八七下三〜四行、一〇二下二〇〜二一行）すなわちナレーンドラヤシャス（四九〇〜五八九）であると同定することができる。昭玄統については山崎（一九四二・五二一頁）参照。

⑤ 長耳とはナレーンドラヤシャスであると明言する文献として次のものがある。唐の栖復『法華経玄賛要集』巻七「言「長耳」等者、梵云那連提黎耶舎、随言尊[*]、北印度烏長国人也。形貌環奇、頂如肉髻、耳長而聳、目正処中、有異常倫、特為殊相。北斉時、遊化至斉、未久遇周武帝滅法、避難潜遊、大随[**]御宇、重興三宝、降詔書請来弘訳。年一百歳。住大興善寺也」（続蔵一・五三・四・三二六裏上）。〔注〕「随言尊[*]」は正しくは「隋言尊称」であろう。同様に「大随[**]」は「大隋」の誤りであろう。

⑥ さらに後代の情報であるが、江戸時代十八世紀の天台学僧、守篤本純が長耳三蔵を那連提黎耶舎と同定している（山口弘江二〇〇四）。

(57) 中国成立の教義や経論を利用する傾向は北魏の菩提流支訳にも確認される（大竹二〇〇一・六五〜六八頁）。

〔追記〕

本章第五節（一）「梵語の一語を漢字二字で訳し、各々に別な解釈を与える」に論じた内容に基づき、さらに視点を拡げて船山（二〇一七b）を出版した。そこでは「真如」を「真」と「如」に分ける、「如如」を「如」と「如」に分ける等の、古典漢語を基盤とする仏教語の解釈を扱った。関連の発展的論考として参照いただければ幸いである。

（二〇一八年五月十四日）

第二篇

修行を説く文献・体系的修行論・修行成果

第一章　隋唐以前の戒律受容史（概観）

東アジア仏教における戒律の普及を検討する場合、五世紀という時期は二つの意味で注目すべき区切りとなる。

第一に、五世紀は主要な戒律文献が一挙に漢訳された時期であった。周知の通り、中国における漢訳の『律（ヴィナヤ vinaya 出家者の生活規則）』には大別して五つのグループがあり、それぞれインド仏教における五つの部派（ニカーヤ nikāya）のいずれかに基づいている。五部派とは、説一切有部（薩婆多部、サルヴァアスティヴァーダ Sarvāstivāda）・摩訶僧祇部（大衆部、マハーサーンギカ Mahāsāṃghika）・法蔵部（曇無徳部、ダルマグプタ〔カ〕 Dharmagupta[ka]）・弥沙塞部（化地部、マヒーシャーサカ Mahīśāsaka）の四部と、根本説一切有部（ムーラサルヴァアスティヴァーダ Mūlasarvāstivāda）である。[1] このうち義浄が八世紀初頭に訳した根本説一切有部の諸律典を除けば、それ以外の四つの律[2]はすべて五世紀前半に漢訳された（平川一九六〇／九九・一五八頁）。要するにこの時代は、声聞（シュラーヴァカ śrāvaka）ないし声聞乗（小乗）の『律』の普及に重要な時代であった。

第二に、五世紀は菩薩戒（大乗仏教徒が菩薩として守るべき徳目）と呼ばれる大乗独自の戒律が中国に伝わり瞬く間に普及した点でも意義が大きい。中国日本で最も普及した菩薩戒の経典が何かと言えば『梵網経』があるが、これは遅くとも五世紀の末までには出現した偽経（中国偽作経典 Chinese Buddhist Apocrypha）である。

このように五世紀は、中国人が複数の部派によるさまざまな声聞乗の律と、幾つかの大乗戒とを知り始めた時代であった。こうした諸の変化が年代的に重なりあう時期に発生展開したのに対して、場所的には長安（現在の西安）・建康（現在の南京）・涼州（あるいはさらに限定して州治の姑臧《こぞう》、すなわち現在の甘粛省武威）など異なる諸地域で起こり、他の地域に広がった。本章は、個々の出来事の年代と地域に注目しながら、この時代の中国における仏教の戒律関連文献と戒律実践の歴史的展開を概観する。(3)

一　戒律を求める気運

戒（シーラ śīla 行為的道徳的な習慣、行為徳目）が、あらゆる仏教実践の基盤であることは、論を俟たない。例えば戒・定・慧の「三学」（三つの学修項目）という概念は、戒が定（瞑想、サマーディ samādhi 三昧）と慧（正しい知識、ジニャーナ jñāna）にとって前提として機能することを示す。戒の重要性は「三蔵」の概念にも認め得る。すなわち「ヴィナヤ（ピタカ）」及び対応する「律（蔵）」は、上述の通り、声聞乗の出家教団規則を集成した文献である。さらに中国文化の文脈では、戒律は儒教の礼に対応する仏教の要素として表現される場合もある。(4)

（一）魏の曇柯迦羅

中国仏教における最も初期の段階は、概して言えば、戒律を厳格に遵守することがないままに進んだ。そして中国の仏教徒たちは、自らの理解の度合いが深まるにつれて、徐々に戒律の意義を自覚していった。中国に仏教の律を最初に導入した人物は、三世紀後半に魏の洛陽で活動した曇柯迦羅《どんかから》（ダルマカーラ *Dharmakāla?）というインド僧であったとされる。しかし情報が余りにも少ないため、どれほど確かかを定め難い。(5) より確かな事柄としては、ダルマカーラより少し後に戒本（プラーティモークシャ・スートラ prātimokṣa-sūtra 戒律条文集）が編纂されたということがある。(6) しかしそれが実際にどのようなものであったか、やはり確定できないし、中国仏教の最初期にそうした詳細なテキストが本当にあったかどうかも実は疑念を払拭できない。(7) ただ、その頃の中国仏教徒が教団規則をその詳細に至るまでは知らぬままに出家者として振る舞っていたのはどうやら確かなようである。

なお『高僧伝』巻一の曇柯迦羅伝によれば、曇柯迦羅が訳した戒律文献名は『僧祇戒心』である（大正五〇・三二四下）。「戒心」を「戒本」「波羅提木叉」と同義と解することは問題ないが、一方、「僧祇」については、それをインドの部派名「摩訶僧祇部（Mahāsāṃghika）」すなわち「大衆部」を意味すると解説する研究が多い（Zürcher 1959: vol. 1, 56, 塚本善隆一九六一／九〇・一六〇頁注六、任継愈一九八一・一巻一五九～一六〇頁ほか）。しかし私見によれば、『僧祇戒心』を摩訶僧祇部戒本の意に解するのは困難である。魏の時代は、部派名も部派の相違に関する情報もまだ中国に伝来していなかったからである。むしろ「僧祇」は「僧伽の（saṃghi-）」という意味の形容詞とみなし、『僧祇戒心』とは単に「出家教団の戒本」という意味に解すべきである。因みに「僧祇」や「僧祈」が「僧伽」の形容詞を意味する語例は、失訳『薩婆多毘尼毘婆沙』巻五（大正二三・五三四中～下）・唐の窺基『瑜伽師地論略纂』巻十五（大正四三・二一八下）・唐の遁倫『瑜伽論記』巻十七上（大正四二・六八九上）等に確認できる。

（二）東晋・前秦の釈道安

戒律の意義を理解し始めたのは、恐らく仏図澄（三四八卒）と弟子の釈道安（三一二～八五）の活動と共に始まる。とりわけ道安の活動には目を見張るものがある。[8] 彼はアビダルマ（阿毘曇 abhidharma 論書）の知識を基礎として教団運営規則を創設した一方で、廬山の慧遠（三三四～四一六）に代表される若い真摯な世代を育成した。

道安は律が重要であることを十分に自覚していた。彼の晩年に当たる長安時代（三七九～八五）は、律関連の新出経典が数多く漢訳された時代として注目される。長安に移動する以前から、道安は、根本仏説としての阿含経典と、厳格な戒律生活を送る基盤としての律文献とが訳本として完備していないことを恨みとしていたのであるが、道安が長安入りを果たした三七九年には、比丘の戒本と比丘尼の戒本とが亀茲よりもたらされ、曇摩侍によって訳出された。[9] ついで三八三年になると、竺仏念による『鼻奈耶』の漢訳が成った（平川一九六〇／九九・一六二～六六頁）。こうして漸く三蔵が揃っていったことに対して道安が大きな喜びをあらわした様子は「毘奈耶序」より知られる。しかしこの時点では、漢訳経典の充足を希求した道安の篤き思いが真に実現したとは、まだ充分には言い難い状況であった。そのことは、三九九年に、有名な法顕が六十歳になんなんとする高齢を押してまで、律蔵探索のインド大旅行を決意し、長安を出発した事実からも窺い知られる（章巽一九八五・一頁以下）。

二　五世紀初頭十年の長安

（一）鳩摩羅什訳『十誦律』

以上により、中国人が真の意味で戒律の重要性を認識するようになった最初の時期は四世紀末の約二十年間であり、その地域は長安であった。その後、五世紀初頭となると、弘始三年（四〇一）の十二月、当時の政治的動向を背景に、鳩摩羅什（クマーラジーヴァ Kumārajīva 童寿）が姑臧より長安に移動せしめられた。同時に、律の情報にもきわめて大きな変化がもたらされた。その後、説一切有部の『十誦律』（大正一四三五号）が訳出され、「広律」（律典として必要な各要素を備えた完本）の時代が始まった。

『十誦律』の漢訳は、それを暗唱していた弗若多羅[10]（プニヤターラ Puṇyatāra）が長安に到来した四〇四年、自ら説一切有部に属しながら律典を暗誦していなかった鳩摩羅什の要請に応じる形で始まった。だが残念なことに、漢訳が全体の三分の二まで行われた時、テキストを暗唱していた唯一の人であった弗若多羅が急逝したため、漢訳は頓挫せざるを得なくなった（平川一九六〇／九九・一二七～一三〇頁）。しかしその後、四〇五年の秋に曇摩流支（ダルマルチ Dharmaruci）という別な僧侶が長安に到来すると、『十誦律』を暗唱していた彼の助力を得て、漢訳が再開され、訳出作業は『十誦律』原典の全体に及んだ。こうして成った『十誦律』は、漢訳完成直後の時点で既にある程度は流布した（船山一九九八b・二四七頁）。しかし訳者の鳩摩羅什自身は訳文に不満が残り、さらなる校訂版の作成を意図しつつ四〇九年頃に逝去した（塚本善隆一九五五）。

(二)『四分律』

その直後、同じ長安では、法蔵部の律典『四分律』（大正一四二八号）が、四一〇～一二年に仏陀耶舎（ブッダヤシャス Buddhayaśas）や竺仏念たちから成る漢訳グループによって訳出された。この律典は成立の直後すぐに評価され実践の基盤とされることにはならなかったが、長安という同一の都市で異なる二律がほぼ同時に出現したことは、中国仏教戒律における新時代の到来を如実に告げる。

三　四一〇〜一五年頃の寿春と江陵における卑摩羅叉

（一）卑摩羅叉（約三三八〜四一四頃）

こうして最初に長安に集中することになった律新情報の普及状況を検討するに当たっては、注目すべき都市が他に二つある。寿春と、荊州の江陵とである。両者はいずれも『十誦律』の最終校訂者であった卑摩羅叉（ヴィマラアクシャ Vimalākṣa 無垢眼）と密接に関わる（平川一九六〇／九九・一三〇〜一三五頁比較参照）。寿春（現在の安徽省寿県）は、六朝時代にしばしば南北朝の境界となった淮水の南に位置する。この街は他に類をみない独自の役割——とりわけ五世紀初頭の仏教においては長安と建康を結ぶ中継地点としての役割を担った（塚本善隆一九六〇／七五）。一方、長江中流域に位置する江陵（現在の湖北省荊州市江陵）は、建康との関係のみならず、長安とも密接な関係があり、慧遠の活動を通じて廬山（現在の江西省鄱陽湖の西の名山）との関係も緊密であった。

『高僧伝』巻二の卑摩羅叉伝によれば、卑摩羅叉は罽賓《けいひん》の出身である。「罽賓」はこの場合、一般に想定されることの多いカシュミールでなく、ガンダーラ（現在のパキスタンのペシャーワル盆地一帯）を指す可能性が高いことが考証されている。(11) 卑摩羅叉は、亀茲（クチャ Kucha）において鳩摩羅什の律の師となった時期がある。そして後に長安に赴き、鳩摩羅什と再会した。鳩摩羅什が卒すると、卑摩羅叉は愛弟子なき後の長安を離れ、寿春に移動した。寿春において卑摩羅叉は、羅什が意図しながら遂に果たせなかった『十誦律』の最終校訂を行うと共に、寿春の僧たちに『十誦律』を講じた。さらにその後、江陵に移動し、夏の安居の折、『十誦律』を漢語で講じた。このことは、彼の地の多くの漢人僧侶たちにとって、律の理論面のみならず実際の細かな運用規則を理解する上で大きな助けとなった。卑摩羅叉の講義は筆写され、すぐに建康に伝えられた。これには慧観が大きな役割を果たした。卑摩羅叉伝及び関連諸史料は、慧観自身が卑摩羅叉の講義内容を書写し、二巻本にまとめて都に送ったという。ただ、果たして本当に慧観が自ら書きとめたかどうかには若干の疑問が残る。

（二）慧観と仏駄跋陀羅

慧観（生卒年不詳）は、もと廬山の慧遠の弟子であり、後、長安の鳩摩羅什に学んだ。長安に滞在していた仏駄跋陀羅（ブッダバドラ Buddhabhadra 覚賢）が、彼に対してよい感情を抱いていなかった長安の漢人僧侶一派によって、ある事件を契機に長安から追放された時、慧観もこれに同行し、廬山を経由して江陵に移った[12]。以上の状況から、長安の鳩摩羅什に発する学術情報が寿春（卑摩羅叉）と江陵（仏駄跋陀羅と慧観）に別個に普及し、その後、江陵における卑摩羅叉と慧観の再会によって情報が再び合したことが分かる。因みに関連事項として、仏駄跋陀羅は説一切有部の僧侶と考えられることにも留意しておきたい（湯用彤一九三八・三〇八頁以下、船山二〇〇〇a・三二八頁）。仏駄跋陀羅の名は『華厳経』（大正二七八号）の漢訳者として広く知られるが、仏駄跋陀羅とこの大乗経典との繋がりはあまり深くない。その写本原典はもともと支法領という別な人物が于闐（ホータン／コータン Khotan）で入手したものである。また仏駄跋陀羅は『摩訶僧祇律』の漢訳者としても名高いが、しかし彼自身は摩訶僧祇部の僧侶というわけではなかった。以上いずれの場合においても、仏駄跋陀羅は、仏教の教義とインドの言語とに通じていたインド僧として、他者のもたらした写本の漢訳作業の遂行を依頼されたに過ぎない。

（三）『五百問事』と偽経『目連問戒律中五百軽重事（経）』

『高僧伝』に記す卑摩羅叉・仏駄跋陀羅・慧観の地域移動を検討すると、江陵における卑摩羅叉の講義がなされた時期は四一二年から四一五年までのいずれかの夏であることが分かる。そして伝に明記されていない卑摩羅叉の生卒年は、一、二年の誤差を見た上で、約三三八～四一四年頃と推定することができる。なお卑摩羅叉伝においては江陵で行われた講義は、『高僧伝』巻二の卑摩羅叉伝において『内禁軽重』（仏教教団の軽重種々の禁戒、大正五〇・三三三下）と表記される。この名の文献は現存しないけれども、後の時代、『五百問事』ないし『五百問事経』と名を変えて存続した。この『五百問事』はさらに再び名を変え、何者かが冒頭と末尾を加筆して仏説の経典として体裁を変え、偽経『目連問戒律中五百軽重事（経）』（大正一四八三号）として大蔵経に収められ、現代に至る。[13]

四　四一五～三〇年頃の建康

（一）『摩訶僧祇律』と『五分律』

南朝五世紀初頭の仏教の動きは、概して言えば、長安におけるそれよりも十年ほど遅れていた。[14]既に触れたように、仏駄跋陀羅が『摩訶僧祇律』（大正一四二五号）を訳出したのは四一六～一八年のことである。彼は長安から廬山と江陵を経由して建康に到来した。さらに五年後の四二三～二四年には、弥沙塞部（マヒーシャーサカ Mahīśāsaka 化地部）の律典『五分律』（大正一四二一号）が仏陀什や智勝らにより漢訳された。そしてこれによって異なる四部派の広律が漢訳として出揃った。『摩訶僧祇律』と『五分律』の原典は法顕の将来である。[15]因みに『五分律』が成立した四二四年は、文帝が即位し、隋唐以前の仏教にとって最も輝かしい時代の一つである元嘉年間（四二四～五三）が始まった年である。

（二）律四種の関係

要するに『十誦律』と『四分律』は長安で成立し南朝に伝来し、『十誦律』の成立後約十年遅れて『摩訶僧祇律』と『五分律』が建康で成立したということであるが、これらのうち、六朝時代の僧侶が日常実際の生活規範として用いた律は何だったかと言えば、それは『十誦律』であった。とりわけ梁末までの南朝ではそうであったと確実に言える。[16] 広く知られるように、『高僧伝』巻十一で慧皎は「諸部派の律文献はすべて伝来したけれども、東国（中国のこと）で最も普及したのは専ら『十誦律』であった」と述べている[17]（大正五〇・四〇三中）。他方、『摩訶僧祇律』については、それが「踞食論争」を惹起した点が注目される。中華の仏教徒はインド流の仕方で食事すべきか否かをめぐって出家者と在家者の間で四二〇年代の建康で行われたこの一大論争（吉川一九八四）が『摩訶僧祇律』の漢訳成立に基づくことは疑いないのであるが、しかしこれを唯一の例外として、『摩訶僧祇律』が南朝で普及した確たる証拠は他には見出し難い。むしろ逆に、『摩訶僧祇律』は漢訳の成立直後に華北に伝わり、そこで実際の生活規範として高く評価されるに至ったようである。『魏書』巻一一四の釈老志において、魏収（五〇六～七二）は、彼の時代に僧侶が実際に使用していた律は『摩訶僧祇律』であったと記している（塚本善隆一九六一／九〇・一八一頁）。

五　四一〇〜三〇年頃の涼州――菩薩戒の新登場

(一) 北涼の曇無讖

長安と建康の出家者たちが声聞乗の律に関する新たな知識を次々と深めていったこの時期、中国文化圏の西の境域付近では、きわめて重要な別の動きが起こりつつあった。四一二年にインド僧の曇無讖（三八五〜四三三、曇無讖のサンスクリット語の原名は未確定[18]）が沮渠蒙遜治下の北涼の都、姑臧に到来し、彼の地において新たな大乗経典を次々に漢訳した。一般に曇無讖の名は『大般涅槃経』の漢訳者として広く知られるが、戒律史の文脈で見るならば、曇無讖の最も注目すべき訳業は『菩薩地持経』（大正一五八一号）である。この文献は、瑜伽行派の根本聖典『瑜伽師地論（ヨーガアーチャーラ・ブフーミ *Yogācārabhūmi*）』の一部を構成する『菩薩地（ボーディサットヴァ・ブフーミ *Bodhisattvabhūmi*）』の漢訳の一つである。なお、曇無讖は『優婆塞戒経』（大正一四八八号）の漢訳でも知られる。この経典は在家者向けの教え、特に在家者の菩薩戒と受戒法を説く経典として重視された。

(二) 菩薩戒の概略

ここで、戒律の新展開に論述をすすめる前に、菩薩戒とは何か、それは声聞戒といかなる関係にあるかをおさえておきたい。まず、仏教における戒律には伝統的な声聞乗の律（声聞戒ないし小乗戒と称される）と、大乗の戒（菩薩戒ないし大乗戒と称される）の二種類がある。声聞戒というのは、ふつう一般にいうところの戒のことであり、仏教徒であれば誰もがこれを受戒し守らなければならない。その意味で通常戒と表現することも可能である。より具体的に言えば、出家者の場合は具足戒（完全完備の戒律――比丘か比丘尼かの性別によって内容が異なる）が、在家者の場合は男女共通の五戒（不殺生・不偸盗・不邪婬・不妄語・不飲酒）がこれに当たる。さて今ここに仏教徒がいて、このような通常の戒律を既に受けており、その上さらに、大乗の理想像である「菩薩」として、ふさわしい戒律生活を望んでいるとしよう。この場合、彼／彼女がより高次の戒律として声聞戒に加えてさらに受戒すべきもの、それが菩薩戒である。その詳細は『菩薩地』戒品に規定されている。菩薩戒は菩薩が受持する戒律である以上、男であれ女であれ、出家であれ在家であれ、菩薩戒を受けた者はみな自他共に菩薩と認める存在となる。なお受戒に当たっては、現世のみならず、来世も来々世も、自らがブッダとなるまでの間ずっと、菩薩として生きる覚悟があることを決意表明することが必須の条件となる。

インド仏教史のなかで形成された菩薩戒の要点は本篇第二章に論ずるが、今は差し当たり二点に注目しておきたい。

第一に、菩薩戒は、通常の戒律（声聞戒）を既に受持していることを前提とする。『菩薩地持経』は、菩薩戒は三つの構成要素から成ることを説いている。三つの構成要素とは、「律儀戒」（悪い行為の抑止としての習慣的行動規範、禁戒）、「摂善法戒」（ありとあらゆる善い事柄を包摂するものとしての習慣的行動規範）、「摂衆生戒」（あらゆる生物のためになる事柄としての習慣的行動規範）のことであり、これら三大支柱の複合体はしばしば「三聚〔浄〕戒」と称される。以上のうち、第一の「律儀戒」は上述の声聞戒（具足戒ないし五戒）を指す。通常戒を既に授かっていなければ菩薩戒を受けることはできないのである[19]。残る二項目は、大乗戒を受けた者は悪の抑止という消極的事柄にとどまらず、菩薩として善行や利他行を率先して行うべきであるという、菩薩戒の積極的性格を示す。

第二に、菩薩戒の特徴は受戒儀礼にも認められる。菩薩戒の受戒法に二つあった。一つは、十方にましますす諸仏諸菩薩に自らが語りかけることによって諸仏諸菩薩の承認を受ける形で受戒する方法であり、「自誓受戒」と呼ばれる。これは菩薩戒のみに特有であり、声聞戒の自誓受戒は認められない（船山一九九八a・三六五〜三六七頁）。自誓受戒は、受戒希望者自らが他の人間の助力を介在せずに直接に諸仏諸菩薩より戒を受ける方法である。もう一つの受戒法は、戒を授ける資格能力を備えた人間（戒師）から受ける方法であり、現代の研究者の間で「従他受戒」と呼ばれることが多い。これは通常の声聞戒の場合と同様に認められる受戒法である。いずれの方法にせよ、受戒を希望する者は予め懺悔（悔過とも表現する）を徹底的に行うことによって自らの悪業を浄化しておくことが要求される。

こうした性格をもつ菩薩戒を中国文化圏に初めて知らしめた人物が曇無讖であり、弟子の法進（道進とも）は、曇無讖の指導のもと、漢人僧侶として史上初めて菩薩戒を受け、そして次いで彼自身が戒師となることにより、姑臧及びやや後には高昌において、夥しい数の人々に菩薩戒を授けた。以上については後述第七節も参照されたい。

六　四三〇年代の建康──大乗戒と声聞戒の展開

（一）求那跋摩訳『菩薩善戒経』と僧伽跋摩

『大般涅槃経』を始めとする曇無讖訳諸経典が建康に伝来したのはおよそ四三〇〜三一年頃であった（湯用彤一九三八・六〇六頁、塚本善隆一九六四／七五・九二頁）。そして同時に、菩薩戒の概念も建康で知られることとなった。しかしその一方で、建康の人々は、『菩薩地』の別な訳本を通じて菩薩戒の情報に遭遇している。『菩薩善戒経』（大正一五八二号と一五八三号）である。訳者は求那跋摩（グナヴァルマン Guṇavarman 三六七〜四三一）であった。[20]彼は闍婆（ジャワないしスマトラ）や広州を経由して、元嘉八年[21]（四三一）の正月、建康に到来した。[22]求那跋摩の建康到来は大乗戒が普及する大きな機縁としてはたらいた。文帝さえも彼の指導の下で菩薩戒を受けることを希求したというエピソードは、菩薩戒の著しい流行を象徴するものである。ただ残念ながら、文帝の受戒は、戒師となるはずの求那跋摩が同年九月に急逝したことによって実現はしなかった。求那跋摩はまた、『優婆塞五戒相経』（大正一四七六号）その他を通じて声聞戒に関する教えを弘めた人物としても意義がある。さらに二年後の四三三年には、僧伽跋摩という別なインド僧が建康にやってきた。彼は説一切有部出身であり、『十誦律』の注釈の一種『薩婆多部毘尼摩得勒伽』（*サルヴァアスティヴァーダ・ヴィナヤ・マートリカー *Sarvāstivāda-vinaya-mātrikā* 大正一四四一号）を漢訳した。求那跋摩と僧伽跋摩の両人は、単に訳経僧にとどまらず、戒師として、建康の多くの僧尼が儀礼の正式な形であらためて具足戒を受けるのにも寄与した。この出来事の詳細は、僧祐（四四五〜五一八）撰『薩婆多師資伝』の佚文から窺い知ることができる（船山二〇〇〇a・三三五頁以下、三四八〜三五〇頁）。

（二）曇摩蜜多

このように、元嘉年間は、大乗戒と声聞戒いずれの意味においても、仏教戒律情報の普及にとって重要な時期であった[23]。大乗戒に関してはさらに、曇摩蜜多（ダルマミトラ　三五六〜四四二）や慧覧（生卒年不詳。桑山一九九〇・五一頁と船山一九九五・五一頁）の活動にも留意すべきである。とりわけ曇摩蜜多は、『観普賢菩薩行法経』（大正二七七号）の訳者として知られている（船山一九九五・六八頁以下、一九九八a・三六五頁以下）。彼は罽賓出身であり、亀茲や敦煌を経由して涼州に至り人々に瞑想法を教授した後、四二四年には蜀に移動し[24]、さらに江陵を経て建康に到来した。その後かれは一旦は建康よりさらに東方海岸沿いの鄮県に滞在したこともあったが、四三三年には都に戻り、四四二年にそこで一生を閉じた。『観普賢菩薩行法経』は、普賢（サマンタバドラ）菩薩の姿を目の当たりにするために人は徹底的に懺悔を行うべきことを主張眼目の一つとする経典であるが、一方で、大乗戒を受けるに当たって、自誓受戒の独自な方法を説くことでも有名である。

七　四四〇～六〇年の高昌そして建康との繋がり

(一) 北涼滅亡と曇景

四三三年、曇無讖が蒙遜治下の姑臧を離れようとして暗殺された。さらに四三九年には、北魏太武帝の侵攻により、姑臧は陥落した。これを機に姑臧の仏教徒も大別して三つに分かれることになった。多くの僧侶は北魏の都、平城（現在の山西省大同）に送還されたが、この他、在家者の沮渠京声のように南朝に移った者や、沮渠氏の残党と共に西方に逃れて鄯善国を経由して最終的に高昌（トゥルファン近郊）に移動した者もあった。これら三者のうち、最後に言及した安周を始めとする沮渠一族の生き残り組は、四四二年から六〇年にかけて高昌を統治した。僧侶たちの中にも彼らと共に拠点移動した者がいたと推測され、そうした僧侶の代表に、曇無讖の指導の下に菩薩戒を始めて受けた法進（道進とも）がいた。法進が四四四年に高昌で卒した様子は『高僧伝』巻十二に詳しい（船山一九九五・一一六～一二一頁、吉川・船山二〇一〇b・一七七～一八〇頁）。

北魏の侵攻によって姑臧を離れることを余儀なくされた沮渠氏一族が、政治的には南朝との繋がりを有していたことは、おそらく間違いない。姑臧が陥落して程ない四四二年には、沮渠無諱（四四四卒）が建康に使者を派遣したのに対し、宋の文帝は無諱を涼州刺史・河西王などに任命した。こうした動きの背景には、沙門は国境を越えて移動するのが一般人よりも容易であったという特性も働いたかも知れない[25]。例えばこの頃に建康にやってきた高昌の曇景が、沙門としての遊行教化活動とは別に、高昌から建康に派遣された使者として政治的使命を帯びていたと考えることもあながち不可能ではない。曇景は、五世紀中頃に、高昌から建康に移動することによって、曇無讖の後継者たちが高昌で用いていた菩薩戒の受戒法を建康の仏教徒に口伝したことで名を残した沙門である。彼のもたらした受戒作法を記したマニュアルは「高昌本」（佚）と呼ばれ、建康で高く評価された[26]（船山一九九五・三二頁以下）。

(二) 玄暢

建康の仏教徒たちは同じ頃、「玄暢本」（佚）と呼ばれる別な受戒法によって菩薩戒の受戒儀礼を知ることにもなった。玄暢本も本来は曇無讖訳『菩薩地持経』に由来するが、高昌本とはやや異なる面も有する受戒法を説く文献だった如くである。

玄暢（四一六～八四）は河西の金城で生まれ、涼州に行って玄高（四〇二～四四）の弟子となった。玄高と玄暢はその後四三九年に姑臧が陥落すると、平城に送還された。ついで四四五年、北魏太武帝の仏教迫害がまさに始まろうとする直前に、玄暢は南朝に難を逃れた（なおこの前年、師匠の玄高は道教勢力との軋轢の下、ある事件を契機に処刑された）。玄暢は「玄暢本」をもたらして十年ほどのあいだ建康仏教界に菩薩戒受戒法の新情報を広め、ついで江陵に移動してそこでも大乗戒を知らしめ、四七六年には蜀に至った。四八二年になると玄暢は南斉の文帝の要請により建康に戻ったが、その後ほどなくして逝去したという（船山一九九五・四〇～四四頁）。

八　『梵網経』と『菩薩瓔珞本業経』の出現

（一）偽経『梵網経』と偽経『菩薩瓔珞本業経』

五世紀後半には、菩薩戒に関して、大正一四八四号『梵網経』と大正一四八五号『菩薩瓔珞本業経』という二つの有名な偽経（疑経とも。中国偽作経典の意）が作成された。前者は経録等では鳩摩羅什訳とされるが、この伝統説は望月信亨氏によって一九三〇年代に否定された（望月一九三〇、一九四六）。『梵網経』を梁以前に中国で作成された偽作経典とする望月説は、その後、大野（一九五四）を始めとする諸研究によって補強され、現在に至るまでに次の諸点が明らかにされている（船山一九九六・五五〜五九頁）。

第一に、『梵網経』は、大正二四五号『仁王（護国）般若経』という同時代の別な偽経との密接な関連のもとに成立した（望月一九一七、一九二八、大野一九五四）。『梵網経』は求那跋摩訳『菩薩善戒経』を成立素材の一つとすることから、『梵網経』成立の上限は早くとも『菩薩善戒経』の成った四三一年と考えられる。他方、下限はいつかと言えば、『梵網経』に基づいて作成された『菩薩瓔珞本業経』の成立年代（後述）がこれに当たる。関連諸事項を総合すると、『梵網経』は『仁王般若経』と同時に編纂されたか、または若干遅れて、約四五〇〜八〇年頃の成立と見るのが妥当な推定である。『梵網経』の校訂、和訳その他に関する最近の研究に船山（二〇一七a）があるので参照されたい。

一方、『菩薩瓔珞本業経』は『梵網経』下巻に基づいて編纂されていることが確かであり、『大般涅槃経』に対する宝亮の注釈（五〇〇年頃成立）が『菩薩瓔珞本業経』を知っている形跡を示すことから、『菩薩瓔珞本業経』の編纂年代は約四八〇〜五〇〇年頃の南朝であったと推定される（船山一九九六・六七〜七〇頁）。『梵網経』と『菩薩瓔珞本業経』に言及する最初期の史料としては、五一八年に逝去した僧祐による『出三蔵記集』巻十一「菩薩波羅提木叉後記」と、梁の武帝の勅により五一九年に書写されたペリオ将来敦煌写本二一九六号『出家人受菩薩戒法巻第一』がある。これらに関しては既に幾つかの重要な研究がある（土橋一九六八／八〇、諏訪一九七一／九七、一九七二a／九七、船山一九九五・二五〜三二頁）。なお、『梵網経』の成立地は依然として決定できないが、華北であって江南でない可能性が高いと見る先行研究が多い（船山一九九六・五五〜五九頁）。

（二）『梵網経』の編纂意図

曇無讖訳『菩薩地持経』『優婆塞戒経』や求那跋摩訳『菩薩善戒経』のような漢訳経典が続々と知られつつあるこの時期に、中国人は一体何のために『梵網経』という偽経まで編纂する必要があったのであろうか。中国人仏教徒たちの実践すべき菩薩行の典拠としては漢訳諸経典があれば充分だったのではないか。だとすれば、偽経を作って屋上屋を重ねる必然性はどこにあったたか。一般的に言えば、偽経作成の背景には様々な理由があったと考えられる。例えば中国人の思考や文化とうまく適合する言説が仏説として求められているのにそれが当時の漢訳諸経典には見出せないために偽経が作成された場合もあったであろうし、時の政治や権力者のあり方に対して仏教的立場から批判を加えるために作成される場合もあったであろう。しかしながら、こうした点だけでは『梵網経』の成立は十分に説明できない以上、我々はさらに別な理由を想定せざるを得ない。

『梵網経』には、「十重四十八軽戒」が説かれ、しばしば梵網戒とも称される。大乗の十重戒（重罪十条）は十波羅夷とも言い、もしそれを犯せば菩薩でなくなり、将来の悟りの可能性も消滅してしまう結果をもたらすものであり、次の十項目を指す。1殺人、2盗み、3婬、4虚言、5酒の売買（ここでは販売の意）、6仲間の犯した罪をあげつらうこと、7自らを褒め他人を貶すこと、8物惜しみ（財産や説法について）、9怒り、10三宝への誹謗。

同じく大乗戒を説くものであっても、波羅夷の数は文献ごとに異なる。『梵網経』は上記の十条であり、これは出家者と在家者の区別を伴わない性質のものである。一方、曇無讖訳『菩薩地持経』は出家者と在家者に共通のものとして四条を挙げ、それは梵網戒の7～10に相当する。求那跋摩訳『菩薩善戒経』はもっぱら出家者を対象として八波羅夷を挙げ、それは梵網戒の1～4と7～10に相当する。曇無讖訳『優婆塞戒経』（大正一四八八号）は在家者を対象とする六項目の重罪を規定しており、これは梵網戒の1～6に相当する。このように、何をもっとも重罪――菩薩として決してしてはいけない事柄――と見るかは、同じ大乗菩薩戒とはいえ、経典ごとに異なり、一定していないのである。ここで梵網戒の第五条と第六条がもっぱら優婆塞（すなわち在家者）を対象として大乗戒を規定する『優婆塞戒経』のみと対応することは注目に値する。『梵網経』を作成した者（たち）が在家の実践活動を重要なものと考えていたことが、ここに看取されよう。

十五日ごとに、その間の各人の所作を点検するため、共同体の構成員全員が同時に一箇所に集合して行う戒律確認の儀礼を「布薩」（梵語ウポーサタ uposatha、ポーシャダ poṣadha、ウパヴァサタ upavasatha 等に対応する音写語）という。このような布薩は、声聞戒の一般的文脈においては、同一の具足戒を受持する出家者集団において行われるものであるが、これと同様に、菩薩戒についても何らかの布薩を行おうとすれば、その前提として、参加者全員が、出家者であれ在家者であれ、男であれ女であれ、皆がみな同じ菩薩として、同じ戒律のテキストを暗唱しそれを実践の基盤としている必要がある。この点から見る時、菩薩戒を規定している諸「漢訳」経典にはいずれも皆な一長一短があって、出家者と在家者に共通の基盤として使用するには不便であることに思い至る。例えば『菩薩善戒経』や

『優婆塞戒経』は出家と在家を区別するものであるから、両者共通のテキストとしては使用できない。『菩薩地持経』の波羅夷四条は、具足戒における四重禁（殺・盗・婬・大妄語）や在家の二項目が取り上げられていない点に不都合がある。このように出家者と在家者の両方から成る実践者集団が大乗の布薩を行おうとすると、複数の異なる漢訳経典に説かれる波羅夷の諸項目を統合して一つにまとめた新たな戒本（波羅提木叉）を編集する必要が生じてくるのであり、まさに『梵網経』は、このような実践的要請から作成したのではないかと想像される[27]。

やや詳しく説明しよう。梵網十波羅夷と漢訳諸経に見える対応を論ずる大野（一九五四・二六六～二六七頁）を参考にしながら、諸本の原語をそのまま用いて筆者の解釈に基づく対応関係を表にすると次頁のようである。

表は十種の重罪に関する対応関係を示すに過ぎず、個々それぞれの規定内容に踏み込んで比較するなら勿論まったく同じとは言えず、むしろ相違点にも留意すべきである。例えば「婬（性交渉）」が一切の婬を意味するか、邪婬（在家の配偶者以外との性交渉）を意味するかに留意すれば安直に対応すると言えないことになるが、その点を差し引いておおよその対応関係のみを比較するという意味で言えば、表の通りである。

この一覧表は、三種漢訳本にそれぞれ相違があることと、その三本に見える項目を略さずにすべて数え挙げると梵網の十波羅夷と一致することを示している。梵網十波羅夷が漢訳三本の諸項目を網羅した結果であるのは偶然ではない。『梵網経』を編纂した人々の意図を表している。

例えば『菩薩善戒経』の八重法は、出家者専用の波羅夷として説き示されている。それ故、『菩薩善戒経』に基づく限り、それを在家菩薩に適用することはできないから、在家菩薩と出家菩薩は異なる戒条に基づく生活をしなければならない。その結果、菩薩であるからには出家も在家も異ならないという菩薩の本来の規定に背いてしまう。

事態は在家菩薩に限定して六重法を説き示す『優婆塞戒経』を基にしても同じである。その六項目だけでは出家

諸本の十重罪対応関係

曇無讖訳『菩薩地持経』 四波羅夷処 （大正三〇・九一三中）	求那跋摩訳『菩薩善戒経』 八重法 （大正三〇・一〇一五上）	曇無讖訳『優婆塞戒経』 六重法 （大正二四・一〇四九中）	偽経『梵網経』 十波羅夷／十重戒 （大正二四・一〇〇四中～一〇〇五上）
	一 （殺）	一 殺	一 殺
	二 （盗）	二 偸盗	二 盗
	三 （婬）	四 邪婬	三 婬
	四 （大妄語）	三 虚説	四 妄語
一 自讃、毀他人	五 自讃		七 自讃、毀他
二 慳惜／悋慳	六 貪慳／悋慳		八 慳
三 瞋恚	七 瞋忿／瞋恨		九 瞋
四 謗菩薩蔵説	八 誹謗菩薩方等法蔵		十 謗三宝
		五 宣説比丘、比丘尼、優婆塞、優婆夷所有罪過	六 説出家、在家菩薩、比丘、比丘尼罪過
		六 酤酒	五 酤酒

菩薩の八重法と相容れないから、菩薩の理念に従いつつ出家菩薩と在家菩薩を区別することはできない。

では『菩薩地持経』の四波羅夷ならばどうか。確かにそれは出家菩薩と在家菩薩に共通の菩薩の波羅夷として説き示されている。しかし『菩薩善戒経』の出家八重法も、『優婆塞戒経』の在家六重法も、条数の少ない四波羅夷に包摂することはできない。このように見てくると、漢訳された三種の重罪一覧は相互に相容れない面をもつため、そのいずれかを用いて出家と在家が共に同じ規則に基づいて共に生活することはできない。恐らくはこの点こそ、『梵網経』が波羅夷の数を十種とした理由であったのだろうと筆者には思われる。つまり皮肉にも、漢訳された権威あるインド伝来の教えをすべて認めた上で何らかの調停を施すには、それらすべての内容を含む偽経を作る必要があったのだ。確かに十条はどの漢訳と比べても多すぎるが、矛盾なく整理すれば十条にせざるを得ないのだ。

このことは十重のみならず、恐らく四十八軽戒にも同様に当てはまると解すべきであろう。短い言葉でまとめるならば、梵網戒を編纂した理由の一端は、当時知られていた菩薩戒関連漢訳諸経典の所説を否定することなく、菩薩の振る舞いに関する必要十分なチェックリストを作ることにあったのである。

同じことを別の角度から言えば、『梵網経』の十波羅夷に関して十条すべてを自ら必要とするような菩薩は現実にはいないのである。例えば「酤酒（実際には酒の販売の意）」の禁止は、一般の出家者には当然のことであり、在家菩薩こそに意味をもつ。『優婆塞戒経』の第五重法も同様である。他方、出家菩薩のみに有意味な戒条もある。十重戒でなく四十八軽戒に属するが、第二十一軽戒・第二十二軽戒・第二十六軽戒・第二十七軽戒・第四十軽戒の内容は専ら出家菩薩を対象とする。この点については船山（二〇一七a・四八九頁）に論じたので参照されたい。

さらに、もう一つの重要な偽経である『菩薩瓔珞本業経』については、一つの仮説として、『梵網経』と『仁王般若経』に基づいて南朝において四八〇～五〇〇年頃に成立したと推定できる（船山一九九六・六七～七〇頁）。『菩薩瓔珞本業経』は菩薩の修行階位説や戒律観などに特徴が見られるが、そのうち菩薩戒に関して、三聚浄戒（上述四節）のうち、律儀戒とは十波羅夷（梵網経の説）であるという、きわめて特徴的な見解を本経は主張している。ところで素材とされた『梵網経』には専ら十重四十八軽戒が説かれ、三聚浄戒に対する言及はない。従って『菩薩瓔珞本業経』の説く菩薩戒では、既に声聞戒を受けていることが菩薩戒を受ける前提とはならないことになる。言い換えれば、以前に在家の五戒や具足戒を受けたことがなかった者が菩薩戒だけを受けることも理論上は可能なのである。この点で『菩薩瓔珞本業経』は、後の日本仏教における円頓戒の説の先駆ともいうべき革新性を内包するのである。しかし、本経に基づいて声聞戒を受けず菩薩戒だけを受けた人々が実際どれ程実在したかは不明である。

九　六世紀に再評価された『四分律』

(一) 北朝における『四分律』

『四分律』の位置付けに関しても戒律受容史の重要な一局面が認められる。この律は、初唐の道宣（五九六～六六七）が確立した、所謂「南山宗」の根本典籍として知られるが、唐以前でも、六世紀前半の華北における所謂「地論宗」の祖、慧光[28]によって高く評価されており、『四分律』重視の風潮が、北朝諸王朝における都城の変遷に伴い、平城、洛陽、そして鄴へと普及伝播していったと推察される。

一方、華北において『摩訶僧祇律』が流行した痕跡のあることは本章第四節に示した通りである。これら二つの律はいかなる関係にあったか。道宣『続高僧伝』巻二十二の慧旻伝（大正五〇・六二〇中）によれば、四一二年に世に現れた『四分律』は、北魏の孝武帝時代（在位四七一～九九）の法聡（約四六八～五五九頃）まで十分に研究されることがなかったという（『続高僧伝』巻二十一の慧光伝、大正五〇・六〇七下、『同』巻二十二の慧旻伝、大正五〇・六二〇下）。法聡を継いだのは道覆（年代不明）であり、道覆を継いだのは弟子の慧光であった。その後、隋に入ると、『摩訶僧祇律』より『四分律』が主流となったが、この転換を決定付けたのは洪遵（五三〇～六〇八）であったという。以上により、『四分律』が重視され始めたのは漢訳成立後数十年が経過してからであったことが分かる。

（二）『四分律』と大乗の接点

では、『四分律』は何故これほど遅れて評価されたのか。その理由を探ること自体が一つの大きな課題であり速断は許されないが、今は暫定的に二つの点を考えることによって可能な方向性を探っておきたい。一つは『四分律』はなぜ漢訳直後には流行らなかったか、もう一つは慧光の頃に評価されるようになったのは何故かである。

これらを検討するに当たり、平川彰説が参考となる。平川によれば、『四分律』が初期に普及しなかった理由として、漢訳者の仏陀耶舎が弟子を養成しないうちに中国を去ったことが考えられ、一方、『十誦律』が非常に高く評価された理由として、漢訳者の鳩摩羅什が多くの継承者たちを育成したことが考えられるという。この説は『続高僧伝』の道宣説を基本とするように思われるが、『四分律』が漢訳直後に流行らなかった理由に関する平川説は独特である。すなわち慧光が『四分律』を重視したことは、彼が瑜伽行派の理論を評価したことと密接に関係し、鳩摩羅什の時代には中観派の理論と『十誦律』が一緒に流行したことから、慧光には、中観派と繋がる『十誦律』を否定する意図があっただろうと推測する（平川一九八六／九一・一七〇頁）。

この仮説に同意するか否かは措くとして、もう一つ別な視点も可能と思われる。それは法蔵部の『四分律』と大乗の繋がりである。例えば『四分律羯磨疏』のなかで道宣は「分通大乗」という語を用いて『四分律』は大乗仏教と一部共通する要素を有すると主張した（元照『四分律羯磨疏済縁記』巻十六引『四分律羯磨疏』、続蔵一・六四・五・四二七裏上。水野一九七二／九三・四九六頁、土橋一九八五）。このような見解は、「小乗」とは一線を画す「大乗」[29]を自負する中国仏教徒たちが、『四分律』という部派の律を行動の基盤としつつ且つ菩薩であろうとする限り、必要不可欠な理論だったに違いない。ほぼ同様の態度は南山律宗に先行する地論グループの段階で既に発生していたと思われる。『四分律』と大乗の間に共通性を認める点において、道宣は慧光と同じ考えであることを自ら示唆している（道宣『四分律行事鈔』巻上三、大正四〇・二六中）。

地論宗における『四分律』と大乗の接点は次の二点にも看て取れよう。一つは地論宗に属する文献には、『四分律』漢訳者の仏陀耶舎[30]を、通常の「三蔵法師（トレーピタカ trepiṭaka）[31]」という呼称を用いず、意図的に「大乗律師」と規定する場合があること。もう一つは歴史的信憑性はさて措き法蔵部の祖とされる沙門ダルマグプタを、菩薩の素質（「菩薩根性」）を持つ人物と規定する場合のあることである[32]。

注

（1）説一切有部と根本説一切有部の異同関係に関する最近の研究として、Enomoto（2000）参照。

（2）迦葉維部（カーシュヤピーヤ Kāśyapīya）の『律』の存在は梁の僧祐にも知られていたが、漢訳はなかった（『出三蔵記集』巻一、大正五五・二一中）。この律に関しては、波羅提木叉（プラーティモークシャ、戒律条文集）のみが大正一四六〇号『解脱戒経』として後に般若流支によって五四三年に鄴で訳された。

（3）本章の目的は、五世紀中国の仏教戒律史の概要の提示である。議論の幾つかは先稿において既に見られる。とりわけ菩薩戒に関する諸事項の検討については船山（一九九五）を、五世紀前半における戒律の意義については船山（一九九八b・二六八～二七三頁）を参照。

（4）例えば釈道安が引用する慧常の言葉（『出三蔵記集』巻十一、大正五五・八〇中「戒猶礼也」）や、中国における戒律の普及に関する慧皎の論述（『高僧伝』巻十一、大正五〇・四〇三上三行、中二九～下五行）など。

（5）本文の直後の段落に記したように、ダルマカーラは「摩訶僧祇部の戒本」（ただし曇柯迦羅伝に見える「僧祇戒心」という表現をこう解釈した上でのことであるが）を漢訳したと先行研究でしばしば言われるが、この文献はもとより現存しない。また、彼の直後には曇諦という別な僧が洛陽に到来し、『羯磨』（カルマヴァーチャナー *Karmavācanā* 戒律儀礼規定文献）を漢訳したという。『高僧伝』巻一（大正五〇・三二四下～三二五上）、横超（一九五八・二四～二六頁）。

（6）僧祐『出三蔵記集』は、西晋の竺法護訳『比丘尼戒』や東晋の覓歴『大比丘尼戒』が存在したと記すが、両者とも僧祐の時代までには失われていたと記す（大正五五・九中、一四下～一五上、三八下）。

（7）大正蔵には、二五〇年代に訳された法蔵部の『カルマヴァーチャナー *Karmavācanā*』が二つ収められる。康僧鎧（サンガヴァルマン Samghavarman）訳『曇無徳律部雑羯磨』（大正一四三二号）と曇諦訳『羯磨』（大正一四三三号）である。しかし平川（一九六〇／九九～二〇〇〇Ⅰ・二〇八～二一六頁）の指摘する通り、両者とも『四分律』の漢訳（四一〇～一二）以後に中国で編纂した文献であって、二五〇年代の漢訳文献ではあり得ない。

（8）長安に移動する前に襄陽に居た時、釈道安は教団の三規則をまとめた。弟子の慧遠にも同様の規律がある。吉川・船山（二〇〇九b・一三三～一三五頁）、塚本善隆（一九七九・五一四～五一六頁）、諸戸（一九九〇・五三～五五頁）参照。

（9）釈道安「毘奈耶序」（大正二四・八五一上）、湯用彤（一九三八・二一二～二一五頁）参照。

（10）「弗若多羅」は、「功徳華」と意訳されるから、サンスクリット語プニヤターラ Punyatāra に対応し、しばしば用いられるプニヤタラ Punyatara でない可能性が考えられる。「ターラ tāra」は輝きを意味し、漢語「華」と対応し得るが、「タラ tara」と「華」は対応しない。以上は榎本文雄氏（大阪大学）の口頭御教示に基づく。

（11）六朝仏教文献で「罽賓」がどの地域を示すかについては桑山（一九九〇・四三～五三頁）と Enomoto（1994）参照。

（12）仏駄跋陀羅は罽賓（ここではおそらくガンダーラのこと）出身の僧侶であった。彼がとった長安に至る正確なルートは明らかでない。

（13）船山（一九九八b・特に二三八〜二四二頁）。『内禁軽重』『五百問事』『目連問戒律中五百軽重事』に関する私見は、初唐を代表する二人の戒律専門家である道宣と道世の証言――『五百問事』は『十誦律』に関する卑摩羅叉の口訣を筆写したものである――に基づく。

（14）吉川（二〇〇〇）によれば、一般に六朝時代を通じて史書と文学に関しては南朝は北朝を凌駕していたのに対して、儒学に関しては優劣が逆転する。さらに仏教に関してはより一層錯綜した状況が考えられるが、少なくとも五世紀から六世紀の頃に北朝の仏教が南朝よりも遅れていたとは考えられない。

（15）中国への帰途、四一二年、法顕は青州の長広郡（現在の青島付近）に到着し、南朝へ向かった（章巽一九八五・一七七頁注一）。この時長安では既に『十誦律』が漢訳されていた。

（16）『十誦律』漢訳の後、南朝では多数の律師が現れた。その一人は法穎（四一四〜八〇）であり、彼は『十誦律』を僧祐に教授した。さらに、宋の孝武帝（在位四五三〜六四）と明帝（在位四六五〜七二）の時代には幾つかの重要な戒律文献が編纂された。すなわち孝武帝の時代には僧璩が大正一四三九号『十誦律比丘要用』の名で知られる文献を編纂した。『高僧伝』巻十一によれば、上に言及した法穎は『十誦戒本』『羯磨』等を編纂し、また志道（四一二〜八四）は受戒法を教授した。これらは儀礼の正しい遂行に有用であった。

（17）さらに道宣も同様の発言をしている（大正五〇・六二〇中）。また義浄も、華北においては『四分律』がもっとも隆盛をきわめ、一部では『摩訶僧祇律』も流行ったのに対して、早期の江南では『十誦律』が普及していたと述べている（大正五四・二〇五中）。

（18）曇無讖に当たるサンスクリット語をダルマクシェーマ Dharmakṣema と表記する先行研究が夥しいが、想定根拠が不明である。「曇無」が曇摩と同じくダルマ dharma の音写語であることに異論は何もあるまいが、「讖」の原語が問題である。クシェーマを想定する唯一の理由らしきものは、後漢の訳経僧の支婁迦讖の原語をローカクシェーマと想定することからの類推のみであろう。しかし（支）婁迦讖がローカクシェーマであることの確たる根拠も実は見出せない。僧祐『出三蔵記集』も慧皎『高僧伝』も支婁迦讖と曇無讖の漢訳語を何も記さない。後代、曇無識の意味を「法豊」と訳す文献が現れ、その初出は隋の費長房『歴代三宝紀』巻九（大正四九・八四中）である如くであるが、そこでも「讖」と「豊」の対応関係はまったく解説されず、先行するいかなる文献に基づくかに問題が残る。「讖」字を音写語として用いる例が六朝文献に殆ど見出せないことも問題解決の困難の一因である。

(19)　因みにやや後に中国の人々は『菩薩瓔珞本業経』を作成し、そこにおいて律儀戒とは梵網十波羅夷であると規定することによって、菩薩戒思想の新展開の可能性を開いた。本章後述八節参照。

(20)　求那跋摩の帰属部派は目下不明。可能な選択肢は説一切有部か法蔵部かであるが、以下にその問題点をまとめておく。まず、僧祐が説一切有部の師資相承を記したリスト（『薩婆多師資伝』、大正五五・九〇上）に求那跋摩の名が見えることからすれば、彼は説一切有部の僧であった可能性が考えられる。しかし一方で、同じリスト中に、求那跋摩と同時代若年の僧伽跋摩（『薩婆多部毘尼摩得勒伽』〈大正一四四一号〉の訳者）の名がまったく記されていないのは奇妙であり、そこに何らかの混乱が含まれる可能性も無いとは言い切れない（船山二〇〇〇a・三三四頁）。他方、求那跋摩は法蔵部の羯磨『曇無徳羯磨』（大正五〇・三四一上、大正五五・一一中、一〇四中）を漢訳した人物として記録されることもある（ただしこのテキストは、平川一九六〇／九九〜二〇〇〇Ⅰ・二一六頁では、現存文献に対応するものがないと言われる）。求那跋摩が『曇無徳羯磨』の原典をインドから将来したと仮定してよいならば、彼は法蔵部出身であった可能性が出てくる。

(21)　『高僧伝』『出三蔵記集』など主要な仏教史書が求那跋摩の建康到着を元嘉八年（四三一）とするのに対し、『比丘尼伝』と道宣の著作の幾つか（大正四〇・五一下、大正四五・八一二下）は一年早い年を記す。この伝承の相違が何に拠るかは未詳だが、『比丘尼伝』の記す年代に一貫性がないことは確かである。すなわち『比丘尼伝』の慧果尼伝は求那跋摩到来を元嘉六年（大正五〇・九三七中）とするが、徳楽尼伝と浄秀尼伝は元嘉七年とする（大正五〇・九四四下、九四五中）。近年の研究として船山（二〇一八・四八頁）を参照。

(22)　広州から建康に至る求那跋摩のルートは伝に明記されていない。しかし、彼が広州を出発して北上し始興郡に一年余り滞在したこと（大正五〇・三四〇下）は、陸路を示唆するものである。その場合、広州—始興郡—（大庾嶺）―南康郡―豫章郡―江州―（長江）―建康というルートを想定可能であろう。同じ経路は『高僧伝』曇摩耶舎伝（大正五〇・三二九下、竺法度の出生地との関わり）にも示唆されている。さらに唐代になると、律師として著名な鑑真（六八八～七六三）が一度この経路を通っている。ともかく、建康が『菩薩善戒経』に関する情報を中国の他の地域に発信する拠点として機能した点で、求那跋摩が広州から建康に移動したことは注目に値する。他方、『菩薩地持経』の場合は、建康は情報の受け手であった。

(23)　声聞戒情報の普及状況としては、智厳の活動も注目すべきである。涼州出身の智厳は、西北インドから仏駄跋陀羅を連れて中国に戻った巡礼僧として一般に知られるが、巡礼後、智厳は建康に滞在した。元嘉年間（四二四～五三）、自分が在家であった若い頃に五戒を破ったことがあるために、僧侶となってからも受戒した具足戒の戒体（戒の本質）が実はわが身において成立していないのではないかと心配になり、そのためにインドに再び赴いてしかるべき人に諮問し疑念を晴らしたいとの決意のもとに、再度のインド旅行に出発した。智厳伝、大正五五・一一二下二一～二七行＝大正五〇・三三九下五～一二行。船山（一九九八b・二七二頁、二八九頁注五二）参照。

(24)　『高僧伝』と『出三蔵記集』の曇摩蜜多伝によれば、曇摩蜜多は四二四年に涼州から蜀に移動している。一方、『名僧伝』は曇摩蜜多は四二二年に江陵に至り、元嘉初年（四二四）に建康に到着したとする。

(25)　南北国境を越えて往来した数人の重要な僧侶に関する吉川（二〇〇〇・一五三～一五五頁）の指摘も参照。

(26)　『出家人受菩薩戒法巻第一』（ペリオ二一九六号、五一九年建康にて筆写）に、「高昌の曇景の口ずから伝えし所の受菩薩戒法」という表現がある。ここで「口ずから伝えし所」という言い回しが、曇景が自ら高昌から建康に来たことを示すことは殆ど疑いない。

(27)　インドにおいて菩薩戒という考え方は主に『菩薩地』と『解深密経』を通じて知られた。そして『菩薩地』には、現存梵本・チベット訳・玄奘訳を含む漢訳三種といった異なる諸本がある。これら諸本の間で波羅夷の条数を比べてみると、求那跋摩訳『菩薩善戒経』における八波羅夷説のみが異質である(*)。つまりインドの大乗修行者たちの場合は、菩薩戒に関して異なる諸本の波羅夷説を統一する必要性ないし要請があったとは考えられない。インドと中国における経典編纂状況を巨視的に比較すると、中国における『梵網経』の作成者（たち）の置かれた特殊な状況を窺うことも可能であろう。(*)因みに曇無讖訳『優婆塞戒経』（大正一四八八号）は在家者の六波羅夷、出家者の八波羅夷に言及する（大正二四・一〇三五中）。同じ曇無讖の訳業において、『菩薩地持経』では四条、『優婆塞戒経』では八条と、出家者の波羅夷の条数が異なるのである。このことは『優婆塞戒経』の成立問題と関係があるかも知れない。

(28) 慧光は「僧制十八条」（大正五〇・六〇八上）を撰した。慧光より以前には、「僧制四十七条」が四九三年に北魏で撰せられている（諸戸一九九〇・五八〜六七頁）。さらに、同様の規則はこれより遥か以前に釈道安と慧遠によっても制定されている。前注(8)参照。このような「僧制」（教団規則）は、社会との繋がりのもとに、中国仏教の実際的状況にあわせて制定されたものと推測され、律蔵の漢訳を通じてインド仏教からそのまま導入された所謂「戒」（シーラ）とは性質が異なるとみなすべきである。さらに、「僧制」と禅の「清規」の関係が土橋（一九七〇／八〇・特に九一八〜九二〇頁）に検討されているのも参照。

(29) 一方、同じ問題に対する道宣の態度は道世と異なる点にも注意。土橋（一九八五）参照。

(30) 地論宗が仏陀耶舎に高い評価を与えることは、『高僧伝』と『出三蔵記集』の仏陀耶舎伝と関係すると思われる。伝において仏陀耶舎は、『十地経』に関して鳩摩羅什にも優る深い知識を有していたとされる（大正五〇・三三四中＝大正五五・一〇二下）。

(31) 漢語「三蔵（法師）」に対応する「トレーピタカ」（「トリピタ」も同義）についてはForte (1990: 247-248 n. 7) 参照。

(32) 『毘尼心』（スタイン将来敦煌写本四九〇号、ペリオ将来敦煌写本二一四八号）参照。青木（二〇〇〇・一九七、二〇〇頁）によれば、『毘尼心』は地論宗文献の第二期に属するものとして分類されるという。「菩薩根性」と「罽賓三蔵大乗律師仏陀耶舎」という表現は『毘尼心』（大正八五・六五九中）に見える。因みに、仏陀耶舎を「大乗三蔵」とする表現は、『四分律』高麗蔵再雕本に附せられた序にも見える（作者不明、大正二二・五六七上）。

第二章　大乗の菩薩戒（概観）

インド大乗仏教の成立後やや時を経て、大乗仏教徒の一部の者たちのなかから、大乗にふさわしい戒律を「菩薩戒」として規定し、受持しようとする動きがあらわれた。菩薩戒とは、大乗の理想像である菩薩として生きるための実践項目と心構えを体系化した大乗独自の戒律である。

一般に、ある者が仏教徒としてなすべきことと、なすべきでないことを区別して実生活をする時、行為の規範は何かと言えば、それは声聞乗（いわゆる小乗）の場合、在家ならば不殺生・不偸盗・不邪婬・不妄語・不飲酒の五戒（pañca-śīla〝五つの習慣的行為〟）であり、出家者ならば具足戒（upasampadā〝〔入門条件の〕具備、充足〟）である。具足戒とは律（vinaya）に規定されるところの比丘の二百五十戒、比丘尼の五百戒と通称されるものにほかならない。では一方、大乗における行為の規範は何か。すなわちある者が大乗仏教を信じ、経典の諸処に説かれる通りに自らも菩薩として生きようと決意した場合、その者は何を行為の規範とすべきかと問うならば、それこそが菩薩戒なのである。では菩薩戒とは具体的にはどのようなものか。声聞乗の場合と比べていかなる特徴があるか。また、大乗の戒としてその初期の文献から説かれている十善戒と菩薩戒とはいかなる関係にあるか（別の言い方をすれば、いわゆる大乗戒と菩薩戒はまったく同じか、それとも何か違いがあるのか）。さらにまた、大乗仏教徒は歴史を通じて皆が菩薩戒を実践したのか、大乗のなかにも菩薩戒を受持した人々としなかった人々がいたのか、菩薩戒実践者と大乗学派（瑜伽行派、中観派など）の関係はどのように考えるべきか。かかる様々な問いを念頭におきつつ、本章では菩薩戒について取り上げ、菩薩戒の比較的初期の成立状況と伝播の基本事項をインドと中国に即して概説し、そして菩薩戒という教説の特徴と、そこに内包される若干の問題を指摘してみたい。

菩薩戒という考え方は、後述するように、インド大乗仏教のある時期に瑜伽行派の人々の間で成立した。しかし具体的状況には不明な点が多く、その後の展開についても、現時点では実は断片的な事柄しか解明されていない。しかしながら、その一方で、菩薩戒が、その成立より以降、インド仏教の最後期に至るまで、何らかの形で相当数の人々によって連綿と継承され、実践されたであろうことは、疑うことができない。他方、この戒は中国に伝来し、中国の仏教徒の間で新たな展開を遂げたことも知られている。ある意味でそれはインド本国におけるよりも活発な動きであったとすら言える。中国における菩薩戒のはじまりは五世紀前半であり、それ以後、菩薩戒は中国大陸において時代と地域を越えて広く普及した。中国において菩薩戒は、時に出家者の厳しい戒律生活の基盤としての意味をもち、時に王侯貴族などの在家の生きる指針となり、また時には彼等の仏教信仰におけるある種のステータスを誇示する道具として利用される場合すらあったようである。また菩薩戒の教えは中国において特有の新経典——偽経すなわち偽作経典——をも生み出し、中国のみならず漢字文化圏の仏教すべてにとって重要な意味をもつこととなった。さらに、本章では触れる紙幅がないであろうが、とりわけ日本においては、中国伝来の菩薩戒の教えはさらなる変容を遂げ、最澄の円頓戒説や鎌倉戒律復興運動などの様々な局面で新展開を生ぜしめた。要するに菩薩戒は、理想の修行者像から出家者の戒律の実態的あり方、そして真摯な信者や形ばかりの信者に至るまで、実に様々なレベルで東アジア仏教の重要な一面を性格付けているのである。

本章ではまず、菩薩戒とはいかなるものかを大まかに知る手がかりとして、中国に菩薩戒が史上初めて導入された時の状況を述べる資料を紹介する。いうまでもなく中国における菩薩戒の導入はインド仏教における菩薩戒の成立と普及に基づくが、インドにおける具体的状況には不明な点が多いため、史的順序とは逆になるが、まず始めに、中国における初期の状況を見ておきたい。

一　中国における菩薩戒の始まり

中国において菩薩戒は、仏教徒の受持すべき戒律という大枠のなかで捉えられ、声聞乗の律とも密接に関わる。戒（śīla〝習慣的な行為〟）と律（vinaya〝〔出家者の〕規律〟、またそのテキスト）はもとより別であるが、とりわけ中国では戒と律を区別せずに、戒律と総称する傾向があることを背景として、菩薩戒もまた、戒律という文脈で理解することができる（戒と律の関係問題は後述する）。

（一）五世紀の戒律書

こうした視点に立つ時、五世紀の百年間は、戒律の伝播普及の歴史における一つの画期とみなすことができる（本書第二篇第一章、Funayama 2004）。それは各種の主要な律文献が次々と漢訳され、実践基盤として用いられる一方で、そうした「小乗の律」とは別に、「大乗の戒」としての菩薩戒が中国の仏教徒の間に知られ、瞬く間に普及した一世紀でもあった。もちろん四世紀末までの状況でも戒律の何たるかは仏教徒の間で知られていたが、情報は不十分であった。その詳細を説く律文献が本格的に翻訳されたのは、五胡十六国の一つである後秦の姚興（在位三九四～四一六）が治める長安（現在の陝西省西安）にて、五世紀の最初の十年の頃に活躍した鳩摩羅什（約三五〇～四〇九頃）が翻訳した『十誦律』（大正一四三五号）を嚆矢とする。これは薩婆多部、別の言い方をすれば説一切有部の律典であった。そしてその直後に、同じ長安では法蔵部（曇無徳部）の『四分律』（大正一四二八号）が仏陀耶舎・竺仏念らによって訳された。さらに鳩摩羅什よりもおよそ十年遅れる時期に、南朝の都、建康（現在の江蘇省南京）では、大衆部（摩訶僧祇部）の『摩訶僧祇律』（大正一四二五号）が仏駄跋陀羅と法顕らによって、そして化地部（弥沙塞部）の『五分律』（大正一四二一号）が仏陀什と智勝らによって翻訳された。これら四種の律が訳出されたことによって、それまで戒律関連の詳細な情報が不足していたことを痛感していた漢人僧たちは、これら新文献を競うが如くに学習し、また自らの教団の運営基盤としていった。とりわけ南朝の場合、出家者が戒律実践の具体的基盤としたのは、専ら『十誦律』であった。他方、『魏書』釈老志によれば、北朝の北魏では『摩訶僧祇律』が用いられた如くである。なお唐の道宣の南山宗の場合のように『四分律』を実践の基盤として用いるようになるのは、早くとも六世紀の華北の地論宗の慧光の頃より以後であり、五世紀の段階では、『四分律』は、学習の対象ではあったけれども、実践基盤として十分な機能は有していなかった如くである。

このように長安と建康の比丘・比丘尼たちが声聞乗の律に関する新たな知識を深めていったのと同じ頃、中国文化圏の西の境域では、別の重要な動きが発生し、急速に普及していた。玄始元年（四一二）、インド僧の曇無讖（三八五～四三三）が沮渠蒙遜（在位四〇一～四三三）の治める北涼国（五胡十六国の一）の都、姑臧（現在の甘粛省武威）に到来し、大乗の経典や論書を新たに次々と翻訳した。彼がもたらしたのは、直前の時代に活躍していた鳩摩羅什の訳とは異なる性格の新文献であった。その代表は『大般涅槃経』（大正三七四号）であるが、戒律という点でより重要なのは、菩薩戒の教えを説く『菩薩地持経』（大正一五八一号）である。因みに鳩摩羅什は、主に空の思想や龍樹を祖師とする中観派の思想と繋がる大乗諸経典をもたらし、それらを僅か十年ほどの間に翻訳したが、彼は菩薩戒というさらに新しい教説を知る環境にはいなかった。また曇無讖のもたらした如来蔵の教えも、羅什訳には見られない大乗の新展開を示すものであった。

（二）曇無讖と道進

曇無讖の伝は梁の僧祐撰『出三蔵記集』巻十四、梁の慧皎撰『高僧伝』巻二（吉川・船山二〇〇九a・二一一～二三五頁）に収められている。中国における史上最初の菩薩戒の受容については、とりわけ後者に記されている。中国において菩薩戒を最初に授かった僧侶は、道進という名の、曇無讖の直弟子であった。その受戒の様子は、『高僧伝』の曇無讖伝に記されているが、また一方で、道進は『高僧伝』巻十二に立伝される法進（四四四年に高昌にて逝去）と同じ人物と考えられる。

まず『高僧伝』巻二の曇無讖伝における道進の受戒の内容を紹介する。

曇無讖が姑臧にいた時、張掖出身の沙門の道進がいて、曇無讖から菩薩戒を受けたいと思った。曇無讖は、「まずは過去の罪過を悔い改めるように」と言った。そこで道進は七日七夜にわたって誠心誠意を尽くして（懺悔を行い）、八日目に曇無讖のもとに行き、受戒を求めた。すると曇無讖は突然怒鳴りつけた。道進はあらためて、我が悪業の障害がまだ尽きていないからなのだと考えた。そこで三年にわたって瞑想と懺悔とに励んだところ、瞑想のなかで釈迦牟尼仏が諸菩薩大士と共に戒法を授けてくれるさまを目の当たりにした。その晩、一緒に生活していた十人余りが皆、道進が見たのと同じ様子を夢のなかで共に体験した。道進はこのことを曇無識に告げようと出かけた。すると数十歩（一歩は一・五メートル弱）ほど手前までやってきたところで曇無識が驚いて言った。「ああ素晴らしい、ああ素晴らしい、おまえは既に菩薩戒を感得しているではないか。私があらためて受戒の証人となってやろう」。そして曇無識は彼のために順序通りに仏像の前で戒の具体的諸項目を説明してやった。

初讖在姑臧、有張掖沙門道進、欲従讖受菩薩戒。讖云、「且悔過」。乃竭誠七日七夜、至第八日、詣讖求受、讖忽大怒。進更思惟、「但是我業障未消耳」。乃戮力三年、且禅且懺、進即於定中見釈迦文仏与諸大士授己戒法。其夕同止十余人、皆感夢如進所見。進欲詣讖説之、未及至数十歩、讖驚起唱言、「善哉、善哉、已感戒矣。吾当更為汝作証」、次第於仏像前為説戒相。　（大正五〇・三三六下）

これが正確にいつの出来事だったかは明記されていないが、曇無識が姑臧に没した四三三年より以前なのは確かであろう。この逸話は幾つかの点で興味深い。

第一に、師匠の曇無識が菩薩戒の受戒に必要不可欠な条件として、道進に懺悔の徹底を要求したことが重要である。訳文の「過去の罪過を悔い改める」に当たる語は、原文では「悔過《けか》」（過ちを悔いる）であり、「悔過」と「懺悔」は同義であることが既に考証されている（平川一九七六／九〇・四三一～五三三頁）。いずれも罪業を他者の前に洗いざらい告白し、既犯の罪の余力を滅して心を清浄にすることを意味する。[1] 右の記事には、道進は懺悔と禅定に三年を費やしたとある。ただ、受戒にはいつもこれだけの年月を必ず要するわけではない。[2] 期間の長短はさておき、菩薩戒を受けるには、相当期間、まず徹底した懺悔を行い、それによって自らの身心を浄化することが求められる。

第二に、道進は瞑想のなかで釈迦牟尼から直々に戒を授かったとされている。道進は当初、師匠の曇無識に受戒を求めたが、結局は曇無讖からではなく、釈迦牟尼仏から戒を与えられたわけである。戒を授ける主体が仏であることは、菩薩戒の特徴の一つである。というのも、一般に、声聞乗における通常の受戒儀礼の場合は、戒は比丘から授けられるのが原則であり、このように他の修行者を介して戒を受ける方法は従他受戒と通称される。この受戒法は、いわゆる師資相承の系譜を遡ると、釈迦牟尼仏にまで連綿と繋がる点が重要である。間接的にではあるが、釈迦牟尼仏の制定した戒律を代々受け継ぐという性格がある。一方、菩薩戒においては、瞑想や夢のなかに釈迦牟尼仏や他の仏や菩薩が現れ、かかる仏や菩薩から直接に戒を授かるという場合がある。この受戒は、仏や菩薩に菩薩の誓願を自ら表明することによって実現するため、しばしば自誓受戒と呼ばれる。実際、道進の受戒を中国における菩薩戒の嚆矢とみなす唐の道世撰『法苑珠林』巻八十九は、道進の受戒を「自誓して受」けたものと規定している（大正五三・九三九上）。自誓に当たっては、見仏すなわち仏の応現を目の当たりにすることが前提条件とされ、そのために懺悔を徹底することが力説される。懺悔によって自らの悪業の効力が弱体化ないし無化され、それにより修行者の心は汚れなく清浄となるのである。そして仏菩薩の応現を阻んでいた汚れがなくなることによって、仏や菩薩が応現し、そしてその宗教的経験を通じて、それらの仏や菩薩から直々に受戒の認証を得ることができる(3)。

そして第三に、道進の受戒は最終的に師匠の曇無讖に認定され、曇無讖は戒の具体的項目（原文は「戒相」）を説き示したと記されている。これは、何らかのテキストに基づいて、菩薩戒の内容を逐一具体的に確認したことを示唆する。それが何であったかは明記されていないが、恐らくは『菩薩地持経』の戒品の一部だったと考えるのが自然である。『高僧伝』は菩薩戒の中国伝来について次のようにも述べる。

別の記録には、『菩薩地持経』は、伊波勒菩薩がこの地にやって来て、それを伝えるであろうとあるが、その後、果たして曇無讖がそれを翻訳したのであるから、曇無讖は並の者ではないのであろう。

有別記云、「『菩薩地持経』応是伊波勒菩薩伝来此土」。後果是讖所伝訳、疑讖或非凡也。（大正五〇・三三七上）

ここで本伝の撰者の慧皎は、道進の受戒と『菩薩地持経』との繫がりを認めている。曇無讖にとって菩薩戒の教説は『菩薩地持経』に基づくものであったことがここから分かる。

注目すべきことはほかにもあるが、煩を避けるため、今は上述の三点に止めたい。これらはいずれも菩薩戒というもののもつ基本的性格をよく反映していると言えよう。さらに、曇無讖伝は道進について次のようにも言っている。

かくして道進から戒を授けられた者は千人以上にのぼった。その時の受戒法は伝授され今に至るが、すべて曇無讖が後生に託した規範なのである。

於是従進受者、千有余人。伝授此法、迄至于今、皆讖之余則。（大正五〇・三三六下〜三三七上）

このように、大乗仏教徒の戒律である菩薩戒は、曇無讖によって中国文化圏に初めてもたらされ、そして彼の直弟子の一人である道進の受戒の後、彼が戒師となって彼のもとで受戒を果たした人々が相当の数に上った。さらにその影響は姑臧や高昌にとどまらず、中国全土に及ぶようになる。その概要は後に確認するが、それに先立ち、われわれは考察の舞台を曇無讖の故地であるインドに戻し、インド仏教における菩薩戒の意義について、これまでに分かっている事柄をまとめておきたい。

二　インドの大乗戒

（一）大乗戒と菩薩戒

インドにおける菩薩戒に言及するに当たり、理解の混乱を避けるために、最初に、二つの言葉を区別しておくのが簡便であろう。二つとはすなわち大乗仏教経典に広く一般的に説かれている戒としての「大乗戒」（大乗の戒、大乗における戒）と、菩薩が受持すべき戒として術語性を有する「菩薩戒」とである。前者は年代的には大乗の成立と共にはじまるが、後者はやや後に、特定のテキストのなかで確立した概念である。そして一般的な意味での大乗戒については、特に重要なキーワードとして「十善」と「戒波羅蜜」にも着目する必要がある。この両者は別個の概念であるが、同時に、相互に密接な関係にある。

周知のように、「十善」とは、身・口・意の三業という視点から「身三・口四・意三」と略称されるものである。すなわち身体的行為としての三種の善行と、言語的行為としての四種の善行、心的行為としての三種の善行とである。それらを鳩摩羅什訳『小品般若波羅蜜経』阿惟越致相品の漢訳で示すならば、不殺生・不偸盗・不邪婬（以上「身三」）・不妄語・不両舌・不悪口・不無益語（＝不綺語）（以上「口四」）・不貪嫉（＝不貪欲）・不瞋恚（＝不瞋恚）・不邪見（以上「意三」）である（大正八・五六四上）。かかる十善は部派仏教における十善業道説の流れを汲む。その詳細については平川彰（一九六八／九〇）に包括的考察がある。

一方、「戒波羅蜜」は、六波羅蜜の一つであり、尸波羅蜜、尸羅波羅蜜とも言う。漢語表記はサンスクリット語の śīlapāramitā “完全なる戒”に対応する。

以上に示した二つのキーワードは、観点の異なる語であるが、実際には密接に関連する形で経典や論書にあらわれる。要するに比較的早期の大乗経典における戒波羅蜜は十善にほかならない（平川一九六八／九〇・二〇七頁）。

かかる初期大乗戒学思想の流れから、やや後に新たに登場した戒学の概念が菩薩戒である。これは、『般若経』や中観派の説とは一線を画す形で、瑜伽行派の文献に初めて登場する。以下にこの点を簡単に見ておこう。

（二）『菩薩地』について

菩薩戒説を最初に記録したのは瑜伽行派の人々であった。具体的には『瑜伽師地論』（*Yogācārabhūmi*）の本地分（maulī bhūmiḥ）の『菩薩地』（Bodhisatvabhūmi）の戒品（śīlapaṭala）に詳細が説かれる。戒品とは、六波羅蜜のなかの戒波羅蜜とは何かを説く章である。

『菩薩地』の梵本としては、次の二つが出版されている。

Unrai Wogihara (ed.), *Bodhisattvabhūmi: A Statement of Whole Course of the Bodhisattva (Being Fifteenth Section of Yogācārabhūmi)*, Tokyo: Sankibo, 1971 (originally published in 1930-36).［以下 W と略記］

Nalinaksha Dutt (ed.), *Bodhisattvabhūmiḥ: Being the XVth Section of Asaṅgapāda's Yogācārabhūmiḥ*, Patna: K. P. Jayaswal Research Institute, 1978.［以下 D と略記］

『菩薩地』の漢訳には次の三種があり、この順序で成立した。

北涼の曇無讖訳『菩薩地持経』十巻（大正一五八一号）

南朝・宋の求那跋摩訳『菩薩善戒経』九巻（大正一五八二号）と『同』一巻（一五八三号）

唐の玄奘訳『瑜伽師地論』百巻（大正一五七九号）に収める『菩薩地』。

曇無讖訳『菩薩地持経』の訳出年代を最終的に確定することはできないが、一説には玄始七年（四一八）十月に訳されたという（『出三蔵記集』巻二・新集撰出経律論録の宋〈思渓蔵〉版など。ただし高麗版はこの記載を欠く）。

求那跋摩は、『高僧伝』巻三の本伝によれば、元嘉八年（四三一）正月に建康に到来し、同年九月二十八日に急逝しているから、『菩薩善戒経』はこの年に訳されたと確定できる。ただし同伝は、恐らく跋摩急逝の後のことであろう、全三十品のうちの二品は弟子が師に替わって代理で訳出したという。その二品とは最後の二品（三十二相八十種好品と住品）と想定するのが自然であり、第十一品たる戒品は、求那跋摩の生前に訳出されていたと考えられる（船山一九九五・四八〜四九頁）。

玄奘訳『瑜伽師地論』は貞観二十二年（六四八）に訳出された。

このうち求那跋摩訳『菩薩善戒経』は梵文・チベット語訳（詳細は割愛）・他の漢訳二種と比べると、多くの際立った違いがある。『菩薩善戒経』は『菩薩地持経』などと異なる、『菩薩地』の特殊な系統に基づくことが分かる。なお戒品については、梵語原典とチベット語訳に基づく現代日本語訳がある（藤田光寛一九八九、一九九〇、一九九一）。

（三）三聚戒

『菩薩地』の文献的基礎情報として、次に『菩薩地』の説く菩薩戒の実質に関わる基本事項を押さえておこう。『菩薩地』戒品の説くところによれば、菩薩の行うべき戒波羅蜜は九種の観点から説明されるという。『菩薩地持経』巻四・戒品の用語によって示すならば、九種とは自性戒・一切戒・難戒・一切門戒・善人戒・一切行戒・除悩戒・此世他世楽戒・清浄戒である。このうち菩薩戒は「菩薩の戒（bodhisattvaśīla）」「菩薩たちにとっての戒（bodhisattvānāṃ śīlam）」「菩薩の戒という制御力（bodhisattvaśīlasaṃvara）」などと表現され、九種の第二である一切戒において展開される[4]。そして一切戒には出家者と在家者の場合の二種があり、内容的には三つの構成要素から成るということが、次のように説かれる。

そのうちでいかなるものが菩薩の一切戒か。要約すれば菩薩には在家の立場にある戒と出家の立場にある戒があり、それが一切戒と言われる。さらにその在家の立場に立つ戒と出家の立場に立つ戒は要約すれば三種である。（悪を）防止する戒（saṃvaraśīla）、善い事柄を総括する戒（kuśaladharmasaṃgrāhaka-śīla）、衆生（生物）にとって有益なことを行う戒（sattvārthakriyā-śīla）である。（W 138, 18-23. D 96, 6-9）

ここに示された三要素は、「三聚戒」（trividha śīlaskandha, W 152, 22. D 105, 7, 〝三種類の戒の根幹〟）や「三聚浄戒」と総称される場合が多い。三種の一々について右の訳文ではあえて直訳を示したが、漢訳表現によるならば、曇無讖訳『菩薩地持経』では律儀戒・摂善法戒（善法を総括する戒）・摂衆生戒（衆生〔のためになる行為〕を総括する戒）に当たる。玄奘訳は第一、第二は同じであり、第三を饒益有情戒（衆生を利益する戒）と表現する。サンスクリット語との近接性という点では、曇無讖訳よりも玄奘訳「饒益有情戒」のほうが正確と言える。求那跋摩訳では、戒・受善法戒・為利益衆生故行戒（衆生を利益するために行ずる戒）と表現されている。なおこの三項に対応する語句は『解深密経』にも現れる。両文献の先後関係については異説があるが、『菩薩地』は『解深密経』に先行すると本章では仮に考えておきたい[5]。ともかく、いずれの表現をとるにせよ、菩薩戒とはこれら三要素の総体を指し、そして菩薩戒を受持するという点では出家者と在家者の間には何ら本質的区別はないというのが菩薩戒の教説である。そして菩薩戒を受けた者は、出家在家、老若男女を問わず、一様に菩薩と自覚し、そして他者からも菩薩とみなされる[6]。

次に、大乗戒と通常の声聞戒の関係を見ておこう。三聚戒の第一要素である律儀戒とは何かと言えば、それは、比丘・比丘尼・沙弥・沙弥尼・式叉摩那・優婆塞・優婆夷の七衆が各自の立場で既に受持している戒であるというのが、『菩薩地』戒品の教説である。すなわち菩薩戒を受けるためには伝統的声聞乗における意味で、すでに仏教徒として然るべき戒律を受けている必要があり、それを律儀戒と呼んで菩薩戒を構成する一部とする。このことは、菩薩戒が通常の戒律と矛盾することなく、それを包摂するものであることを示している。

第二の摂善法戒は、ありとあらゆる善い行いを積極的にすることを意味するが、『菩薩地』はそれが具体的に何種かを数として明示していない。なお、菩薩戒の成立以前より説かれていた大乗の戒である十善戒が菩薩戒といかなる関係にあるかを明示する文献は少ないが、『菩薩善戒経』によれば、身口意の十種の善法を受善法戒とするとの言明がある（大正三〇・九八二下）。これによれば、十善戒は直接的には摂善法戒に収められると解釈可能であろう。さきにわれわれは、比較的早期の大乗経典において戒波羅蜜とは十善戒であると説明する場合があることを見た。一方、『菩薩地』においては、戒波羅蜜を九種の観点から解説し、そのなかの一切戒として菩薩戒が規定され、そして菩薩戒の三大支柱のうちの第二に摂善法戒があるという。菩薩戒という考え方が、それまで大乗の戒の代表であった十善よりもさらに拡大化し、発展していることをここに見てとることができるであろう。

第三の摂衆生戒（饒益有情戒）は、原語は同じで「衆生のためになる戒」（sattvānugrāhakaṃ śīlam, W 140, 4. D 97, 9）と言い、十一種が列挙される。そのなかには例えば衆生が困窮しているのを見たら、必要な物品を布施すべきことや、悪を犯した者がいれば、慈悲心からその者を叱咤し改悛せしめるべきことなどが含まれる。詳細については今は割愛する。

以上のうち、「律儀戒」は通常戒そのものであるから、これこれを行うべからずという否定的な表現をとる禁戒である。これに対し、「摂善法戒」と「摂衆生戒」は、それぞれ善行と他者の為に有益なことを行うべしという意味において、積極的・肯定的な性格をもつ。つまり菩薩戒は、ただ単に悪を行わないこと（止悪）だけに止まらず、積極的に善を行い（行善）、他者を救済する（利他）という菩薩行の理念に適合するものであり、それを三聚戒と呼ぶ。それ故、菩薩戒には、具体的にこれですべてであると網羅的に条目化して示すことができない性格がある。

(四) 受戒儀礼

菩薩戒のもう一つの特徴として、受戒法が具体的に規定されていることがある。そしてその作法は声聞乗における通常の受戒の場合と大きく異なる。例えば比丘の具足戒の場合、一人が受戒するためには、「三師七証」といわれる通り、最低でも十名の参与を要するが、菩薩戒にはこの規定はない。菩薩戒の受戒に従他受戒と自誓受戒という二つの方法があることは上述した通りであるが、従他受戒の場合、すなわち人間の戒師を介して受戒を果たす場合でも、受戒希望者と戒師がいれば、受戒は成立する。というのも、菩薩戒において戒師は智者（vijña- "知識のある者"）と呼ばれ、儀礼を進めるために必要な知識を備えた進行役としての性格を有するが、戒を授けるのは実は戒師ではない。儀礼は仏像の前で行われ、戒を授けるのはあくまで仏であり、そして受戒の成立を見届ける証人（sākṣin）は人間ではなく、十方の諸仏諸菩薩なのであって、儀礼の場に僧侶が何人いるかは本質的には重要なことではない。ただ、もちろん人間と異なり、十方の諸仏や諸菩薩は、受戒儀礼において実際に目視できる対象ではない。儀礼は、そうしたわれわれの目には見えない仏や菩薩に語りかけ、そしてその認証を得るという形で行われるのである。受戒儀礼に当たっては実際には他の人々の立ち会いもあったであろうが、彼らは受戒に必要な構成員というわけではない。受戒希望者と戒師とが目に見えない存在に語りかけるという、ある意味で奇妙な光景のもとで菩薩戒の従他受戒は進められるのである。一方、もう一つの受戒法である自誓受戒の受戒作法は、より一層特徴的である。『菩薩地』において自誓受戒は、戒師となり得る人物がいない場合に認められる方法として説かれ、その場合、受戒希望者は仏像の前で自らが直接に諸仏諸菩薩に語りかけることによって受戒を果たす。すなわち儀礼においても目に見える存在は受戒希望者一人であり、その者が目に見えない存在に語りかけ、認証を得るという形で儀礼は執り行われるのである。

（五）菩薩の自覚と輪廻転生

通常の戒律には、この世で一生守り続けることを誓って受戒するものと、より短期のものとがある。一生涯守ることは、しばしば「尽形寿」（肉体と寿命の尽きるまで）と表現される。さらに、より短期の戒律としては八関斎があり、一日戒ともいう。これらと較べる時、菩薩戒には大きな特徴がある。菩薩戒の基盤となる菩薩行は、発菩提心からはじまり、最終的に菩提を得て仏と成るまで、無数の輪廻転生を通じて行われる。そのため菩薩戒の受戒儀礼では、まず最初に、極めて特徴的な二点が戒師によって問われる。すなわち汝は菩薩かどうかという点と、そして汝は既に菩提の誓願を済ませている（kṛtapraṇidhāna）かどうかという点である。前者は受戒希望者が菩薩としての自覚を有しているかどうかを、後者は菩薩としての発菩提心（発心、発菩提願）を問いただすものである。これらに対して受戒希望者は然りと肯定的に答え、そして菩薩行の意義を十分に自覚した上で、菩薩戒の受戒を諸仏諸菩薩に向かって希求し、その認証を得ることによって菩薩となる。菩薩戒を受けるとは、現世に限らず、来世も、来々世もずっと菩薩として生きることであり、そしてそれを自他共に認めることにほかならない。

（六）重罪の種類

菩薩戒の特徴としてはさらに、菩薩として決して犯すべからざる重罪と、それらと比べて、より軽いものとが規定されている点を挙げることができる。そうした禁戒項目をまとめた具体的な条文集を「波羅提木叉（プラーティモークシャ prātimokṣa）」といい、「戒本」ともいう。重罪は「波羅夷（pārājika）」と呼ばれる。この術語の意味は適切な和訳を示すのが難しいが（玄奘訳は「他勝処」）、伝統的な声聞乗の律からの借用語である。律においては教団追放に相当する最も重い罪であり、婬・殺人・偸盗・大妄語の四種がある。

菩薩戒の特徴は、波羅夷の内容と数についても見られる。『菩薩地』はそれを四種とし（律の四種とは内容が異なる）、曇無讖訳『菩薩地持経』も同様であるが、一方、求那跋摩訳『菩薩善戒経』は出家菩薩のみを対象として八種の重罪を掲げ、他方、曇無讖訳『優婆塞戒経』は在家菩薩のみを対象として六種の重罪を規定する。このように、諸経には重罪の条数と内容に大きな相違が認められる。

（七）その後

『菩薩地』に展開された菩薩戒がその後どのように継承発展していったかはきわめて興味深い課題であるが、残念ながら、確実なことはあまり分かっていない。インドにおける菩薩戒については、平川彰（一九六〇b／九〇・二四七～二四八頁）（一九六〇a／九〇・二六七～二七二頁）がダット Nalinaksha Dutt によって出版された *Bodhisattvaprātimokṣa*（菩薩波羅提木叉、Dutt 1931）という成立年代未詳の文献の内容を吟味し、またシャーンティデーヴァ（Śāntideva 七世紀頃）の『入菩提行論（*Bodhicaryāvatāra*）』と『学処集成（*Śikṣāsamuccaya* 漢訳『大乗集菩薩学論』に対応）』に見える菩薩の学処（śikṣāpada）に考察を加えている。羽田野伯猷（一九七七／八八）はチャンドラゴーミン（Candragomin 七世紀頃）の『菩薩律儀二十』及びその注釈であるシャーンタラクシタ（Śāntarakṣita 約七二五～八八頃）の『菩薩律儀二十註』の特色の概要を示し、さらにこの点は、藤田光寛（一九八三）（二〇〇二）（二〇〇三）による綿密な研究がある。また他の研究者によるこれら以外のテキストに関する研究もある（沖本一九七二、藤田光寛一九八八）。しかし菩薩戒については、初期瑜伽行派の菩薩戒説が後の時代に具体的にどのように継承され変容したか、またいかなる人々ないし学派によって保持されたか、あるいは瑜伽行派から発生したという本来の文脈を越えて広く大乗全般と結び付くものと理解すべきかなどの事柄が、未だ十分に解明されているとは言い難く、今後の研究のさらなる進展が俟たれる。

三　中国的展開

前節で確認したインド仏教における菩薩戒形成史を基に、我々はここで再び中国に眼を転じてみたい。さきに第一節に見たように、『菩薩地』戒品の菩薩戒の教説は中国においては曇無讖によってもたらされ、彼のもとで道進（法進）が菩薩戒の受戒を果たし、夥しい数の人々に菩薩戒を授けた。では道進の後、中国仏教史において菩薩戒はどのような展開を遂げたか。

（一）『出家人受菩薩戒法』

中国最初期の菩薩戒受容史を知る上で欠かせないテキストがある。ペリオ将来敦煌写本二一九六号『出家人受菩薩戒法』である。巻一が残るのみであり、巻頭を欠くが、巻一はほぼすべて残存する。梁の天監十八年（五一九）夏五月の勅写であることを明記する跋文があることにより、梁の武帝（在位五〇二〜四九）の勅命によって書写された文献であることが分かる。そして明証はないけれども、この頃の武帝の仏教活動全体を状況証拠的に見れば、恐らくは天監十八年五月に、武帝は既存の文献の書写を命じたのではなく、この新たな文献の編纂と書写とを一連の活動として同時に行わせた可能性がある。

本文献については、様々な論文がある（土橋一九六八／八〇、諏訪一九七一／九七、一九七二a／九七、一九七二b

／九七、船山一九九五、Janousch 1999、阿二〇〇六）。それらによって、南朝の都である建康に伝来した菩薩戒の受戒作法には以下に見る六種があり、それが天台智顗によると伝えられる『菩薩戒義疏』にも取り込まれたことが解明されている。

『出家人受菩薩戒法』巻一は九章から成るが、その「序一」に戒本（すなわち波羅提木叉）に大別して『菩薩地持経』と『梵網経』の二種があること、当時世間に流布した「菩薩戒法」として以下の六種があったことを記す。

一、鳩摩羅什による『梵網経』に依拠した菩薩戒法
二、『菩薩地持経』と『梵網経』の両者に依拠し、高昌の曇景が直接伝えた受菩薩戒法
三、長沙寺の玄暢が撰した菩薩戒法
四、『優婆塞戒経』に依拠し、建康で流布した菩薩戒法
五、『菩薩瓔珞本業経』に依拠して撰せられた菩薩戒法
六、『観普賢行経』に依拠して撰せられた菩薩戒法

以上の六種である。菩薩戒法と称されるものは、主として受戒法を意図していることが、智顗『菩薩戒義疏』の説明との比較から分かる（大正四〇・五六八上～五六九上）。

右のそれぞれについて、ごく簡単に解説しておこう。まず『梵網経』（大正一四八四号）について、『出家人受菩薩戒法』は羅什の翻訳であることを何ら疑っていないが、後述するように、同経は中国で成立した偽作経典であって羅什の訳ではないことが、現在ではほぼ確実に論証されている。梵網戒の梗概は後述する。(7)

第二の高昌の曇景は、『高僧伝』に立伝されていない詳細不明の僧侶だが、北魏による北涼国滅亡（四三九年）以降、北涼の沮渠氏は四四二～六〇年まで高昌を占拠するから、曇景は沮渠氏と動きを共にした系統――曇無讖や

道進と同系――の人物と推測される。また『出家人受菩薩戒法』はこれについて「高昌の曇景の口に伝うる所の受菩薩戒法」と述べていることから、恐らく曇景は、自ら建康に到来して高昌直伝の受戒法を流布させたと考えられる。

第三の長沙寺の玄暢（四一六～八四、『高僧伝』巻八）は、玄高（四〇二～四四、『高僧伝』巻十一）の弟子である。共に曇無讖の系統につらなる。

第四の『優婆塞戒経』（大正一四八八号）は、曇無讖訳であり、優婆塞すなわち男性の在家信者が受持すべき菩薩戒が受戒品に説かれる。とりわけ特徴的なのは、優婆塞の菩薩にとっての重罪を六種（六重法）とし、逐一規定することである（大正二四・一〇四九上～中）。『菩薩地持経』に規定される菩薩戒は出家者と在家者に共通するものであり、そこに説かれる重罪は四種である（四波羅夷、大正三〇・九一三中）。『優婆塞戒経』と『菩薩地持経』は共に曇無讖に由来するにもかかわらず、菩薩戒の内容規定において差異のあることが分かる。

第五の『菩薩瓔珞本業経』について、『出家人受菩薩戒法』は訳者名を明らかにしないが、『梵網経』に基づいてその直後に中国で偽作された経典であることが現在は論証されている。『梵網経』との関連で後に再説したい。

第六の『観普賢行経』とは、曇摩蜜多（三五六～四四二）訳『観普賢菩薩行法経』（大正二七七号）であり、『普賢観経』ともいう。本経の末尾（大正九・三九三下）において、徹底した懺悔を行うことで心の浄化を図った修行者が釈迦牟尼仏を和上として菩薩戒を自誓受戒する方法が説かれるから、恐らくはそれを第六の菩薩戒法とみなすのであろう。

なお『出家人受菩薩戒法』の説く菩薩戒の特徴は以上に限らない。例えば受戒儀礼が詳細を極めていることも特徴として指摘し得る。とりわけ菩薩名を授ける一段は、インドの諸文献からは知られない、際立った点である（勝野二〇〇二）。また三聚の第一である「律儀戒」のことを、本文献は「摂大威儀戒」や「調御戒」とも呼び、声聞乗のレベルで既に受持しているそれを菩薩戒の三聚の一として取り込む方法に、「重受」（新たに受けなおす）と「転戒」（既に受けている戒を菩薩戒の一として転換する）の二方法があるとして、各作法を詳細に規定していることもまた、本文献の特色である。さらに、摂善法戒も十種（十善とは内容が異なる）、摂衆生戒も十種（通常は十一種）として、それを具体的に示す点や、受戒後に戒相（具体的戒条）を確認する際に『梵網経』の十波羅夷を採用している点も本文献の特徴として注目に値する。

（二）皇帝貴族との繋がり

以上より、曇無讖から梁の武帝に至る大まかな流れを窺い知ることができるが、上記の六種以外にも注目すべき経典はある。例えば南朝宋の元嘉八年（四三一）に訳出された求那跋摩訳『菩薩善戒経』（既述）がある。この関連で、文帝が求那跋摩から菩薩戒を授かりたいと希求したという『高僧伝』巻三・求那跋摩伝の記事は注目に値する（大正五〇・三四一中）。求那跋摩の急逝により文帝の受戒は遂に実現しなかったが、南朝において菩薩戒は伝来当初から在家のトップである皇帝とも結び付いていたことが分かる。その後、宋の明帝が受戒を果たした記録があるが、歴代皇帝のなかで最も有名にして真摯なる菩薩戒受持者は梁の武帝（法名は「冠達」）であった。武帝はのちに「釈教に溺る」（『南史』巻七・梁本紀の論）と言われるほど仏教に傾斜し、それが大きな一因となって梁は滅亡に至る。しかし武帝前半期の仏教信仰はそれほど過度のものでなかった。そしてこの前後期を分かつ出来事が何であったかと言えば、それこそが天監十八年四月八日の仏誕日に行われた菩薩戒の受戒儀礼であった。上述『出家人受菩薩戒法』は、その約一月後に勅写されたのである。

菩薩戒の受戒は皇帝のみならず、出家か在家かを問わず、広く様々な人々に行われた。僧伝その他より知られる宋・斉の人物として少なくとも二十名以上の名を挙げることができる（船山一九九五・七七〜七九頁、一〇八頁）。また、残念ながら現存しないが、「宋斉勝士受菩薩戒名録」と題する記録の存在したことが『出三蔵記集』巻十二より知られる。このことは、当時、王侯貴族の多くが菩薩戒を流行の如くに受戒したことを窺わせるものである。

梁の武帝は、とりわけ諸仏諸菩薩に対する懺悔文（懺悔の表白文）において、「菩薩戒弟子皇帝」（菩薩戒を授かった仏弟子としての皇帝）という名称を自称として用いることがあった。この名称は、武帝のみならず、その後の皇帝にも用いられた。例えば梁の簡文帝（在位五四九〜五五一）、陳の文帝（在位五五九〜六六）、宣帝（在位五六八〜八二）などが菩薩戒を受戒し、「菩薩戒弟子皇帝」という自称を用いる懺悔文を残している。さらにまた、後に隋の煬帝（在位六〇四〜一七）となった楊広は、開皇十一年（五九一）、晋王であった頃に、天台智顗より『梵網経』に基づく受戒を果たし（法名は「総持」）、皇帝即位後には「菩薩戒弟子皇帝総持」と自称している[8]。因みに、北朝の北魏において、皇帝は「当今の如来」とみなされたことが『魏書』釈老志より知られるが、それに対して、南朝の諸皇帝は、「菩薩戒弟子皇帝」という呼称に見られるように、自らを如来の弟子とみなしたのであった。皇帝を仏そのものとみなして称えるか、仏弟子とみなすかという点は、当時の仏教における南北の相違を考える上で極めて興味深い。また皇帝ではないが、「菩薩戒弟子」という呼称が梁の沈約（四四一〜五一三）や陳の曹毘（『続高僧伝』巻一、大正五〇・四三一中）などについて用いられている。因みに理念的側面から言えば、菩薩戒を受戒する点において出家者と在家者の区別はないはずであるが、これら「菩薩戒弟子」という名称は、出家者についてではなく、とりわけ在家者に付せられる特徴的な呼称であった如くである。

さらにまた、梁代の貴族の間では、懺悔を主題とする詩の作成が一つの流行となったが（鈴木修次一九八三）、そこに時代の風潮としての菩薩戒と、その前提としての懺悔の流行を時代背景として想定することはできるであろう。

(三)『梵網経』の出現

中国における菩薩戒は曇無讖訳『菩薩地持経』すなわち『菩薩地』の伝来によって始まったが、新たな経典の成立によってインドとは異なる新たな展開を呈した。その経典こそ『梵網経』にほかならない。『梵網経盧舎那仏説菩薩心地戒品巻第十』二巻とも言う（大正一四八四号）。本経は後秦の鳩摩羅什訳として世に現れた。そのことを記す経記「菩薩波羅提木叉後記」（『出三蔵記集』巻十一）も作られたが、実際は鳩摩羅什とは無関係であり、中国で編纂された偽作経典（偽経、疑経）であることが望月信亨・大野法道たちの研究によってほぼ論証されているのは広く知られている通りである。本経の成立は五世紀の中頃または後半――おそよ四五〇～八〇に収まる頃――と考えられる（望月一九一七、一九三〇・一四〇～一九六頁、一九四六・四二五～四八四頁、大野一九五四・二五二～二八四頁、船山一九九六、二〇一〇a、二〇一一a、二〇一七a・一八～一九頁）。

本経の上巻は十住・十行・十迴向・十地より成る菩薩の修行階梯を説き、下巻は菩薩戒を説く。因みに上下巻は同時成立でなく、下巻の編纂後に上巻を加えたと考えられる（船山二〇一一a）。とりわけ下巻における十重四十八軽戒の説が広く知られた。十重は十種の重罪の意であり、十波羅夷ともいう。それらを敢えて簡略化して具体的に言えば、(1)生きものを故意に殺すな、(2)ものを盗むな、(3)邪な性交をするな、(4)嘘をつくな、(5)酒を売買するな（特に販売禁止を意図）、(6)仲間が犯した罪をむやみに論うな、(7)自讃毀他をするな、(8)説法や財施などの布施を惜しむな、(9)怒りに打ち震えるような状態になるな、(10)仏法僧の三宝を誹謗するな――以上の十項目に関する事柄である。この教説は「梵網戒」と通称され、その後の時代の東アジア仏教の実態を刷新する契機となった。既に述べたように、五世紀前半に漢訳された経典としては、重罪を出家者と在家者に共通の四種とする『菩薩地持経』、出家者のみの八種とする『菩薩善戒経』、在家者のみの六種とする『優婆塞戒経』などがあったが、それに対して『梵網経』は、出家者と在家者とに共通する十重四十八軽戒を、「菩薩の波羅提木叉（戒本）」として提示し、そして半月ごとに催される布薩と呼ばれる戒律確認儀礼において菩薩戒の持戒・犯戒を確認すべきことを説く。要するに本経の十重説には、右に言及した訳出諸経典における異なる教説を総合化したものという性格が認められる。そのことと出家・在家の菩薩による布薩の実践という観点を考えあわせると、本経編纂の目的の一つに、漢訳諸経典に様々な形で説かれ、統一性のなかった重罪規定を総合的に体系化し、実践に堪える形で、出家者か在家者かを問わず、多くの人々が共通して使用可能な菩薩戒のチェックリストを編纂するという意図があったのであろうということが推測される。菩薩戒の導入後まもなく本経が偽作された背景には、恐らく様々な要因を想定すべきであろうが、その一つに、右に述べたような状況があったのは確かと思われる。なお、梵網戒の制作に当たっては、曇無讖訳『菩薩地持経』『大般涅槃経』『優婆塞戒経』、求那跋摩訳『菩薩善戒経』、偽経『仁王般若経』（『梵網経』の直前または同時に成立）などが、そして巻末の偈の部分についてはさらに鳩摩羅什訳『中論』などが下巻の素材として用いられたことが、先行研究において指摘されている[9]。

本経で成立し、後代に影響を与えた教えは多い。例えば肉や五辛（葱、大蒜などの五種）の摂取を禁止する教えがある。これらは、もとは『大般涅槃経』その他の翻訳経典から借用された考え方とみなすことができるが、菩薩行の実践という点で言えば、人々に直接の影響を及ぼしたのはむしろ、それらの翻訳経典ではなく、『梵網経』のほうであった。また、第十六軽戒には、出家菩薩は必ず焼身焼指などの捨身行を行って仏菩薩を供養すべきことが言われており、その文章にはいくつかの異なる解釈が可能であるが、いずれにせよ、この第十六軽戒を始めとする

『梵網経』の教説は、後の時代の受戒儀礼のあり方にも大きな影響を及ぼしたものとして注目すべきであろう。

（四）『菩薩瓔珞本業経』

『梵網経』は、菩薩戒を説くもう一つの偽経、『菩薩瓔珞本業経』（大正一四八五号）を生み出す素材ともなった。本経の説く主題は様々であるが、菩薩戒も重要な一つである。本経は『梵網経』の成立後、五世紀末頃に中国で成立した。より具体的に言えば、五世紀における南朝仏教教理学の術語や理論と共通する面を有することから、本経の成立地は北朝ではなく南朝であった可能性があると考えられる。先行研究の指摘するように、本経の編纂に当たって素材として暗黙のうちに文言を用いられた経典に、『梵網経』、『仁王般若経』のほか、呉の支謙訳『菩薩本業経』、東晋の仏駄跋陀羅訳『華厳経』、北涼の曇無讖訳『菩薩地持経』、南朝宋の求那跋陀羅訳『勝鬘経』などがある。

『菩薩瓔珞本業経』の菩薩戒は『梵網経』のそれに基づいて成立した。とりわけ注目すべき点が二つある。一つはそこに説かれる菩薩戒の自誓受戒である。これについては既に略述した。もう一つの注目すべき点は、三聚戒の第一項を十波羅夷と明確に規定したことである。『菩薩地持経』などの『菩薩地』諸本では三聚戒の第一項を律儀戒（具足戒、五戒など）とするのに対して、『菩薩瓔珞本業経』は、大衆受学品第七において、『梵網経』の説く十波羅夷を「摂律儀戒」とし、それを「所謂ゆる十波羅夷なり」と規定し、これと「摂善法戒」と「摂衆生戒」とをあわせて「三受門」と呼ぶ（『菩薩地持経』における「三聚戒」に相当）。これは『梵網経』の戒を受持していれば声聞乗の律や戒とは無関係に菩薩戒が成立することを意味する（なお『梵網経』の場合は、十重四十八軽戒を説くのみで三聚の概念は見られない）。要するに声聞乗における通常戒を受持せずとも『梵網経』の十波羅夷を受持していれば受戒が成立する可能性がここにひらけてくる。別の言い方をするならば、後の円頓戒に繋がるような、大乗戒のみの受戒を許諾する可能性が『菩薩瓔珞本業経』にはある。ただし、中国仏教史において、そうした受戒を果たした人物が現実にいたかどうかは、まだ十分に解明されていない。これについては今後の研究の進展が鶴首される。

（五）隋唐以降

六朝時代に成立した菩薩戒の様々な教説は『菩薩戒義疏』を著した隋の智顗と弟子の灌頂やその他の人々によって隋唐及びさらに後の時代に継承され、発展を遂げた。『梵網経』に対する多くの注釈が作成され、在家者の間で菩薩戒を受ける風潮も受け継がれた（岩崎一九八九、谷井一九九六）。敦煌における菩薩戒の実態に関する研究もある（湛如二〇〇三）。また、恐らく実際の需要を反映してであろう、隋唐時代には菩薩戒の受戒法を説く文献が様々な形で編纂され、受戒作法における変遷が著しい（平川一九九一、阿二〇〇六など）。

四　残された問題

本章は『菩薩地』戒品に説かれる菩薩戒の教えをインド大乗の文脈で検討し、それが曇無讖によって中国にもたらされ、新展開を遂げた様子を概観した。最後に、菩薩戒の孕む問題を二三指摘し、今後の研究への展望としたい。

（一）菩薩戒と大乗律

「戒」と「律」が異なるということはしばしば学者が指摘する通りである（平川一九六四／二〇〇〇Ⅰ・一一八～

一八四頁「戒と律」、森章司一九九三)。そしてその指摘は、時に中国における「戒律」なる総称への批判ともなる。ただ、「戒」と「律」の区別を云々する場合、その漢字としての本義を考えても無意味であって、要するに「戒」の原語である「シーラ(śīla)」と「律」の原語である「ヴィナヤ(vinaya)」は異なるということである。[10]

シーラは習慣性や性格などを意味し、そこから善い習慣性や道徳的行為などの意味にもなる。かかるシーラは、個人が自発的に守るべき倫理や道徳に当たり、出家者が教団において集団で守るべき律とは性格が異なると言われる。戒と律の相違は、罰則規定の有無という点で説明される場合もある(例えば在家が五戒を犯しても罰則はない)。また大乗戒はあるが大乗律は存在しないとの指摘もある。さらにはシーラという単語には否定や禁止の意味合いはないのに対し、律には禁止の意味合いがあるという風に相違が説明される場合もある。このようにシーラとヴィナヤを区別することは、声聞乗においては概ね有効である。しかし、大乗の場合は事情がやや異なってくる。菩薩戒においては、以下に述べるように、戒と律の間に、より近い関係を認めるべき一面が生じてくる。

律における条項の一々を漢字では「戒」と表現するが、サンスクリット語では学処(śikṣāpada 学習項目)であり、シーラとは呼ばない。ところが『菩薩地』戒品の説く菩薩戒においては、三聚戒の第一項である律儀戒を比丘・比丘尼・式叉摩那・沙弥・沙弥尼・優婆塞・優婆夷の戒(śīla)と説明する。比丘・比丘尼の受持すべき律ないし学処を戒とみなしていることがここから分かる。

また、菩薩戒には律からの借用語が多い。例えば「波羅提木叉」「波羅夷」「懺悔」「悪作」「学処」などである。「波羅夷」や「懺悔」は罰則規定と直結する。つまり菩薩戒は戒であるにもかかわらず、罰則規定が存在する。

さらにまた、『菩薩地』戒品には、菩薩戒のことを「bodhisattva-vinaya」と表現する例がある(W 181, 7. D 124, 18)。その漢訳は曇無識訳「菩薩毘尼」(大正三〇・九一七上)、玄奘訳「菩薩毘奈耶法」(五二一上)であり、bodhisattvavinayaが「菩薩の律（ヴィナヤ）」を意味することが分かる。確かにインド仏教において大乗の律は歴史上実在しなかったと考えるべきだが、その一方で、今ここに示した語句の用例から、『菩薩地』編纂者たちが菩薩戒を声聞の律に対応するものと考えていたことは疑えない。菩薩戒の思想を成立せしめた人々は、律を含む一切の声聞の戒律規定を内含し、それを越えるものとして菩薩戒の確立を目指したと推測される。彼らは、大乗の律とでも呼ぶべきものを作成したかったのではないかと想像しても、あながち荒唐無稽ではあるまい。

このように菩薩戒の場合には、インド仏教の文脈においてさえ、戒と律が重なり合う局面がある。つまり戒と律とを截然と区別することは、菩薩戒の場合にはかえって問題を生じるのである。そして、このような状況は、中国成立の『梵網経』においてさらに顕著となる。中国成立の『梵網経』下巻は、十波羅夷のことを「十重波羅提木叉」とも称し、「半月半月の布薩にて十重四十八軽戒を誦す」と表現する（大正二四・一〇〇八上）。ここに、本経編纂者たちが大乗には大乗特有の布薩があるべきだと考えていたらしいことが窺い知られる。それだけではない。本経の条文には、菩薩戒を意味する「大乗経律」という表現が複数の箇所で使用されている。梵網菩薩戒の教えを律と繋がるものとする意識がここにも窺われる。要するに『菩薩地』に見られる菩薩戒と律の近接的傾向は、中国において、『梵網経』を作った人々の活動によってさらに強まったのである。

（二）清浄性を取り戻す出罪法

菩薩戒の教説に内在するもう一つの問題は、戒律違反への対処法にある。周知のように、律においては、波羅夷を破れば教団追放（不共住）となるなどの罰則が規定されている。では菩薩戒の場合はどうかと言えば、『菩薩地』戒品に次のような規定がある。

もし菩薩が波羅夷に当たる事柄を犯す場合、それが極度（adhimātra）の煩悩心（paryavasthāna）による時には、律儀（菩薩戒）を捨てることになる。だからまた再び（菩薩戒を）受け直さなければならない。

（W 180, 26-181, 2. D 124, 14-15.〔参考〕曇無讖訳大正三〇・九一七上。玄奘訳大正三〇・五二一上）

これ以下、煩悩心の状態がより軽度の場合について、懺悔による対処法が述べられる。このように『菩薩地』は、煩悩の程度を重度（曇無讖訳「増上煩悩」「上煩悩」）・中度・軽度の三種に分け、波羅夷に該当するのは、極度の煩悩心から故意に違反する場合のみであることを明記している。他方、中度や軽度の場合、また波羅夷ではない所謂「軽垢罪」の場合には、相応の仕方で懺悔をすることで罪から脱することができると説明されている。なお、煩悩を三種に分けて重度の場合のみに波羅夷が成立するという点で同じ内容の記述は、上記引用に先行する箇所にもあり、極めて興味深い内容に溢れる。菩薩戒の場合は、波羅夷を犯しても再受戒が認められる点は声聞の比丘が波羅夷を犯したら再受戒できないのとは異なると原典に明言されている（W 159, 16-23. D 109, 8-13. 曇無讖訳大正三〇・九一三中、玄奘訳大正三〇・五一五下）。これらの箇所から、『菩薩地』の作成者が、菩薩戒と律の間で具体的に何を共通とみなしたか、どこが異なるとみなしたかを知ることができる。要約すると、菩薩戒は波羅夷の場合であっても一度犯しただけでは波羅夷ではなく、極度の悪意をもって故意に何度も違反することによってやっと始めて波羅夷となること、そしてその場合でも再受戒が可能であることが声聞律とは大きく異なるとされているのである。

ここに、波羅夷の意味が大乗と小乗とでは相当に異なることが分かる。ただ、この規定を実際にどのように運用したかは、この短い説明から必ずしもすべてが明らかなわけではない。例えば波羅夷を犯した後に再受戒することは実際に容易に認められたのか、それとも困難な諸条件を課されるとか懺悔がまだ足りないなどの判断がなされることなどにより、実際には再受戒はかなり困難だったのかは、何も記されていない。菩薩戒の実態を知るためには、経典の文言のみでなく、後代の注釈書などにさらに詳細な説明を見出すことや、具体的な受戒の事例を歴史文献から探し出すことなどを、今後さらに行うべきであろう。

以上、菩薩戒と律の接点ないし近接性と、犯した罪の浄化法の二点について問題点を指摘した。これらは菩薩戒の一面にすぎない。菩薩戒がインドや中国、日本やチベットで具体的にどのように受持されたか、その実態には依然として不明な点が多い。菩薩戒の場合、経典の規定にも分かりにくい点は多いが、それにもまして隔靴掻痒の感を与えるのは、とりわけ経典の規定を人々が実際にどのように適用し規則を運用したかである。それらの点について、現時点でわれわれは明解な回答を与えることができない。今後、各種関連文献のみならず、碑文史料などを積極的に注目し活用することによって、さまざまな角度から仏教史における菩薩戒の実態にせまる必要があろう。

注

（1）懺悔に相当するサンスクリット語は [āpatti-] pratideśanā「〔過ちを〕何者かに明示すること、告白すること」またはdeśanā「明示、告白」である。さらに懺悔と同内容を意味し得る動詞としては、āviṣ-kṛ「発露する、露呈せしめる」、vi-vṛ「包み隠さずに曝す」、pra-kāś「明らかにする」、na praticchad / pracchad「隠蔽しない」、uttānī-kṛ「公開する」などがある。また「懺悔」とほぼ同義の漢語として「悔過」「懺謝」「発露」「説罪」などがある。

（2）後述の『出家人受菩薩戒法』によれば、受戒に先立つ懺悔の期間はいつも一定であるわけではない。すなわち一週間を基準とし、より短期の三日や一日のこともあり、逆に必要ならば、一年や二年にわたることもあり得る。

（3）道進以後の菩薩戒受戒者のうち、自誓受戒が史書に記されている有名な人物に、梁の陶弘景（四五六～五三六）がいる。『梁書』巻五十一と『南史』巻七十六の陶弘景伝に見える自誓受戒とその背景については船山（一九九八a）に詳しく分析したので参照されたい。

（4）九種の尸波羅蜜のうち、一切戒における菩薩戒説は分量的に異様な程に突出している。「菩薩地」内部の増補発展を仮定することが許されるならば、菩薩戒説は一切戒の原形的説明の成立後に付加された新層である可能性も考えられる。

（5）玄奘訳に従うならば巻四の地波羅蜜多品に見え、六波羅蜜を説くなかで、戒（すなわち戒波羅蜜）に三種があるとして「転捨不善戒」、「転生善戒」、「転生饒益有情戒」という術語が列挙される（大正一六・七〇五下）。それぞれの説明は特になされていない。これらに対応するチベット語訳は、順に、mi dge ba las ldog pa'i tshul khrims, dge ba la 'jug pa'i tshul khrims, sems can gyi don la 'jug pa'i tshul khrims であり、ラモット校訂チベット語訳本によれば、想定されるサンスクリット原語は、順に、akuśalanivartakaśīla（悪を止める戒）、kuśalapravartakaśīla（善を進める戒）、sattvārthapravartakaśīla（衆生の為になることを進める戒）であるという（Lamotte 1935: 135）。『解深密経』と『菩薩地』の成立順序について勝呂（一九八九・二九〇頁）は、『解深密経』は『瑜伽師地論』の「本地分」と「摂決択分」の中間において成立したと推定する。筆者もこれに従う。ただしこの点は必ずしも十分確定しているわけではなく、とりわけ勝呂氏に先行する諸研究は『解深密経』は『瑜伽師地論』より古いとみなす傾向にあるが（平川一九六八／九〇・二一七頁等）、今は従わない。

（6）菩薩戒を受けた者はみな菩薩として等しいが、階位の相違はある。菩薩には「凡夫」（pṛthagjana）と「聖人」／「聖者」（ārya, alaukika = lokottara 出世間）の区別があり、その画期は十地における初地である。初地及びそれ以上を聖者、特に「入地菩薩」（また「登地菩薩」、bhūmipraviṣṭo bodhisattvaḥ）と言う。また「入大地菩薩」（mahābhūmipraviṣṭo bodhisattvaḥ）や「大地菩薩」という語も聖なる菩薩のうち特に高位の者を指す。他方、未だ聖位に達していない者は菩薩といえども凡夫である。とりわけ菩薩になりたてのものは「新学菩薩」ないし「新発意菩薩」（ādikarmika bodhisattva, navayānasamprasthita bodhisattva）と言われる。このように菩薩には境位によって自ずと相違があるが、しかし出家者か在家者か、男か女かという点は菩薩の境地を区別する根拠とはならない。

（7）なお現存する『梵網経』には受戒法が実用に耐える程にまとまった形で記されていない点に留意しておきたい。

この点については唐の道世『法苑珠林』巻八十九に「梵網経に云わく」（大正五三・九三九下）として受戒法の一端を述べる箇所があり、それは現存本の文言とまったく対応しない。この問題をどう見るべきかについては定説がない。梵網経研究における今後の課題の一つである。

（8）諸皇帝と菩薩戒の繫がりを示す記事として、道宣『広弘明集』巻二十七（大正五二・三〇五下）、巻二十八（大正五二・三二八中～下、三三三上～三三三下）など参照。

（9）『梵網経』の成立に影響を与えた主な先行経典は本文に述べた通りであるが、他方、『梵網経』を素材として中国で成立した経典もある。その代表が『菩薩瓔珞本業経』であることは論をまたない。さらに南朝宋の求那跋摩訳と伝えられる『優婆塞五戒威儀経』（大正一五〇三号）には『梵網経』に特徴的な文言が見られ、恐らくはこの経も『梵網経』成立後に中国で編纂されたとみなすべきかと推測する。『優婆塞五戒威儀経』については、さらに船山（二〇一七a・四八七～四八八頁）参照。さらにまた唐の不空訳ないし金剛智訳と伝えられる『大乗瑜伽金剛性海曼殊室利千臂千鉢大教王経』（大正一一七七A号）には『梵網経』下巻の用語を下敷きとする箇所があるのみならず、上巻の文言の一部がそのまま転写されている箇所が少なからず存在する。この密教経典が翻訳でなく、中国成立の経典であること及び『梵網経』を素材の一部とすることについては小野玄妙（一九二〇）と望月（一九四六・五一九～五三一頁）を参照。

（10）「戒と律は異なり、両者を混同してはいけない。両者を併せた戒律という語はインドに存在しない」という言い方をする場合、そこには「戒」と「律」はそれぞれシーラ śīla とヴィナヤ vinaya の訳語であってそれ以外ではないという解釈が暗に前提とされている。しかしながら、漢訳語として見る場合、この前提は必ずしも正しくない。詳細は割愛するが、「戒」はいつも必ず śīla の訳であるわけでなく、時には śikṣā（学）ないし śikṣāpada（学処）の訳である場合や saṃvara（律儀）の訳である場合もある。そして「律」については、それが vinaya の訳として用いられるのは確かであるが、その他にも saṃvara やその他の梵語の訳語として用いられる例も確認される。そして「戒律」は訳語として実在し、それは śīla の訳、vinaya の訳、śīlasaṃvara の訳、śikṣāpada の訳、prātimokṣa の訳である場合などがあること（言いかえれば、*śīlavinaya の訳ではないこと）を文献学的に確認することが可能である。要するに「戒律」という漢語そのものが矛盾しているのではなく、問題は、それを梵語 *śīlavinaya のみに対応するものであると解釈すると矛盾が生じるという点にあると理解すべきであろう。

第三章　梁の僧祐『薩婆多師資伝』

南斉・梁に活躍した僧祐（四四五〜五一八）に『薩婆多師資伝』という著作があった。書名は、薩婆多――インド仏教諸部派中で最大の勢力と影響力を有した説一切有部――における師資相承の記録という意味である。一般に僧祐と言えば『出三蔵記集』『釈迦譜』『弘明集』などの経録・仏教史書・選集の撰者として名高いが、同時にまた、薩婆多の系譜に身を置く律師つまり後秦の鳩摩羅什等訳『十誦律』の専門家にして実践家でもあった。律師でありかつ仏教史家であるという二つの長所が融合するところに成立した著作こそ、この『薩婆多師資伝』にほかならない。

本書は残念ながら今に伝わらない。しかしその梗概は『出三蔵記集』巻十二の薩婆多部記目録序（薩婆多師資伝の目録と序）によって[1]、ある程度まで窺い知ることができる。それによれば、本書は五巻より成り、巻一は大迦葉羅漢より達磨多羅菩薩にいたる五十三名の事跡を記すものであった。巻二は「長安城内斉公寺薩婆多部仏大跋陀羅師宗相承略伝」と題し、阿難羅漢より僧伽仏澄にいたる五十四名を記載する。巻三は卑摩羅叉より仏大跋陀羅にいたる中国に到来した印度及び西域出身の僧六人の伝である。巻四は、業律師より称律師にいたる二十人の伝、すなわち中国における薩婆多系律師の伝と考えられる。最後の巻五は元嘉初三蔵二法師重受戒記ほか全五話よりなる戒律関連の逸話集であった。本章では、従来の研究に指摘されていない佚文にも注目しながら『薩婆多師資伝』の特徴を概観した上で、同書が禅宗祖統説の形成において果たした役割を中心に、唐代仏教に及ぼした影響や本書の流布と散逸といった問題についても検討を加えてみたい。

一　『薩婆多師資伝』の構成と特徴

(一) 書名と巻数

諸史料に登場する本書の名称は様々である。まず『出三蔵記集』巻十二からは、「薩婆多部記」(薩婆多部記目録序)、「師資之伝」「薩婆多部相承伝」(釈僧祐法集総目録序)、「薩婆多部師資記」(巻十二冒頭目次)といった呼び名が得られ、撰者僧祐による呼称すら複数あり、一定していなかったことが分かる。次に後代の文献に目を転ずると、「薩婆多師資伝」(歴代三宝紀巻十一、大唐内典録巻四、新唐書芸文志三など多数)、「薩婆多部伝」(隋書経籍志二、旧唐書経籍志上)、「薩婆師諮伝」(法経録巻六)、「薩婆多関西江東師資伝」(四分律捜玄録巻二)、といった呼び名が認められ、また「薩婆多伝」という略称も多用される。このうち使用頻度の最も高いのは「薩婆多師資伝」である。巻数については、薩婆多部記目録ほか多くの史料は五巻とすることで一致するが、例外として三巻(法経録)や四巻(旧唐書経籍志、新唐書芸文志)とするものもある。本章では、最も頻度の高い表記法に従い、便宜的に「薩婆多師資伝五巻」と呼ぶことにする。

（二）編纂時期

本書の成立時期は必ずしも詳らかでないが、緩やかに想定すれば、西暦五〇〇年前後である。[2] 以下にその理由を列記しよう。まず、薩婆多部記目録序に記載される「序」――これは『薩婆多師資伝』本来の序を転載したものと考えて差し支えない――に、「唯だ薩婆多部のみ偏えに斉土に行わる」、「祐、幼齢より法に憑り、年は知命を踰ゆ」という表現がある。ここから僧祐がこの序を書いたのは、彼の「知命」五十歳に当たる四九四年を上限とし、南斉末年の五〇二年を下限とする時期であったことが分かる。序はまた、「業を『十誦』に承け、諷味講説して、茲に三紀たり」ともいう。仮に彼が十四歳で出家した時から三紀三十六年を数えれば四九三年となり、具足戒を受けた二十歳から数えれば四九九年となろう。いずれが適切かは決めがたい。

次に、同じ薩婆多部記目録序の目録によれば、中国人律師の伝を記録した巻四のうち、末尾三人は暢律師、献律師、称律師である。これらは順に、建武年間（四九四～九七）に卒した玄暢（高僧伝巻十三の法献伝）、ほぼ同じ頃の法献（同伝）、永元三年（五〇一）に卒した智称（高僧伝巻十一の智称伝。智称の卒年は一説に永元二年。陳垣一九六四・二八頁）を指すと考えるべきである。さらに戒律関係逸話を伝える巻五のうち、第四の表題にも「建武中」という語が見える。以上より、序をふくむ『薩婆多師資伝』の全体が仮に一時に成立したとすれば、その時期は智称の卒した五〇一年から南斉末年の五〇二年の間と限定されようが、その場合、「知命」四九四年との隔たりが聊か問題となる。南斉から卒年直前まで加筆が続けられた『出三蔵記集』の編纂（佐藤哲英一九三〇）と同じ様に、『薩婆多師資伝』も全体がひとまず成立した後に若干数の記事が補足されたと推測することは不可能でない。

（三）巻一と巻二

巻一に記載される人数は五十三人。これは通常の伝の一巻分としては余りにも多すぎる。蓋し巻一の五十三人は個別的に立伝されていたのではなく、巻一全体が一連の文章だったのではないだろうか。

同じことは五十四人を記録する巻二にも妥当しよう。薩婆多部記目録は、巻二の四十七番目の人物について、「又師以髪為証不出名羅漢第四十七」と記す。師資相承の証がその髪飾りから知られる羅漢が一人いたが名前を審らかにしないという意味であるが、もし彼のことが所謂「伝」として個別的に記録されていたならば、このような略記表現は起こりにくい。

巻一と巻二の関係は、序において「其の先伝の同異は則ち並びに録して以て聞を広げ」云々と言われる。僧祐が得たインドにおける師資相承の伝承は二種あって異なるから、両者とも記録しておくという意味である。つまり巻一と巻二はインドにおける薩婆多部の系譜に関する異なる二つの伝承と考えられ、巻二は、その題名「長安城内斉公寺薩婆多部仏大跋陀羅師宗相承略伝」によって仏大跋陀羅による情報と分かる。巻一の情報源は明らかでない。

仏大跋陀羅は『華厳経』の翻訳などに関わった大乗仏教僧として知られるが、彼の名がここに確認されることは、彼が説一切有部に所属する大乗僧だったことを示す。なお長安の斉公寺は、管見の限り、詳細不明である(3)。

巻一と巻二の構成を一覧表によって比較すると次の通りである(4)。

巻一	巻二	参考『付法蔵因縁伝』	備考
1 大迦葉羅漢伝		1 大迦葉、摩訶迦葉	付録佚文②
2 阿難羅漢	1 阿難羅漢	2 阿難	
3 末田地〈中〉羅漢	2 末田地羅漢	（摩田提）	
4 舎名婆斯羅漢	3 舎名婆斯羅漢	3 商那和修	
5 優波堀羅漢	4 優波堀羅漢	4 憂波毱多	
6 慈世子菩薩			
7 迦旃延羅漢	5 迦旃延菩薩		
8 婆須蜜菩薩	6 婆須蜜菩薩		
9 吉栗瑟那羅漢	7 吉栗瑟那羅漢		
		5 提多迦	
		6 弥遮迦	
		7 仏陀難提	
		8 仏陀蜜多	
10 長老脇羅漢	8 勒比丘羅漢	9 脇比丘	巻二「勒」は「脇」の誤り
		10 富那奢	
11 馬鳴菩薩	9 馬鳴菩薩	11 馬鳴	巻一16、付録佚文⑤
12 鳩摩羅駄羅漢			巻二25、付法蔵18
13 韋羅羅漢		12 比羅	

14 瞿沙菩薩	10 瞿沙菩薩		巻一20＝巻二15、付録佚文⑥
15 富楼那羅漢	11 富楼那羅漢		
16 後馬鳴菩薩			巻一11＝巻二9
17 達磨多羅菩薩	12 達磨多羅菩薩		巻二22、巻一53＝巻二50
18 蜜遮伽羅漢	13 寐遮迦羅漢		
19 難提婆秀羅漢	14 難提婆秀羅漢		
20 瞿沙羅漢	15 巨沙		巻一14＝巻二10
21 般遮尸棄羅漢	16 般遮尸棄		
	17 達磨浮帝羅漢		
22 羅睺羅羅漢	18 羅睺羅		巻二52、付法蔵15
23 弥帝麗尸利羅漢	19 沙帝貝尸利羅漢		
24 達磨達羅漢	20 達磨巨沙		或いは別人とすべきか
25 師子羅漢	21 師子羅漢		付法蔵23
	22 達磨多羅		
26 因陀羅摩那羅漢	23 因陀羅摩那羅漢		巻一17＝巻二21、巻一53＝巻二50
27 瞿羅忌梨婆羅漢	24 瞿羅忌梨羅漢		
	25 鳩摩羅大菩薩		巻一12、付法蔵18
28 婆秀羅漢			
29 僧伽羅叉菩薩	26 衆護		

30 優波羶駄羅漢
31 婆難提羅漢
32 那伽難羅漢
33 達磨尸梨帝羅漢〈法勝〉
34 龍樹菩薩
35 提婆菩薩
36 婆羅提婆菩薩
37 破楼提婆
38 婆修跋摩
39 毘栗恵多羅
40 毘楼
41 毘闍延多羅菩薩
42 摩帝麗菩薩
43 訶梨跋暮菩薩⑤
44 婆秀槃頭菩薩〈青目⑥〉

---

27 優波羶大
28 婆婆難提
29 那迦難提
30 法勝菩薩
31 婆難提菩薩
32 破楼求提
33 婆修跋慕
34 比栗瑟嵬弥多羅
35 比楼
36 比闍延多羅菩薩
37 摩帝戻抜羅菩薩
38 呵梨跋慕菩薩
39 波秀槃頭菩薩

---

13 龍樹
14 迦那提婆
15 羅睺羅
16 僧伽難提
17 僧伽耶舎
18 鳩摩羅駄
19 闍夜多
20 婆修槃陀
21 摩奴羅

巻一22＝巻二18、巻二52
巻一12、巻二25
付録佚文⑦

		22 鶴勒那夜奢	
		23 師子	巻一25＝巻二21
45 達磨達帝菩薩	40 達磨呵帝菩薩		
46 旃陀羅羅漢	41 旃陀羅羅漢		
47 勒那多羅菩薩	42 勒那多羅菩薩		
48 槃頭達多	43 槃頭達多		
49 弗若蜜多羅羅漢			
50 婆羅多羅			巻二48
51 不若多羅	44 不若多羅		
	45 仏大尸致利羅漢		
	46 仏駄悉達羅漢		
	47 又師以鬘為証不出名羅漢		
	48 婆羅多羅菩薩		巻一50
52 仏駄先	49 仏大先		
53 達磨多羅菩薩	50 曇摩多羅		巻一17＝巻二12、巻二22
	51 達摩悉大		
	52 羅睺羅		巻一22＝巻二18、付法蔵15
	53 耶舎		
	54 僧伽仏澄		

これらのうち、大迦葉・馬鳴・婆秀槃頭・瞿沙については、一部にすぎないが、後代の文献から佚文を回収することができる（本章付録佚文②⑤⑥⑦）。なお右の表中に、四七二年に北魏の平城で成立した『付法蔵因縁伝』六巻における関連人名を併せて掲げた（ただし田中一九八一に従って摩田提を省き、最後の師子を二十三祖として数えた）。その記述と巻一・巻二のそれが同じでないことは誰の眼にも明らかであろう。『薩婆多師資伝』は『付法蔵因縁伝』を情報源としていないのである。じっさい僧祐が『付法蔵因縁伝』の存在を知っていたが参照できない状況にあったことは、『出三蔵記集』巻二より窺い知られる。僧祐は『付法蔵因縁伝』を建康に到来していない闕本として扱う[7]。

巻一の五十三人にも、巻二の五十四人にも地位を「羅漢」とする者と「菩薩」とする者が多く、さらにどちらでもない者が少数含まれる。「羅漢」「菩薩」のいずれでもない人が何を意味するか説明されていないが、阿羅漢位を得なかった薩婆多部所属者の意であろうか。さらに、両巻の人名が薩婆多部という部派に所属した者たちであるにもかかわらず、「菩薩」と称する者がいることも看過すべきでない。巻一の五十三人中、十七人が菩薩である。巻二の五十四人中、十五人が菩薩である。菩薩とは大乗の者と解釈するのが最も自然であるから、巻一と巻二のリストには大乗所属の薩婆多部出身者が含まれることを示し、大乗と部派の緊密な関係を知る上で注目すべきであろう。

さらに巻一と巻二に述べるものはいかなる意味での師匠と弟子の関係かを考えてみる。本書と同じく師資相承を記録する部派仏教文献に『摩訶僧祇律』巻三十二と『根本説一切有部毘奈耶雑事』巻四十がある（塚本啓祥一九八〇・九七頁以下）。前者において師資相承の系譜は、「毘尼・阿毘曇・雑阿含・増一阿含・中阿含・長阿含」を誰から「聞」いたかという意味での系譜として記される。後者では、「教法」の「付嘱」という意味での系譜であり、師は弟子に教法を付嘱して間もなく死去（般涅槃、滅度）したとされる。因みに師に当たる人物は弟子の鄔波駄耶

（和上、直接の師匠、ウパーディヤーヤ upādhyāya）と表記される。つまり部派文献における師資相承とは、師匠の側から言えば「弟子のうち誰に仏法の継承を託すか」、弟子の側から言えば「自分は誰の法を継ぐ者であり、さらに遡ると自分はどのように釈尊に繋がるか」という意味での仏法認可の系統——伝法の系譜——である。『薩婆多師資伝』巻一と巻二における師資相承も同様に解することが可能とすれば、それは単に『十誦律』のみならず、薩婆多部の保持した経律論の全体に関する継承者の系譜となろう。⑧

（四）巻三と巻四

巻三は中国到来外国人律師六人の伝である。その詳細は定かでないが、恐らくは『出三蔵記集』巻十四や『高僧伝』訳経篇に見える各人の「伝」と類似する体裁と分量のものではなかったか。ただし配列順序は異なる。本書は鳩摩羅什の戒律の師匠である「卑摩羅叉」を第一に掲げた上で、ついで薩婆多部『十誦律』の翻訳者「鳩摩羅什」、そして胡本の諷誦を担当した「弗若多羅」「曇摩流支」を挙げ、それから「求那跋摩」を経て、最後に巻二の情報提供者「仏大跋陀」（仏駄跋陀羅）を置く。不可解なのは、求那跋摩は掲載されるが、『薩婆多部毘尼摩得勒伽』の訳者である僧伽跋摩の名が見えぬ点である。求那跋摩が僧伽跋摩の誤りである可能性を考慮する必要があるかも知れない。求那跋摩は『曇無徳羯磨』をもたらした人物であるから、所属部派は曇無徳部（法蔵部。『四分律』の系統）であって薩婆多部でないとも考えられるからである。求那跋摩と曇無徳部の関係を否定すべきか、それとも彼は巻五「元嘉初三蔵二法師重受戒記第一」（付録佚文⑧）で重要な役割を果たしたから列せられているのか判然としない。

巻四は僧業から智称にいたる律師二十人の伝である。すなわち〔僧〕業、〔慧〕詢、〔道〕儼、〔法〕香、〔法〕力、〔慧〕耀（慧曜）、〔僧〕璩、〔慧〕猷、〔慧〕光、〔道〕遠、〔成〕具、〔法〕穎、〔志〕道、〔道〕嵩、〔慧〕熙、〔超〕

度、暉、〔玄〕暢、〔法〕献、〔智〕称である（福原一九六八比較参照）。このうち、暉律師以外はすべて『高僧伝』『名僧伝』のいずれかまたは両方に確認できるが、『薩婆多師資伝』の場合、ほぼ活躍年代順に従うという大原則以外、私には配列方針が不明である。

巻三と巻四についてはさらに、序において、巻一と巻二について先に触れた「其の先伝の同異は則ち並びに録して以て聞を広げ」という表現に続いて「後賢の未だ絶えざるは則ち伝を製して以て闕を補う」とある（其先伝同異、則並録以広聞、後賢未絶、則製伝以補闕）。これによれば、巻一と巻二が既に存在していた情報を記録したのに対して、巻三と巻四の各伝は恐らく僧祐自身の作文だったのであろう。巻三の鳩摩羅什伝第二、求那（僧伽？）跋摩伝第五、仏大跋陀羅伝第六については、ほぼそのままの形で、『出三蔵記集』巻十四（伝中巻）の鳩摩羅什伝第一、仏駄跋陀伝第四及び求那跋摩伝第五（僧伽跋摩伝第六？）として転用され、ついで慧皎『高僧伝』の対応箇所に取り込まれた可能性も指摘可能であろう。同様に、『高僧伝』明律篇の対応各伝が『薩婆多師資伝』巻四の何らかの影響の下に成立した可能性も想定すべきであろう。

（五）巻五の特色

戒律の逸話を載録する本巻は独自の価値を有する。まず「元嘉初三蔵二法師重受戒記第一」は、南朝宋の元嘉年間に漢人比丘尼らが僧伽跋摩のもとで戒を再び受け直すに至った経緯を詳細に記す興味深い逸話である。

「元嘉初三蔵二法師重受戒記」第一のあらすじ——元嘉六年（四二九）、師子国（スリランカ）より八人の比丘尼が到来し、建康の影福寺に住した。元嘉八年（四三一）、漢語で会話ができるようになった彼女らから、土地の漢人比丘尼たちは一つの事実を知らされる。すなわち比丘尼が受戒するためにはまず比丘の所で受戒儀礼を行い、次に比丘尼の所に赴いて受戒儀礼をする必要があるが、これまで都には正式に戒を授ける資格を有する外国人比丘尼が来たことがない以上、今までの受戒法は儀礼的に無効であり、それ故、漢人比丘尼たちは厳密には比丘尼ではない旨を告げられる。漢人比丘尼らは悲嘆し、同年に到来した求那跋摩三蔵のもとに赴いて正式な形で戒を授け直してもらえるよう懇願する。すると求那跋摩は、比丘から正式に受戒すれば必ずしも比丘尼から受戒しなくてもよいこと、受戒は三師七証の合計十人が必要であるから師子国の比丘尼八人では戒を授けることのできる集団（十人僧伽）を構成し得ないことなど幾つかを教示した後、最終的に再受戒の許可を与えた。そして跋摩は師子国から比丘尼をさらに招くよう手配した。しかし残念なことに、再受戒を果たさぬうちに、戒師となる筈の求那跋摩が急逝してしまい、比丘尼らは絶望することになる。元嘉十年（四三三）、師子国からの比丘尼三人が到着し、外国人比丘尼の数は総勢十一人となった。同じ頃、僧伽跋摩という別な僧侶が弟子の菩提と共に建康に到来した[9]。そこで漢人比丘尼らは僧伽跋摩に受戒儀礼を依頼し、十一年（四三四）の春、南林寺の故求那跋摩三蔵の戒場において[10]（於南林寺前三蔵本戒場処）、遂に正式な形で比丘尼戒を受けることができた。この時受戒した比丘尼は、影福寺の慧果・浄音・僧要・智菓（↓智景?）ら二十三人、小建安寺の孔明・僧敬・法茂・法盛、瞿曇寺の法明・法遵、永安寺の普敬・普要、王国寺の法静・智穆など、十一日間で三百余人に上った。これに影響されて、比丘のなかにも再受戒を望む者が出て、祇洹寺の慧照ら数十人が受戒した。しかし、かかる様子を知った祇洹寺の慧義は、今までの伝統をなみするかの如き急激な變化を快く思わず、僧伽跋摩にクレームをつける。だが戒律の理論に関する議論を応酬したのち、最終的には彼も再受戒の意義を納得し、弟子の慧基・静明・法明の三人に受戒させた。最後にこの逸話は、慧義の言動に対して始興寺の慧叡（＝僧叡、横超一九四二／七一）が述べた評語をもって終了する。

以上の逸話と部分的に重なるものは、『出三蔵記集』『高僧伝』僧伽跋摩伝、『高僧伝』求那跋摩伝、『比丘尼伝』慧果尼伝・僧果尼伝・宝賢尼伝・僧敬尼伝などに見られる。しかし、話の詳細さと成立の年代関係より推して、『薩婆多師資伝』の逸話がオリジナルであって、他はその抄録と考えるべきである。また話の筋もさることながら、傍点を付して示した僧尼名と寺名は、他の文献に見えない貴重な情報である。さらに本逸話は僧伽跋摩と慧義の関係についても具体的な対話数番と共に詳細を述べ、これを契機として慧義の弟子である慧基ら三名が蔡州の岸に渡る途中、長江中で船上受戒を果たしたことに説き及ぶ。要するに「元嘉初三蔵二法師重受戒記第一」は、『高僧伝』『比丘尼伝』など従来の史料では散説されていたにすぎず、それ故、読者に隔靴掻痒の感を抱かしめた幾つかの点を統一的に述べるものであり、しかも筆者の知り及ぶ限り従来の研究ではまったく紹介されることのなかった逸話として、その史料的価値はまことに高い。

本逸話を引く文献に、唐の道宣『四分律刪繁補闕行事鈔』巻上三と巻中一（成書六三〇年頃）、唐の定賓『四分律疏飾宗義記』巻三本（八世紀初、法礪の四分律疏に対する注釈、相部宗）[11]、唐の大覚『四分律鈔批』巻九と巻十三（七一二年、行事鈔の注釈、巻十三で引用は二箇所）、唐の景霄『四分律行事鈔簡正記』巻七上（九世紀末〜十世紀初、行事鈔の注釈）[12]、北宋の賛寧『大宋僧史略』巻上尼得戒由（九九九年）がある。また、引用ではないが、道宣『四分律刪繁補闕行事鈔』巻中一、道宣『関中創立戒壇図経』戒壇高下広狭第四（戒壇立名顕号第二も比較参照。六六七年）、定賓『四分律疏飾宗義記』巻三本、景霄『四分律行事鈔簡正記』巻九、南宋の守一述、行枝輯『終南家業』巻三（十三世紀前半）にも本逸話に基づく文章表現が見られる。このうち最も忠実で逐語的な引用と思われる『四分律鈔批』における三つの引用断片を主たる材料として、他の資料における文言も勘案し取捨選択して原文復元を試みた私案が本章付録の佚文⑧である。

次に「元嘉末賦住阮奇弟子受戒記第二」については、管見の限り内容不明であり関連佚文も見出せない。

「永明中三呉始造戒壇受戒記第三」は、南斉の永明年間（四八三～九三）に三呉地方に戒壇が造られ、そこで受戒が行われたことを記す逸話である。その佚文は回収できなかったが、関連すると思われる記事を付録⑨に掲げた。「建武中江北尼衆始往僧寺受戒記第四」は、本巻の逸話中、本巻第一に次いでよく知られたようである。南斉の建武年間（四九四～九七）に長江北岸の比丘尼が比丘の寺に赴いて受戒を果たした話である（付録佚文⑩を参照）。最後の「小乗迷学竺法度造異儀記第五」は、『出三蔵記集』巻五に同名の記事があり、それは成立年代から推して『薩婆多師資伝』からの転載と思われる（付録⑪参照）。その内容はある程度よく知られているので今は触れない。

二　禅の祖統説における『薩婆多師資伝』

『薩婆多師資伝』五巻は後の時代にどのように読み継がれていったか。すなわち本書の後代に及ぼした意義であるが、これについては二つの側面を認めるべきである。一つは、巻一と巻二に記されたインドにおける師資相承の記録が禅仏教の祖統説に与えた影響であり、もう一つは、南山律宗における『薩婆多師資伝』の価値である。

禅の祖統を説く諸文献のうち、『薩婆多師資伝』の説を最初に採り入れたのは智炬『宝林伝』であることが既に指摘されている。そこで胡適・柳田聖山ほか先学の優れた研究を頼りに、その焼き直しに堕すことを恐れるが、特に『薩婆多師資伝』ないし『出三蔵記集』薩婆多部目録との関連を意識しながら、祖統説の形成を略記しておこう。

（一）神会の達摩西天八祖説

禅宗の確立する以前、既に隋の時代、天台の智顗は『摩訶止観』冒頭で西国の師資相承を説いた。それは『付法蔵因縁伝』に記録されるところの師子を二十三祖とする世系であった。対するに禅宗では、唐の玄宗の時代、神会が『菩提達摩南宗定是非論』（七三二年）においてて菩提達摩はインドにおける第八代の祖師であると主張し始める。すなわち如来―1迦葉―2阿難―3末田地―4舎那婆斯―5優婆崛―6須婆蜜（婆須蜜に非ず）―7僧伽羅叉―8菩提達摩という法系であるが、神会はその根拠を問われるとこう答えた、「『禅経の序』に拠って、具さに西国に於ける代数を知ることができる。又、恵可禅師が嵩山少林寺で、親しく菩提達摩に西国に於ける相承について問うた時、彼の答えは、全く『禅経の序』にあるものと等しかった」（柳田訳一九六七・一二三～一二四頁）。ここで『禅経序』とは、文脈上、廬山慧遠「廬山出修行方便禅経統序」（出三蔵記集巻九）を指す如くであるが、現行の序にぴったり対応する文言はない。今はむしろそのもとになった仏駄跋陀羅訳『達摩多羅禅経』冒頭に略出されている、1大迦葉―2阿難―3末田地―4舎那婆斯―5優波崛―6婆須蜜―7僧伽羅叉―8達摩多羅―……―不若蜜多羅、という系譜と関係するであろうか。つまり神会はもっぱら『達摩多羅禅経』に記される「達摩多羅」を「菩提達摩」と意図的に読み替えることによって達摩西天八祖説を主張したのであった。

(二) 達摩二十九祖説

神会によって編み出された「達摩多羅＝菩提達摩＝西天八祖」という南宗の祖統説は、智顗の注目した『付法蔵因縁伝』の説――ただし摩田提を含めて師子を二十四祖と数えて――と若干の整理を経て単純結合した結果、禅宗において、八世紀後半の頃、「菩提達摩多羅」という奇妙な人名を創出し、そして「菩提達摩多羅」すなわち達摩を西天二十九祖とする説を形成していった。それは、無住（保唐派）の弟子の撰と推定される『歴代法宝記』（七七五年頃？）の「按『付法蔵経』云、……、因師子比丘、仏法再興、舎那婆斯付嘱優波掘。優波掘付嘱須婆蜜、須婆蜜付嘱僧迦羅叉。僧迦羅叉付嘱菩提達摩多羅。西国二十九代、除達摩多羅、即二十八代也」に確認されるところの、24師子―25舎那婆斯―26優婆掘―27須婆蜜―28僧伽羅叉―29菩提達摩多羅という系譜であるが、同じ考え方は柳田聖山（一九六七・一三六～一四三頁）によれば、直前に成立した李華（～七六六？）の『左渓玄朗大師碑』（全唐文巻三二〇）に既に見てとれるという。柳田は、二十九祖説が元来は牛頭宗の説である可能性を考え、二十九祖説は牛頭宗の反北宗的な思想から天台及び神会南宗の祖統説を取り込んで形成され、後に『歴代法宝記』に継承されたのだろうと推測する。

(三)『宝林伝』の達摩二十八祖説

九世紀に入ると、智炬（慧炬）の『宝林伝』（八〇一年）において、後の禅祖統説の主流となる二十八祖説が登場する（『六祖壇経』の成立問題ならびにそれと『宝林伝』二十八祖説の前後関係には今は立ち入らない）。『宝林伝』の二十八祖説と『歴代法宝記』の二十九祖説は、祖師の数こそ一人しか違わないが、内容は大きく異なるものであった。すなわち『宝林伝』の作者は、第二十四祖以下を24師子―25婆舎斯多（婆羅多那ともいう）―26不如密多―27般若多羅―28菩提達摩とするなどの操作を行うことによって、『付法蔵因縁伝』と『達摩多羅禅経』の単純結合より生じた『歴代法宝記』の問題点を解決しようと試みたのであった（詳細は柳田一九六七・三七〇頁参照）。

(四)『薩婆多師資伝』の与えた影響１――『宝林伝』

さて以上は祖統説成立に絡む一般事項であり、その限りでは『薩婆多師資伝』は直接関与しないが、一方、同じ『宝林伝』は禅宗文献において恐らく最初に『薩婆多師資伝』に注目したであろう典籍としても重要である。すなわち巻五における達磨達以下の二十二人を『薩婆多師資伝』に負うのであり、そこでは婆舎斯多から達磨にいたる四世傍系の資料として『薩婆多師資伝』巻一が暗黙裏に利用されたのだった。この点は既に指摘されている通りであり、巻五当該部分の訓読も為されている（常盤一九四一a・二二八頁、柳田一九六七・三七四～三七六頁、田中二〇〇三・二九九頁以下）。それ故、改めて原文を確認するまでもあるまい。なお、『宝林伝』には『薩婆多師資伝』を直接参照した跡はないので、『出三蔵記集』の目録に拠ったと考えるべきなのであろう。

（五）『薩婆多師資伝』の与えた影響２——『伝法堂碑』

『薩婆多師資伝』が禅宗祖統説の形成に与えた影響はもう一つある。それは『宝林伝』成立の後、白居易（七七二～八四六）が興善惟寛（七五五～八一七）のために撰した『西京興善寺伝法堂碑』が、その祖統説——仏駄先那を西天五十祖とし達摩を五十一祖とする説——において『薩婆多師資伝』巻二をもとにしていることである[13]（胡適一九三〇）。ただしこれまた単なる人名の羅列であるから、『薩婆多師資伝』を直接参照したとみるよりは、『出三蔵記集』の目録によったと考える方が良いのであろう。それはともかく、間接的にせよ祖統説の資料として『薩婆多師資伝』を暗々裏に利用する智炬が、惟寛がそうであるのと同様に、南岳懐譲（六七七～七四四）—馬祖道一（七〇九～八八）の系統に連なる人物であったこと（柳田一九六七・三六〇頁）は留意しておくべきであろう。

（六）『北山録』の達摩二十九祖説批判

元和年間（八〇六～二〇）の頃に卒した神清（北山録訳注一九八〇・解題）の『北山録』巻六「譏異説」は、達摩二十九祖説を批判していう、「『付法伝』は止だ二十四人有るのみ。其の師子の後に舎那婆斯等四人あるは、並びに余家の曲説なり。又た第二十九は達摩多羅と名づく。菩提達磨に非ざるなり」云々（古賀一九九四・五五頁）。これは達摩西天二十九祖説への痛烈な批判である。慧宝（十一世紀以後の人）は「余家の曲説」を注して「載於宝林伝」というが、先行研究に従い『歴代法宝記』を批判したと考える方がよかろう。一説に「余家」とは神会と言われる（古賀一九九四・五六頁）。『歴代法宝記』は浄衆寺無相（六八四～七六二／六八〇～七五六）―保唐寺無住（七一四～七四）の系統に連なる人物の作と推定され、そして『北山録』の作者神清は無相に学んだ経験を有し、その巻六「譏異説」は、「主として無住門下の行き過ぎを難じたもの」と言われる（柳田一九六七・二八九頁、三一六頁、三三五頁）。

（七）『薩婆多師資伝』の与えた影響3――北宋の契嵩

十一世紀になると、『伝法正宗記』九巻（一〇六一年）、『伝法正宗論』二巻などを著わした雲門宗の契嵩（一〇〇七～七二）によって、達摩二十八祖説の正当性を別な角度から論証しようとする試みがなされた。すなわち『出三蔵記集』薩婆多部記目録の再利用である。契嵩は『伝法正宗論』巻上の第一篇にいう。

隋唐以来、達磨の宗は大いに勧奨されてきたけれども、仏教学者（義学者）は〔禅の法系を〕疑問視し、『付法蔵伝』にいささか固執してこう非難する――『付法蔵伝』に列せられているのは二十四世だけであって、師子で途絶えている。だから達磨に受け継がれた系統は正しく師子尊者から出ているのではない。彼らのいう二十八祖は蓋し後人の捏ち上げ（曲説）であると。禅家には『宝林伝』を引用して立証しようとする向きもあるが、しかし『宝林伝』も禅の書であるから、批判する者たちは益々同意しない。

隋唐来達磨之宗大勧、而義学者疑之、頗執『付法蔵伝』、以相発難、謂伝所列但二十四世、至師子祖而已矣。以達磨所承者、非正出於師子尊者。其所謂二十八祖者、蓋後之人曲説。禅者或引『宝林伝』証之、然『宝林』亦

禅者之書、而難家益不取。（大正五一・七七三下）

かく祖統説の立証が困難であることを痛感した契嵩が禅宗文献をはなれても祖師の正統性を立証できないものかと考えた時、彼の行き着いた資料こそ、薩婆多部記目録であった。契嵩はいう。

私はいつも〔達磨の法系が〕明証を欠くのを疑わしく思いながら輒《みだ》りに論ずることを避けてきたが、折しも南屛蔵中に『出三蔵記』十五巻と題する古文献を見出した。梁の高僧僧祐の作である。そこに『薩婆多部相承伝目録記』という一篇がある。……大迦葉より達磨多羅に至るまで二巻にわたって合計百余名がいる。これによって推しはかるに、（目録に）婆羅多羅という者がいるが、これは二十五祖婆舎斯多の別名（婆羅多那）と同じである。弗若蜜多という者がいるが、これは二十六祖不如蜜多と同名である。不若多羅という者がいるが、これは二十七祖般若多羅と同名である。達磨多羅という者がいるが、それは二十八祖菩提達磨の法名（菩提達摩）と俗名（菩提多羅）を合わせた名と同じである。

余常疑其無証、不敢輒論、会於南屛蔵中適得古書号『出三蔵記』者凡十有五巻、乃梁高僧僧祐之所為也。其篇曰「薩婆多部相承伝目録記」。……自大迦葉至乎達磨多羅、凡歴二巻、総百余名。従而推之、有曰婆羅多羅者。与乎二十五祖婆舎斯多之別名同也。有曰弗若蜜多者、与乎二十六祖不如蜜多同其名也。有曰不若多羅者、与乎二十七祖般若多羅同其名也。有曰達磨多羅者、与乎二十八祖菩提達磨法俗合名同也。（大正五一・七七四中）

以上によって、現行の目録と、契嵩が見たという同目録、『宝林伝』以降に確定した祖師名を対照すると次のようである。

薩婆多部記目録巻一	同目録（契嵩による）	宝林伝・景徳伝燈録
49 弗若蜜多羅	婆羅多羅	25 婆舎斯多（婆羅多那）
50 婆羅多羅	弗若蜜多	26 不如密多
51 不若多羅	不若多羅	27 般若多羅
52 仏駄先	（言及なし）	
53 達磨多羅	達磨多羅	28 菩提達磨（菩提多羅）

契嵩はこの他にも、達磨二十八祖説をめぐって、『禅経』、慧遠の序、慧観の序などに彼一流の解釈を加えたり、僧祐の記述の信憑性を論ずるなど様々な検討を行うが、その結論はと言えば、例えば「以上より検討すると、師子比丘は死去したけれども彼の教法は伝えられ、婆舎斯多以下の四祖が師子を継承したことが誤りでないことは大いに明らかでないか。『〔景徳〕伝燈〔録〕』の記載には充分根拠がある」云々（大正五一・七七四下）というものであった。関連議論は『伝法正宗論』の各所に展開され、別著『伝法正宗記』九巻にも辿れるが、そのすべてを確認することは本章の目的でないし、紙幅の余裕もない。北宋の契嵩が達磨二十八祖説を論証しようとして薩婆多部記目録の再検討を試みた事実がある程度まで確認できれば今はよしとしたい。

（八）禅の祖師説を無みする子昉

一方、同時代の天台の側に契嵩説を批判する言明が見られるのは興味深い。すなわち子昉である。『仏祖統紀』巻二十一に記される次の話では、禅の祖統説を捏造した張本人は智炬であって、契嵩は単なるそのエピゴーネンとして扱われているが、子昉にとって契嵩はまさに同時代の論敵であった。

法師子昉は呉興の人、賜号は普照。若くして浄覚（九九二～一〇六四）に就学した。契嵩が『〔達摩多羅〕禅経』に基づいて『〔伝法正宗〕定祖図』を作り、『付法蔵因縁伝』は焚書すべきであると斥けると、法師は『祖説』を作成してこれを救った。また三年して契嵩が『禅経』の説に通じない所があるのを知って同経の伝写に誤りがあると言い出すと、法師は『止訛』を作成して折伏した。その書に概略次のように言う。

契嵩は二十八祖を立てて、妄りに『禅経』を頼りに天下を眩惑し、『付法蔵伝』は誤謬の書であるとして排斥したが、この説は唐の智炬の『宝林伝』に基づく。『禅経』に九人あり、その第八が達摩多羅という名であり、第九が般若密多羅という名であることによって、智炬は《達摩》の二字が言葉が似ているのを見て《達磨》に直し、《菩提》の二字を増し加えて般若多羅の後に置いた。また、別な箇所の婆舎斯多と不如密多という二名をとり上げて、それを二十四人の後継者であるとして、合計二十八人とした。智炬が根拠もなしに言い出した事柄に契嵩は盲従し、正しい教えを混乱させ、禅宗を瑕付けた。私は面前で誤りを正したことがあったが、契嵩が慚愧することはなかった。また、僧祐の『三蔵記』に五十三人の律師が伝えられており、最後の名前が達摩多羅であることによって、智炬はこれは梁朝の達磨のことだと解釈し、僧祐の記録したものが小乗の律を弘めた者であったという相違を理解しなかった。智炬と契嵩は禅を大乗として尊重するのだから、小乗の律師を自らの祖師として立てることなどどうしてできようか。況んや抑も『禅経』には二十八祖の名前などないし、それは『三蔵記』共々、声聞小乗に関する禅を解明するにすぎない。智炬と契嵩は教えを洞察する眼がなかったから、「禅」という文字を見た途端に、我が禅宗のことだと早合点した。それでは逆に梁朝の達磨が専ら小乗の禅法のみを伝えたことになってしまう。先聖の教えを大いに誣いた罪過は決して小さくない。

法師子昉、呉興人、賜号普照。早依浄覚。嵩明教拠『禅経』、作『定祖図』、以『付法蔵』斥為可焚。師作『祖説』以救之。又三年、嵩知『禅経』有不通、輒云伝写有誤、師復作『止訛』以折之。其略有曰、――

契嵩立二十八祖、妄拠『禅経』、熒惑天下、斥『付法蔵』為謬書。此由唐智炬作『宝林伝』。因『禅経』有九人。其第八名達摩多羅、第九名般若密多羅。故智炬見「達摩」両字語音相近、遂改為「達磨」、而増「菩提」二字、移居於「般若多羅」之後。又取他処二名「婆舍斯多」・「不如密多」以継二十四人、総之為二十八。炬妄陳於前、嵩繆附於後、瀆乱正教、瑕玷禅宗。余嘗面折之、而嵩莫知媿。又拠僧祐『三蔵記』伝律祖承五十三人、最後名「達摩多羅」、而智炬取為梁朝達磨、殊不知僧祐所記、乃載小乗弘律之人。炬・嵩既尊禅為大乗、何得反用小乗律人為之祖耶。況『禅経』且無二十八祖之名、与『三蔵記』並明声聞小乗禅耳。炬・嵩既無教眼、纔見「禅」字、認為己宗。是則反販梁朝達磨、但伝小乗禅法。厚誣先聖、其過非小。[14]（大正四九・二四二上）

結

前節に禅宗祖統説と『薩婆多師資伝』の関係を略述したが、禅宗諸文献には『薩婆多師資伝』そのものを直接参照した痕跡を認めがたい。従って禅宗資料による限り、『薩婆多師資伝』はいつまで流布していたか見当がつかない。

三論宗では、忠実な引用の形をとらないが、吉蔵は「薩婆多伝」に二回言及し（付録③④）、唐の元康の『中論疏』（七世紀前半頃、現存せず）もまた、吉蔵説を承けて、僧祐による婆秀槃頭の記述に異を唱えた（付録佚文⑦）。しかし『薩婆多師資伝』は三論教理学との関係が希薄なため、いつ頃まで、そしてどれ程までに利用されたかは、やはり定めがたい。

これに対して、道宣以後の南山律宗の諸師の場合は、本章二八八～二八九頁と付録に記したように、『薩婆多師資伝』を実際に読んで活用していた様子が窺われる。つまり道宣が『四分律』の教えを解明するための補助資料として『薩婆多師資伝』を利用したのを承けて、注釈家たちは本書の関連箇所を逐語的に引用したのである。とりわけ巻五「元嘉初三蔵二法師重受戒記第一」は、『薩婆多師資伝』に特有の話として重視されたようである。南山宗の律師中、『薩婆多師資伝』を最も多く忠実に引用したのは大覚『四分律鈔批』（七一二年）である。引用はまた、志鴻『四分律捜玄録』（大暦〔七六六～七七九〕以前）や景霄『四分律行事鈔簡正記』（九世紀末～十世紀初）にも見られるから、律宗の間ではその頃にも『薩婆多師資伝』は現存し読まれ続けたと考えるべきであろうか。然るに一方、経録に眼を転ずると、『開元釈教録』巻六が僧祐について当時現存の著作として挙げるのは『釈迦譜』『出三蔵記集』『弘明集』の三部のみであり、「自外の『法苑』『世界記』『師資伝』等は、蔵に入るに非ざるを以ての故に闕きて論ぜず」と言われている。すなわち七三〇年頃の長安における一般的状況としては、『薩婆多師資伝』は既に散逸した著作とみなされていたようだ。このことと、律宗が唐末まで『薩婆多師資伝』の断片を逐語的に引用する事実とに如何に折り合いをつけて解すべきかには問題が残る。『薩婆多師資伝』の一部のみが後まで残存した可能性も考慮すべきであろうか。他方、禅宗では『宝林伝』巻五に巻一の人名が、『伝法堂碑』に巻二の人名が利用された。その場合、律宗と禅宗の文献に対する態度の相違はもとより、長安か成都かといった地域差も考慮すべきであろうが、既述の通り、禅宗における本書の利用は薩婆多部記目録を参照した結果にすぎなかった可能性も少なくない。また、『薩婆多師資伝』の名は北宋の賛寧『大宋僧史略』（九九九年）にも引用されるが、自ら参照した結果か孫引きかは、これまた決めがたい。一方、北宋の元照（一〇四八～一一一六）は、『開元録』と同様と言うべきであろうか、『四分律行事鈔資持記』巻中一上において、「引証中の『師資伝』は今蔵中に本無し〈諸記に云わく、梁の僧祐撰、五巻ありと〉」と言う。実際、元照は注釈家として『薩婆多師資伝』に一応言及するが、彼が自ら参照した痕跡は認められない。

最後に、本章の結論は次のようにまとめられる。『薩婆多師資伝』五巻のうち、インド薩婆多部の法系を記録した巻一と巻二は、恐らく『出三蔵記集』の目録を介して間接的にであるが、禅宗祖統説の形成と発展に寄与した。中国における戒律専門家の伝を記録した巻三と巻四は、『出三蔵記集』巻十四の伝の素材となった可能性と『高僧伝』の関連各伝の字句表現に影響を及ぼした可能性が考えられる。戒律関係の逸話を伝える巻五は、他の資料には見られない詳細な記録として、道宣及び以後の南山宗の律師に注目された。つまり薩婆多部でなく曇無徳部（法蔵部）を受け継ぐ伝統の中で生き残った。『薩婆多師資伝』は初唐の末頃までは確実に存在していたと考えて良いように思われる。さらに律宗の間では唐末まで少なくとも一部は存続したようだが確かなことは判らない。そして北宋の元照が活躍した頃には『薩婆多師資伝』は完全に散逸し、律の専門家たちにも手の届かぬものとなっていた。

（附）『薩婆多師資伝』佚文録

①序

• 出三蔵記集巻十二「薩婆多部記目録序」の序と同文。

②巻一「大迦葉羅漢伝第一」

•迦葉蹈泥、造五精舎。『玄』（＝唐の志鴻『四分律捜玄録』）云、准『師資伝』、「迦葉不憚疲苦、常自営造五所伽藍也。一在耆闍掘山、二在毘羅跋首山、三在薩波焼持山、四在多般那旧山、五在竹園田。此五縁共為一衣戒（界？）、無離衣罪、迄于（迄于今？）承用等」〈云々〉。又准『多論』、迦葉自治僧坊、自手泥壁」。

（唐の景霄『四分律行事鈔簡正記』巻十六）

参考――大迦葉凡経営五大精舎、一者耆闍崛山精舎、二者竹林精舎、余有三精舎。……迦葉自治僧坊、自手執作泥塗垣壁、自手平治地。

（失訳『薩婆多毘尼毘婆沙』巻四）

•迦葉縁者、『薩婆多伝』云、「迦葉於耆山自経営五寺、通為一界、自作泥塗壁」。

（北宋の元照『四分律行事鈔資持記』巻下四）

③巻一某箇所

参考一――『律』中及『薩婆多伝』、過六七四十二日方説。

（隋の吉蔵『法華義疏』巻四）

参考二――『律』及『薩婆多伝』、過六七四十二日、方説法、梵天来請、憍陳如等根方熟故。

（唐の窺基『妙法蓮華経玄賛』巻四末）

参考三――然『律』及『薩婆多伝』云、過六七日、梵天来請、方乃説法。始度五人、即四十二日、方説法也。

（窺基『大乗法苑義林章』巻一）

参考四――「薩婆多伝」者、梁僧祐撰、一部五巻、其第一巻文也。

（日本・基弁『大乗法苑義林章師子吼鈔』巻二）

④巻一某箇所

参考——而『薩婆多伝』有異世五師、有同世五師。異世五師者、一迦葉、二阿難、三末田地、四舎那婆斯、五優婆掘多。此五人持仏法蔵、各得二十余年、更相不属、名異世也。同世五師者、於優婆掘多世、即分成五部、一時並起、名同世五師。一曇無徳、二摩訶僧祇、三弥沙塞、四迦葉維、五犢子部。（吉蔵『三論玄義』）

⑤巻一「馬鳴菩薩第十一」または巻二「馬鳴菩薩第九」

•『薩婆多記』云、「馬鳴菩薩、仏滅後三百余年生東天竺、婆羅門種。出家破諸外道、造『大荘厳論』数百偈、盛弘仏教」。（隋の費長房『歴代三宝紀』巻一・夾注）

•龍樹菩薩、承大乗法於馬鳴菩薩。馬鳴論師、依『摩耶経』、如来滅後、六百年出。僧祐律師『薩婆多記』云、「馬鳴菩薩、三百余年出」。是時出世承文殊。龍樹或説云、五百三十年出、承于馬鳴、是七百時。（日本・凝然『五教章通路記』巻二十三）

⑥巻一「瞿沙菩薩第十四」

•案『薩婆多師資伝』、従迦葉至達摩多羅、有十二人（有五十三人？）。其瞿沙尊者、即其一也。『伝』云。大師名瞿沙菩提（薩）、博綜強識、善能約言。以感衆心、時一集会、有五百余人、使人各賦一器、然後説法。衆会感悟、涕涙交流、以器承涙、聚在一処。有一王子、両目生盲。尊者瞿沙、立誠誓言。「若我必当成無上道、利益盲冥無慧眼者。今以此涙、洗此人眼、眼即当開」。既以涙洗、両目乃明。於是四輩咸重也。（唐の志鴻『四分律捜玄録』巻二。唐の景霄『四分律行事鈔簡正記』巻五にも、字句の出入は若干あるが、ほぼ同文

を引用）

⑦巻一「婆秀槃頭菩薩第四十四訳曰青目」

•梁時僧祐律師作『薩婆多伝』云、「婆秀槃陀、漢言青目、善通深論、造『三法度』、釈『中』『百』論及『法勝毘曇』」。元康師（＝元康『中論疏』）破云、「婆秀槃陀、只是婆籔般豆。梵音軽重、故此不同。婆籔槃豆則是菩薩、賓羅伽（賓伽羅）乃是外道」。両説不同、未知就（孰）是、多恐祐律師錯。

（日本・安澄『中観論疏記』巻一本、吉蔵『中観論疏』巻一本、中論序疏、「青目非天親」注）

⑧巻五「元嘉初三蔵二法師重受戒記第二」（本章二八九頁参照。紙幅の都合上、校勘を割愛）

•〈前欠〉宋元嘉六年、有師子国尼八人、随舶至都、停影福寺。上（止？）経三年、言辞転狎、八人問諸尼曰、「頗曾有外国尼来此国不」。答曰、「属有大僧、未曾有尼来也」。八人愕然曰、「尼受要因二部僧得戒。汝等前師受時、那得尼衆」。諸尼不知所対、既知尼衆受無因起、乃請求那跋摩三蔵、及請外国八尼、更従受戒。三蔵答曰、「仏制戒法、法出大僧、但使大僧作法成就、自然得戒、所以先令作本法者、欲生起其心、為受戒方便耳。至於正得戒時、是大僧中也。仮使都不作本法、直往大僧中受亦得戒、而師僧犯罪耳。唯大愛道一人、八敬得戒、初羯磨時、未有尼僧也」。諸尼欣然心解、迴又思曰、「我等凡夫、盲無慧目、既已出家、為世福田、脱為田不良、可慨可懼。夫善不厭増、功不倦広、決定更受、使千載無恨。若元受未得、今更獲之。若先已得、今益増勝。心事了然、無負信施」。三蔵曰、「善哉。夫戒定慧品、従微至著。今欲増明、深心随喜、但衆縁難具耳。汝等苟欲従外国諸尼受戒者、此尼唯有八人、数不満十人。胡漢音異、不相解語。無伝訳人、不得作法」。諸尼聞此、唯深嘆泣、「女人多障、憑誡闍梨、而不蒙慈救、当何所帰」。三蔵愍其誠至、即便設計、為嘱舶主難提更要外国諸尼、又教先来者学習漢語、諸尼蒙許。於是慧果・浄音等十余人、便受学戒、翹心企満、事未及就、又値三蔵無常、諸尼望断、謂永遂理。到元嘉十年、難提舶返、更得師子国尼鉄薩羅等三人、足前成十一人。其先来者、学語已通、尼衆既満、諸尼僉然求果前志。時有三蔵法師僧伽跋摩、此名衆鎧、及三蔵神足弟子菩提、並時所推崇。諸尼祈請、即皆許之。至十一年春、於南林前三蔵本戒場処、与諸尼受戒。最初為影福寺尼慧果・浄音・僧要・智菓（景？）等二十三人受戒、次為小建安寺尼孔明及僧敬・法茂・法盛姉妹等受。次為瞿曇寺法明・法遵等受。次為永安寺普敬・普要等受。次為王国寺法静・智穆姉妹等受。総得十一日法事、相仍有三百余人。爾時祇洹寺慧照等諸僧有数十人、並同受戒。其後二衆、随次欲受、会安居時到、攫（権？）且停止〈云々〉。時祇洹寺慧義法師、当時望重、為性剛直、見跋摩等重授具戒、情有不同、怒曰、「大法東流、伝道非一、先賢勝哲、共有常規、忽為改異、豈穆衆心」。跋摩答曰、「五部之異、此自常理、相与棄俗、本為弘法、法必可伝、豈忤衆情」。問曰、「夫戒非可見之色、理自難弁、但即事而言、足致深疑。頃見重受戒者、或依本臘次、或従後受為始。若先受已得戒、則不容更受。若復始得、則不応依本臘次(*)」。答曰、「人有二種、故不一類。若年歳不満、胎月未充、則以今受為初。若先年已満、便入得戒之位。但疑先受有中下心、理須更求増勝而重戒、即依本臘而永定也」。又問、「自誓不殺、身口已満、有何不尽更重受耶」。答曰、「戒有九品、下為上因、至於求者、心有優劣、所託縁起、亦自不同。別受重発、有何障礙。五戒十戒、生亦各異、乃至道定律儀、並防身口、不同心業有一無二也」。如是云々、又問、「求那跋摩在世之日、布薩僧事、常在寺中、及至受戒、何故独在邑外、等成善法、何以異耶」。答、「諸部律制、互有通塞、唯受戒事重、不同余事。若余不成、唯得小罪、無甚毀損、罪可懺悔。夫紹隆仏種、用消信施、以戒為本。受若不成、非出家人、障累之原、断滅大法、故異余法事也」。義法師忻然心伏、無復余言、遂令其弟子慧基・静明・法明三人、度蔡洲岸、於船上受戒。人問其故、答云、「結界如法者少、恐別衆非法、不成受戒。余事容可再造、不成無多過失。夫欲紹隆仏種、為世間福田者、謂受具戒不宜軽脱、故在静処、事必成就」。于時始興寺叡法師評曰、「覩善患不及、見悪猶探湯、義公於可同立異、未経旬月、而復同其所異」。蓋譏其始惑也。

（＊）道宣『四分律行事鈔』巻中一「……、如『薩婆多師資伝』云、「重受増為上品、本夏不失」。『僧伝』云、「宋元嘉十年、祇洹寺慧照等、於天竺僧僧伽跋摩所、重受大戒」。或問其故、答曰、「以疑先受若中若下、更求増勝、故須重受、依本臘次」」（大正四〇・五一中）。懐素『四分律疏飾宗義記』巻二末「『薩婆多伝』云、「受具已、嫌前心不上品、更以上品心受戒、不失本夏」」。

⑨巻五「永明中三呉始造戒壇受戒記第三」

参考一――永明中、勅入呉、試簡五衆、并宣講『十誦』、更申受戒之法。（『高僧伝』巻十一僧祐伝）

参考二――〔法〕献以永明之中、被勅与長干〔寺〕玄暢同為僧主、分任南北両岸。暢本秦州人、亦律禁清白、文恵太子奉為戒師。献後被勅三呉、使妙簡二衆、〔玄〕暢亦東行、重申受戒之法」。（『高僧伝』巻十三法献伝）

参考三――三呉初造戒壇、此又呉中之始也。（北宋の賛寧『大宋僧史略』巻上）

⑩巻五「建武中江北尼衆始往僧寺受戒記第四」

・一問、僧至尼寺、受戒成否。答、若依『薩婆多師資伝』説、此不如法。不成受戒、如端正女人。此是難故、猶不許請僧来至尼寺受戒。此既非難、何容得開。（唐の道宣『四分律比丘尼鈔』巻二）

・第一問、僧至尼寺、受戒成不。答、若依『薩婆多師資伝』、此不如法。不成受戒、如端正女人。此是難故、猶不許請僧来尼寺受。尚令遣信、方得成受。此既非難、何得開受。

（道世『毘尼討要』巻二）

• 僧不得往尼寺為尼受戒也。……今有往尼寺為受者、迷之遠矣。故『薩婆多師資伝』中、祐律師曰、「夫大海王、百川自到、大師為近、則宜群萌如従。故『曲礼』云。礼聞来学、不聞往教。『曲礼』立制、猶尚如茲、況三宝戒徳、豈可軽忽哉。本以男女異位、高卑殊義。准半尸迦女、遇有諸難、不得出寺、故開遣使受戒。夫若戒可往授、何不屈師。此即明文顕証也。自律興帝京、而江北未備、多在尼寺而具足、大僧自軽托難往授也」。

（唐の大覚『四分律鈔批』巻二十八）

• 又『師資伝』云、「夫大海為王、百川自到。大師為匠、群萌自依。『俗礼』亦云。礼聞来学、不聞往教。俗典律制尚然、況三宝尊高、豈輒軽忽也」。

（唐の景霄『四分律行事鈔簡正記』巻十七）

参考一――上代僧祐律師云、「遍尋諸律、有難尚令遣使往受、豈容無難輒受尼請来就尼寺。往往有人、軽藻無識、往赴尼寺与受戒者、深違教意」。

（唐の定賓『四分律疏飾宗義記』巻三本）

参考二――及建武中、江北諸尼、乃往僧中受戒。

（北宋の賛寧『大宋僧史略』巻上）

参考三――及建武中、江北諸尼、乃往僧寺受戒、累朝不輟。

（賛寧『大宋僧史略』巻上）

⑪巻五「小乗迷学竺法度造異儀記第五」

• 『出三蔵記集』巻五「小乗迷学竺法度造異儀記第五」と同文。末尾「昔慧叡法師……顕証同矣」三十一字を除く。

注

（1）「薩婆多部記目録序」の全文は、近年、王邦維 Wang (1994: 192-195 Appendix II) に英訳注された。しかし筆者と見解の異なる点が多く、巻一と巻二の人名に対するサンスクリット語の想定根拠にも不明な事例が多い。
（2）『薩婆多師資伝』の成立年代については、南斉の末頃とする見解が既にある。佐藤哲英（一九三〇・一四五頁）。
（3）斉公寺を、僧肇「答劉遺民書」に言及される「瓦官寺」と同定する湯用彤（一九三八・三〇六～三〇七頁）の説がある。それによれば、ここでは「瓦官寺」は「宮寺」が正しく、逍遥園のことである。ただしこれを支持する十分な論拠は見当たらない。
（4）巻一と巻二の人名についてはWang（1994）に梵語形が想定されているが、その正確さは疑問である。なお巻一と巻二の記述を用いた論攷がある。印順（一九六八・一一二頁、二七三頁、二八四頁、三九二頁、五三六頁、六一九頁）。
（5）この訶梨跋暮が『成実論』著者の訶梨跋摩かどうかは問題である。『出三蔵記集』巻十一「訶梨跋摩伝」末に、撰者僧祐は「諸の数論を造りし大師の伝は並びに集めて薩婆多部に在るも、此の師は既に彼の伝に入らざれば、故に此に附す」と夾注を付す（大正五五・七九中）。これは、『成実論』の作者は『薩婆多師資伝』に含まれていないと僧祐が考えたことを示していると筆者は推測する。
（6）婆秀槃頭には今後解明すべき課題が山積している。「青目」と言えば、通常、鳩摩羅什訳『中論』における注釈者の賓伽羅のことであり、ヴァスバンドゥではない。本章付録佚文⑦も参照。僧伽跋摩訳『雑阿毘曇心論』（作者は法救＝達磨多羅）の帰教偈は法勝『阿毘曇心論』の注釈として『無依虚空論』に言及し、その夾注は論の作者を「和修槃頭」とする。『薩婆多師資伝』のこの箇所（本章付録佚文⑦）で僧祐のいう「婆秀槃頭」はこの「和修槃頭」か。また佚文に出る「三法度」は僧伽提婆訳『三法度論』に対応しようが、慧遠「三法度序」（『出三蔵記集』巻十、大正五五・七三上）はその著者を「山賢」と表す。しかし山賢は他に現れない名であることから慧遠研究（一九六〇・二八五頁注九）は、「山賢」を「世賢」（ヴァスバドラ）の誤記という説を示す。確かに「世」は *Skt.* Vasu の訳であり得るが、この対応関係は唐の玄奘より前に遡るのは難しい（例えば玄奘訳「世親」（ヴァスバンドゥ）に対応する先行する真諦訳と菩提流支訳はいずれも「天親」であり、「世」を用いない）。さらに、唯識派世親との異同も問題であるのは言うまでもない。

(7) 『出三蔵記集』巻二「『雑宝蔵経』十三巻〈闕〉・『付法蔵因縁経』六巻〈闕〉・『方便心論』二巻〈闕〉、右三部凡二十一巻、宋明帝時、西域三蔵吉迦夜、於北国以偽延興二年（四七二）、共僧正釈曇曜訳出、劉孝標筆受。此三経並未至京都」（大正五五・一三中）。参考『仏祖歴代通載』巻九引楊衒之『銘系記』「……梁簡文帝聞魏有本（＝『付法蔵因縁伝』）、遣使劉玄運往彼伝写、帰建康、流布江表」（大正四九・五五一上）。

(8) 両巻の述べる系譜がもし仮に師匠一人について弟子一人だけを記したものとするならば、五十数人は五十数世代を意味するが、それは確からしくない。世代差を三十年と仮定して単純計算すれば、五十代は千五百年となり、釈尊から六朝までの時間経過より遥かに長くなってしまうから。とすれば、両巻は一人の師に弟子が複数いたことを告げるもの、すなわち同世代傍系を含む記録かも知れない。

(9) 「菩提」とは誰かを知るための史料が少ないが、恐らくは僧祐『出三蔵記集』巻二「新集経論録」に仏駄跋陀羅の訳経一覧を示した後に「宋文帝時、天竺摩訶乗法師求那跋陀羅、以元嘉中及孝武時、宣出諸経、沙門釈宝雲及弟子菩提・法勇伝訳」（大正五五・一三上）と解説される「菩提」は同じ人物にちがいない。

(10) ここに言及される南林寺の受戒場は、慧皎『高僧伝』巻三の求那跋摩伝において求那跋摩が死後に荼毘に付された場所として記される「南林の戒壇」（大正五〇・三四一中）と同じ場所である。さらにまた、求那跋摩の死後に建康の多数の比丘尼が僧伽跋摩の下で最受戒を果たした場所として、宝唱『比丘尼伝』巻二の僧果尼伝に記される「南林寺の檀界」（大正五〇・九三九下）や同巻の宝賢尼伝に記される「南林寺の壇」（大正五〇・九四一上）も同じ場所を指す。これらは求那跋摩が急逝する前に比丘尼の再受戒を実現するために受戒場として準備していた建康の南林寺の一区域である。この「戒壇」の詳細についてはFunayama（2012）において網羅的な史料蒐集と分析を試みたので合わせて参照されたい。また『比丘尼伝』の撰者が宝唱であることを疑う必要のない点は船山（二〇一八）を参照。

(11) 『宋高僧伝』巻十四の懐素伝附賓律師伝に「開元中（七一三〜四一）、嵩山賓律師造『飾宗記』以解釈之、対〔法〕

礪『旧疏』也」とある。しかしこの年代は信頼できない。『四分律疏飾宗義記』巻三本に「今大周長安三年歳次癸卯（七〇三）」、「従大唐中興応〔則〕天皇帝神龍元年乙巳（七〇五）……」とあり、さらに唐の大覚『四分律鈔批』は時に「賓云」「賓曰」「賓の『飾宗』」「『飾宗記』」などの表現で定賓『飾宗義記』に言及する。『四分律鈔批』は巻末の記に太極元年（七一二）に撰した旨を略記するが、巻十三の本文中に「開元二年（七一四）」に四回言及し、他の年号も散見されるから、数年の幅をもって撰述されたと見るのが自然である。ともかく翻って『飾宗義記』について言えば、その成立は『宋高僧伝』の示す開元年間までは下らず、およそ八世紀初頭とみなすべきであろう。

(12)『四分律行事鈔簡正記』の撰述年次は、本文巻一の夾注に「今乾寧二年乙卯（八九五）」とあり、巻九本文に「今天復三季癸亥（九〇三）」とあるから、九世紀末～十世紀初にかけて書かれたことが分かる。

(13) さらに柳田（一九六七・三九六頁）によれば、『伝法堂碑』の祖統説は間接的には『宝林伝』の影響と考えられるという。

(14) 常盤（一九四一a・三〇一頁）、陳垣（一九五五・一一六頁）。さらに『釈門正統』巻四の興衰志と巻七の子昉伝も参照。

第四章　隋唐以前の破戒と異端

非僧非俗の念仏者として生きたわが鎌倉の親鸞は、保守伝統の仏教者の側からみれば、女犯肉食の破戒僧にほかならなかったことはよく知られている。親鸞の場合、非僧非俗とは「僧」と「俗」の二元論を超越するのみならず、同時に、「僧俗不二」という新しい生き方を意味したと言われる（梶山一九八七）。これに着想を得て、眼を中国に転じ、時代を五・六世紀頃に遡る時、親鸞に類するような、当時の人々から破戒僧や異端僧とみなされた者たちが時代をリードする面をもちあわせていたことを告げるような事例はあるだろうか。本章では、表題テーマの網羅的検討でなく、通常戒律において重大な罪とされる出家者の性交渉、殺人と関わる可能性のある政治参与の問題、聖者を騙ることの三点について、破戒と異端の事例から知られる隋唐以前の中国大乗仏教の性格を瞥見したい(1)。

一　性に関わる事柄――鳩摩羅什ほか

僧侶の妻帯は原則として認められない。ただ妻帯が現実に皆無だったのではない。そうした記録もあるにはある。しかし当然のことながら、妻帯はあるまじきこととして批判的に記録されることが多いのである。例えば北魏の延昌四年（五一五）、大乗の賊と称される殺人反乱を起こした法慶には、沙門でありながら恵暉という尼僧の妻がいた（『魏書』巻十九上の京兆王伝）。また、これに先立つ時代、太武帝の断行した廃仏は、蓋呉の乱（四四五年）の後、長安の沙門が寺内で酒を飲み武器を貯蔵し奥の密室で婬事を行っていたことが発覚したのを直接の契機として行われたのだった。さらに時代を遡るなら、牟子『理惑論』にも、酒を飲み妻子をやしない、売買に手を染めた沙門たちがいたことを告げる一節がある（大正五二・四上）。これらの事例が情状酌量の余地なき破戒行為であるのに対して、数はいたって少ないけれども、聊かなりとも肯定的な意義を有する破戒も見受けられる。

まず思い浮かぶのは鳩摩羅什のことである。いうまでもなく羅什は玄奘のいわゆる新訳の登場する以前にあって最大の影響力を有した訳経僧であり、僅か十年ほどの長安滞在のうちに実に夥しい数のすぐれた弟子を育成した教育者としても名高い。そんな彼が生涯に二度、婬戒を破ることを余儀なくされる状況に追い込まれている。一度目は、前秦の苻堅の部将であった呂光が亀茲に侵攻した時（三八四年）、呂光が鳩摩羅什を無理矢理、酒と亀茲王の娘と一緒に密室に幽閉した事件[2]。もう一度は、姑臧より後秦の姚興治下の長安に移され、訳経僧として華々しい活動をしていた時期に姚興によって仕向けられた。彼は羅什に、「大師よ、あなたは聡明でとび抜けて頭がよく、天下に無二の存在だが、もしもこの世を去ったら、仏法を嗣ぐ者がいなくなってしまうのは具合がわるいであろう」

と言い、羅什に伎女十人をあてがった。こうして性交渉を余儀なくされた羅什は、僧坊を出て、宿舎に住し、姚興から十分な物資を支給されて生活したという(3)（『出三蔵記集』と『高僧伝』の鳩摩羅什伝）。羅什の女性のことは、彼の高弟であった僧肇の手になる「鳩摩羅什法師の誄《しのびぶみ》」にもさりげなく触れられている——「かの維摩《ゆいま》居士と同じように、暮らすのは町の中。肉体はすべてに円満に応ずるものの、精神は天帝の郷《さと》へとたかく舞いあがる。連れの女は器量よしだが、とりたてて言うほどのことは何もないのだ」（吉川訳一九八八・二五六頁）。因みに、羅什に世継ぎがいた話は一人歩きを始め、伝承時間の経過と共に尾鰭をつけるようになってゆくのは面白い。後日談としてはまず、太和二十一年（四九七）、北魏の孝文帝が鳩摩羅什にはきっと子供がいると考えて捜させたという『魏書』釈老志の一段がある。ただその結果がどうだったかは記録されなかった。隋の吉蔵も「即ち長安に猶お其の孫有るなり」と、羅什の子孫が長安にいたことを述べる（『百論疏』巻上之上、大正四二・二三五下）。さらに時がたち、唐の神清撰『北山録』になると、羅什の子孫の話は「魏の孝文、詔して什の後を求めしめ、既に得て之に禄す」（大正五二・五八九下）と、子供が見つかった話にかわる。極めつけは『入唐求法巡礼行記』の一節である。唐の開成五年（八四〇）、わが慈覚大師円仁は五台山巡礼を終え、これから長安へ向かおうとした時、太原府で南天竺僧の法達という人物に遭遇した。すると驚くべきことに、その人物は自ら「鳩摩羅什三蔵の第三代の苗裔」を名乗ったというのだ(4)。羅什の時代より四百年以上も後に第三代の末裔がいることも、亀茲でも罽賓でもなく南天竺の僧であったことも俄には信じられないけれども、この話は何とも面白く、安直さがむしろほほえましい。話の信憑性はともかくとして、羅什の影響力たるや、これ程のものだったのだ。

閑話休題。羅什が婬戒を破った事実を同時代の人々がどう受け止めたかは、実はよく分からない。僧の場合、守るべき戒は、沙弥から比丘になる時に受ける具足戒（二百五十戒）を原則とする。とりわけ四つの波羅夷《はらい》が最も重い。すなわち性交渉・盗み・殺人・大妄語（悟ったと詐ること、聖者を騙ること）であり、これを破れば「不共住」――仏教教団からの追放となる。従って波羅夷四条の第一条婬戒を破れば「不共住」となり、ふたたび僧として教団の集団生活をすることは許されない。つまり還俗せざるを得ない。それ故、悟りの可能性も消滅し、悪趣に輪廻することを余儀なくされる。波羅夷にはそういう重い意味がある。

では羅什の場合はどうであったか。彼は還俗したかと言えば、そのような事実を裏付ける資料は管見の限り見当たらない。ところで戒律違反を免れる手段としては「捨戒」ということもある。すなわち波羅夷罪を得るのを懼れて、所定の作法に則って自らが教団生活に耐えられないことを周囲に告白することにより、ひとたび具足戒を捨てること、これを「捨戒」といい、とりわけ婬戒に関してこれを行い、その後はふたたび正当な手続きを踏んで再受戒すれば、教団への復帰は問題なく認められるのである。しかし羅什の場合は、彼が捨戒したことを告げる記録もないのである。『高僧伝』が羅什の伝を記録するということは、常識的に言って、撰者慧皎が彼を僧侶とみなしたことを示す(5)。その際、とびぬけた頭脳を評価された羅什はあくまで別格の特別待遇であったと解釈することも十分可能ではあろう。ただ、彼が自ら僧坊を出て別に住したというのは、恐らくは贅沢をしたという意味でも還俗したという意味でもなく、幾ばくかの程度ではあろうけれども、羅什自身が自らを不共住の立場においたことを含意する表現かと思われる。

羅什の妻帯のことは、その背景として、河西一帯における当時の実際の状況を考えると、簡単に評価を下しにくい一面があるのもまた事実である。そもそも羅什の故国である亀茲一帯の仏教を戒律厳守型と見るか、律の規範からはやや崩れた性格も有したと見るかは学者によって見解が分かれるようである(6)。ただ近年の研究によれば、漢から晋頃にかけての精絶国の様子を伝えるニヤ遺跡から出土した木簡の中には、沙門の妻帯を窺わしめるものがあると言われる（市川一九九九・六頁注一六）。ニヤ遺跡はホータンと共に西域南道にあり、亀茲のある北道とさまざまな点で異なりはあろうが、当時の西域沙門の実態を伝える数少ない貴重な資料の一つとして注目する価値は充分にある。少なくとも、場合によっては僧侶の妻帯もあるような世俗性の濃い実態の上に、胡族支配下の地域で運命を翻弄された西域僧鳩摩羅什の二度にわたる破戒の事実をのせて解釈する方が真実に一歩近づくのではないか。

それはともかく、鳩摩羅什自身に戒を破った自覚が強かったことは恐らく間違いない。彼は薩婆多部（説一切有部）の戒律書である『十誦律』を亀茲で卑摩羅叉律師から学んでおり、自分自身、長安ではこの律の訳出チームの中心としてはたらいたけれども、彼は経論を俊英たちに授けることはあっても、こと律に関しては態度を異にしたようである。彼が卑摩羅叉に語った言葉として、伝はこう記す――「漢境は経律未だ備わらず。新経及び諸論等は多く是れ什の伝出する所にして、三千の徒衆は皆な什より法を受くるも、但だ什の累ぬる業障の深きが故に、師の教えを受《さず》けざるのみ」。そして講説のたびに、聴講の弟子衆にこう言ったとされる――「たとえば臭泥中に蓮華を生ずるが如し。但だ蓮華を採り、臭泥を取る勿れ」。このように羅什が、経論の法師としてのみ自らの意義を認め、律から遠ざかったことは、かえって律の厳格さを鼓吹する効果をもたらしたであろう。ともかくも婬戒に関する限り、伝に描かれる鳩摩羅什は反面教師なのだ。しかし、それ故にこそ、羅什は優れた教育者であり、人情に訴える訳文を綴った翻訳者として評価された――と、伝の撰者は人間鳩摩羅什を讃美する方向に話を向けようとするかの如くである。羅什の没後、彼の弟子たちは『般若経』や『維摩経』の空の教えをさまざまに理論化する一方で、『十誦律』を徹底的に研究し、それに則った厳格な戒律生活をおくる時代をひらいた。歴史に「もし」がないのは改めて言うまでもないが、もし仮に鳩摩羅什が婬戒に抵触したままで律を教授したとしたら、直後の時代に、あれほどまでに『十誦律』を厳守しようとする気運は生じなかったであろうことは容易に想像される。そればかりではない、鳩摩羅什の没後ほどなくして、中国人は『十誦律』などに規定される所謂「小乗戒」と別に、大乗戒に関してもその重要性を認識し、中国の実態を反映させる形で菩薩の十重四十八軽戒をつくっていったが、それが梵網菩薩戒として、大小乗の諸経を訳出した羅什の「最後の誦出」(『出三蔵記集』巻十一「菩薩波羅提木叉後記」)をよそおって流布した裏には、羅什と伝統的小乗戒の結び付きが希薄であったればこそ、維摩にも比すべき羅什をかえって大乗戒と結び付く菩薩として連想し易いという事情があったのだろう。

羅什伝は、上に述べた卑摩羅叉とのやりとりを紹介した後、羅什が長安にいることを彭城で聞いた杯度が、自分はむかし羅什と別れてから、かれこれ三百年になる云々と慨嘆した、という別な逸話を紹介する。やや唐突とも思えるこの言及の意図は必ずしも明確でない。木杯にのって河川をわたったことから杯度と渾名される神出鬼没のこの怪僧は、『高僧伝』巻十の神異篇に立伝され、そこでは「度は甚だ持斎せず、酒を飲み肉を噉らい、辛や鱠に至りては俗と殊ならず」と言われる。また、亡くなった後、しばらくして彼の棺桶を開けてみると靴だけが残っていた、という尸解特有の描写も認められる。つまり杯度は神仙を髣髴する大乗僧なのであるが、かかる僧侶の、しかも事実とは到底思えない発言を羅什伝に載せた意図は何であったか。羅什もまた小乗の枠組みでは捉えきれない、大乗の典型的人物だったという印象を読者に与える効果を狙ってのことではないだろうか。

さらに言えば、大乗の代表的僧侶が伝統仏教の側からみれば婬戒を破ったとしか言いようのないことをした事例は他にもある。例えば曇無讖(三八五～四三三)。『魏書』巻九九の沮渠蒙遜伝は言う――「罽賓出身の曇無讖なる僧は、始め東のかた鄯善国(楼蘭)に入り、「自分は、鬼神を操って病を治療したり、婦人が多くの子宝(息子)に恵まれるようにしてやれる」と言って、鄯善国王の妹の曼頭陀林と私かに通じたが、発覚して涼州に逃げ入った。蒙遜は彼を手厚くもてなし、彼のことを聖人と呼んだ。曇無讖は男女交接の術を婦人に教授し、蒙遜の娘たちや息子の配偶者たちは、みな習いに行った」云々。(7)この何とも怪しげな「男女交接の術」と類似の事柄について、説一切有部の戒律解説書である『目連問戒律中五百軽重事（経）』はこう言う――「問。女性に児息がなく、比丘に対して、私に〔子を授かる〕方術を教えてください、と言い、比丘が教えたら、何の罪になるか。答。決断となる」（大正二四・九八〇中）。「決断」は所謂「僧残」のこと。波羅夷に次ぐ重罪である。これを犯せば、一週間の謹慎処分となり、その間に違反者は様々な義務を課せられ、資格は停止され、規定通りに懺悔しなければならない。僧残は全十三条から成るが、抵触すると思われるのは、女性に向かって僧侶が女性器のことに言及するのを禁ずる、いわゆる麁悪語戒であろうか。要するに西北インドで最大の勢力を誇った説一切有部の伝統的立場よりすれば、仮に僧侶が何らかの神通力で得た知識だとしても、子宝に恵まれる術や男女生み分け法などの具体的方法を口にすることは一切許されなかったわけである。

以上、大乗僧の所行と伝統的戒律規則の定めるところに一種の乖離が認められることを姪戒を通してみたわけであるが、大小乗の相違は時として、大乗側が「小乗」と蔑称するところの部派仏教、いいかえれば大乗興起以前からの伝統的仏教、の教説こそに厳格たらんとする人々の反発をまねくこともあった。鳩摩羅什の活動時期と前後する東晋末～宋初の頃に大乗を異端視する動きがあったことを述べる史料はいくつかある。僧叡「喩疑」（『出三蔵記集』巻五）によれば、詳細は不明ながらも、華北には『大品般若経』を信じない慧導や、『法華経』を否定した曇楽らの僧侶がいたようであるし、僧祐「小乗迷学竺法度造異儀記」（同巻五）はこれに加えて、彭城の僧淵が『涅槃経』の常住説を誹謗した結果、舌が爛れたことを記す。吉蔵『中観論疏』巻一末では、釈尊が沙羅双樹のもとで滅度したのは実説であり、常・楽・我・浄の説は方便の教説であるとして、『涅槃経』を否定し、専ら『大品般若経』を信じたという僧の名を彭城の嵩法師とする（大正四二・一七下）。これは『高僧伝』巻七の道温伝に附される中興寺の僧嵩（泰始年間頃）のことである。これら僧淵と僧嵩が別人か同一人物かは断定できないけれども、僧嵩も僧淵も彭城における成実論学派に属す如くであるから、五世紀のある時期における彭城には、『涅槃経』の常楽我浄説は大乗仏教本来のものではないと考えた人々が恐らく実在したのであろう。これらと年代が前後するかも知れないが、祇園寺の檀越であった范泰が竺道生と慧観にあてた書簡（『弘明集』巻十二、大正五二・七八中）のなかで、僧伽提婆が到来して活躍した当時、慧義や慧観らの漢人僧侶が一時大乗経典を「魔書」として斥けたと言うのも、同様の伝統復古主義的動向の一つと言えよう。さらに過激な大乗批判論者もいた。すなわち再び僧祐「小乗迷学竺法度造異儀記」によれば、インド人貿易商人の息子として南康郡で生まれ、後に曇摩耶舎の弟子となった竺法度という人物は、大乗の説く十方諸仏など存在しないとして、釈迦のみを礼拝せよと主張し、大乗経典を読誦することを認めなかったという。もっとも本記事の撰者である僧祐は法度のことをまったく認めず、「彼は顔かたちは外国人だが、実際は中国で生まれ育ったのであり、インドの正式な規則などまったく諳んじていなかった」云々と手厳しい。

二　殺人と戒律

次に殺人と関わる事柄を検討しよう。仏図澄など、吉凶を占い、政治に参与した神異僧が少なからずいたことは比較的よく知られているが、上に言及した曇無讖も、まさにそうした人物の一人であった。彼は、術数や禁呪に通じて予言をし、的中したので、沮渠蒙遜はいつも国事を彼に相談したということが『魏書』釈老志に記されている。一般にこの時代、僧侶と政治家の関わりは、政治家からの純粋に宗教的な要請によるものではなく、いつどこを攻撃したら勝敗はどうなるかを僧侶がその超常能力によって予見するという形で、具体的な軍事行動への関与とつねに結び付き得るものであった。曇無讖のみならず、弟子の法進もまた同様に、政治と関わる行為を行った僧侶であった。すなわち法進は鄯善国にいた時、蒙遜の息子の無諱に、高昌を攻略したら勝てるかどうかと尋ねられると、勝てると予測した。その結果、無諱は高昌を侵略したのであった（『高僧伝』巻十二の法進伝）。これに類することがらの是非は、ふたたび『目連問戒律中五百軽重事（経）』によれば、次のように言われている――「問。王者が比丘に吉凶を問い、比丘が王のために説き、その後〔食事などを〕供養されたならば、何の罪になるか。答。もし食事を受けたならば堕となり、衣をもらったならば捨堕となる。もし征伐〔を勧める〕発言をして供養を受けたならば、重となる」（大正二四・九八一上）。堕と捨堕は、一人乃至三人の比丘を前にして懺悔すべき罪。罪の重さとしてはほぼ中クラスである。「重」とは重罪であり、波羅夷のこと。こうした文献を基準とするならば、殺人と直結するところの戦争を勧める発言は教団追放に当たる大罪であり、はっきりと戒律違反なのである。どうやら、大乗菩薩戒を中国に伝えた曇無讖とその弟子たちの行為は、いくつかの点で大乗独自のものであって、小乗の教説と異なっていたのは確かと思われる。以上、小乗戒の情報として『目連問戒律中五百軽重事』より二条を引いたが、この文献は上に言及した鳩摩羅什とも因縁浅からぬ典籍である。それは古い時代には『五百問事』と呼ばれ、さらにその原形はと言えば、唐代を代表する律師であった道宣や道世らによれば、鳩摩羅什の戒律の師匠であった卑摩羅叉（既出）の口訣を筆記した記録なのであった（船山一九九八b）。

上来、やや脈絡を欠くままに鳩摩羅什や曇無讖の事跡をみてきたが、彼らの伝記のうちに、典型的大乗僧は小乗の戒律では図りきれないイメージ、端的に言えば大乗至上主義を見て取るとしたら、深読みに過ぎるだろうか。とりわけ曇無讖の場合、彼の行いは、自らもたらした『大般涅槃経』や『菩薩地持経』の教説と関連するように思われる。すなわち曇無讖の訳した『涅槃経』は、正法を護る為であれば、それと対立する人間を殺すことすら状況によっては許される旨を複数の箇所で説く経典である（大正一二・三八四上、四三四下、四六〇上。ドミエヴィル一九八八・九二～九三頁）。このように小乗と大乗では戒律の意味が違うという考え方は、早くは例えば西晋の竺法護が訳した『決定毘尼経』に認めることができるが、同じ思想傾向を助長したのは瑜伽行派の文献である。曇無讖はこの学派に属する人物であった。彼の訳した『菩薩地持経』や求那跋摩訳『菩薩善戒経』には明確な対応がないが、唐代の異訳である玄奘訳『瑜伽師地論』の『菩薩地』や現行梵本、蔵訳には、大乗の菩薩戒の立場では通常は決して是認されることのない殺人や暴力などが認められるケースのあることを示している(8)（藤田光寛二〇〇〇）。ただ、そうした文面を文字通りに受け止めてよいか、一種の譬喩として何らかの読み替えを行うべきか、解釈が問題となるのは言うまでもない。

曇無讖のもたらした大乗戒は、律儀戒・摂善法戒・摂衆生戒という三大支柱から成る点から「三聚浄戒」とも称される。律儀戒は、出家か在家かの違いや性別など、各自の立場に応じてそれまで受持してきた戒である。このことは、大乗戒が小乗戒から切り離されたものではなく、大乗の体系内部に小乗戒を基礎として取り込むものであったことを意味する。すなわち小乗戒を守ることは大乗戒を受ける前提条件である。その点から言えば、大乗戒を受けたからといって、小乗戒と矛盾することはあり得ない道理である。ところが実際は、大乗と小乗の立場が両立しない状況はあり得る。上に触れた玄奘訳『瑜伽師地論』巻四十一（大正三〇・五一七中）や失訳『大方便仏報恩経』巻七（大正三・一六一中～一六二上）、曇無讖訳『大般涅槃経』巻十六（大正一二・四五九下）などに見られる所謂「一殺多生」の論理、すなわち多くの衆生を救うためには一人を殺すも止む無しとする理屈は、戒律における大乗小乗の差が顕在化する好例であるが、こうしたことは戒律の理論的展開とも関係する。すなわち大乗戒と小乗戒の間に階層的差異を設定して、小乗戒に抵触するような事柄は、表層的な意味合いの戒律条項としては禁止されるが大乗甚深の立場からは許されるということを、「深戒」ないし「遮罪」という用語によって説明する方法である（長尾一九八七年・第六章「高度の戒学」）。中国仏教に即してみた場合、このような意味での大乗戒の理論は、その理論形成の担い手がインドでは主に世親以後の瑜伽行派であったことに鑑みて、六朝の早い段階から行われたとは考えられない。むしろ目立つのは、六世紀の後半に、仏法が他のすべてに勝るとする考え方を「大忍」という用語をもちいて強調した南岳慧思（五一五〜七七）の場合などであろう。川勝義雄の解説をかりるなら、慧思は『法華経安楽行義』において、『大般涅槃経』の教説に依拠しつつ、「破戒の悪人を殺し、これを地獄につきおとして、そこにおいて覚醒させ発心させることは、〝これこそ大慈大悲であって、大忍にほかならず〟、〝これは菩薩の大方便忍であって、小菩薩のよくするところではない〟と断言する。従って、〝もし、菩薩が世俗忍を行じて、悪人を治《こら》しめず、悪を長じて正法を敗壊させるならば、その菩薩は悪魔であって、菩薩ではない〟。〝世俗忍を求めて、法を護ることができないようなのは、外面的には忍に似る如くであっても、魔業を行ずることにほかならぬ〟といいきるのである」。このように、大忍という理論は「まことにラディカルな主張であり、価値の完全な顚倒に繋がるもの」である（川勝一九八二／九三・二四〇〜二四三頁）。ただ理論的装いの仕方がどうであれ、「大忍」「深戒」「一殺多生」といった考え方に、一歩間違うと大問題を生みだしかねない危険な一面があることは注意しておかねばならない。すなわち現代的課題にひきつけていうなら、例えば生物化学兵器をばらまいて大量殺人を繰りかえす者たちのことを、彼らの行いを未然に防止するためならば殺すことは仏教の立場として許されるかどうかを問うことである。これについて『瑜伽師地論』の当該箇所は、悪人を殺すことの代償として、菩薩自らが殺人の大罪をかぶって地獄におちるとしても、それすら厭わない覚悟があるかどうかという点を極めて重く見て、菩薩の心をこう説明する。「我れ若し彼の悪衆生の生命を断ずれば那落迦（地獄）に堕ちん。如し其れ断ぜずんば、無間〔地獄〕の業成り、当に大苦を受けん。我れ寧ろ彼を殺して那落迦に堕ちて、終に彼をして無間の苦を受けざらしめん」（大正三〇・五一七中）。この文言が示唆する問題は深い。

三　聖者を騙る

仏教には多くの聖者がいる。とりわけ、儒教の聖人論との関連のもと、「革凡成聖」「転凡成聖」などの漢語表現に代表されるような、凡夫から聖人への転換を目指した六朝仏教史にあっては、少なからぬ人物が聖者——「聖人」「出世間人」も同義——となったことが記録される。

一般に「大聖」がゴータマ・ブッダを指すことは改めて言うまでもなかろうが、何をもって「聖」（アーリヤ ārya「気高い、高貴な」／アラーウキカ alaukika「非世俗的な」／ローコーッタラ lokottara「世俗を超えた、出世間な」）とするかは、瞑想法を主とする実践の理論体系が関わる。すなわち小乗アビダルマ教理学には、見道と修道をへて阿羅漢に向かう体系がある。これはごく簡略に言えば凡夫→見道→初果→二果→三果→阿羅漢果とすすむ体系である。他方、大乗においては、凡夫→初地→二地……→仏地とすすむ菩薩の十地という体系がある。その場合、仏地は第十地とされることも、十地より高い境地とされることもある。いずれにしろ聖者とは、小乗の場合は見道以上の者であり、大乗の場合は初地以上である。それより以下はもちろん凡夫である（本書第三篇第一章第七節参照）。

インド仏教においては、見道と初地を等位なものとして対応付けることが唯識の典籍、とりわけ『解深密経』や『大乗荘厳経論』などに見え、それが以後のインド唯識思想の標準となった。その際、見道初地に入るための準備段階は、一般に小乗の説一切有部の用語をもちいて四善根または順決択分といわれ、そこで人は四聖諦を観ずるのであるが、それには煖・頂・忍・世第一法の四段階があるとされる。なお同じ段階は、大乗特有の表現としては明得定・明増定・入真実義一分定・無間定という名前でも呼ばれる。ともかくこのうちの最後におかれる世第一法の最終段階で、汚れなくありありとした無漏の智慧が生じると、修行者はそのまま見道初地の段階に突入してゆくのである。他方、中国仏教の場合は、無著・世親系の瑜伽行派思想が導入されるより以前の南斉頃から大小乗行位の対応化が図られた。そしてこれが一因となって、趣きの異なる修道論が形成された。すなわち中国仏教に特有な修行体系としては、「地前（または住前）三十心」と「十地」の説がある。これは五世紀末頃に成立したと推測される偽経『菩薩瓔珞本業経』に見られるものであり、準備段階である十信心からはじまって、十住心・十行心・十廻向心の、いわゆる初地より以前の三種類の十心位までが凡夫菩薩であるとし、その後の初地以下の十地が聖者としての菩薩の段階である、とする。そしてこの地前三十心と十地の説と、『大智度論』巻七十五の「共の十地」の説ならびに『大般涅槃経』迦葉菩薩品の所説などを整合的に解釈しようと試みながら、漢人論師たちは、大乗と小乗の修道論を対応させるいくつかの仕方を考案したのであった。その場合中国でもインドにおける発展と同様に、大乗の初地に入る瞬間と小乗の入見道の瞬間を対応するものとしながらも、大別するならば、大乗の体系と小乗の体系を等しいものとして大小乗を並行的に理解する理論と、小乗の最高到達点の後に大乗の第一段階に入るという形で小乗を低位、大乗を高位と見る理論の二つが生まれた（船山一九九六、二〇〇〇b）。

「聖」の境地に達したとされる人物は少なくない。例えば実際に凡夫位を超越して聖者となったと記録される僧侶としては、二果を得たことを自らのべる遺偈を残したインド僧の求那跋摩（三六七～四三一）、「得忍菩薩」すなわち七地または八地にいたり無生法忍を獲得した菩薩だったと弟子たちにみなされた玄高（四〇二～四四四）、おなじく七地菩薩としての授記を受けた夢を見たという仏教信者にして道士であった陶弘景（四五六〜五三六）などがいる。このほかにも、死亡時の指の様子が到達した行位を象徴したという話が数多く残されている。指を曲げる場合と伸ばす場合があるが、すこし後の事例をもふくめるなら、例えば『高僧伝』巻十の法匱伝の「手屈二指」、巻十一の普恒伝の「手屈三指」、『続高僧伝』巻七の宝瓊伝の「手屈三指」、巻十の慧曠伝の「手屈二指」、巻二十五の慧峯伝の「屈一指」、巻二十五附感通篇中の智曠伝の「手屈三指」、巻二十八の志湛伝の「両手各舒一指」（初果の獲得を示す）、さらに、『南史』巻二十五の到漑伝の「手屈二指」などを挙げることができる（本書第三篇第二章参照）。

ただしここで聖者のありかたを、阿羅漢にいたる小乗系の聖者と、十地にいたる大乗系の聖者に区別してみると、大乗の聖者は、案外、具体的事例を拾うのが難しいことに気づく。その傾向はとりわけインドの大乗に顕著である。例えば空の思想を大成し、後に中観派の祖と仰がれた龍樹（ナーガールジュナ、約一五〇〜二五〇頃）は、『楞伽経』の一節に基づいて、初地の菩薩だったとされるのが通例である。それは、「南方のヴェーダリー〔という地〕にナーガという名の吉祥にして誉れ高き比丘が〔現れるであろう〕。有と無の両端をうち破り、世間に、わが乗り物であるところの、この上なき大乗を照らし出し、歓喜の地（初地）に安住した後、彼は極楽に赴くであろう」という一節である（偈頌章一六五〜六六。船山二〇〇三a・一三三頁）。ここに見える比丘名はナーガであって、ナーガールジュナではないが、北魏の菩提流支訳（大正一六・五六九上）や唐の実叉難陀訳（大正一六・六二七下）では「龍樹」と訳されるから、龍樹を初地（歓喜地）の菩薩とする伝承は、遅くとも五世紀末頃にはあったことが分かる。伝承はその後『マンジュシュリー・ムーラカルパ』に継承され、龍樹六百歳説をも生み出した。チベット仏教においては、『プトン仏教史』が、インド後期大乗仏教の論師であるダルマミトラ（九世紀初〜前半頃。九世紀初のハリバドラに対する注釈家）とラトナーカラシャーンティ（十一世紀前半頃）の説として、龍樹は初地、無著は三地菩薩という説を紹介している（船山二〇〇三a・一三〇〜一二九頁）。

ところで龍樹でさえ菩薩の十地のうちの初地までしか到達しなかったという伝承にある種の奇妙さと意外な驚きを覚えるのは私だけであろうか。もっともこれは、あの龍樹でも初地でとまったと見るか、なんと素晴らしいことに初地にまで到達したというのか、その違いを熟慮すべきなのであるが。隋唐に活躍した吉蔵は前者であり、『中観論疏』の冒頭部分において、「問、龍樹是何位之人」という問いをたて、翻訳文献上は初地とされる龍樹が、中国の伝承では十地菩薩とされたことの矛盾を解消すべく、議論を展開している（大正四二・一下）。

唯識の論師としては、上に無著（アサンガ）を三地菩薩とする伝承があったことに触れたが、無著は伝承によっては初地菩薩として記されることもあるようであり、中国仏教では、無著を三地とする伝承が知られ定着したといったようなことはなかった。さらに、この無著の実弟である世親（ヴァスバンドゥ、天親）についても伝承がある。すなわち世親は地前菩薩であった、つまり初地にも入っていなかったという伝承が、陳の真諦訳『婆藪槃豆法師伝』末尾（大正五〇・一九一上）や唐の窺基『唯識二十論述記』（大正四三・一〇〇九下）より知られる。とりわけ『唯識二十論述記』には、『中辺分別論』にたいする護月の注釈（弁中辺論護月釈）に基づく説として、世親の行位は煖（四善根位の初）だったとされている。ただそれが、インド仏教の情報として全面的に信用できるかどうかには若干問題は残る。というのは、その記述中には、世親が「順解脱分の廻向の終心」に、弥勒が無著に授けたある偈頌を聞いたことが世親が煖に入れた契機であったというが、「廻向の終心」と言うのは、中国仏教の教理に特有な「地前三十心」説、とりわけ十廻向心を前提すると思われる点で、記述全体を純粋にインドの伝承記録ととらえることに問題があるかも知れない。しかしそれはともかく、護月に関しては『大唐西域記』巻九にナーランダー寺の学匠として名が見えるが詳細不明であり、その著作も翻訳されなかった以上、この情報が玄奘門下の口頭伝承だったと推測される（詳細は船山二〇〇三a・一一九～一一五頁参照）。因みに窺基は『成唯識論掌中枢要』（大正四三・六〇八上）でもヴァスバンドゥの行位を「明得〔定〕」すなわち「煖」としている。

以上、少々細かなところに踏み込みすぎた嫌いがあるが、龍樹や世親について、彼らがどのような境地まで到達したとインドや中国の仏教徒が信じてきたかを紹介した理由はほかでもない、仏教哲学の祖として著名なこれらの人物においてすらこのような状況であれば、一般の修行者が到達することのできる修行の境地がどれほどのものだったと信ぜられたかは容易に想像されるということを、史料に基づいて指摘しておきたかったのである。

原始仏教の時代には、ブッダの説法を聞いた者から多くの「悟った」人間が出た。部派仏教の時代になると、ブッダと阿羅漢を区別することにより、専ら阿羅漢となるための修行体系が細かく厳密に確立されていった。同時に、人はいくら修行してもブッダになれないという考えが定着した。これに対するある種の思想的閉塞状況を打破すべく登場したのが大乗の菩薩思想である。すなわち我々の目指し実践すべき生き方は菩薩であり、しかも誰でもが菩薩なのであって、やがてはブッダとなることができるということが掲げられた。これにより人はふたたび高い境地を目指すことが可能と思われるようになった。ところが大乗の修道論が修行の階位を細かく規定しながら確立され、そして菩薩のすばらしさが強調されゆくに従って、その帰結として、菩薩の修行には途方もない永い時間を要し、菩薩の行うべき事柄も質量共に理論上増大してゆく。こうして、ブッダという最終目標は再びどんどん遠のいていったのである。この世における修行者の現実的目標は初地に到達することにおかれ、同時に、龍樹は初地の菩薩、無著といえども三地という伝承がうまれたわけである。初地を目指すことが目標として低いと言うのでは決してない。大乗の理想の人間像と具体的な菩薩の伝承との間のギャップに注目するのである。

つまり大乗仏教の菩薩思想は、悟りをめざす人なら誰でもが菩薩であるとする下降的側面と、菩薩を理想の人間像として高く掲げ崇拝する上昇的側面の二面性があり、その二極を一如とするところに思想としての高い意義があるといってよかろうが、まったく同じ理屈によって、菩薩という存在は、今ここの私という生身の人間と、経典や画像に表現される神格としての菩薩の二極に分かれる可能性を常に秘めている。このことは、輪廻を繰り返すうちにも人はずっと菩薩であり続け、利他行に励んで最終的にはブッダとなるべきことを説く十地思想というものが、本来はわれわれ凡夫の実践体系として考えられたわけではなかった点に思いを致すなら半ば当然とも言えるが、それにしても、インド大乗思想における菩薩の修行階梯の確立が時間的にも質的にもふくれあがった結果、大乗仏教の修行者はたくさんいても、この世で悟った人はまず存在し得ないような皮肉な印象を与えたことは、ある意味で大乗仏教それ自体が内抱する問題と言ってよい。

インド仏教のこのような状況と比較した時、中国仏教における聖者の多さは、ある意味で異様ですらある。このことは、中国仏教における地前三十心と十地の階位説がきわめて機械的形式的な処置から発生したものであり、実際の修行における体験に基づくとは思われないことにも深く関係するが、今とくに注目したいのは、菩薩行位の安易な想定が、結果として、聖者を詐称する人間を多数輩出することを導いたのではないかと危惧される点である。真に菩薩と信ぜられた仏教者も確かにいたであろう。しかしそれ以上に偽りの菩薩がたくさんいた（本書第三篇第一章第四節（二）参照）。その端的な事例は、本章冒頭にも触れた法慶による大乗の賊であろう。一人を殺せば一住菩薩、十人殺せば十住菩薩と称したというのは言語道断であるにせよ、大乗の賊が発生し得た土壌として、それほどまで、菩薩はそこらじゅうにいてもおかしくないという通念が当時一般にあったのではないかと察せられる。彼が「大乗」を称したことの背景には、大乗であれば小乗では認められない殺人などもあながちありえないことではないとの認識が風潮としてあったのかも知れない。同様に、『薩婆若陀眷属荘厳経』なるニセ経典をでっちあげて発覚した梁の天監年間の郢州のニセ坊主、妙光（僧光とも）の場合も、女性信者たちは彼のことを「聖道」と呼んだのであった（『出三蔵記集』巻五、現代語訳は船山二〇一三a・一四二〜一四五頁とFunayama 2015a: 289）。ほかにも「聖人」を自称して周囲を惑わしたり、社会を混乱に陥れたりした人物はいるが、聖人を騙る人物の少なからぬ存在は、聖人と目される人が周囲にいてもおかしくないような雰囲気を告げるものであろう。

こうした事柄を戒律から見た場合、聖者を騙るということは、波羅夷の第四「大妄語戒」に該当する。大妄語戒とは、伝統的に小妄語（普通の常識的意味での嘘言）及び中妄語（他比丘を大妄語を以て誤って中傷すること）から区別されるものとして、自ら聖者を騙って周囲を惑わすことを意味する。実際この点が問題となった事例はいくつか拾うことができる。例えば仏駄跋陀羅伝には、彼の弟子のひとりが瞑想を行って、「阿那含果」すなわち三果を得たと自ら言い出したことがあった。仏駄跋陀羅が真偽をチェックする前に噂は広がり、かねてより仏駄跋陀羅に好意をいだいていない一派の耳にも届いた。彼らからすれば、日頃から戒律厳守と禅の実践を唱える仏駄跋陀羅たちは、鳩摩羅什と比較しても目障りな存在であり、ために苦々しい想いを抱いていたところに、戒律違反とおぼしきことが出てきたわけである。反仏駄跋陀羅の漢人一派は、律に違反するのではないかと問題視した。これが仏駄跋陀羅が長安から追放される原因の一つとなったのであった。

本章は、大乗の興起以前から伝統的に守られてきた戒律のうち、最も重罪とみなされた四波羅夷について、婬戒と殺戒には一部大乗特有の局面が認められること、大妄語戒に関しては、中国仏教特有の聖者論がかえって大乗を騙る事件を生むことにもなった可能性のあること、そして伝統仏教の側からは破戒や異端と思われた大乗僧の中にこそ、直後の時代に影響を与えた人物がいたことを指摘した。

注

（1）本章では四波羅夷のうちの三つと関係する事象を扱う。盗戒には触れない。さらにまた、破戒というと食肉と飲酒も問題となろうが、これも割愛する。食肉については「三種浄肉」の説によって如来蔵思想が登場する大乗の一時期まで、一般に食肉は禁止されていなかった。しかし中国では五世紀前半に、北涼の曇無讖訳『大般涅槃経』や南朝宋の求那跋陀羅訳『楞伽阿跋多羅宝経』ほかによって食肉をはっきりと禁止する如来蔵思想が普及し、さらにその上、五世紀後半に成立した偽経『梵網経』が食肉のみならず、飲酒および五辛摂取を禁ずる大乗戒思想を説き、多くの仏教徒の生活規範とみなされるようになった。こうした一連の動向によって食肉の禁止は、大乗の菩薩の守るべき戒律の一項目として定着していった。ただしこの大乗の新しい思想・生活規範とは別に、「蔬《そ》食《しょく》――肉や魚などを含まぬ質素な質素な食事を摂ること」を美徳とする価値観を中国仏教史に見出すことができる。「蔬食」を是とする風習が五世紀以前から既に存在していたことは『高僧伝』や『比丘尼伝』などから確かめられる。『論語』にも述而篇・郷党篇・憲問篇に「疏《そ》食《し》」という語が野菜ばかりの粗末な食事の意で用いるように、「蔬食」は仏教伝来以前からの中国伝統文化に基づく表現であり、贅沢を避ける修行の一種として評価されたようである。要するに「蔬食」に見られる中国仏教の菜食主義的伝統は、インドの如来蔵思想や大乗戒思想とは本来的に起源を異にする。

（2）伝の作者は、この時の様子について、呂光に「なんじの操は父親以上であるまいに、どうして固辞するのだ」と語らせることにより、婬戒を守れなかったことを「父親譲り」と描写する。父の鳩摩羅炎は、インドで宰相になれるほど有能な人物だったが、出家して僧となった。亀茲にやってくると、亀茲王に見込まれ王の妹と結婚し、生まれたのが羅什であった。『高僧伝』巻二の鳩摩羅什伝冒頭（大正五〇・三三〇上、吉川・船山訳二〇〇九a・一四一頁）参照。しかし父の鳩摩羅炎が結婚を機に還俗したかどうかは記されていない。

（3）対応する話は『晋書』巻九五芸術伝の鳩摩羅什伝にも見えるが、史料的価値は乏しい。横超・諏訪（一九八二

／九一・一一二頁）。

（4）足立・塩入（一九八五・九八頁、開成五年七月十三日の条）。また『中外日報』一九九〇年九月十四日付社説「羅什の苗裔」参照。

（5）『高僧伝』巻三の訳経篇の論において慧皎は、「而して童寿（鳩摩羅什）に別室の愆ち有り、仏賢（仏駄跋陀羅）に擯黜の迹有り。之を実録に考うるに、未だ詳しく究むること易からず」と、羅什が破戒したか否か断定を避ける（吉川・船山訳二〇〇九a・三五八頁）。

（6）横超慧日（一九五八／七一・一一六〜一一七頁注二）は、亀茲の戒律は厳格であったと考え、羅什については「破戒的行蹟は、まったく彼の個人的性格とその家系に負うもの」とみなす。

（7）『高僧伝』『出三蔵記集』の曇無讖伝に記される彼の旅程は、中印度—罽賓—亀茲—姑臧であり、鄯善（楼蘭）には触れない。しかし当時の一般的な道順として亀茲—焉耆—鄯善—敦煌—姑臧という順路は想定可能である。曇無讖の時点より以前の道順について、魚豢『魏略』西戎伝（魏略輯本巻二十二）は、焉耆から鄯善そして敦煌に至る道を「中道」と呼ぶ（横超・諏訪一九八二／九一・一七〇頁をも参照）。これによれば、曇無讖が通った道は于闐を経由する「南道」でもなく、亀茲・焉耆から高昌（トゥルファン）を通って敦煌に至る「北道」（『魏略』西戎伝の「新道」に相当）でもなく、その中間の亀茲・焉耆から鄯善を経由して玉門関・敦煌に至るものだった可能性はある。法顕がインドに向かった時も敦煌—鄯善—焉耆のルートを通っている。

（8）因みに曇無讖とほぼ同じ五世紀前半に建康にもたらされた『菩薩地』の別本『菩薩善戒経』（四三一年求那跋摩訳）の序品は本文で触れた『決定毘尼経』に当たるテキストを取り込み、一部改変した本と考えることができる。

第三篇　修行と信仰

第一章　聖者観の二系統

一　問題の所在

仏教の聖者観を検証する試みとして、筆者は以前に、龍樹・無著・世親というインド大乗仏教の学派の祖師たちについて、彼らがいかなる宗教的境地にまで到達したとされたか、その伝承を調べたことがある（船山二〇〇三a、二〇〇二b・五〇～五六頁）。調査結果は、少なくとも私にとっては意外であり考えさせられるところが多かった。

通常我々は、あるいは仏教研究者の少なからぬ一部は、暗黙のうちにこう考えることはないだろうか——インド仏教史に名を残すような人々、とりわけ学派の祖師と仰がれる人々や偉大な著作を残した学僧たちは、学派の標榜する宗教体系の最高位か、それに近い状態にまで到達した人物なのであろう、と。大乗仏教に即して言えばこうも言える——大乗の理想とする行き方は菩薩であり、菩薩には初地から第十地に至る上昇する階梯がある。とりわけインドの初期菩薩思想は「誰でもの菩薩」という立場を掲げた（静谷一九七四・二三八～二四六頁、梶山一九八三・一三五頁）。誰でもが菩薩となり得、菩薩の進む道には十種の段階（十地）があり、そして龍樹と無著がそれぞれ中観と唯識という大乗二大教理の基本を創設した者だったとするならば、そこから導かれる素朴な結論として、龍樹や無著は十地の菩薩か、それに近い存在だったのではないか。こう思う人がいても決して不思議ではない。ところが文献調査をしてみて判明したことはまったく逆であった。右に素描したような内容のことはインドの伝承には見出しがたく、少なくとも主流の伝承はそうではなかったと確かに言えるのである。

文献の告げる伝承は、龍樹や無著を意外なほど低い位置におく。すなわち龍樹については初地の菩薩だったという伝承が広く信奉された。無著については中国では初地の菩薩だったとする伝承が七世紀以降に普及した。一方インドでは第三地の菩薩だったとする伝承が遅くとも八世紀初頭の文献には確認され、それが相応の影響力を有した。世親に関するインドの伝承は明らかにならなかったが、中国では世親は地前の菩薩――すなわち聖者ではなく凡夫――だったという伝承が七世紀中頃に生じた。この伝承を知るようになった当初、正直に告白すると筆者は、空の思想を説いたあの有名な龍樹が初地とはいくら何でも低過ぎると直感的に思った。これではこの世に第二地、第三地はもちろん、十地の菩薩など理論としては存在し得ても実際はあり得ようがないではないか、龍樹や無著さえ初地であれば、七地や八地などに到達した人間など誰一人いないことになってしまう、そしてもしそうだとすれば、初地・七地・八地・十地などの相違について侃々諤々の議論を展開するのは机上の空論に堕してしまう、この伝承は何か歪められた特別な伝承か、民衆信仰の類ではあるまいかと思いたくなった。

さらに調査を進めるうち、自らの憶測が文献の告げるところから大きく乖離していることはすぐに明らかとなった。例えば龍樹を初地の菩薩とする伝承はインドにおいては誤った民間信仰ではなく、チャンドラキールティやアヴァローキタヴラタなどが記す学術的伝承にほかならない。それは最後期の学問仏教を代表する学匠の一人であるラトナーカラシャーンティに採用された後、チベットにも伝えられ、『プトン仏教史』における龍樹伝や、龍樹の一著作のチベット語訳の跋文にも明記されるようになってゆく（船山二〇〇三a・一三三～一三二頁）。とりわけチベット語文献の場合、あくまで憶測の域を出ないとは言え、インド人名に 'phags pa（*Skt.* ārya「聖なる」「気高い」）を冠するかどうかは決して情緒的・恣意的な敬称の類ではなく、凡・聖の区別に関する確固たる伝承に基づいているようだ。管見の限り、'phags pa を冠する論師名には龍樹・無著・（アーリヤ）ヴィムクティセーナなど、数えるほどしか事例がなく、いかに有名でも例えば世親やダルマキールティにそれを冠することはないようだ。

インドの伝承は中国にも伝わったが、中国の場合、興味深いのは、龍樹初地菩薩説に矛盾と困惑を覚えた人々が実在したことである。以下にこれを少し紹介しておこう。蓋し、龍樹は初地の菩薩だったとの伝承を明記する最初の漢語仏典は北魏の菩提流支訳『入楞伽経』（大正一六・五六九上）である。それ以前の中国仏教界では、鳩摩羅什訳『大智度論』の著者である龍樹は第十地の菩薩、あとは仏陀となるを残すだけの身に違いないと信ぜられていた。そのような漠然とした信仰を有していた人々が龍樹は十地ではなく、初地の菩薩であったことを記す確かな証拠として『楞伽経』の一節を知った時の驚きは想像に難くない。隋の吉蔵はこの矛盾に逸早く気づいた一人であるが、さらには、龍樹は衆生を応接救済すべく初地に入ったが、実は十地の菩薩だったとする姚道安（『二教論』撰者）の『中観論疏』の冒頭において、龍樹を十地の菩薩とみなす僧叡や廬山慧遠の説、初地の菩薩とする『楞伽経』一節、解釈などを紹介しながら、吉蔵は自身の見解として「聖迹は無方なれば、高下は未だ測るべからず」と、ある意味で解決を放棄するような態度を表明している（『中観論疏』巻一、大正四二・一下）。このように龍樹が初地ではあまりに低過ぎるではないかとの直感的な疑問は、中国仏教史においても実例を見出すことができるのである。

以上、インドの大乗仏教においては聖者と仰がれる人々も実は教理体系のトップに位置していたわけではないことを示したが、このことは様々な問題に展開する。例えば龍樹や無著すら初地の菩薩に止まったとすれば、一般の修行者や注釈家・学僧などが一体どれほどの境地に達することができるか自ずと明らかであろう。その場合、理論家による悟りの記述は自らの実体験をふまえるものか、実体験なしにも悟りを正しく説き示すことは可能かという素朴な問いも起こり得よう。この点に関して言えば、中国における玄奘門下の伝承が、最重要なる祖師のひとりである世親を地前（初地に到達する以前）の菩薩であるとして聖者と認めなかったことは実に興味深い。唐の慧沼は『成唯識論了義燈』第一本においてこの問題に触れ、「世親菩薩は地前に住すと雖も、前の四徳を具えれば、亦た造論に堪う」（大正四三・六七一中）云々と述べる。これは、自ら悟っていなくても悟りの内実やそこに至る手順を正しく記述することは精進と学習により可能であることを示唆する点で注目に値する。素朴な疑問は他にもたくさんあろう。大乗と小乗とでは聖者に質的あるいは量的な差はあるか。歴史には名をとどめなくとも隠棲者のうちには真の聖者がいたのではないか。あるいはインドには十地の菩薩など実は一人もいなかったのか。仮に然りとせば、十地の体系は何のために必要だったのか。この世において仏に見《まみ》える体験や仏を観ずる修行にはいかなる意味があり、修行体系のどこに位置付けるべきか。そもそも龍樹や無著を初地に置くような伝統体系において人が「仏と成る」ことは可能なのか。ほかの聖者のあり方、例えばインド後期密教におけるシッダ「成就者」（奥山一九九一参照）やチベットの活仏（山口瑞鳳一九七七参照）はどのような聖者かなど、素朴な疑問は尽きない。

単一の論文でこうした問題すべてを論ずることはできない。ただ、中国中世仏教史に即して言えば、中国では龍樹や無著の初地説に端的に現れる厳しい宗教観が普及した一方で、他方、初地よりも高い階位に至ったと信じられた人々の伝承もまた存在した。聖者と称される人々の数量に関して、中国には少なくとも二つの伝承の流れがあり、両者は必ずしも整合的に連携せぬまま、仏教史の全体のなかに組み込まれていたように思われる。

本章は六朝から唐初までの仏教史を俯瞰する試論として聖者観の問題を取り上げる。[1] 紙幅の都合から一次資料への言及は最小限にとどめ、多くの原文と翻訳を省略せざるを得ないことを予め諒解いただきたい。

二　仏教の聖者とは——予備的考察

まず筆者の関心と課題を明かすため、仏教における聖者とは何かについて少々概説然とした確認から始めたい。

聖という文字の本来的意味や変遷について今は触れる余裕をもたないが（顧頡剛一九七九、本田一九八七、吉川忠夫一九九〇b、一九九七参照）、儒教においては聖人とは堯・舜・周公旦・孔子などであり、孔子の弟子たちは一般に聖人とはみなされぬ傾向にあった。それ故これとの関わりで、仏教についても聖者を釈迦牟尼に限定して論ずることが時にある。しかしそうした理解は聖者としての菩薩の存在を無視している点で不適切である。仏教の聖人を釈尊に限定するのは定義として狭過ぎる。大聖たる釈尊は頂点であり、その下にも多種多様な聖者がいるのだ。

この対極にある考え方として、出家僧をひとしなみに聖者とみなすような論も時には見受けられる。しかしこれまた不適切である。たしかに僧侶にも聖者はいたと歴史的にみなされたが、すべての僧侶が聖者であるわけではない（ただしインド仏教の場合、教団ないし部派に言及する時は例えば ārya-Mahāsāṃghika「聖者大衆部」のように「聖」を冠する場合のあることが碑文資料などに見られる）。文献に即した表現をするならば、僧には凡僧と聖僧の二種がいたと言うべきである。僧侶であればみな聖者であるとする規定は定義として広過ぎる。

第三に、仏教を大乗と声聞乗（いわゆる小乗）に区分した時、大乗の聖者とは菩薩であり、菩薩とは聖者である、と解して為される論も時に見受けられる。しかしこのような理解も誤りである。なぜならば、ちょうど僧に凡僧と聖僧がいたのと同様に、菩薩にも凡夫としての菩薩と聖者としての菩薩がいた。文献に即して言えば、聖者としての菩薩は、「入地菩薩」「登地菩薩」（bhūmipraviṣṭo bodhisattvaḥ すでに地に入った菩薩）などと限定的に表現される。地とはここで初地以上の段階を指している。一般にインドの瑜伽行派の標準的な修行論によれば、四念処と呼ばれる段階の後、四善根と呼ばれる煖・頂・忍・世第一法の四段階を順次登り、そして世第一法で無漏の智慧が生じると、その瞬間に修行者は初地に入るとされる。初地以上が聖者なのである。

他方、声聞乗の聖者については、阿羅漢という語を用いて、恰も阿羅漢のみが声聞乗の聖者であるかのように論ずる傾向が強いが、これも正しくない。声聞乗修行階位の最も標準的な説一切有部説によれば、上述の瑜伽行派と同じく（というより有部の方が元なのだが）四念処の後、煖・頂・忍・世第一法を修め、見道に入ると聖者となる。以後の修行順次は「四向四果」と呼ばれる。すなわち見道位を「預流向」とし、次に修道位である「預流果」（＝初果＝須陀洹果）へ、「一来向」へ、「一来果」（二果＝斯陀含果）へ、「不還向」へ、「不還果」（＝三果＝阿那含果）へと進み、「阿羅漢向」を経て、最高位「阿羅漢果」に到達する（櫻部一九六九・一三五〜一三八頁）。このうち凡から聖への転換点は入見道であるから、初果から阿羅漢果までの四果のいずれかを体得した者はすべて聖者である。

以上、四種の考え方を取りあげ、その適切性を欠く所以を簡単に説明した。要するに仏教における聖性とは何か、聖者とは何かと言えば、「聖」は「俗」ないし「凡」の対義的概念であり、「聖者」「聖人」は「凡夫」の対義語である。では聖者と凡夫の境界線はどこにあるかと言えば、大乗仏教によれば一般に初地以上を聖者——入地菩薩・登地菩薩——とし、声聞乗では見道以上を聖者とみなすのである。そしてそのいずれの場合にも聖者性の頂点に位置するのが仏であり、それが「大聖」と称される。さらに、凡夫から聖者への一連のプロセスが修行体系を構成している点にも仏教の聖者観の特徴が認められる。このことは、神話的世界や神々の世界に限定して聖者を想定するのではなく、聖者は、人がそれになり得るところの理想的人間像をも示すことを意味している[2]。そして修行の枠組みが聞・思・修の三慧を順に経て無学へと至るものであることを思い起こすならば、仏教が修行による聖への転入の可能性を標榜することは、道教における「神仙学んで得べし」の是非論（『抱朴子』弁問篇、対俗篇）や、儒教における「聖人学んで至るべし」の論――仏教や道教のそれより数世紀後の論であるが――とあわせて、最終的には漢文化全体の流れの中で理解すべき問題であろう（島田一九六七・三三～三五頁、吾妻二〇〇〇をも参照）。

凡聖の相違に関して言えば、それは葬法にも顕著である。『高僧伝』巻三の智厳伝によれば、インドでは凡夫と聖者とでは火葬の場所が異なっていたという（大正五〇・三三九下）。同巻十一の普恒伝によれば、宋の昇明三年（四七九）に七十八歳で卒した普恒は、手の三指を曲げており、さらに、生前は黒かった体が、亡くなると真っ白になった。これにより、悟りを得た人に対する方法をもって彼は荼毘に付されたという（大正五〇・三九九中）。手の三指を曲げるとは、後述するように、声聞系修行論における第三不還果に到達したことの象徴表現である。

三　訳語としての「聖」

（一）「聖」

「聖」の訳語としての意味を確認する。「聖」と訳される梵語の代表は ārya「聖なる、尊き、高貴な noble」である。同じ意味を表す別な表現としては、「出世間」と訳される lokottara または alaukika「世俗より上位の、非世俗的な」や「上人」と訳される uttaramanuṣya「上位の、勝れた人間」、「牟尼」と音写される muni などがあるほか、satpuruṣa「正しい、真実の男」も文脈によっては聖者を意味する。ただしこれに対する定まった漢訳はない。

（二）「賢聖」

さらに訳語としての「賢聖」に注意を促しておきたい。通常、賢聖は賢者と聖者とを意味するが、西晋の竺法護訳『正法華経』においては「賢聖」は概ね ārya の訳か、もしくは subhadraka「すぐれて賢き者」などの訳であり、「賢」と「聖」を併記したり厳密に区別する用例はむしろ見られない如くである（辛嶋一九九八・二九七〜二九八頁）。

因みに「賢」のみを単独で用いる例として「賢者」があるが、これは同経においては āyuṣmat「長老、具寿」の訳である。一般には bhadra「賢き者」の訳でもあり得る。

また別に、漢訳アビダルマの修道論では「賢聖」という表現を用い、賢者を三段階にわけて「三賢」としたり、聖者の四位とあわせて「七賢聖」と表現することがしばしばあるが、その場合もインド語原典には「賢」に直接対応する語はないのである。このような「賢聖」の初出は東晋の僧伽提婆が慧遠らと共に三九一年に訳した『阿毘曇心論』賢聖品とされる（櫻部・小谷一九九九・ii〜iv頁）。定型漢訳「賢聖」における「賢」の概念は、インドに明確な根拠や対応を見出せないことが分かる。

（三）「仙」

なお中国の聖者観を検討する際には儒教の「聖人」のみならず、道教の「仙人」も考慮すべきであるが、「仙」は仏典でも訳語として使用される。その場合、訳語「仙」に対応する梵語は、ヴェーダの詩節を神々より聴き受けた聖仙などを指す ṛṣi である場合やその他がある。

四　聖者の自称と他称

いかなる条件を満たせば人は聖者となるか。誰が聖者と認定するのか。これについては、我は聖者なりと自称する場合もあれば、周囲がそのように認めたという他称もある。ただ、その殆どの認定過程は不明である。周知のように例えばヨーロッパ中世以降のキリスト教カトリックにおいては、聖者号を与える制度として列聖canonizationが厳密に定められているが、中国仏教にはそうした制度はなかった(3)。また、いつ聖者と認定されるか、生前か死後かについて言えば、カトリックでは生前の聖者は認められず、聖者と認定されるのは必ず死後に限られるが、中国仏教の場合は、生前から聖者と認められた逸話も決して少なくない。とりわけ自称による聖者――その最初期の事例は釈尊であるが――は、カトリックなどとは大きく異なる点であり、さらにそこから派生する問題として、歴史的に見て、自称が偽の聖者――聖者の詐称――を生む温床ともなったことを指摘しておくべきであろう。

（一）僧伝に見る聖者

僧侶の人となりや行動の秀逸さ故に周囲の人々が聖者とみなした話は多い。例えば『高僧伝』巻一の曇摩耶舎伝の「常に神明と交接するも俯しては曚俗と同じ。迹は未だ彰らかならずと雖も、時人は咸な已に聖果に階《のぼ》れりと謂《おも》う」（大正五〇・三二九下）。これと同様に周囲の人々が「聖」と判断した話は枚挙にいとまなく、『高僧伝』巻二の弗若多羅伝（大正五〇・三三三上）、仏駄跋陀羅伝（三三四下）、曇無讖伝（三三六上）、巻三の曇無竭伝（三三八下）、『続高僧伝』巻十六の仏陀禅師伝（五五一上）、巻八の法瑗伝（三七六下）、巻十の慧安伝（三九三下）、巻十一の玄高伝（三九八上〜中）、『比丘尼伝』巻二の静称伝（九四〇上）、『太平広記』巻一〇五の唐臨安陳哲その他に見出すことができる。当該人物が聖者とみなされた背景として、多くの場合、並々ならぬ禅定を発揮したことや、一種の超常現象を現したことなどが語られる。

一方、自らを聖者と自覚した例を『高僧伝』に求めると、巻三に、遺言偈を作って自らの生涯を振り返り、「摩羅婆国界にて、始めて初聖果を得、阿蘭若の山寺にて、迹を遁《かく》して遠離を修む。後、師子国の劫波利と名づくる村において、進んで二果——是に斯陀含と名づく——を修得す」と記した求那跋摩がいる（大正五〇・三四二上〜中）。巻十の保誌（宝誌）伝に、保誌が臨終に当たり、自らについて「菩薩将に去らんとす」と言い、「未だ旬日に及ばずして無疾にして終わる。屍骸は香わしく軟らかなり。形貌は熙悦するがごとし」（大正五〇・三九四下）とあるのも、自らを聖者の菩薩と称した例である。さらに唐の楼穎『善慧大士録』巻一によれば、善慧大士傅翕（四九七〜五六九）は、嘗って弟子に、首楞厳三昧や無漏智を得たと自ら語ったことがあった。それを受けて、弟子たちは皆、首楞厳三昧は十地の菩薩のみに可能な三昧であるから、師は十地の菩薩に違いないと判断した（続蔵一・二・二五・一・一葉表）。また、梁の道士陶弘景は、夢における仏の授記を機縁として自らが七地菩薩であることを自覚したと伝えられる（『梁書』巻五十一の陶弘景伝、『文苑英華』巻八七三の梁蕭綸「隠居貞白先生陶君碑」。船山一九九八a参照）。

このように仏教における聖者には、周囲の判断風評による場合と自称による場合とがあるが、そうした場合、いつも必ず自他の判断が一致するわけではない。本人の意識と周囲の判断がずれる場合もあった。自らは凡夫の自覚を有していたにもかかわらず、周囲に聖者と目された例として、『続高僧伝』巻二十七の僧崖を挙げることができよう。僧崖は捨身を行った人物として知られる（船山二〇〇二a・三三八頁）。彼は自らを凡夫とする意識から、「我は是れ凡夫なり。誓いて地獄に入り、苦を衆生と代わり、願わくは仏と成らしめんことを」という意図で捨身を実行したところ、周囲の者たちからは「聖人」とみなされたと伝えられている（大正五〇・六七九中～下）。

（二）自称聖者と偽聖者

これとは逆に、自ら恣意的に聖者を名乗る時、偽聖者が出現する（六朝仏教の偽聖者に関する主な研究として塚本善隆一九三九／七四、砂山一九七五、本書第二篇第四章など参照）。その典型として、『魏書』巻九の粛宗紀第九と『魏書』巻十九上の京兆王伝に見える沙門法慶を挙げることができる。法慶は北魏の延昌四年（五一五）、冀州に民衆を集めて反乱を起こし、自ら「大乗」と称して人々を誑かし、一人を殺せば初地の菩薩であり、十人殺害すれば十地菩薩であると驚くべきことを言い触らした。また、狂薬を合して人々に飲ませ肉親すらも識別できないようにさせた上で殺人機械と化せしめた。暴徒は寺舎を破壊し、僧尼を斬戮し、経典や仏像に火を付け、新仏が世に出現し、旧魔を除去するのだと言いたて、狼藉の限りを尽くして世を混乱に陥れた。さらにまた、『出三蔵記集』巻五（大正五五・四〇中）や『歴代三宝紀』巻十一（大正四九・九五上）によれば、梁天監九年（五一〇）、郢州の沙門釈妙光は「『薩婆若陀眷属荘厳経』一巻」なるものを捏造し、立派な僧侶のふりをして諸の尼や女性を誑かした。その結果、人はみな彼を「聖道」（聖なる道人さま）と呼んで崇めたという。また、『高僧伝』巻十一の僧璩伝には、沙門僧定なる者が自ら不還果（第三果）を証得したと言って物議をかもしたことがあったと記す（大正五〇・四〇一上～中）。このように自称の聖者には、確かに純正なる自称聖者の実在が認められる一方で、偽の聖者を生み出す背景となり得る面もあるのである。自称と偽宗教家の問題は恐らくそのまま現代にも当てはまるに違いない。

因みに、中国仏教史における聖者の認定過程には不明な点が多いことと関連して、高僧の伝には「聖人」「聖僧」「聖沙弥」などの語が、特に明確に規定されぬまま、単なる僧侶への敬称のごときものとして用いられる場合のあることも指摘しておきたい。例えば『高僧伝』巻五の道安伝に、「(道)安は先に羅什の西国に在るを聞き、ともに講析せんことを思い、毎に(苻)堅に勧めて之を取らしめんとす。什も亦た遠くより安の風を聞き、是れ東方の聖人なりと謂い、恒に遥かより之に礼す」(大正五〇・三五四上)とあるのは、聖人性の根拠を明示せぬままに尊敬の対象を聖人とみなした例である。類似の事例は『高僧伝』巻十一の普恒伝(大正五〇・三九九中)、『比丘尼伝』巻一の道容伝(大正五〇・九三六中)、『法苑珠林』巻四十二引『冥祥記』晋尼竺道容(大正五三・六一六中)、『続高僧伝』巻八の法上伝(大正五〇・四八五上)、『同』巻二十一の慧光伝(六〇七中)などにおいて確認することができる。また、僧侶への尊敬をこめた二人称として、会話表現のなかで相手の僧侶を「上人」「上聖」などと呼ぶ例は、『高僧伝』巻七の道温伝(大正五〇・三七二下)や『続高僧伝』巻二十九の明達伝(六九一下)などに指摘できる。

五　安易な聖者化——その説話的性格

(一) 僧伝に見る聖者と小乗の修行

仏教文献には、ある人物を称揚する文脈で、聖者になったことを実にあっけないほど安直に記すことがある。このタイプの話はしばしば僧伝の類に現れ、その説話的性格と関与しているように思われる。例えば、『高僧伝』巻二の鳩摩羅什伝によれば、篤信の仏教信者であった羅什の母は出家を夫に願い出たがどうしても許されず、後に再び強く出家を望み、その結果、「若し落髪せざれば飲食を咽まず」と誓いを立てた。六日目の夜になり気力が尽き果てたのを見た夫は、もはやこのままでは明日までもつまいと懼れ、遂に出家を許した。そして翌日には受戒して禅法に励んだ結果、初果を得たという(大正五〇・三三二上)。同じ羅什伝は、アクシャヤマティという名の王女が尼となり、経典を博く学んで禅定を極め、二果を証したことも記す（三三一上）。

さらに『名僧伝抄』の引く『名僧伝』巻二十五の法恵伝と『比丘尼伝』巻四の馮尼伝によれば、法恵なる法師は亀茲国の金花寺を訪れた時、客人への歓待として僧に葡萄酒一斗五升を勧められた。出家であることを理由に一旦は拒んだが、結局は意を受けて飲んだところ、大いに悪酔いした。そしてその後、「法恵は酒より醒め、自ら戒を犯せしことを知り、追って大いに慚愧し、自ら其の身を槌ちて、所行を悔責し、自ら命を害せんと欲す。此の思惟に因りて、第三果を得」たという（大正五〇・九四六中）。亀茲の一帯で僧侶がワインを飲んでいたらしいことにも大いに興味をそそるが、酔いの反省を機に阿羅漢果直前の三果にまで達したというのは、説話的には面白いが、修行の階梯からすれば荒唐無稽というほかないのではないか。

『法苑珠林』巻二十の引く『冥祥記』によれば、宋の沙門の釈慧全は、涼州の禅師として門徒五百人を教えていたが、その中にひとり、性格のいささか麁暴なる弟子がおり、自ら「三道果」すなわち声聞乗の三果を得たと言った。慧全は普段の行いから信じなかったが、実は後にその弟子が超常現象を示してみせた（大正五三・四二九上）。

さらに、『太平広記』巻九十一と『南岳総勝集』巻下（大正五一・一〇八一下）にも聖者の位をめぐる不思議な話がある。唐の則天武后の時、徐敬業なる人物が揚州にて反乱し、則天はこれを討ったため、軍は敗れて遁走した。敬業は以前より子供を一人養育していて、その容貌が自分とよく似ていたため、かわいがっていた。敬業が破れた時、その子供も捕まえられ、則天の軍の者たちは子供を斬殺した。そのとき彼を敬業と勘違いした。敬業自身は仲間数十人と共に大孤山に隠れて剃髪し僧形となった。話変わって天宝の初年（七四二）、九十歳を超えた住括という名の老僧が弟子と共に南岳衡山の寺に趣き、一ヶ月ほど滞在した折、ある時急に諸僧を集め、殺人の罪を懺悔し始めた。老僧は、「汝らは徐敬業なる者のことを聞いたことがあるか。それは私だ。わが兵は敗れて、大孤山に入り、そこで修行に励んだのだ。今私は死にゆく。だからこの寺に来て、世の中の者たちに、わたしが四果を証得したことを知らせるのだ」といい、自らの死期を示し、その通りに卒し、衡山に葬られたという[4]。

以上の四話はいずれも説話として面白いが、現実味の乏しい、怪しげなものばかりである。ただいずれも三果・四果（＝阿羅漢果）など声聞乗の修行体系に沿った表現をとることに留意したい。一般に、大乗の徒を自認する中国の仏教者たちが、何故に声聞乗つまり小乗の修行体系を採用するのか。そこに何か特別のニュアンス――恰も聖者としてのインパクトを重視するあまり現実性に関心が向かないかのごとき――があるようにさえ思える。

（二）中国的な大乗のイメージ

もう一つ戒律をめぐって大乗と小乗の聖者の相違を中世中国の仏教徒がどのように考えていたかを端的に伝える説話を紹介しよう。大蔵経に見出せない話だが、『太平広記』巻九十一の法琳の条に傑作な話がある。

唐の武徳年間（六一八～六二六）、終南山の〔道〕宣律師は戒律を守り、天人の韋将軍ら十二人が天より下る感応を得た。その脇に衛護する一団がいて、そこに〔四天王のうち〕南天王の息子、張璵がいて[5]、常に律師に仕えた。ある時、道人の法琳が酒を飲み肉を食らい、妄りな付き合いをして妻子ある身となった。〔道宣〕律師は街中にいた時、法琳がすれ違っても、礼をしなかった。天王の息子（張璵）が律師に、「自らをどのような人物と心得ていますか」と言ったところ、律師は、「私は聖者の方かと」と言った。王子は、「師《そなた》はまだ聖人ではありません。たかだか〔小乗の〕四果を得た阿羅漢にすぎません。法琳道人こそ聖人です」と言った。律師は、「見ての通り、戒を破ってばかりの奴が、聖人であるなど、あり得ない」と言った。王子は、「あの菩薩法師の境地は、師には測り知ることができますまい。ならばあの方にまた会うことがあれば、師は十分に接待を尽くしますように」と言った。そこで〔道宣〕律師は見方を改めた。その後、法琳が酔っぱらい、突然律師のところにやって来て、律師の座具にどっかと坐り、床に嘔吐した。ものすごい臭穢にまみれたけれども、律師は嫌うことなく振る舞った。そのため〔法琳は〕造功徳銭（信者のお賽銭）を手に掴み、袖に入れてその場をすぐに離れると、その銭で酒と肉を買った。銭がなくなると再び銭を取ろうとした。すると、律師は会うなりすぐに銭を与えた。その後、唐の高祖（李淵）が道教の道士の言を聞き容れて、仏教を排斥しようとした時、法琳は諸道士と論争し、道士は〔負けて〕恥じ平服した。さらにまた高祖の尊顔を拝して、頑なに仏教と論争したけれども、仏法が尊厳を保てたのは〔法〕琳の功績であった。仏教の経典〔を保ち〕法を護った菩薩、それは〔法〕琳その人であった。〈『感通記』に基づく〉。

唐武徳中、終南山宣律師修持戒律、感天人韋将軍等十二人自天而降、旁加衛護、内有南天王子張璵、常侍於律師。時法琳道人飲酒食肉、不択交遊、至有妻子。律師在城内、法琳過之、律師不礼焉。天王子謂律師曰、「自以為何如人」。律師曰、「吾頗聖也」。王子曰、「師未聖、四果人耳、法琳道人即是聖人」。律師曰、「彼破戒如此、安得為聖」。王子曰、「彼菩薩地位、非師所知。然彼更来、師其善待之」。律師乃改観。後法琳酔、猝造律師。直坐其牀。吐於牀下。臭穢雖甚、律師不敢嫌之。因以手攫造功徳銭、納之袖中径去、便将沽酒市肉。銭尽復取、律師見即与之。後唐高祖納道士言、将滅仏法。法琳与諸道士競論。道士慙服。又犯高祖龍顔、固争仏法。仏法得全、琳之力也。仏経護法菩薩、其琳之謂乎。〈出『感通記』〉。

あくまで架空の感応譚であり、敢えて現実性を云々する必要もないが、戒律を墨守しようとする道宣を「未だ聖ならざる四果の人にすぎぬ」と小乗系の表現で断ずる一方で、破戒の限りを尽くしながらも護法につとめた法琳の方こそ真実の聖者であると言おうとするのは興味が尽きない。まるで後の中国禅を先取りする話のようではないか。

六　聖者は多いか少ないか

（一）多くの聖者を認める場合

前節に見た説話的性格の濃厚な聖者譚は、比較的多数の聖者がこの世に存在するとの前提を暗に認めるものである。この世に聖者などいる筈はないという信念のもとには、第三果や阿羅漢果を悟ったことなど、たとえお話しとしても成り立ちようがないからだ。このような《比較的多数の聖者を認める流れ》は、中国宗教文化においては仏教以外にも類例を見ることができる。例えば、広く知られているように、晋の葛洪『神仙伝』巻五の陰長生伝に、「古より得仙者は多し。論を尽くすべからず。但だ漢興より已来、得仙者は四十五人なり、余を連ねれば（四十）六たり。二十人は尸解し、余の者は白日昇天す」とあるがごとき、多数の「得仙者」（仙人となった者）を認める傾向。さらに、これまた万人周知であるが、『世説新語』文学篇の梁の劉孝標注に「劉子政の『列仙伝』に曰く」として、「百家の中を歴観し、以て相い検験するに、得仙者は百四十六人、其の七十四人は已に仏経に在り」云々と仏教との関連を示すのは、直後の時代には後人の挿入句として否定された（『顔氏家訓』書証篇）とは言え、仏教の聖者と道教の仙人がパラレルな存在と考えられていたことを告げるものである。

儒の流れから治世の聖人として皇帝を聖人とする「聖王」の概念が成立した。同様に、仏教の場合、北魏で皇帝即如来論が生じた。『魏書』釈老志は、太祖道武帝を「当今の如来」として礼すべしと述べた沙門法果の逸話を記す。

（二）聖者となれる人はごく僅かとする場合

以上、《多数の聖者を認める流れ》に属する資料を見て来たが、一方、中国宗教文化においては《聖者を極めて稀少とする流れ》も同時並行的に存在した。これについては幾つかの視点を設定できる。

第一は、儒教の聖人不在論である。よく知られた『孟子』尽心下篇の一節、「孟子曰く。堯舜より湯に至るまでは五百有余歳なり。……湯より文王に至るまでは五百有余歳なり。……文王より孔子に至るまでは五百有余歳なり。……孔子より来《このか》た今に至るまでは百有余歳なり。聖人の世を去ること此の若く其れ未だ遠からざるなり。聖人の居に近きこと此の若く其れ甚だしきなり。然り而うして有《たも》つこと無くんば、則ち亦た有つこと無からん」がある。さらにこれを承けた韓愈『原道』の言、「曰わく。斯の道は何の道ぞや。曰わく。斯れ吾が謂う所の道なり。向《さき》に謂う所の老と仏の道には非ざるなり。堯は是を以て之を舜に伝え、舜は是を以て之を禹に伝え、禹は是を以て之を湯に伝え、湯は是を以て之を文武周公に伝え、文武周公は之を孔子に伝え、孔子は之を孟軻に伝え、軻の死するや、其の伝うることを得ず」は、五百余年を単位とする聖人の輩出が孔子で終わり、孟子以降、聖者の伝統が断絶したと述べる。

五百年・千年単位に聖人が輩出したと説く文献として、ほかに儒教では『孟子』公孫丑上篇の「五百年に必ず王者の興る有り」が、道教系の発想としては『広弘明集』巻九の北周の甄鸞《しんらん》『笑道論』の、「文始伝を案ずるに云わく。五百年に一賢あり、千年に一聖あり」がある（大正五二・一四六上。笑道論訳注一九八八・五〇〇頁）。『文始伝』の実態は不明ながら、道教系の少なくとも一部に、五百年千年単位の聖者出現を是認する説があったことが分かる。

以上、儒教と道教について瞥見を試みた。同様の傾向は仏教にも認められぬわけではない。部派仏教の一世界一仏説がそれである。大乗の十方諸仏の多仏説と対立するこの考え方は、声聞乗が仏ではなく阿羅漢を修行目標としたことと密接に関連するが、端的には、『中阿含経』巻四十七の『多界経』に現れ、この世に転輪王は一人であって二人は同時にあり得ないのと同様、如来も一世界には一人であって二人は同時にあり得ないと説く（大正一・七二三下～七二四上）。ほぼ同じ文言は玄奘訳『阿毘達磨法蘊足論』巻十にも見える（大正二六・五〇二中）。従って一世界（すなわち一つの三千大千世界）に存在する仏の数はただ一人という説は、部派仏教の主勢力たる説一切有部まで保持されたことが分かる。この説に立つ限り、人間はこの世で自ら仏と成ることなどあり得ない。

さらに、冒頭に触れた龍樹や無著を初地の菩薩とする大乗の聖者観も《聖者を稀少とする流れ》に繋がる。

七　修行階位と解釈の諸相

（一）聖者の理論は五世紀末に転換した

六朝時代、とりわけ東晋から劉宋の初め頃までの仏教において聖人論と言えば、謝霊運『弁宗論』や宗炳『明仏論』などに典型的な、成仏の理をめぐる論として大いに流行した。そこにおいて仏教の聖人とは実質的にほぼ仏に限定した上で聖人論が立てられた。かかる五世紀前半頃までの南朝仏教の議論と、後続する時代の凡聖理論を比べると、一つの大きな隔絶がある。謝霊運らの論が清談や玄学の伝統を背景として、悟りの理論の整合性と可能性を追求したのに対して、その直後頃から隋唐に至る論は、実践的修行の理論体系との関わりでなされた。そこにおいて聖とはもはや仏のみを指すのではなく、凡聖それぞれに細かな段階が定められるようになった。その契機となったのは五世紀末頃に成立した偽経『菩薩瓔珞本業経』だった（佐藤哲英一九二九／八一、船山一九九六・六七～七〇頁）。

（二）偽経『菩薩瓔珞本業経』の三十心説

本経において、菩薩の階位は、最初の「十信位」という準備段階を経た後、十住位・十行位・十廻向位という、いわゆる「三十心」を段階的に上昇し、その後、十地の初地に入り、次いで初地から第十地までの「十地」と、さらに無垢地、妙覚地のいわゆる「後二地」へという四十二賢聖門の体系（「十信位」をあわせると都合五十二位の体系）として成立し、大いなる普及を遂げた。かかる中国仏教独自の行位体系と共に、鳩摩羅什訳『成実論』巻十五（大正三二・三六二上）などに基づいて凡夫位を外凡夫と内凡夫とに区分する説も確立した。そして初発心から十信位の終了までを「外凡夫」とし、それに続く十住・十行・十廻向のいわゆる三十心位を「内凡夫」（「賢」に相当）とし、かかる「凡」の諸階級の後の初地以上を「聖」とみなす体系が成立した。あわせて曇無讖訳『大般涅槃経』の経文解釈を通じて、四善根位や四向四果などの声聞系の修行階位との対応付けも図られた（船山二〇〇〇b・一三二～一四七頁、Funayama 2013: 21-24）。その場合、大乗の初地は声聞乗の見道に相当するとして、大乗では初地以上の者を、声聞乗では見道以上の者を聖者とみなした。

南朝の行位説は直後に北朝のいわゆる地論宗の教理学にも取り入れられた。そして南朝説と、六世紀初頭の北魏に新たにもたらされたインド瑜伽行唯識派の経典の翻訳と解釈とによって、教理学が急速に展開した。彼らは「別教」「通教」「通宗教」という新たな分類視点を加えることによって、より精緻にして、ある意味ではさらに繁雑なる体系化を推し進めた。天台智顗らの行位説はそれら地論宗の学説に一部基づくことは多くの研究が指摘する通りである（地論宗の行位説の研究として、青木一九九六、石井一九九六・一二三～七八頁を参照）。

（三）初地の意義

凡と聖の境界線を初地とする説は南朝より隋唐に至る教理学に一般に妥当する標準的理論であった。ただし異説がなかったわけではない。それは天台学で行位を別教と円教に大別するうちの、円教の場合である。天台系の一般的解釈では、別教は十廻向の終了までを凡夫とするのに対し、円教は十信位の最終段階までを凡夫と、十住・十行・十廻向にある者をすべて聖人とみなす。この説の根拠が厳密にいずれの経典に求められたか筆者には定かでないが、ただ一つ陳の真諦（四九九〜五六九）のもたらした学説が同様のものだったことは注目すべきであろう(6)。真諦訳『摂大乗論釈』巻三（大正三一・一七四下）や巻四（大正三一・一七七下）は、初発心より十信位までを凡夫、十解（十住に当たる真諦特有の表現）以上を聖人とする説を明記する。それが真諦の自説でもあったことは、唐の円測『仁王疏』巻上本（大正三三・三六九上）や巻中本（三八六下）に引く真諦の言葉から裏付けられる。このように智顗の円教説における凡聖の規定を先行文献に求めると、真諦説が影響を与えた可能性が浮上するのである。

（四）玄奘門下の修行体系

周知のように、唐の玄奘訳諸経論の成立を契機に、仏教の教理解釈は用語法と意味付けの双方において、玄奘のもたらした瑜伽行唯識派の教理体系と訳語によって塗り替えられてゆく。凡聖の理論もその例外ではないのではあるが、玄奘門下の学僧たちは中国成立の偽経に基づく従来の教理体系を完全に放棄することなく、むしろそれを利用しながら、その上に唯識の新理論の用語を補足的に用いたのであった。このことは、十信・十住・十行・十廻向などの中国成立の術語が、玄奘の新訳とナーランダー寺 Nālandā-[mahā-]vihāra より直輸入された新知見をもってしても拒否できない程までに、当時の仏教教理学の根底に既に定着していたことを如実に示している。玄奘以降の学僧たちの説は、窺基『成唯識論述記』巻九末（大正四三・五五六中～下）、同『金剛般若論会釈』巻中（大正四〇・七六〇上、七六二中、七六三上）、八世紀初頭の定賓『四分律疏飾宗義記』巻七本（続蔵一・六六・二・二一〇葉表）、澄観（七三八～八三九）『大方広仏華厳経疏』巻二十六（大正三五・六九七中）などにより、その複雑煩瑣な体系を窺い知ることができるが、そのポイントのみを押さえておくならば、次の二点を指摘することができる。

第一に、玄奘以降の標準的行位説は、初発心より十信の最終段階までを外凡夫とし、十住・十行・十廻向の段階を内凡夫とし、初地以上を聖人とする点で南朝以来の伝統説を踏襲するが相違もある。それは十廻向のうち、第十廻向を第十廻向と四善根位の二より成るものとし、第十廻向から煖・頂・忍・世第一法の四段階に入り、世第一法の後に初地に入るとする説である。玄奘門下は初地直前の段階で、中国伝統説とインド伝統説を折衷するのである。

玄奘門下の新見解は、唯識学において五道や五位と通称されるところの、修行の出発点から最終段階までを五つに大別する説を導入し、それを中国の伝統説と対応付けた点にも認められる。玄奘の訳語によれば五道とは資糧位（順解脱分）・加行位（順決択分）・通達位・修習位・究竟位であるが、その場合、資糧位は初発心から十信・十住・十行・十廻向に相当し、加行位は第十廻向の最終段階である煖・頂・忍・世第一法の四段階に相当し、通達位は見道・初地に相当し、修習位は修道・初地以上に相当し、究竟位は正等菩提に相当するとされる。凡聖の区分については、資糧・加行の二位を凡夫位とし、通達・修習・究竟の三位を聖者位とする。加えてさらに、かかる五位の修行が、無限といってよい程の時間をかけてなされるとすることにも注意しておきたい。すなわち資糧・加行の二位を第一阿僧祇劫の修行とし、通達位と修習位の七地までを第二阿僧祇劫の、八地以降を第三阿僧祇劫の修行とする。

以上本節に述べた事柄について一々の文献の字句に即した検証を行う余裕のないのを遺憾とするが、諸学説比較の便のため一覧表にすると次のようになろう。

表　修行階位の種々相

<table>
<tr><th colspan="2" rowspan="2">玄奘門下の標準説
（中国インドの融合）</th><th colspan="2">天台の標準</th><th rowspan="2">真諦三蔵
独自説</th><th rowspan="2">六朝隋唐
一般的な説</th><th rowspan="2">菩薩の階位
（最下位から上に上昇）</th></tr>
<tr><th>円教</th><th>別教</th></tr>
<tr><td colspan="2" rowspan="2">聖　人</td><td rowspan="5">聖　人</td><td rowspan="2">聖　人</td><td rowspan="5">聖　人</td><td rowspan="2">聖　人</td><td>（妙覚地）
後二地　↑　聖種性
（無垢地）</td></tr>
<tr><td>（十地）
（九地）
↑
十地　（五地）　聖種性
↑
（二地）
（初地）</td></tr>
<tr><td rowspan="3">内凡夫</td><td>（世第一法）
（忍）
（頂）
（煖）
加行位
↑
十廻向</td><td rowspan="3">内凡夫</td><td rowspan="3">内　凡　夫</td><td>（十廻向）
（九廻向）
↑
十廻向　↑　道種性
↑
（二廻向）
（一廻向）</td></tr>
<tr><td>十行</td><td>（十行）
（九行）
↑
十行　（五行）　性種性
↑
（二行）
（一行）</td></tr>
<tr><td>十住</td><td>（十住）
（九住）
↑
十住　（五住）　習種性
↑
（二住）
（一住）</td></tr>
<tr><td colspan="2" rowspan="2">外　凡　夫</td><td>内凡夫
十信位</td><td rowspan="2">外凡夫</td><td rowspan="2">凡　夫</td><td rowspan="2">外　凡　夫</td><td>（十信）
（九信）
↑
十信　（五信）
↑
（二信）
（一信）</td></tr>
<tr><td>外凡夫
五品弟子位</td><td>初発心（菩薩行の開始）</td></tr>
</table>

八　道教に取り込まれた修行階位説

（一）十を単位とする修行理論

六朝後期より隋唐に至る仏教の修行階位説の一部は道教にも取り入れられた。

第一に、修行の階位を十項目単位に分類する表現を挙げることができる。『広弘明集』巻九の甄鸞『笑道論』に引かれる『度王品』の一節は仙人の階級に「十仙」があることに言及する。甄鸞はそれを大乗仏教の十地思想からの剽窃と断ずる（大正五二・一五一上。笑道論訳注一九八八・五一五～五一六頁）。このほか、法琳『弁正論』巻八に引く『本相経』に、「又た十行・十迴向・十住を改めて、十仙・十勝・十住処と為す」云々（大正五二、五四三中）とあるのも十項目を単位とする仏教――特に『華厳経』関連教説――に特有の列挙法である。十行・十迴向・十住が偽経『菩薩瓔珞本業経』に基づくことは前節に見た通りである。

（二）五道の体系

仏教から道教への影響の第二は、修行を五段階に大別する説である。この説は隋代の教理書『玄門大義』を唐の七世紀後半頃（麥谷二〇〇五・一六四頁）の道士の孟安排が抄録した『道教義枢』巻一の位業義第四に見られる。

証仙品は、発心から始まり、極道にまで至る。大凡五位がある。一は発心〔位〕、二は伏道〔心位〕、三は知真〔心位〕、四は出離〔心位〕、五は無上道〔心位〕である。

この五段階にはおしなべて四段階がある。最初の二心位は十転位である。第三心位は九宮位である。第四心位は三清位である。第五心位は極果位である。このうち最初の四位は原因であり、最後の一位は結果である。最初の二心位は十転位であるとは、発心位が〔十転中の最初の〕一転であり、伏道心位におよそ〔残りの〕九転がある〔から全部で十転である〕。

証仙品者、始自発心、終乎極道。大有五位。一者発心、二者伏道、三者知真、四者出離、五者無上道。均此五心、総有四位。前之二心、是十転位。第三一心、是九宮位。第四一心、是三清位。第五一心、是極果位。前四是因、後一是果。

初之二心有十転者、発心一位、即為一転、伏道之中、凡有九転。

（王宗昱二〇〇一・二九八頁。また、麥谷二〇〇五・一二六〜一三〇頁の解説も参照）

すなわち発心—伏道〔心〕—知真〔心〕—出離〔心〕—無上道〔心〕であるが、同巻三の道意義第九の五位説も基本的に同じである。五位説は唐の成玄英『老子義疏』の二十七章「善結無縄約而不可解」に対する疏にも見られる。

達意の至人は万物を先とし己を後とし、偉大な弘き誓願を発して衆生を教化し救済しようとし、揺るぎなき堅固な心を〔保つことを〕誓って〔行いが〕心に契合し、相違しないようにする。世の低級な取り決め事でないから、それ故に「解きほぐせない」のである。しかし誓願する心は様々に〔はたらく〕が、必ず五項に収まる。

一は発心である。二は伏心である。三は知真心である。四は出離心である。五は無上心である。

第一、発心は自然たる道の心を起こすことを言い、法門に入るということである。

第二、伏心は諸々の障碍や惑いを調伏することを言う。伏心には武解・文解・尸解の三があり、解には〔それぞれ〕三等級があるから、都合九等級であり、第一の発心と合すると十転行（十のはたらき）となる。

第三、知真心には九等級あるので、かの九宮〔位〕を生ずるのである。

第四、出離心には三等級あるので、かの三清〔位〕すなわち仙〔清〕・真〔清〕・聖〔清〕を生ずるのである。

第五、無上心は道果に直接に達し、大羅（未詳）に至るまでを言うのである。

「善く結び付ける」とは、この第三位（知真心）と結び付くと、必ずや慈しみの心で〔万物の〕救済に降り来り、ありとあらゆる事物に対応した〔教化育成をする〕のである。

上士達人、先物後己、発大弘願、化度衆生、誓心堅固、結契無爽、既非世之縄索約束、故「不可解」也。然誓心多端、要不過五。

一者発心、二者伏心、三者知真心、四者出離心、五者無上心。

第一、発心者、謂発自然道意、入於法門也。

第二、伏心者、謂伏諸障惑也。就伏心、有武文戸三解[7]、解有三品、総成九品、通前発心、為十転行也。

第三、知真心者有九品、即生彼九宮也。

第四、出離心者有三品、即生彼三清、所謂仙・真・聖也。

第五、無上心者、謂直登道果、乃至大羅也。

「善結」者、結此第三、明降迹慈救、応物無遺。

孟安排『道教義枢』が発心―伏道―知真―出離―無上道と呼んだ五位を、それに先行する成玄英『老子義疏』は発心―伏心―知真心―出離心―無上心と称した。両者の五位が実質的にまったく同じことが分かる。

(三)『大智度論』の五道

右に述べた五道より成る道教の修行体系はどこから発したであろうか。管見の限り、その形成過程を道教研究は未だ十分に把握していない如くである。[8] 私見によれば、道教の五道説は道教内部から発生した説でなく、仏教教理学の影響を強く受けている。すなわち『大智度論』巻五十三の次の一節が出典であると筆者は考えている。

さらにまた、五種の菩提《さとり》がある。

一は発心菩提と呼ぶ。無限の輪廻転生のうちに〔菩提を目指す〕心を発する。この上なく正しく完全な菩提《さとり》〔を目指す〕から〔発心〕菩提と呼ばれる。これは〔発心という〕原因の中に〔比喩的に菩提という〕結果を説き示している。

二は伏心菩提と呼ぶ。諸々の煩悩を折伏し、その〔迷いの〕心を沈め、諸々の般若波羅蜜を実行する。

三は明心菩提と呼ぶ。〔過去・現在・未来という〕三世の諸存在の最初の姿から最後の姿までを、〔諸存在の〕一般的性質と個別的性質を観察して弁別して思い図って、諸存在のありのままの姿は究極的に清らかであること、つまり般若波羅蜜のあり様を認得する。

四は出到菩提と呼ぶ。般若波羅蜜の中で〔衆生を救済する〕手立ての力を獲得するからである。また、般若波羅蜜に執着することなく一切の煩悩を断ち切り、十方にまします一切諸仏に見《まみ》え、〔一切の存在は〕何も生じていないという認識に到達し、〔欲界・色界・無色界の〕三界から脱出して薩婆若（一切智者性）に到達する。

五は無上菩提と呼ぶ。悟りの座に坐り、煩悩の余力を離れ、この上なく正しく完全な菩提《さとり》に到達する。

以上が五種菩提の意味である。

復有五種菩提。

一者、名発心菩提、於無量生死中発心、為阿耨多羅三藐三菩提故、名為菩提。此因中説果。

二者、名伏心菩提、折諸煩悩、降伏其心、行諸般若波羅蜜。

三者、名明心菩提、観察三世諸法本末総相・別相、分別籌量、得諸法実相、畢竟清浄、所謂般若波羅蜜相。

四者、名出到菩提、於般若波羅蜜中、得方便力故、亦不著般若波羅蜜、滅一切煩悩、見一切十方諸仏、得無生法忍、出三界到薩婆若。

五者、名無上菩提、坐道場、断煩悩習、得阿耨多羅三藐三菩提。

如是等五菩提義。（大正二五・四三八上）

ここには発心―伏心―明心―出到―無上の五位が五種菩提として説かれる。因みにこれは唯識五道（前節参照）とも関連するが、上述の道教二文献に影響を及ぼしたものは、用語から見て『大智度論』であったと考えられる。

（四）十単位の修行と五道の関係

十を単位とする修行理論と五道の体系は、別々に道教に採用されたのであろうか。それとも両者には何か関係があるのだろうか。後者の可能性が高いと筆者には思われる。なぜなら六朝末期から隋唐にかかる時代には、仏教では五位と三十心の対応関係に関する教理学が展開したからである。紙幅の制約と繁雑さを避けるため、考証は割愛するが、五位と三十心を対応付ける文献に以下のものがある。

浄影寺慧遠（五二三～九二）『維摩義記』巻二末（大正三八・四六一中）――慧遠説
同『大乗義章』巻十二の五種菩提義（大正四四・七〇二下）――慧遠説
智者大師説・灌頂記『摩訶止観』巻一下（大正四六・一〇下～一一上）――智顗説

円測（六一三〜九六）『解深密経』巻五に引く「長耳三蔵」の説（続蔵一・三四・五・四一七表下）

これらのうち、末尾に掲げた「長耳三蔵」という耳慣れない三蔵法師は中国に到来したインド僧であり、一般にナレーンドラヤシャス（那連提耶舎、那連提黎耶舎、Narendrayaśas 四九〇〜五八九）の名でよく知られる隋の訳経僧である（本書第一篇第五章第五節注五六、船山二〇一四c）。今これらの学僧の各説の要点を『大智度論』・長耳三蔵・浄影寺慧遠・智顗・道教（成玄英『老子義疏』・孟安排『道教義枢』）の順に一覧表で示せば、およそ以下の通りである。

	鳩摩羅什訳『大智度論』	長耳三蔵	浄影寺慧遠	天台智顗	道教説
一	発心	発心（習種位以前）	発心（善趣）	発心（十住心）	発心
二	伏心	伏心（地前三十心）	伏心（伏忍位）	伏心（十行心）	伏心
三	明心	明（初地〜七地）	明心（初地〜六地）	明心（十迴向心）	知真心
四	出到	出到（八地〜十地）	出到（七地〜九地）	出到（十地）	出離心
五	無上	無上（妙覚地）	無上（十地）	無上（仏地）	無上心

このように並べて比較検討してみると、五位と十項目分類の対応化が隋頃に仏教側から始まり、その後、道教における十仙などの説と発心以下の五位の説が相互に関連しつつも若干相違しながら理論化された様子が分かる。

九　理論と信仰の狭間

（一）南岳慧思と智顗の自覚

第四節「聖者の自称と他称」で、周囲からは聖者と目された高僧の僧崖が凡夫の自覚を有していた例を見た。それと同類の事柄だが、一般に、真摯なる修行者ほど、自らの境地を低いところに置く傾向にあると言ってよいように思われる。例えば有名な南岳慧思（五一五～七七）の自覚は、修行階位の理論が絡むものとして甚だ興味をそそられる。『続高僧伝』巻十七の慧思伝によれば、慧思は弟子の智顗より「師の位は即ち是れ十地ならん」と言われたことがあった。憶測するにそれは、師慧思のすぐれた生き方への尊敬から出た若き弟子の率直な想いであったであろうが、これに対する慧思の返答は、「非なり。吾れは是れ十信鉄輪位なるのみ」というものであった（大正五〇・五六三中）。慧思が自覚した十信鉄輪王という階位は、天台系の教理学では円教の内凡夫位に当たる。要するに慧思は自らを十地の菩薩どころか未だ聖者の片隅にも入っていない、修行中の身であると認識していた。

では、慧思の教えを承けた智顗（五三八～九七）の場合には、到達した階位の自覚はいかなるものであったかと言えば、これまた周知のように（佐藤哲英一九六一／八一）、智顗は五品弟子位の自覚を有していたことが、灌頂『隋天台智者大師別伝』（大正五〇・一九六中）、『国清百録』巻三の王遣使入天台建功徳願文（大正四六・八一一中）、同巻四の天台国清寺智者禅師碑文（大正四六・八一八中）、『続高僧伝』巻十七の智顗伝（大正五〇・五六七中）などから分かる。五品とは随喜・読誦・説法・兼行六度・正行六度であり、それは天台教理学では円教の外凡夫位に当たる。このことは、智顗が自らを外凡夫として、内凡夫の自覚を有した師匠よりもさらに一段低い位置においたことを示す。このような自覚は、本章に述べる聖者観の二系統のうち、《聖者を稀少とする流れ》に属する。

（二）玄奘と兜率天

さらに別の事例として、玄奘の場合にも簡単に触れておこう。『続高僧伝』巻四の玄奘伝によれば、玄奘はかねてより阿弥陀信仰ではなく、弥勒の住まう兜率天（トゥシタ天 Tuṣita、覩史多天）に往生したいと願っていたが、西域歴遊により瑜伽行派の祖師である無著・世親兄弟もまたトゥシタ天に転生したとの伝承を知った後に益々熱烈な弥勒信仰者となった如くである（大正五〇・四五八上）。その詳細を『法苑珠林』巻十六は次のようにいう。

玄奘法師は言った――西方インドの出家者と在家者は皆な弥勒（マイトレーヤ）〔を崇拝〕している。〔弥勒は我々凡夫と〕同じく〔欲界・色界・無色界の三界のうちで〕欲界にいるから、かの方（弥勒）に対する〔崇拝〕行為は成し遂げ易いため、大乗の師も小乗の師も皆なこの教え（弥勒崇拝）を認める。〔他方〕阿弥陀〔仏の〕浄土は、恐らくは卑しい凡夫の汚穢した〔身心〕では修行を成し遂げるのが困難なことは、旧来の経典や論書が〔説く〕ように十地かそれ以上の菩薩が分に応じて報仏のいる浄土を見る〔ことができるようになる〕だけである。新訳の『〔瑜伽師地〕論』の説によれば、〔十地まで達する必要はないが、それでも〕三地の菩薩となって始めて報仏の浄土を見ることができるであろう〔とされる〕。どうしてさらに下の等級の凡夫がすぐに〔浄土に〕往生することなどできようか（できるはずがない）。ここで意味されているのは〔現世でなく、死後、将来の〕ある別の時に〔阿弥陀浄土に往生できる〕ということであるから（別時之意）(9)、〔それがいつかは〕確定できない。このようなわけで西方インドの大乗は〔阿弥陀仏の浄土を〕認め、小乗は認めない。かくして〔玄奘〕法師は生涯常に弥勒〔を崇拝〕し、命がまさに尽きようとする時に、天に生まれて弥勒仏に見《まみ》えますようにと願を発し、大衆に同時に偈をこう唱えさせた、「敬《つつ》しんで弥勒如来応正等覚に礼します。願わくは〔諸衆生〕と共に速やかに慈しみ溢れる御姿に拝顔できますように。敬《つつ》しんで弥勒如来のましますす宮殿の内にいる方々に礼します。願わくは〔わが〕命が尽きた後、必ずや皆様方の中に生まれ変われますように」。
玄奘法師云、西方道俗並作弥勒業。為同欲界、其行易成、大小乗師皆許此法。弥陀浄土、恐凡鄙穢修行難成、如旧経論、十地已上菩薩随分見報仏浄土。依新論意、三地菩薩始可得見報仏浄土。豈容下品凡夫即得往生。此是別時之意、未可為定、所以西方大乗許、小乗不許。故法師一生已来、常作弥勒業、臨命終時、発願上生見弥勒仏、請大衆同時説偈云、「南無弥勒如来応正等覚、願与含識速奉慈顔。南無弥勒如来所居内衆、願捨命已、必生其中」。

（大正五三・四〇六上。『諸経要集』巻一、大正五四・六下～七上も同文。『続高僧伝』巻四の玄奘伝も一部同文。大正五〇・四五八上。さらに劉長東二〇〇〇・三三〇～三三五頁も合わせて比較参照）

「旧き経論」とは玄奘以前の訳を指し、そこでは十地の菩薩しか阿弥陀浄土を目の当たりにすることはできないとされていたが、「新論」すなわち玄奘訳『瑜伽師地論』巻七十九によれば、十地に到達せずとも三地に到達すれば可能とされた（後述）。しかし仮にそうだったとしても、事はまったく容易でないことに変わりはない。なぜなら、既に繰り返し指摘したように、同じ玄奘がインドからもたらした伝承では、祖師の無著すら初地に止まり、弟の世親にいたっては初地にはいることもなかったと信ぜられていたのである。まして後続の信奉者たちが同じ境地まで到達することは、殆ど絶望的と思われていたであろう。このような背景から、玄奘は阿弥陀信仰ではなく、欲界・色界・無色界の三界のうち最も下にある欲界の六天の一つである兜率天への転生という、現実性のより高い、可能な往生を希求したのであった。

兜率天は、我々の住む閻浮提（ジャンブドゥヴィーパ）の上方の欲界にある。兜率天は欲界六天の一つである。六朝隋唐時代、現世を離れて往生すべき地として、西方にある阿弥陀仏の浄土と、上方にある弥勒菩薩の兜率天に往生することの二つが主たる潮流を形成した。西方浄土に往生することができれば、人は阿弥陀仏の説法を直に聞く一生補処の菩薩――次に生まれ変わる時には仏陀と成ることが約束された菩薩――になることができると信ぜられた。一方、欲界に住まう弥勒の兜率天は、我々の現世に距離的に近いけれども、我々の境涯と同じ「欲界」のなかにあるため、そこに往生しても一生補処の菩薩となることはできない。玄奘が往生を希求したのは、この兜率天なのであった。

玄奘と兜率天には、教理学上、きわめて緊密な関係がある。玄奘の教理学は、しばしば法相宗とも呼ばれるように、インドの瑜伽行派 Yogācāra の教理学であり、その教えは弥勒菩薩によって開かれ、無著（アサンガ Asaṅga）と世親（ヴァスバンドゥ Vasubandhu 天親とも）により教理学の体系的整備が行われた。この弥勒を祖師とする瑜伽行派の根本聖典こそが弥勒の説いた『瑜伽師地論』であった。従って玄奘が西方の極楽浄土への往生を祈願する浄土信仰ではなく、弥勒の住まう兜率天への往生を祈願する信仰を示したのは、玄奘の教理学的立場から見れば自然で当然であった。まして阿弥陀仏西方往生は難しく、兜率天往生の方が遥かに容易なら尚更のことであった。

直前に述べた『瑜伽師地論』巻七十九の一節とは次の一節である。

問い。〔経典に〕説くように五種の無量がある。すなわち衆生の領域は無量であるなど〔の五種〕である。そのすべての世界はまったく等しいのか、何か違いがあるのか。

答え。違いがあると言うべきである。その〔すべての世界〕には二種ある。一は清浄な〔世界〕、二は清浄でない世界である。清浄な世界に地獄・畜生・餓鬼は見られないし、欲界・色界・無色界〔の三界〕もなく、苦を感受することもなく、ただ菩薩の集団のみがそこに住まうから、だから清浄な世界と称する。既に第三地に入った菩薩は自在の誓願力を有するが故に、その〔清浄世界〕に生まれることができる。〔その世界には〕凡夫も、凡夫ならざる〔聖者であっても〕声聞や独覚もいない。凡夫であっても菩薩であればそこに生まれることができる。

問、如説五種無量、謂有情界無量等。彼一切世界、当言平等平等、為有差別。答、当言有差別。彼復有二種。一者清浄、二者不清浄。於清浄世界中、無那落迦・傍生・餓鬼可得、亦無欲界色・無色界、亦無苦受可得、純菩薩僧於中止住、是故説名清浄世界。已入第三地菩薩、由願自在力故、於彼受生、無有異生及非異生声聞独覚、若異生菩薩、得生於彼。

（玄奘訳『瑜伽師地論』巻七十九、摂決択分中菩薩地之八、大正三〇・七三六下。Cf. *Yogācārabhūmi*, Viniścayasaṃgrahaṇī, D No. 4038, Sems tsam, Zi, 97b6-98a3:）

（三）玄奘後の諸解釈

玄奘の後、『瑜伽師地論』の説く「三地菩薩」については、その意味をめぐって様々な議論が生まれた。解釈の相違を引き起こした背景には、『瑜伽師地論』の菩薩階位説が通常の十地説でなく、七地説であったことが挙げられる。

通常の十地説の場合、初地に入ることが画期的転換の段階であった。初地に入る以前は凡夫であり、初地に到達した瞬間から聖者となる。初地以上はすべて聖者の位である。因みに玄奘訳諸論に一貫した十地の名称は、極喜地（初地、鳩摩羅什訳「歓喜地」に相当）、離垢地（二地）、発光地（三地）、焔慧地（四地）、極難勝地（五地）、現前地（六地）、遠行地（七地）、不動地（八地）、善慧地（九地）、法雲地（十地）の十種である。

これに対し『瑜伽師地論』の掲げる菩薩階位は七地説であった。七地とは、（一）種性地、（二）勝解行地、（三）

浄勝意楽地、(四)行正行地、(五)決定地、(六)決定行地、(七)到究竟地の七種である(玄奘訳『瑜伽師地論』巻四十九、本地分中菩薩地第十五第三持究竟瑜伽処地品第三、大正三〇・五六五上)。

『瑜伽師地論』巻七十九の「第三地」の解釈を困難にするのは、巻七十九の直後の説明である。それによれば、初地の菩薩は「常に能く極歓喜住に安住す」(常能安住極歓喜住、大正三〇・七三七下)と言われる。これは十地説の初地「極喜地」に当たると見るのが自然である。それに続いて、二地の菩薩は「能く諸の犯戒の垢を遠離す」(能遠離諸犯戒垢、七三七下)と言われる。これは十地説の二地「離垢地」に当たると見るのが自然である。さらに三地の菩薩は「爾焔の光明を証得す」(証得爾焔光明、七三七下)と言われる。これは十地説の三地「発光地」に当たると見るのが自然である。四地以下割愛するが、こうした説明が巻七十九の「第三地」の直後に行われていることから見るならば、巻七十九の「第三地」と十地説の関係を分断することは難しいと考えられる。

要するに右に紹介した『瑜伽師地論』巻七十九の一節には「第三地」が確かに言及されているが、その名が明記されていないため、七地説か十地説かを特定できないことが、後代の人々に解釈の余地を与える素地を作った。では玄奘後の人々は「第三地」をどのように解釈したであろうか。以下に典型的な説明を数件紹介する。

まず懐感の説を見よう。善導(六一三～八一)に師事した経験をもつ懐感は、自著『釈浄土群疑論』巻二において、『瑜伽師地論』の当該一節の信憑性自体に疑念を表明する(大正四七・三八下)。懐感は阿弥陀西方浄土への往生を是とする浄土信仰の立場から、『瑜伽師地論』巻七十九の「第三地」を十地説の三地と解釈し、その不適切性を指摘する。懐感によれば、初地でも二地でも浄土に往生できないことになってしまうけれども、それでは『楞伽経』の中で龍樹が初地を獲得して西方極楽世界に往生したこと(本章第一節と船山二〇〇三a・一三三頁参照)をも否定するという不都合が生じる。それ故、『瑜伽師地論』巻七十九の第三地往生説は信頼に値しないと主張したのだった。

懐感は浄土信仰から玄奘の兜率天信仰を否定したわけであるが、では玄奘門下の学僧たちはどのような解釈を示したであろうか。結論から言うと、玄奘の流れを汲む注釈家の多くは、『瑜伽師地論』の説を通常の十地説とは異なる体系を示すものと考え、『瑜伽師地論』の「第三地」は七地説における三地の「浄勝意楽行地」であり、それは十地説における初地の「極喜地」に当たると解釈した。その詳細は、新羅の元暁（六一七～八六）の『両巻無量寿経宗要』（大正三七・一二六上～中）、新羅の遁倫『瑜伽論記』の紹介する「泰（神泰）」の説（大正四二・七九〇下）、法蔵（六四三～七一二）の『華厳経探玄記』巻三（大正三五・一五八中～下）などから窺い知ることができる。

（四）弥勒の内院とは

上記「（二）玄奘と兜率天」に紹介した『法苑珠林』巻十六ならびに『続高僧伝』巻四の玄奘伝に、「弥勒如来所居内衆」という語があった。弥勒が菩薩でなく如来とされることも興味を引かれるが、さらに注目すべきことがある。玄奘は単に弥勒の住まう兜率天のどこでもよいから生まれ変わりたいと願ったのではなく、兜率天の中央に居ます弥勒の傍に事える内衆――弥勒宮殿の内部で弥勒の説法を間近に聴ける場所――に生まれ変わりたいと希求したのであった。弥勒の住まいに「内」があったということは当然「外」と呼ばれる部分もあることが含意される。

この弥勒宮の内と外に関する記録は他の経典論書に辿れるだろうか。あくまで管見の域を出ないが、弥勒の兜率天宮殿の建築や地理に関する資料を精査した研究はこれまでなかった如くである。一方、玄奘以降の資料ならば相当数の文献を見出せる。こうした状況から推測すると、弥勒宮殿の内院に注目し、そこを往生の地と定めたのは、中国仏教においては玄奘が最初だった可能性が浮かび上がる。

右に紹介した「内衆」という表現は『大唐西域記』巻五の阿踰陀国（アヨーディヤー Ayodhyā）の条にも見える。

それによれば、同門の無著と世親と師子覚（ブッダシンハ Buddhasiṃha、仏陀僧訶）は、死んだら弥勒に見えようと願って修行し、先に死んだらどこに生まれ変わったかを知らせてもどろうと約束した。師子覚が先に亡くなったが、三年しても何も知らせて来なかった。次に世親が死んだが、六ヶ月してもやはり何も知らせて来なかった。無著が説法していた折、世親が天より下り、「ここで死んだ後、〔私は〕トゥシタ天に行き、弥勒の内衆の蓮華の中に生まれました」（従此捨寿命、往覩史多天、慈氏内衆蓮華中生）と言った。「師子覚はどうしているか」と無著が訊ねると、世親は、「私が〔トゥシタ天のなかを〕ぐるりと廻ったところ、師子覚は外衆のなかにいるのを見たが、欲望と快楽に耽溺し、他のことをする時間などなかったから、知らせられるはずはない」（見師子覚在外衆中、耽著欲楽、無暇相顧、詎能来報）と答えたという（『大唐西域記』巻五、大正五一・八九六中～下、季羨林一九八五・四五二頁）。この話は弥勒の住まう兜率天には内衆と外衆がいて、外衆は欲望を離れていないことを物語る。

このほか、玄奘と直接関わる文献においては「弥勒内院」という語が『大唐大慈恩寺三蔵法師伝』巻十に見え、臨終を迎えた玄奘に対して弟子がこう訊ねている。

弟子の光（大乗光、普光）たちは、「和上はきっと弥勒の内院に生まれますでしょうか」と問うた。〔玄奘〕法師は「生まれ変われる」と答え、言い終わると、息の喘ぎがだんだん弱くなり、やがて逝去した。

弟子光等問、「和上決定得生弥勒内院不」。法師報云「得生」。言訖、喘息漸微、少間神逝。

（大正五〇・二七七中）

玄奘が往生を求めたのは「弥勒の内院」だったことが分かる。類似の記述は窺基の『西方要決釈疑通規』からも確かめられる。そこには「兜率天の内院に往生したら、弥勒と聖者たちの法会の場を目の当たりにし、清浄な条件を作ることができるが、外院の香や花や楼閣や音楽はみな煩悩に染まった思いを起こさせる」（若生兜率内院、見弥勒尊聖会之境、能発浄縁。外院香華・楼台・音楽、皆生染想。大正四七・一〇六下）とある。さらに後の文献に「弥勒の内宮」と言われることもあるようである（唐の般若訳『大乗本生心地観経』巻二、大正三・三〇〇下）。このように玄奘の帰唐は中国における兜率往生の新たな展開をもたらした様子を窺い知ることができる。

十　「異香、室に満つ」——聖の現前

以上、慧思と智顗および玄奘について、教理学の伝統においては、およそ人がこの現世において七地や八地、十地といった高い境地に至ることはあり得ないであろうことを見た。かかる真摯なる修行者や教理学者による《聖者を稀少とする流れ》においては、この世における到達階位がすべてではない。むしろ、この世でいかなる境地にまで到達したかは、来世、来々世にいかなる生を迎えるかを見据えた、極めて長いタイムスパンの輪廻説——劫（カルパ、阿僧祇劫）にわたる菩薩の修行を予定する体系——においてこそ意義を有するように思われる。ところで無限にも等しい時間にわたる修行の理論に立つ時、現世において修行を積んだにもかかわらず悟りの自覚や体験をもしもてなかったとしたら、人は絶望するしかないのであろうか。来世への確かな期待はもてないのであろうか。あるいは、周囲の人々にそのように信ぜられながら葬られるのであろうか。

(一)　臨終の「頂暖」

この問いに答えるための手がかりとして、臨終の時「頂暖」すなわち頭頂が最後まで冷たくならなかったという記録が時々僧伝に見られることにまず注目したい。これは、本人が生前に自らの宗教的境地を口に出して語らずと

も、臨終の姿がそれを如実に物語っていることを示す定型表現である。この表現は『続高僧伝』巻七の慧勇伝（大正五〇・四七八中）、宝瓊伝（大正五〇・四七九上）、巻八の浄影寺慧遠伝（大正五〇・四九二上）、巻十の智聚伝（大正五〇・五〇三中）、巻十七の慧思伝（大正五〇・五六三下）、巻二十の静琳伝（大正五〇・五九〇下）、巻二十二の慧満伝（大正五〇・六一八下）、巻三十の真観伝（大正五〇・七〇三上）、灌頂『隋天台智者大師別伝』（大正五〇・一九六中）などに見られる。玄奘についてもそれが言われる（『大慈恩寺三蔵法師伝』巻十、大正五〇・二七七中）。これはインド仏教とりわけアビダルマ教理学にその根拠を見出すことができる。前秦の僧伽跋澄訳『鞞婆沙論』巻十四（大正二八・五一九上）、北涼の浮陀跋摩・道泰等訳『阿毘曇毘婆沙論』巻三十六（大正二八・二六六上）、玄奘訳『阿毘達磨大毘婆沙論』巻六十九（大正二七・三五九中）、玄奘訳『阿毘達磨倶舎論』巻十（大正二九・五六中）などによれば、死に臨んで識が足先から抜ける場合には悪趣に生まれ、臍から抜ける場合には人に生まれるという。識が頭から抜ける――そのため頭が最後まで冷たくならずに温度を保つ――場合には天に生まれる。そして心臓から抜ける場合には般涅槃する。以上が一般的であるが、頭と心臓の意味付けを逆転させる解釈もある（坂本一九五〇／八一、岡本天晴一九八〇）。ともかく、中国の僧伝において「頂暖」は来世の往生を暗示するようである。例えば、智儼（六〇二～六八）の『華厳経内章門等雑孔目章』巻四の寿命品内明往生義に、「臨終の時に頭頂の暖かき者は、験《あき》らかに往生を得るなり」（大正四五・五七七上）とある。

（二）臨終の指

次に、臨終の際、僧侶が「手屈～指」などと、手の指を何本か曲げていたことを記す表現も散見される（「屈指」については岡本天晴一九八〇・四五二頁、本書第二篇第四章と第三篇第二章をも参照）。その際、曲げた指の数が最終的に彼の到達した修行の階位を示していると信ぜられた。ただし階位は大乗仏教の十地ではなく、『宋高僧伝』巻二十九に「凡そ諸の入滅に其の指を挙ぐる者は、蓋し其の得し四沙門果の数を示すなり」（大正五〇・八九一中〜下）とあるように、初果から阿羅漢果にいたる声聞乗系の階位を示すと考えられた。事例としては、『高僧伝』巻十一の普恒伝（大正五〇・三九九中）『続高僧伝』巻七の慧布伝（大正五〇・四八一上）、巻十六の道珍伝（大正五〇・五五一上）、巻十九の普明伝（大正五〇・五八六中）、巻二十五の慧峯伝（大正五〇・六五一下）、巻二十八の志湛伝（大正五〇・六八六上）、『名僧伝抄』引『名僧伝』巻二十五の法恵伝その他がある。これらのいくつかは、指を曲げる（「屈」「握」）のではなく、伸ばす（「舒」）ことで同じ事柄を象徴する。さらに、この表現形式が時に「頂暖」と共に用いられることは、『続高僧伝』巻七の宝瓊伝の、「奄として無常に至る。頂の暖きこと信宿、手に三指を屈す」（大正五〇・四七九上）などから分かる。また、『続高僧伝』巻十の慧曠伝によれば、慧曠は隋の大業九年（六一三）に八十歳で逝去したが、その時の様子は、「頂の煖きこと淹時《ひさ》しく、手に二指を屈す。斯れ又た上生得道の符《あかし》なり」といわれる。かく僧伝には臨終の姿が到達階位や来世の様を告げる表現が見られるが、さきに第五節「安易な聖者化——その説話的性格」で指摘したように、大乗仏教徒たる漢人僧侶が小乗系の修行結果を示す点には象徴的な意味合いが濃厚であって、現実性という点からは少々問題があるといわねばならない。

（三）臨終の「異香」

これら来世の行き先を象徴する表現とならんで是非注目したい点がもう一つある。周囲の尊敬をあつめる僧侶が逝去するに当たって、「異香」すなわち素晴らしい香りが立ち込めたという記録が時にあるのである。この点に特別な意義を見出そうとする研究を筆者は寡聞にして知らないが、聖者性を検討する時、是非とも留意すべき事柄である。例えば『高僧伝』巻三の求那跋摩伝によれば、彼は二果の証得を自覚した僧侶であったが、「既に終わるの後にも即ち縄床に扶坐して顔貌は異ならざること、定に入るが若きに似たり。道俗の赴く者千有余人あり、並びに異香の芬烈たるを聞《か》ぐ」（大正五〇・三四一中）とある。同様に『続高僧伝』巻十二の慧因伝はこう言う。

〔慧〕因は禅定と智慧の両方に精通し、存在も非存在も共に知悉した。〔梁・陳・隋・唐の〕四代にわたって仏法を弘め、常に一乗の教えを明らかにした。しかし人々の思い（物情）とぶつからず、喜怒哀楽を見せなかった。それ故、彼の教えに心を寄せる者は、彼の境地を定められなかった。貞観元年（六二七）二月十二日、大荘厳寺に卒した。享年八十九。臨終を迎えて亡くなる前の宵の口に、弟子の法仁に告げた、「それぞれが教えの通りに生き、〔身・口・意の〕三業をうまく慎め。一生を空しく過ごさしてはならぬ。仏陀の言葉に従うように。〔私が死んでも、弔いの〕服に変えたり哀しみを露わにしたりしてはならぬ。私の葬儀を執り行ってはならぬぞ」と。こう言うといつものように整然と佇まい、心静かに禅定に入り、夜も更けた明け方近くになって端座したまま卒した。皆の者がただならぬ芳香が部屋に立ち込めるのを嗅いだ。こうして坐ったままの姿で南山の至相寺に移された。その時出家者在家者たちは車の轅にすがり、車を進めるのを助けた。街の南にまでやってくると、また天上の音楽が空中に響くのを聞いた。弟子たちは〔慧因の〕為に瓦のチャイトヤ塔を建立し、銘文を刻みしつらえた。蘭陵の蕭鈞が銘文を作った。

因定慧両明、空有兼照、弘法四代、常顕一乗、而莫競物情、喜怒無色、故遊其道者莫測其位。以貞観元年二月十二日卒于大荘厳寺。春秋八十有九。未終初夜、告弟子法仁曰、「各如法住、善修三業、無令一生空過。当順仏語、勿変服揚哀。随吾喪後事不可矣」。乃整容如常、潜思入定、於後夜分、正坐而終。皆聞異香満室。遂遷坐于南山至相寺。于時攀轅扶轂、道俗千余人送至城南、又聞天楽鳴空。弟子等為建支提塼塔、勒銘封樹。蘭陵

蕭鈞製文。（大正五〇・五二二中）

ここには、尊敬を一身にあつめた僧について、生前には周囲の弟子たちも「莫測其位」――その悟りの境地が誰にも分からなかったこと――と、逝去の際に「異香満室」――すばらしい芳香に満たされたこと――と、「天楽鳴空」――不思議な音楽が上空に鳴り響いたこと――とが語られる。没後に塔を立てたことは、慧因が聖者として扱われたことを示している。このような話の流れのなかで、生前は到達階位不明であった慧因が聖者と認定されるにいたった契機こそ、「異香満室」と「天楽鳴空」という超常現象にほかならない。

臨終時に「異香」が言及される場合、それは当該人物の聖者性を象徴していると考えられる。『続高僧伝』巻十六の法聡伝に、彼が「無疾にして化す。端坐すること生きるが如く、形は柔らかく頂は暖かく、手に二指を屈し、異香竭きず。年、九十二」（大正五〇・五五六脚注）とあるのも、臨終に当たっての「異香」の特殊な意義を示している。このように「異香」が周囲にたちこめたことを記す僧伝としては、ほかに『続高僧伝』巻十六の慧意伝（大正五〇・五六〇中）、巻十九の灌頂伝（大正五〇・五八五上）、巻二十五の明濬伝（大正五〇、六六五中～下）、巻二十五の智曠伝（大正五〇・六五九上）などがある。

（四）救いを願う

「異香」の発生は、具体的には如何なる事態の成立を象徴すると考えるべきであろうか。その答えを示唆する話として、『続高僧伝』巻十九の法喜伝を見てみよう。

〔貞観〕六年（六三二）の春、かすかな病の兆しが現れ、〔法喜は〕もう長くはもつまいと自ら悟った。〔周囲の人々が〕無理に医薬を施そうとしても、遂に敢えて服用しようとしなかった。十月十二日になって一門に告げた、「はかなき死がやって来た。泣き喚いてはならぬ。黙って静かに思いを巡らすように。私の〔体〕という渡し場から霊魂を離れさせよ。みだりに余所者を部屋に入れてはならぬ」と。そして「三界は虚妄であり、すべて我が心の現れのみ」と唱え続けた。突然、大衆は森の北方で音楽と〔天人の乗る〕車の動く音を聞いたので、それを〔法喜に〕告げると、〔法〕喜は言った、「世俗の報い〔を求める気持ち〕は、とうの昔に捨ててしまった。もはや安楽の地に生まれようとは思わぬ。結局それは邪魔な煩いにすぎぬ」と。さらに禅定に入ったところ、たちまち音がぴたりと止み、芳香が漂い、辺りを満たした。五更の初め（明け方四時頃）になり、〔法喜は〕正坐したまま卒した。享年六十一。亡骸はさっぱりと綺麗なまま、禅定の姿は普段と変わらなかった。

六年春、創染微疾、自知非久。強加医療、終無進服。至十月十二日、乃告門人、「無常至矣。勿事諠擾。当默然静慮、津吾去識。勿使異人輒入房也」。時時唱告、「三界虚妄、但是一心」。大衆忽聞林北有音楽車振之声、因以告之、喜曰、「世間果報、久已捨之。如何更生楽処。終是纏累」。乃又入定、須臾声止、香至充満、達五更初、端坐而卒。春秋六十有一。形色鮮潔、如常在定。（大正五〇・五八七下）

ここには、法喜の臨終の直前に不思議な楽隊が迎えにやってきたことと、それを拒否した結果、香りが満ち満ちたことが記される。ここで香りは、音楽車振の声よりもすばらしい境遇に法喜が召されたことを暗示している。異香の象徴するものをさらに明らかにするため、もう一つ、『続高僧伝』巻二十の道昂伝の例を見ておこう。

〔道昂は〕常に安養国（極楽）に往生したいと願い、しっかりと修行を積んだ。それ故、仏教は漳河一帯に栄え、皆が恩沢を蒙った。後に命の終わりを自ら悟り、関係のあった者たちに先に、「八月のはじめ、私のもとに来て最後の別れをしよう」と告げた。その時は誰もその言葉の意味が分かりかねた。その時期がやってきたが病気はどこにも現れなかった。〔道昂は〕飯の時間になったかまだかと訊ね、正午〔昆吾〕になると高座に上がった。体には特別の姿形が現れ、香爐は素晴らしい匂い〔異香〕を発した。四衆〔出家の男女と在家の男女〕を導き、菩薩戒を受けさせた。言葉は短く的確であり、それを聞いた人々は怯えた。その時、七衆〔四衆ならびに見習いの僧である沙弥と見習いの尼である沙弥尼と式叉摩那という七種の仏教徒すべて〕が〔道昂を〕取り囲んで最後の飯を食べた。〔道〕昂は空を見上げ、天界の者たちが雲集して管弦楽を盛んに奏でる様を見た。その中に遥かから響くはっきりと清らかな声がして、集まった人々に「兜率天〔トゥシタ天、弥勒菩薩の住まい〕の音楽が降りて法師を迎えにやって来た」と告げると、〔道〕昂は「天界は輪廻の根源であるから私の願う所ではない。常日頃から浄土に往生することを祈願していたのに、どうして誠意が叶えられぬのか」と言った。そう言い終わった時、天上の楽隊は高く昇り、まもなく消えたのを見届けるや、西方浄土の香と花と舞踊と音楽がまるで雲の一団のように空一杯に満ちあふれるのを目の当たりにした。それは上空を回り、人々は皆それを見た。〔道〕昂は言った、「さようなら、皆の者よ。今、西方浄土の奇しき現れが我を迎えに来ている。かくなる上は往生したいと思う」と言い、言い終わると、〔人々は、道昂の〕手から香爐が床に落ち、高座に正座したまま最期を迎えたのを見た。〔道昂は〕報応寺で卒した。享年六十九。貞観七年（六三三）八月のことであった。出家者も在家者も泣き崩れ、弔いに訪れた者たちは山をなした。亡骸に服し愈々弔おうとする時、法師の足下に「普光堂」などの文字が現れてきた。正しく法師の境地は経典の教えに適い、修行の位は殆ど聖者と同じであった。さもなくばどうしてこのような瑞祥の感応があろうか。

常願生安養、履接成務、故道扇漳河、咸蒙恵沢。後自知命極、預告有縁、「至八月初、当来取別」。時未測其言也。期日既臨、一無所患。問斎時至未、景次昆吾、即昇高座。身含奇相、爐発異香。援引四衆、受菩薩戒。詞理切要、聴者寒心。于時七衆囲遶、峒承遺味。昂挙目高視、乃見天衆繽紛、絃管繁会、中有清音遠亮、告於衆曰、「兜率陀天楽音下迎」。昂曰、「天道乃生死根本、由来非願。常祈心浄土。如何此誠不従遂耶」。言訖、便覩天楽上騰、須臾還滅、便見西方香花伎楽充塞如団雲飛涌而来。旋環頂上、挙衆皆見。昂曰、「大衆好住。今西方霊相来迎、事須願往」。言訖、但見香爐墜手、便於高座端坐而終、卒于報応寺中、春秋六十有九、即貞観七年八月也。道俗崩慟、観者如山、接捧将殯殮、足下有「普光堂」等文字生焉。自非道会霊章行符隣聖者、何能現斯嘉応哉。（大正五〇・五八八中）

この話では、「昆吾」すなわち正午という太陽の正中する特殊な宗教的時間（吉川一九九二・特に一七八頁）に、「異香」すなわち素晴らしい匂いが香爐より発せられ、その後、トゥシタ天からの来迎があった。しかし道昂は、たといトゥシタ天とて天に転生することは輪廻からの解脱ではないと来迎を受け入れなかった。その結果、次に西方浄土からの来迎があり、道昂がそれを受けて卒したこと、すなわち阿弥陀浄土に往生する様子が描かれている。この文脈において「異香」が聖なる菩薩衆の来迎応現を象徴する匂いであるのは疑いあるまい。因みに「普光堂」は、仏の説法場として『華厳経』『菩薩瓔珞本業経』に説かれる「普光法堂（光に満ちた教えの殿堂）」を指すであろう。

これ以上の具体例を示すことは差し控えるが、以上の例からも既にある程度判るように、不可思議なる現象を象徴するものを五感のうちの嗅覚によって表現する場合には「異香」（「天香」と表現されることもある）が、聴覚による場合には「（空中より響く）音楽」が用いられる。このほか、視覚によるものとして「神光」ないし「異光」に言及する文献もあるが、味覚と触覚については、対応する実例をあまり見出せない。その理由はおそらく、味覚や触覚によっては、不可思議なる超常現象の話がストーリー的に面白い形で成り立ちにくいためであろう。

とくに「異香」について用例をさらに網羅的に検討してみると、「異香」が特別なニュアンスで用いられる文脈はおよそ三種に限られることが分かる。上述のごとき臨終と、仏舎利にまつわる不思議な話、そして仏菩薩の応現などの感応ばなしである。これら三種に共通する点は何かと言えば、聖なる存在との遭遇ないし接触、あるいはそれによって聖なる空間が現前化することである。つまり臨終における「異香」も、聖なる存在がそこに到来したこと（来迎など）の象徴か、死にゆく当事者じしんの聖性の象徴と考えられる。「異香」に言及する話の中には、話の先行する箇所において、当該僧侶の到達した境地がいかばかりかは周囲の者たちに測りかねたことを記すものが時にあることも甚だ興味深い。そうした場合、生前の状態からは聖僧か凡僧か、周囲の人々にとっては必ずしも明らかでなかった僧侶が、愈々今生より去るに当たって、自らの聖性を人々にさりげなく、しかし鮮明にありありと知らしめたもの、それが「異香」なのであった。輪廻転生の中での劫（カルパ）にわたる修行を説く仏教において、現世での到達点それ自体は最終的な答えではあり得ない。現世から来世への転換点における聖なる世界への飛躍。「異香」はそうしたニュアンスと効果をもって語られているように思われる。

結

六朝隋唐の聖者観には大別して二つの系統があり、両者は必ずしも整合的に連関しないまま、同時並行的に存在したと考えられる。二系統の一つは《比較的多数の聖者を認める流れ》であり、この系統には、ある種説話的な伝の類や類型化された偉人伝が含まれる。《聖者信仰を抱く人々の系譜》と言ってもよい。中国仏教は基本的に大乗であるにもかかわらず、しばしば初果・阿羅漢果などの小乗行位によって聖者性が表現される。さらには、自らを聖者と称して民衆をたぶらかす偽聖者が時に出現した背景も、この流れの内に求めることができる。

もう一つの系統は、《真に聖者と呼ぶに値する存在は極めて稀少とする流れ》であり、この系統は学派の祖師の最終行位に関する伝承にとりわけ顕著である。《真摯なる修行者の系譜》と言ってもよいかも知れない。

後者の系統は、人はどんなに真剣に修行しても、この世で悟ること、仏陀と同じ境地に至ることは極めて困難なことを含意し、前提としている。だがその場合、六朝隋唐の仏教者たちのとった態度は絶望ではなかった。むしろ自らの修行を来世に持ち越してさらに向上させ、より好ましい状態に自らの生を転換せしめること、それを希求し期待したかの如くである。臨終における暗示的諸表現、とりわけ聖なる空間の現出を象徴する「異香」はそのことを表現している。聖者観の二系統との繫がりから言えば、聖者伝における「異香」への言及は、《本来は性格を異にする聖者観の二系統を橋渡しして一つに繫ぐ仕組み》として救済論的な効果を生み出していると解釈できる。

注

（1）本章は禅仏教における聖者観にまったく触れることができない。凡聖問題と教理学との対比において禅がいかなる位置付けにあるかという問題は興味深いが、残念ながら筆者の能くするところではない。関連する研究として風間（一九八四）参照。

（2）レイ Ray（1994）は本章の主題と合致にその内容を評価するに筆者もやぶさかでないけれども、氏が仏教一般の聖者の四類型として、仏陀の独覚の阿羅漢の菩薩を、無条件とも思えるほど安直に掲げることには躊躇いを覚える。本章で論ずるように声聞乗の聖者として阿羅漢のみを掲げるのは聖者の定義として狭過ぎる。菩薩を無条件に聖者として扱うことは、少なくとも紀元後数世紀の状況を考慮すれば問題があり過ぎる。これは氏の扱う資料が主に経典と論書であって歴史的現実性への目配りが必ずしも十分でないことと、中後期唯識派の十分に発達した修行理論をまったく考慮していないことに原因の一端があるという印象を抱いた。

（3）筆者はイスラーム史については何ら専門的知識をもたないが、佐藤次高（二〇〇一・二頁）によれば、カトリックの列聖に類するような制度は中世イスラーム史にも存在しなかったらしく、イスラームの場合、「聖者を認定する権威者は定められていないのが特徴である。誰が聖者であるかは集団や個々人によって独自に、しかも自然のなりゆきで定められた」と言われる。この傾向はある程度まで中国中世仏教史における聖者の性格と共通するであろう。ただし仏教の場合には、修行を行うことにより自らが仏に近づくという構造のもとに、聖者の定義と修行論との間に強い結び付きがあることに特徴がある。

（4）なお『太平広記』巻九十一は、末尾に出典として「『紀聞』に出づ」という。『紀聞』は、『新唐書』芸文志小説家類に「牛肅『紀聞』十巻」と記される小説であろうが、詳しいことは筆者には分からない。

（5）「南天王子張璵」は、恐らく道宣『中天竺舎衛国祇洹寺図経』下巻に見える「南方天王第三子張璵」（大正四五・八九〇上。『祇洹図経』一〇〇巻の撰述者）と同じ。南天王は毘瑠璃王・毘流離王・増長天とも。本文引用逸話末に出典として挙げられている『感通記』は道宣撰の仏書かと思われるが未詳。因みに道宣『律相感通録』『集神州三宝感通録』『道宣律師感通録』には対応する記事はない。

（6）修行階位説における真諦説の意義については水野（一九八四年）参照。真諦訳『摂大乗論釈』に「十信」等の中国特有の術語が見える（船山二〇〇二c・二二頁）。

（7）「就伏心、有武文尸三解」の部分は、砂山（一九九〇・二六五頁）の説に従う。因みに蒙文通（二〇〇一・四三〇頁）は「就伏心、有文尸三解」に作る。『道教義枢』位業義に、「伏道之中有九転者、凡三種解、解各三転、合成九転。三種解者、一曰武解、二曰文解、三曰尸解」とあるのも参照。

（8）筆者は道教の五道説に関する研究を網羅していないことを率直に認めねばならないが、卑見の及ぶ限り、道教の五道説を分析する Bokenkamp（1990）も麥谷（二〇〇五）も、仏教の『大智度論』に記される五道説との関係に何も言及していない。

（9）「別時之意」は「別時意」と同じで *Skt.* kālāntarābhiprāya（別の時間を意図すること）の漢訳。

第二章　異　香──聖者の匂い

一　死の象徴表現

中国六朝の仏教における身心と聖なるもののイメージを窺い知らせる記録を、匂い（嗅覚）を手がかりに探ってみたい。僧の事跡を記す僧伝の類いに目を向けると、我々は身心が乖離する瞬間である死をめぐる捉え方にいくつかの興味深い記述があるのを知る。とりわけ僧伝には高僧の臨終に不思議な出来事が起こったことを記す場合がある。その具体的視点としてさしあたり三点に着目したい。すなわち指の曲がり具合に特徴が認められたという記録、修行を積んだ者が亡くなった際に頭頂がずっと冷たくならなかったという記録、そして特別な香りが立ちこめたという記録である。これらを個々ばらばらに記す文献もあるが、一つの伝記中に二ないし三の要素がまとまって現れることもある。因みに僧伝にはまた、蟬蛻《せんぜい》すなわち蟬が抜殻だけを残すように人が亡くなる様や、正午に亡くなるといった記述も時にあり、それらは道教に影響された表現形式であることが指摘されている（吉川一九九二）。

（一）折り曲げた指

死亡時の指の折り曲げ具合が当人の到達した修行の境地を象徴するという話は少なくない。例えば『高僧伝』巻十の南斉の法匱《ほうき》伝に、法匱の末期をこう記す――「爾《そ》の日、晩に房に還って臥し、奄然として卒す。屍は甚だ香しく軟らかにして、手に二指を屈す。衆は咸な其の二果を得るを悟る」。死体が芳香を放ったことと二指を曲げていたことが記され、二指は法匱が二果に到達した証と説明する。二果とは小乗の修行階位における第二果。小乗では初果（須陀洹果《しゅだおん》）・二果（斯陀含果《しだごん》）・三果（阿那含果《あなごん》）・阿羅漢果の四果のいずれかに至った者を聖者とみなす。宋の賛寧『宋高僧伝』巻二十九の道晤《どうご》伝の「系」に、「凡そ諸々の入滅に其の指を挙ぐる者は、蓋《けだ》し其の得し四沙門果の数を示すなり」とある。さらに類例として『高僧伝』巻十一の普恒伝には「手に三指を屈し、其の余は皆な申《の》ぶ」とある。時代を下るならば、『続高僧伝』巻七の宝瓊伝、巻十の慧曠伝、巻二十五の慧峯伝、巻二十八の志湛伝や『南史』巻二十五の到溉伝などにも同様の記述を見出せる。なお中国の仏教徒は自らを大乗の徒とみなしたにもかかわらず臨終に小乗（声聞乗）の修行位が関わるのは面白い。現実味よりも説話的面白さが先行するかのようではないか。

（二）暖かい頭頂

次に臨終に頭頂が最後まで冷たくならなかったという記録。これはしばしば「頂暖」ないし「頂煖」という語で語られる。ただその明確な事例は梁の慧皎の『高僧伝』には見当たらず、唐の道宣の『続高僧伝』やその同時代文献に現れ始める。例えば隋の浄影寺慧遠の亡骸は「香りは栴檀の若《ごと》く、久しくして竭滅す。……手足は柔軟にして、身分（体の他の部位）は並びに冷たきも、唯だ頂上のみ暖かなり」（『続高僧伝』巻八の隋の京師の浄影寺の釈慧遠伝）。また陳の慧思の末期は、「咸な異香の室内に満つるを聞《か》ぐ。頂は煖かく身は軟らか、顔色は常の如し」とある（巻十七の陳の南岳衡山の釈慧思伝）。

頭頂が最後まで冷たくならず温度を保っていたことは、当人の識《しき》すなわち魂が最終的に頭頂から抜け出たことを象徴する。そうした伝記的記述そのものはインドの文献にはないようであるが、理論的根拠はインドのアビダルマ教理学書に見出せる。前秦の僧伽跋澄《そうぎゃばっちょう》訳『鞞婆沙《ひばしゃ》論』巻十四、北涼の浮陀跋摩《ふだばつま》・道泰等訳『阿毘曇毘婆沙《あびどんびばしゃ》論』巻三十六、唐の玄奘訳『阿毘達磨大毘婆沙論』巻六十九、玄奘訳『阿毘達磨倶舎《くしゃ》論』巻十などによれば、死に臨んで識（単数形の vijñāna）が足先から抜ける場合には地獄などの悪趣に生まれ、臍から抜ける場合には人に生まれるという。識が頭から抜ける場合には天に生まれる。心臓から抜ける場合には般涅槃《はつねはん》すなわち解脱する（頭と心臓の意義付けを逆にする解釈もある）。そして識が最後に抜けた身体部位が、僧伝では最後まで冷たくならなかった部位として表現される。つまり死後も頭頂の暖かな者は天に生まれ変わるというわけである。

これらと並んで臨終における香りの描写にも注目すべき点がある。以下、この点についていくつかの資料を紹介し、そこに込められた意義を考えてみたい。

二　臨終の異香

すぐれた修行を実践していた僧が死に際し、何か尋常ならざる匂い、この世のものと思われぬ芳香を発したという記録がある。臨終の臭いと言えば、当然のこととして死臭も連想されよう。僧伝には事実、そのようなニュアンスで臭いに言及する記事も無くはない。『続高僧伝』巻十六の法充伝における「時に隆暑に属するも、而れども屍は臭爛せず、香しきこと爛瓜の如し」という表現からは、その場の臭いが伝わってきそうな程だ。しかし一般的に言えば、以下に紹介する例から知られるように、臨終の芳香への言及は単に死臭の不在を示すのではなく、積極的な意味合いにおいて、この世のものとも思われぬ馥郁たる芳香に溢れたことを示し、それによって、その場にただならぬ厳かな状況が成立していることを示していると解釈できる。

香りについては右に簡単に紹介したいくつかの断片的記事にも散見されるが、臨終における香りに関する最も有名なものの一つとしては、禅の六祖慧能（六三八〜七一三）を挙げることができる。『曹渓大師伝』によれば、慧能が七十三歳で遷化した時、数千の鳥が飛来して鳴く、五色の雲が現れるなどの奇蹟と共に、涼風が寺に吹き込み、「俄にして香気は氛氳《ふんうん》として廊宇に遍満し、地は皆な振動し、山崖は崩頽」したという。同じ事柄は『宋高僧伝』巻八の慧能伝では「異香、室に満つ」（異香満室）と、また『景徳伝燈録』巻五の慧能伝では「異香、人を襲う」と表現されている。とりわけ「異香満室」の四字は、初唐の『続高僧伝』の頃から、聖者の逝去を描写する際の定型表現として僧伝類に多用される。また「異香」への言及は仏教文献に限らず、道教においても高徳の道士の臨終を描写する語として用いられた。その一例を挙げれば、梁の陶弘景の亡骸のさまは次のようであった。「顔色は変わらず、屈伸は常の如し。屋中の香気は積日散せず」。すなわち顔の様子は生前と何ら変わらず、身体も硬直せずに軟らかさを保ち、そして遺体の安置された部屋には香気が漂い、それが何日も続いた（『雲笈七籤』巻一〇七の唐の李渤「梁茅山貞白先生伝」）。このような異香は、死にゆく当人が紛うかたなき聖なる存在であったことを、あえて聖という言葉を用いることなく、ありありと示す効果をもたらしている。

このような禅師や道士の最期に言及される芳香は、その類例を早い時代の文献に辿るならば、唐の道宣撰『続高僧伝』や宋の賛寧撰『宋高僧伝』などの僧伝類に見出せる。そしてさらにその源流はと言えば、指を曲げる事例と同様、やはり梁の『高僧伝』の頃にまで遡ることが可能である。例えば、インド人の求那跋摩《ぐなばつま》（グナヴァルマン）は広州を経て建康に到来し、元嘉八年（四三一）九月に急逝した僧であるが、逝去した彼の様子は、縄床《じょうしょう》（坐具）に結跏趺坐《けっかふざ》したまま普段と変わらず、まるで禅定に入ったままのようであった。そして僧侶や俗人千人余りが弔問にかけつけ、皆は「香気の芬烈《ふんれつ》たるを聞《か》ぐ」とある（巻三の宋の京師の祇洹《ぎおん》寺の求那跋摩伝）。求那跋摩は二果と呼ばれる修行の成果を獲たことを自ら告げる遺言の偈頌《げじゅ》を書いている通り、聖者の域に達した僧であった。

このような異香が立ちこめる様は、一言で言えば聖性の現前である。あるいは別な言い方をするなら、聖者の体から発せられる香りと言ってもよいが、詳しく見てみると、そこには相互に関わり合う二つの側面があることが分かる。一つは去りゆく当人が聖なる存在であることを象徴する場合、もう一つは死に際しての、浄土や天界からの聖なる存在――仏や菩薩――の来迎を象徴する場合である。後者の場合は異香を放つのは当人ではないが、聖なる菩薩衆の到来によって死者が聖なる存在に仲間として認められるという意味で前者の側面と繋がる。また記事によっては二つの要素が共に認められることもある。

聖なる存在の来臨を告げる事例としては、例えば宋の慧通。彼は無量寿（阿弥陀）仏の国に生まれ変わることを願って修行を積み重ね、臨終に無量寿仏の御姿を目の当たりにして遷化した後、異香が三日間続いたという（巻十一の宋の長安の太后寺の釈慧通伝）。また梁の智順は天監六年（五〇七）に六十一歳で逝去したが、その様子は「臨終の日、房内に頗る異香を聞ぐ。亦た天蓋を見る者有り」というものであった（巻八の梁の山陰の雲門寺の釈智順伝）。宋の慧益は死に臨んで『法華経』薬王菩薩本事品に基づき自らの身を灯明と為して仏を供養する捨身行を実践して最期を迎えた僧であるが、孝武帝の立ち会いのもとに行われた焼身儀礼において火は翌日になってやっと消え、孝武帝は「空中に笳管を聞き、異香は芬苾たり」とある（巻十二の宋の京師の竹林寺の釈慧益伝）。このように臨終に異香と共に空中の楽隊の音を聞いた、天蓋を見たなどの記述は『高僧伝』の他の箇所にもあり、さらに『続高僧伝』に継承されてゆく。これらは仏菩薩の来迎を象徴するものと理解することができる。

ところで『高僧伝』において不思議な香りが描写される場面は、臨終の場面のほかに、実はもう一つある。僧が一心不乱に坐禅を行い、深い瞑想に入った場面の描写においても異香が言及されるのである。例えば宋の僧業《そうごう》は『十誦律』の普及に一役買った僧であるが、禅定もまた得意であり、「一たび端坐する毎に、輒ち異香の房内に充塞する有り。業の近くに坐する者は、咸な共に聞ぐ所、其の神異を嗟《なげ》かざる莫《な》し」（巻十一の宋の呉の閑居寺の釈僧業伝）。また時にはある僧侶の使う水が芳しく香ることによって、その者の聖性が象徴的に描写されるといった場合もある（巻十一の宋の偽魏の平城の釈玄高伝など）。

また東晋の廬山の慧永は、坐禅をした際に誰かが禅房にやって来た気配があり、居合わせた人々は「並びに殊香の気を聞」いだという。また来世において西方浄土への転生することを祈願していた彼が義熙十年（四一四）に八十三歳で亡くなった時、「道俗（出家者と在家信者）山に在って咸な異香を聞ぎ、七日して乃ち歇《や》む」とある（巻六の晋の廬山の釈慧永伝）。

禅定の修行につとめた宋の普恒は昇明三年（四七九）に七十八歳で亡くなったが、死に際して「手に三指を屈し、其の余は皆な申《の》ぶ。……生時は体黒かりしも、死すれば更めて潔白（まっしろ）なり。是に於いて得道せしものの法に依って之れを闍維」し、薪が燃え始めると、「便ち五色の烟起ち、殊香は芬馥《ふんぷく》たり」（巻十一の宋の蜀の安楽寺の釈普恒伝）。ここには指を曲げるという要素と芳香の二要素が語られている。

以上、『高僧伝』を頼りに「異香」の早期の用例を瞥見した。しかし『高僧伝』が異香の初出というわけではない。やや先行する南斉の王琰《おうえん》『冥祥記』（唐の道世《どうせい》撰『法苑珠林《ほうおんじゅりん》』などに佚文がある）にも臨終における「香気」（杜願の条、『法苑珠林』巻五十二）、「芬馨」（何曇遠の条、同巻十五）、「靄煙香異」（長沙寺慧遠の条、同巻九十七）が語られ、また臨終とは別に禅定の場面で「殊香」（程徳度の条、同巻二十八）が立ちこめたという記述がある。

三　異香はどんな匂いか

異香の描写は何に由来するであろうか。起源はインドか、中国か。そもそも異香とは具体的にどんな香りなのか。異香に言及する記事は正史にもある。ただ興味深いことに、その早期の例を探ってみると、宗教や聖なる存在と関係するものとして異香に言及する記事は『史記』や『漢書』『後漢書』といった古い文献にはない如くであり、『南斉書』『梁書』に散見される例が最も早いのかも知れない。例えば『南斉書』巻五十四・劉虬伝は「釈氏を精信」して長斎を行い、『法華経』に注するなどの仏教実践と深く関与したことを述べ、その最期について「其の冬、〔劉〕虬は病み、正昼に白雲の檐戸の内に徘徊する有り、又た香気及び磬声有り、其の日に卒す。年五十八」と結ぶ。『梁書』巻三・武帝紀下の天監五年（五〇六）正月の条は、武帝が自ら南郊にて祭祀し、天下に大赦したことに絡んで前日に瑞祥が起こったことを記し、「南郊令の解滌之等は郊の履行する所に到り、忽ち空中に異香有って三たび風に随いて至るを聞ぐ。将に事を行わんとするに及び、楽を奏し神を迎え畢れば、神光有って壇上に満ち、朱紫黄白雑色あり、食頃に方《まさ》に滅す（すぐに消えた）」とある。同巻五十一・張孝秀伝はその逝去について「普通三年（五二二）に卒す。時に年四十二。室中に皆な常に非ざる香気有るを聞ぐ」とあるが、彼の生前の行いを記す中に「群書を博渉し、専ら釈典に精し」とあるのは注目される。さらに『陳書』巻二十六の徐孝克伝には「十九年、疾を以て卒す。時に年七十三。終るに臨み、正坐念仏し、室内に常に非ざる異香の気有り」とある。ここで注意したいのは仏教の影響である。『梁書』武帝紀では仏教の影響は必ずしも自明でないが、『南斉書』劉虯伝と『陳書』徐孝克伝は仏教の文脈で臨終の芳香を記述する。『梁書』張孝秀伝にも仏教との繋がりが認められる。とすれば、断定は憚られるが、「異香」などの嗅覚的描写には仏教を起源とする可能性があるのではないか。

ただ、「異香」という語句それ自体は仏教に限らず、早期の文献にも見出せる。その一つに『後漢書』列伝二十一・賈琮伝の次の一節がある。「旧《も》と交阯は土に珍産多し。明璣《めいき》・翠羽・犀象・瑇瑁《たいまい》・異香・美木の属《たぐい》は自ずから出さざる莫《な》し」。ここで異香は素晴らしい匂いのする香料の類いを指すに違いない。もとよりこれは聖者の香りとは直接関連しないが、「異香」という語に含まれるニュアンスを知るための示唆を与えてくれる。

さらにまた漢訳仏典における「異香」の用例を調べてみると、その大半は花の芳香などを指している。その中には「異」に特段の意味を見出せないものもある。例えば北魏の菩提流支訳『入楞伽経』巻一・請仏品に「現於無量種種異花、種種異香、散香、塗香」とある「異香」。梵語原典ではgandha（香り）に当たる。一般にこの語は臭いsmellの意味にも芳香fragranceの意味にもなり、今の場合は後者の意味で「異香」と訳されたのかも知れない。

さらに注目すべきは唐の玄奘訳『大般若経』における訳例である。その巻五四一・第四分供養窣堵波《そとば》品に「若《も》し是の如きの甚深《じんじん》の般若波羅蜜多（完全なる智慧）の所在の処に妙なる光明有るを見、或いは其の処に異香の氛郁《ふんいく》たるを聞ぎ、或いは復た微細の楽音有るを聞かば」云々（大正七・七八〇下）という一節がある。この箇所には対応する梵語原典として『八千頌般若経』が現存し、また鳩摩羅什訳『小品般若波羅蜜経』その他の漢訳経典との対応もチェックすることができる。比較の結果、玄奘訳「異香」に対応する梵語はamānuṣaṃ gandhamであることが分かる。直訳すれば「人間のものでない香り（を）」の意である。それに対応する羅什訳は「殊異之香」（大正八・五四五上）。同じ一節はまた北宋の施護訳『仏母出生三法蔵般若波羅蜜多経』巻四・宝塔功徳品にも対応し、そこでは「諸微妙香」（大正八・六〇一上）と訳されている。このような、人間界における尋常の香りを超越するもの、天人や聖者の香りに類するものを「異香」と訳す例があることは、語のニュアンスを知る上で興味深い。

このように、異香ということによって聖なる存在を暗示する表現形式は仏典において確立した可能性が考えられる。聖なる存在の現前を象徴する「異香」は中国人にとっての尋常ならざる特別な匂いを意味した。それは時に天から降り注ぐ神々や天人の匂いであり、時に珍奇な香料の放つ異国的な匂いであった。

聖なるものを匂いによって現出しようとする背景には、とかく視覚に頼りがちな現代人とは一線を画する感覚の存在がある。それは紛う方なき嗅覚がもたらす豊かな現実感《リアリティ》を描写するものと言えるのではなかろうか。

第三章　捨身の思想——極端な仏教行為

捨身とは、自分自身を捨てることである。自分自身とは何かと言えば、文脈に応じて、わが肉体や命の場合もあれば、それを象徴するところの何らかの物品でもあり得る。

東アジア仏教史のさまざまな局面で登場する捨身には、自己完結的というよりもむしろ、他のいろいろなテーマと複雑に関係する拡散的性格がある。じっさい捨身と関わる先行研究は数多く、分野も多岐にわたる。管見の限りでも、中国仏教史における捨身を取り上げる研究（名畑一九三一、Gernet 1960、水尾一九六六、Kieschnick 1997: 35-50, Benn 1998、張勇二〇〇〇・三四一～三五〇頁）や、捨身と儒教や道教との関係（明神一九八四、一九九六）、主にインド仏教の範囲でジャータカその他の経典の文献学的研究として捨身を取りあげるもの（杉本一九八二、岡田真美子一九九四、一九九五、三友一九九六、Durt 1998, 1999）、仏教美術の素材として捨身に触れるもの（水野・長廣一九四一・二一一～二一四頁、上原一九六八・三二一～三五頁）、日本仏教史における捨身（成田一九七四、吉田一九七六）、さらには、生命倫理、とくに脳死や臓器移植の是非との関連で論ずるもの（野口一九九七、岡田真美子二〇〇〇、二〇〇一）などがあり、その上さらに捨身に部分的に関連する研究となると、ほとんど枚挙に暇がない。それらに私がまた屋上屋を架するゆえんは、一つには、捨身という特異な行為を、それを批判する論理も含めて仏教史のなかに位置付けたいからであり、もう一つには、捨身という現象の周辺背後に見え隠れする思想なり考え方なりを知っておきたいからである。捨身に対する私の興味は、もとはと言えば、眼を布施したり指を焼いたりといった本来の捨身ではなく、梁の武帝が捨身して「仏奴」となったことがなぜ捨身なのか、本来の捨身といかなる関係にあるかという素朴な疑問から出発した。この興味は今も変わっていないが、調査をすすめるうち、梁武の捨身に至るまでの歴史的展開と、捨身という語の意味を押さえておく必要を感ずるようになった。こうした経緯から、本章では六朝仏教史研究の一環として、捨身が中国で俄に流行し始めた五、六世紀頃を中心に、従来の研究を補う新たな知見を織り込みながら捨身という現象を多角的に考察する。私の能力と関心には自ずから偏りと限界があるだろうが、本章は捨身をめぐる思想史的研究であって、捨身を美化することも非難することも目的としない。臓器提供の是非といった現代的課題に答えようとするものでもないということを予め断わっておきたい。

一　「捨身」という言葉

(一) 事例の確認

捨身という言葉から、仏陀が過去世にウサギであった頃、お腹をすかした婆羅門（ブラーフマナ）にわが身を布施すべく火の中に飛び込んだ、といったジャータカの話（辻・渡邊訳一九八七・一八五～一九五頁「ウサギの施し」）を思い浮かべる人もいよう。なるほどそれも捨身の一つである。しかし捨身という語が表す事象はそれだけではない、もう一つ別の、時に深刻な社会問題を引き起こした捨身のタイプに、仏法僧の三宝を供養 pūjā するために行う捨身がある。そしてこの意味での捨身は、鳩摩羅什訳『法華経』の薬王菩薩本事品の故事を典拠とすることが断然多い。直接関係する箇所を羅什訳からの和訳で示そう。

〔一切衆生喜見菩薩は〕三昧よりたちもどると、「わたくしが神通力によってブッダを供養するとしても、わが身をもって供養することにはかなわない」と考え、そこで栴檀・薫陸・兜楼婆・畢力迦・沈水・膠香といった様々な香を服用し、また瞻蔔や諸華の香油を飲むこと、それを千二百年行った後、香油を身に塗り、日月浄明徳仏の前にて天の宝衣で自らの身を纏ってから、諸の香油をかぶった。そして神通力〔によって得た〕誓願によって自らの体を燃やした。その光は辺りを照らしだし、八十億恒河沙の世界に及んだ。そのなかの諸仏は同時に讃歎して言った、「すばらしい。すばらしい。善男子よ。これこそほんとうの精進である。これこそが、ほんとうに法をもって如来を供養するということである。（…中略…）たとい王国や妻子を布施したとてかなわない。これを第一の布施と名付ける。法によって如来たちを供養するのであるから、いろいろな布施のなかでも最高である」。こう言い終わると諸仏は黙然とした。〔一切衆生喜見菩薩の〕体の火は千二百年間燃え続け、それから彼の体は尽き果てた。一切衆生喜見菩薩はこのような法の供養をして命が尽きると、日月浄明徳仏の国に生まれた。……

〔一切衆生喜見菩薩〕従三昧起而自念言、我雖以神力、供養於仏、不如以身供養。即服諸香、栴檀・薫陸・兜楼婆・畢力迦・沈水・膠香、又飲瞻蔔・諸華香油、満千二百歳已、香油塗身、於日月浄明徳仏前、以天宝衣、而自纏身、灌諸香油、以神通力願、而自然身、光明遍照、八十億恒河沙世界、其中諸仏、同時讃言、善哉善哉、善男子、是真精進、是名真法供養如来、（……）仮使国城妻子布施、亦所不及。善男子、是名第一之施、於諸施中、最尊最上、以法供養諸如来故。作是語已、而各黙然。其身火燃、千二百歳、過是已後、其身乃尽。一切衆生喜見菩薩、作如是法供養已、命終之後、復生日月浄明徳仏国中、……（大正九・五三中）

『法華経』は次のようにも言う。

発心してこの上なく正しい完全な悟りを得たいなら、手の指ないし足の指を燃やして仏塔を供養することができれば、王国や妻子・三千大千世界の国土や山林・河や池・諸々の珍しい宝物で供養するより優れている。

若有発心欲得阿耨多羅三藐三菩提者、能燃手指乃至足一指供養仏塔、勝以国城・妻子及三千大千国土・山林・河池・諸珍宝物而供養者。（大正九・五四上）

物品によって仏を供養するより、わが指を燃やして供養する方が優れ、指より臂を焼く方が優れ、もっとも素晴らしいのは、わが身を燈火として燃やし、その光明によって仏を供養することであると薬王菩薩本事品は説く。ここで身を焼くとは、仏ならびに仏法を讃歎する手段として、みずからが燈火となるという意味である。

なお羅什訳に複数回見える「千二百年」がサンスクリット語テキストで十二年であるのはおもしろい。西晋の竺法護訳『正法華』の対応箇所も「十二年」であることから察するに、「千二百年」は、羅什一流の潤色というべきか。ともあれ、香りたかき植物や油を千二百年間も服用し続けるというのは、読み手からすれば、そこに現実味はもはやあるまい。しかし十二年なら現実的かと言えば、いうまでもなく、これまた別問題である。横超慧日は薬王菩薩本事品の焼身供養を次のように解説する――「身を捨てて供養したということは、それによって法の尊さを示したことになり、身を捨てること自体は仏教徒として戒律上許されることではないが、ここではそれが法の尊さを象徴的に表わすものとしてとりあげられていると見られる」。それ故、「ここの文を事実的に解して、これは法華経製作者たちが法のために命も惜しまぬと信じて現実に焼身供養をするような狂信の徒輩であったというように受けとる説は、全く問題外であ」ると言う（横超一九八六・四一九頁）。たしかにこれがもっとも穏当な解釈なのであろう。実際インド語の文献ないしインド起源の漢訳文献に確認される捨身のことは、例外なくすべてブッダの過去世の所行として、これほど難行苦行を行ったからこそ彼はブッダとなれたのだという賞讃の話として説かれるのであり、ジャータカとしてではなく、信者たちに捨身をせよと奨める体裁のものはほとんど皆無である。経典に説かれる捨身は我々の実践項目ではないのだ。しかし問題は、インドの場合はさておき、鳩摩羅什訳を読んだ五世紀以後の漢人仏教徒たちの中に、焼身供養を象徴としてとらえるのではなく、そのまま信じて自ら焼身供養を行った人々が多数輩出した事実である。その最も極端な事例として、梁末の傅翕の場合をみておきたい。

傅翕（四九七～五六九）、字は玄風、東陽郡（浙江省金華市）の人。傅大士、東陽大士、あるいは少々おどろおどろしく「双林樹下当来解脱善慧大士」と呼ばれ、大士すなわち菩薩の立場から、道俗男女をとりまぜた独自の大乗教団を組織した[1]。出家者でなかったために『続高僧伝』の中に伝は存在しないが付伝に類する記事はある[2]、彼は並の出家者など比較にならぬほど激烈な仏教者であった。その行状には俄に信じがたいほど激烈な、現代のカルト教団における集団自殺を髣髴せしめる様子がみてとれる。従来の捨身研究で触れられることの少なかった点を考慮し、また、あまりにも異様な実態を紹介する意味を兼ねて、傅翕教団の行った捨身の典型的事例を簡単にみておきたい。捨身という行為が本来的に有する、ある種常軌を逸した一面が伝われば十分である。

傅翕の行状を伝える史料として最も古いのは陳の徐陵撰「東陽双林寺傅大士碑」（『全陳文』巻十一）である。時代は下るが、詳しい記事として唐の楼穎撰『善慧大士録』八巻（佚）を楼穎が四巻に再編集した『善慧大士録』四巻（続蔵一・二・二五・一、続金華叢書）があるので、まず『善慧大士録』によって概略を示そう。

『善慧大士録』巻一の伝によれば[3]、梁の命運も尽きかけた太清二年（五四八）の三月十五日、傅大士は教団の者たちに向かってこう言った、「むかし聞いたところでは、月光大士（チャンドラプラバ菩薩）は頭を捨てて布施行を弘め、太子は窮乏者を救うため命も財産も惜しまなかったとか。経典の明かすところでは、彼らは久しからずして仏となったという。ゆえに私も凡才非才をかえりみず、大聖の教えを仰ぎ慕って、ここにこう誓願する――身体も命も財産も捨てて、あまねく一切衆生のため諸仏を供養し、謹んで断食修行（不食上斎）を行い、滅度するのだ。意志をつらぬいて身を焼き大燈明となり、一切衆生のため三宝を供養しよう。来月の八日これを行う」と。弟子たちにとって傅翕はこれから仏とならんとする菩薩そのものであり、また言うまでもなく、自分たちを救済する力のある、唯一無二の存在であった。四月八日になると、弟子の留堅意や范難陀ら十九人がそれぞれ師主の身代わりを願い出る。弟子たちは断食修行を行い、さらに身を焼いて三宝を供養した。弟子の朱堅固は一指を焼いて燈火とした。陳超は自らの身を売り捨て〔奴となった〕。姚普薫、智朗らは〔奴となって〕傭役で稼いだ金銭で師主を供養し、一切の衆生が輪廻転生する度に恒に諸仏に出会って法を聞き、皆がみな悟りを得て無生法忍を体得するようにと普く誓願をたてた。同月九日には、弟子の留和睦と周堅固の二人が一指を焼いた。弟子の楼宝印は心臓を突き刺した。葛玄杲は左右の耳を切った。比丘の菩提と優婆夷の駱妙徳の二人は左耳を切った。比丘の智朗や智品ら二十二人は右耳を切った。比丘尼の法脱や法堅ら十五人は各自断食修行を行い、師匠がずっとこの世にとどまって正教を宣揚することを祈願した、と記されている。

この年の八月には寿春で世にいう「侯景の乱」が起こる（吉川一九七四）。翌年の三月、建康の宮城は陥落し、武帝は五月に憤死する。さらに八年後（五五七）、ついに五十年の長きにわたり江南を統治した梁は亡び、陳が覇権を握る。この年（五五七）の二月十八日、傅翕は弟子たちにこう言った、「今世の中は様々な災いに溢れ、已むことがなく、人々は困窮をきわめる。誰か苦行を行って指を焼き燈火となり、普く一切衆生のために三宝を供養し、仏がこの世に住して群生を済度されんことを請うことのできる者はいないか」と。この時比丘の慧海・菩提・法解・居士の普成ら八人が命を受け、比丘の法如と居士の宝月の二人は宙づりになって燈火となった（鈎身懸燈）。大士はさらに言う、「誰か耳を切り割いて血を流し、香と和えて地を掃き清め、普く一切衆生のために三宝を供養することのできる者はいないか」と。この時比丘の智雲ら十二人と沙弥の慧普ら十人、普知や慧炬ら二十三人、子供の善覚ら十七人の総勢六十二人が謹んで命を受けて耳を割き血を出して香に和えて地を掃き清めた。云々、云々。

伝はまだ続くが、傅翕教団の紹介はもう十分であろう。なんとも凄惨な光景である。弟子たちが行った、指または体ぜんぶを焼いて自分が燈火となる・耳を割いて出した血で地を洗い清める・自らの身を売って奴となって労働することによって得た賃金で三宝を供養するなどの行為の一つ一つこそ、本章の主題とする「捨身」にほかならない（さらに後述二（一）種類と典拠も参照）。

右の紹介は『善慧大士録』巻一に従ったが、年代的に遅れるため話に尾ひれがついてしまった疑いも完全にぬぐい去ることは難しい。ただ、傅翕教団が捨身を実行したことが歴史的事実であったこと自体は、『善慧大士録』に先行する陳の徐陵撰「東陽双林寺傅大士碑」に基づいて確かめることができる。それによれば梁末の混乱期に捨身を行った傅翕教団の者のうち居士の徐普抜・潘普成ら九人は耳や鼻を斬り落とした。居士の范難陀・比丘の法曠・優婆夷の厳比丘らは焼身して没した。比丘の宝月ら二人は宙づりになって燈火となった。比丘の慧海や菩提ら八人は指を焼いた。比丘尼の曇展・慧光・法織ら四十九人は食を断った。比丘の僧抜・慧品ら六十二人は耳を切った出血を香とした（『全陳文』巻十一、張勇二〇〇〇・四九〇～四九一頁）。このほかにも凄惨という以外に言葉の見つからぬ「捨身」が記されるから、『善慧大士録』の記述を単なる誇張や虚飾と断ずることはできない。

この翌年（五五八）には南岳慧思が『立誓願文』で「年四十四に至った今は末法の百二十五年である」と言い、

世が末法に入って久しいとの自覚を示した。傅翕が生きたのは、まさにそんな不安で荒れ果てた、仏教流に言えば末世そのものなのであった。そして、そんな世のなかであればこそ、仏が降りたち、普く衆生を救済してくださるようにと仏に働きかけるために行われた行為――それが傅大士教団における捨身の意味であった。彼の教団関係者がこうした血を流し火傷を負う捨身を繰り返した事例は、相当な数にのぼる。実際に命を落とした人も少なくない。例えば梁朝の滅びる直前の紹泰元年（五五五）には、六月二十五日に傅翕の弟子の范難陀が双林山頂で「焼身滅度」し、九月十五日には比丘の法曠が天台山下で「焼身滅度」し、翌太平元年（五五六）三月一日には優婆夷（女性の在家者）の子厳が双林山頂で「赴火滅度」したという。六朝時代に興り、その後も連綿と行われた捨身には、こうした酸鼻な一面があることを忘れてはなるまい。

さて以下に、西暦五八一年の隋の成立以前における捨身記録の一覧を示そう。隋以前に限定する理由は、何より私の関心が六朝仏教史に存する点にあるが、事例の蒐集を隋唐にまで広げる場合の繁雑さを恐れるからでもある。表中に捨身の当事者たる人名を掲げたが、在家者には傍線を施すことにより、出家者と区別した。捨身の種類については、史料に見える語をなるべくそのまま記した。身体の全部または一部を損なう捨身ではない、物品布施などの象徴的な意味における捨身については、これを行った人物名に†を付した。地域の欄に建康とあるのは、便宜上、建康城内及び郊外周辺地域を含むものとする。

表1　隋以前の主な捨身

傍線は在家者　†は象徴的捨身（後述）　傅翕教団は除く(4)

	人名	年次	地域	捨身の種類	主な出典
1	釈僧群	東晋時代	霍山	鴨の身代わりに絶食	『高僧伝』巻十二
2	釈曇称	宋初	彭城	虎に施身	同
3	慧玉尼	四三七	江陵	焼身	『比丘尼伝』巻二
4	釈法進	四四四	高昌	飢饉時、人民に施身	『高僧伝』巻十二
5	釈僧富	―	魏郡	童子の身代わり	同
6	釈法羽	―	蒲坂	焼身	同
7	慧瓊尼	四四七（四四三）	句容県	遺体を鳥獣に施す	『比丘尼伝』巻二
8	釈慧紹	四五一	臨川	焼身	『高僧伝』巻十二
9	釈僧瑜	四五五	廬山	焼身	同
10	釈曇弘	四五五？	交趾	焼身（二回）	同
11	善妙尼	―	蜀	焼身	『比丘尼伝』巻二
12	釈僧慶	四五九	蜀	焼身	『高僧伝』巻十二
13	釈慧益	四六三	鍾山	焼身	同
14	道綜尼	四六三	江陵	燃身	『比丘尼伝』巻二
15	釈道海	―	江陵	燃二指	『名僧伝』巻二十四
16	慧耀尼	四七一頃	蜀	焼身（未遂）	『比丘尼伝』巻二
17	同	四七七	蜀	焼身	同
†18	南斉南郡王	四八〇頃	建康	捨身	『広弘明集』巻二十八
†19	張景真	建元中	建康	捨身斎	『南斉書』巻三十一
†20	文恵太子蕭懋	四八二	建康	捨身	『広弘明集』巻十九

†	21	文宣王蕭子良	四八二頃	建康	捨身（数回？）	『広弘明集』巻十九、『出三蔵記集』巻十二
†	22	蕭子良妃	｜	建康	捨身	『出三蔵記集』巻十二
	23	釈法凝	南斉武帝期	蜀	焼身	『続高僧伝』巻二十七
	24	釈法光	四八七	隴西	焼身	『高僧伝』巻十二
	25	釈法存	永明末	始豊県	焼身	同
	26	曇簡尼	四九四	白山	焼身	『比丘尼伝』巻三
	27	浄珪尼	四九四	白山	焼身	同
†	28	巴陵王蕭昭冑	｜	建康	捨身	『出三蔵記集』巻十二
†	29	釈僧祐	永明以後	建康	捨身斎	『高僧伝』巻十一
†	30	裴植母夏侯氏	｜	瀛州	婢となり寺で洒掃す	『魏書』巻七十一
	31	曇勇尼	五〇一	白山	焼身	『比丘尼伝』巻三
	32	馮尼	｜	高昌	焼六指	『比丘尼伝』巻四
†	33	沈約	五〇九？	建康	捨身	『広弘明集』巻二十八
†	34	釈智蔵	五一九	建康	捨身大懺	『続高僧伝』巻五
	35	釈僧満	梁初	長沙郡	焼身	『法華伝記』巻二、『法華文句記』巻八―四
	36	釈僧明	天監中	濠州招義県	焼身	『弘賛法華伝』巻五
	37	優婆塞某	｜	交州平陸県	焼身	同
	38	釈道度	五二六	若耶山	焼身	『弘賛法華伝』巻五、『法苑珠林』巻九十六
†	39	梁武帝	五二七	建康	捨身（第一回）	『梁書』武帝本紀

†	40	同	五二九	建康	捨身（第二回）	『梁書』武帝本紀
†	41	同	五三三	建康	布施（無遮大会）	『広弘明集』巻十九
	42	三比丘（二道人）	五三四	洛陽	火事の仏塔に投身	『続高僧伝』巻一、『洛陽伽藍記』巻一
†	43	梁武帝	五四六	建康	捨身（第三回、施身）	『南史』梁武帝紀
	44	某	五四六	建康	刺血書経、穿心然燈、等	同
†	45	梁武帝	五四七	建康	捨身（第四回）	『梁書』武帝紀
	46	男子某	五四七	建康	身を割き鳥に布施	『南史』梁武帝紀
	47	釈智泉	五四七	建康	鉄鈎に懸かり燃燈す	同
†	48	梁武帝	五四七	建康	捨身	『梁書』武帝紀
†	49	陳武帝	五五八	建康	捨身	『陳書』高祖紀
†	50	同	五五八	建康	捨乗輿法物	同
	51	釈僧崖	五五九	成都	焼指	『続高僧伝』巻二十七
	52	同	五五九？	成都	焼身	同
†	53	陳文帝	五六三	建康	捨身（大捨宝位）	『広弘明集』巻二十八、『仏祖統紀』巻三十七
	54	釈洪偃	五六四	建康	屍陀林葬	『続高僧伝』巻七
	55	釈普円	北周時代	雍州	断腕等	『続高僧伝』巻二十七
	56	釈静藹	五七八	終南山	捨身	『続高僧伝』巻二十三
	57	釈彭淵（静淵？）	北周時代	終南山か	眼を剔る	『続高僧伝』巻十一
	58	釈普安	―	終南山	蚊虻に血を施す等	『続高僧伝』巻二十七
	59	陳叔陵	五七九	梅嶺	刺血写経を偽る	『陳書』叔陵伝

遺漏や若干の修正は免れないであろうが、重要なものは上にほぼ網羅しえたかと思う。事例はほぼ六十に及び、これと、表中に除外した傅大士の教団関係者の捨身行を加えるならば、捨身の事例は隋以前の段階に限っても、ゆうに百を超える。相当な数である。史料から窺う限り、捨身が行われたのは殆ど五世紀の初め以後である。このことは後述する捨身の典拠が実質上鳩摩羅什訳か曇無讖訳であることと密接に関連する。

(二)「捨身」の四義

表1をみて直ちに気づくのは捨身に幾つかのパターンが存することであろう。ごく大まかに分類して出家者の場合と在家者の場合とで傾向が二分されるほか、出家者の場合にも死に至る場合と、命に別状ない行為を捨身と称することがある。[5] また、後述するが、「捨身」という同じ語句をもって上記のリストには登場しない事例をさすこともある。本節では以下の議論に見通しを与える意味もかねて、まず、「捨身」という漢字二文字がどのような行為をさすかをおさえておきたい。

結論を先取りすると、「捨身」にはおよそ四つの意味がある。それを簡単にまとめると次の通りである。

表2　捨身の四義

①原義的捨身：身命を布施（主に出家者）
②象徴的捨身：財物を布施（主に在家者）
（①②）いわゆる捨身に相当
③死の同義語としての捨身
④瞑想法としての捨身

①《原義的捨身》と②《象徴的捨身》

捨身という語は、出家者の場合は、自分の身体に火をともす、肉体を鳥獣や他者に布施するなど、肉体を捨てて顧みない行為を指し、他方、在家者の場合は宝物や衣類などの物品を喜捨することを意味することが多い。後者の端的な例として、梁の武帝が三度ないし四度にわたり「捨身して奴と為」ったのは周知の通りである。

捨身という語は、まず、①〝命や体を擲つ〟という意味を原義とする。その結果は命を落とすこともあれば、肉体の一部を損傷するにとどまり命に別状なき場合もある。この意味での捨身を、本章では以下、原義的捨身と呼ぶ。これとほぼ同類の行為を示す別な表現としては、亡身・焼身・焚身・自焚・自焼・自燎・棄捨身命などがある。また捨身は、②〝命や体に準じるものを擲つこと、喜捨すること〟を二次的比喩的に意味する。これを象徴的捨身と呼ぶことにしよう。ふたつの意味のうちで①を原義とみる理由は、中国仏教が基づくインド語からの翻訳仏典に見える「捨身」が専ら①の意味であって、象徴的捨身は中国における語の転義的用法と考えられるからである。

訳語としての「捨身」すなわち①原義的捨身は、いかなるサンスクリット語に対応するかと言えば、次に掲げるものをもっとも代表的な対応語と考えてよいであろう。

svadeha-parityāga「自分の身体をすっかり投げ捨てること」（『菩薩地持経』施品、『大乗荘厳経論』功徳品）

ātma(bhāva)-parityāga「自分自身をすっかり投げ捨てること」（『金光明経』捨身品、『悲華経』檀波羅蜜品）

右掲第二の表現では、「捨」の目的語が ātman「自己」の場合も ātmabhāva「自己存在、身体のこと(6)」の場合もあり、特に後者の場合は、『法華経』薬王菩薩本事品では ātmabhāva-parityāgena pūjā + √kr̥「自己存在をすっかり投げ捨てることによって〔仏に対する〕供養を行う」という言い方もする。これは鳩摩羅什訳では「以身供養」に対応する。いずれの場合も「捨」に相当する動詞語根は pari √tyaj「すっかり投げ捨てる、すべて擲つ」である。この語が文脈により布施（dāna）の同義語としても使われることは、捨身が布施行であることを語句レヴェルで裏付ける。[7]

さらに『法華経』には、漢訳は「捨身」ではないが、同じ行為をあらわすサンスクリット語表現が幾つかある。

śarīraṃ nikṣiptam「身体が捨て置かれる」（提婆達多品）――羅什訳「捨身命」

utsr̥ṣṭa-kāyāḥ… tatha(ā) jīvite ca「身体と命をうち遣った人々」（譬喩品）――羅什訳「不惜身命」

anarthikāḥ kāyena jīvitena ca「身体と命を求めない人々」（勧持品）――羅什訳「不愛身命」

svaṃ kāyaṃ prajvālayāmāsa「自らの身体を〔燃やして〕光り輝かせた」（薬王品）――羅什訳「自然（燃）身」

これらは「捨身」に準じる価値をもつ表現とみなしてよかろう。

③《単に死を意味する捨身》

本章が考察対象とする捨身の原義と転義は上記の通りであるが、それとは別に、同じ「捨身」が単純に〝この世における死〟を意味することもある。死亡死去と置き換え可能な捨身といってもよい。そしてこの場合は、しばしば「捨身受身」という表現をとり、仏教の通常の文献（下記参照）や碑銘[8]のみならず、道教の碑銘[9]にすら登場する。また道教と仏教を繋ぐ用例としては、梁の陶弘景が昇仙を意図して作成した墓磚（麥谷一九九三）に「勝力菩薩捨身」という墓磚がある。これは、わたくし勝力菩薩（陶弘景）が、今生を閉じ〔仙界に転生いたします〕、といったニュアンスの表現だったと解釈できよう。[10]

比較的早い時代の翻訳文献における用例としては『法句経』巻下の生死品「捨身復受身、如輪転著地」（大正四・五七四中。原文不明）のほか、曇無讖訳『菩薩地持経』巻五の戒品の「捨身受身」という表現がある。後者は、諸本を対照すると次の通り。

(1)『菩薩地持経』無有捨身受身失菩薩戒、乃至十方在所受生、亦復不失。（大正三〇・九一三中）
『瑜伽師地論』若諸菩薩、雖復転身、遍十方界在在生処、不捨菩薩浄律儀戒。（五一五下）
Dutt（1978: 109, 15-17）: na ca parivṛttajanmā 'pi bodhisattvaḥ bodhisattvaśīlasaṃvarasamādānaṃ vijahāti. adha ūrdhvaṃ tiryak sarvatropapadyamāno yena bodhisattvena praṇidhānaṃ na tyaktaṃ bhavati.

(2)『菩薩地持経』捨身受身、雖不憶念従善知識数数更受、猶是本戒、不名新得。（九一三中）
『瑜伽師地論』若諸菩薩、転受余生、忘失本念、値遇善友、為欲覚悟菩薩戒念、雖数重受、而非新受、亦不新得。（五一五下）
Dutt（1978: 109, 19f.）: muṣitasmṛtis tu parivṛttajanmā[11] bodhisattvaḥ kalyāṇamitrasamparkam āgamya smṛty-udbodhanārthaṃ punaḥ punar ādānaṃ karoti. na tv abhinavasamādānam.

以上によって、曇無讖訳は「捨身受身」が玄奘訳の「転身」「転受余生」に対応し、サンスクリット語の bahuvrīhi 複合語 parivṛttajanman「生（誕生）が転換した者」を意味することが分かる。要するに「捨身受身」の四字は輪廻転生と同義であり、〝この世で死んで来世で生まれかわること〟を意味する。そこには、身を供養するや布施するといった意味は認められず、善い状態に生まれ変わるとも限らない[12]。従って本章が考察対象とする捨身とは自ずと意味が異なる。なお同じ意味の捨身は、漢訳のみならず漢語仏典一般において時代を限らず広く使用される[13]。

④《瞑想法としての捨身》

「捨身」にはさらにもう一つ、一風変わった用法がある。『楞伽師資記』の道信の条に見える「捨身」である。これは瞑想法の一形態であり、肉体的束縛からの自己解放を意味する。柳田聖山氏の訳によって確認しておこう。

いったい、肉身を捨てるには、まず心をおちつけて空なる心をさらに否定し、心境を徹底的にしずめて、想念を暗く静かな奥底に追いこみ、他に動かぬようにすることだ。こころそのものが静かにおちつくと、やがて対象的な心の動きを絶ちきって、何ともいえずほのぐらく、浄らかにまとまって心がからっぽになると、すべてが一様におさまってしまって、死んだように呼吸が断え、浄らかな真実の身となり、輪廻の宿命を感受せぬのである。（…中略…）身を捨てる方法というのは、つまり身体なるものを想定して、心の内奥の明るさを見つめるもの、つまり精神の輝きをうかがう方便にすぎない。（柳田訳一九七一・二六〇〜二六三頁）

凡捨身之法、先定空空心、使心境寂静、鑄想玄寂、令心不移。心性寂定、即断攀縁、窈窈冥冥、凝浄心虚、則夷泊恬乎、泯然気尽、住清浄法身、不受後有、（…中略…）捨身法者、即仮想身根、看心境明地、即用神明推策。（大正八五・一二八九上）

このうち「肉身を捨てる」「身を捨てる」の原語が「捨身」である。こうした用例は恐らくインド仏教に遡ることは不可能であって、歴史的形成過程も不明であり、中国仏教にあっても極めて特殊な事例かと想像するが、①原義的捨身からの派生的用例とみなすのは可能であろう。以下に節をあらためて論ずるように、原義的捨身は、時に、現今の肉体からみずからを解放して自由たらしめ、清らかなる法身の獲得に人をみちびくとされる。そうした境地をめざす実習法として想定されるのが、この④瞑想法としての捨身と考えられる。

二　原義的捨身

（一）種類と典拠

六朝時代に実際に行われた捨身を、目的ないし動機の面から分類しておこう。すでに幾度となく指摘されているように、捨身は、布施という最も基本的な教説を前提とする。捨身は布施の特異な一形態なのである。布施に当たっては「不惜身命」――求める者がいれば、もの惜しみすることなく、何であれ必要とされるものを、たといわが妻子やわが肉体の一部、命そのものであったとしても、求められるがままに与えるべきことが強調される。この意味で捨身は「難捨能捨」――捨てがたきを捨てる行為とも言われる。

捨身の種類については、夙に中国における捨身に関して、捨身供養・捨身施与・捨身往生・捨身護法という区分が行われ（名畑応順一九三二）、中国における実例の分類ではないが、インド仏教捨身譚の動機分類として、救難捨身・求法捨身・供養捨身の三系統を区別する場合もある。

今それらに聊か補足を加えて六朝仏教の原義的捨身の目的と動機を整理すると、およそ次のように分類できる。

表3　原義的捨身の目的と動機

(a)	他者を救助するための捨身……他者を飢えや病気などから救う捨身としての屍陀林葬……死後の身を鳥獣に施す
(b)	三宝を供養するための捨身……焼身・焼臂・焼指、刺血写経、自売身など
(c)	求法のための捨身、または、求法の決意をしめす捨身
(d)	肉体の束縛からの解放……厭身厭世（消極的動機）と捨身往生（積極的目的）

(a)他者を救助するための捨身――飢餓や病気などからの救済

他者を救助することを企図する捨身は、ジャータカに頻出する、身命を惜しまない布施行としての捨身である。それは飢餓から救う型・病気から救う型・その他に細分し得ると言われる（岡田真美子二〇〇〇）。『金光明経』に説かれる捨身飼虎の話や法進（?～四四四）が高昌で飢饉が発生した時股肉を割いて人々に食わせた話（船山一九九五・一六～二二頁。吉川・船山二〇一〇b・一七七～一八〇頁）は飢餓救済型であり、病気をなおす薬として自らの肉や血を他者に布施する話は後者型である。さらに、従来の捨身研究で論述されることのなかった中国特有の捨身行に屍陀林葬があるが、これについては紙幅を要するため、後に「二（四）屍陀林葬」で取り上げる。

(b)三宝を供養するための捨身――焼身・焼臂・焼指、刺血写経、自売身など

三宝を供養 pūjā するタイプの捨身は、すでに一部を引用して紹介した『法華経』薬王菩薩本事品を典型とする。

これに基づいて中国で実際に行われた事例も少なくない。このタイプが先の(a)と異なる点は、(a)が他者救済のために自らが犠牲となるのに対して、(b)型は自らが捨身しても、ほかの誰かが助かるわけではない点である。(b)は専ら仏ないし仏法僧の三宝を供養する——すなわち三宝を尊敬し礼拝する——行為として行われる。ただし(a)(b)は無関係ではなく密接に関わる。このことは、(b)焼身供養型を説明する『法華経』薬王菩薩本事品中に「王国や妻子・三千大千世界の国土や山林・河や池・諸々の珍しい宝物」といった(a)他者救済型に典型的な列挙が見られることからも明らかである。また偽経『梵網経』巻下の第十六軽の、「若し身・臂・指を焼きて諸仏を供養せずんば出家菩薩に非ず」（若不焼身・臂・指供養諸仏、非出家菩薩。大正二四・一〇〇六上）と出家者は必ず焼身焼指等を実践すべきかのようにも読める点で問題のある条（船山二〇一七a・四七一〜四七三）には、(a)型と(b)型が併記される。なお中国では後代、焼指とならんで頭頂に香をたくこと（「焚頂」「焼頂」「煉頂」）が行われ、現代ではそれを受戒儀礼に取り込む地域もあるが（猪飼二〇〇九、Benn 1998）、こうした行為は六朝の文献には見当たらない。

『法華経』の焼身・焼臂・焼指と類似する行為として「身を剔って千燈をともす」場合もある。『菩薩本行経』巻中によれば、これは自分の身肉を大銭ほどの深さに千箇所剔り出し、油を注ぎ入れ、点燈するという凄まじい行為である（失訳『菩薩本行経』巻上「於是大王即便持刀、授与左右、勅令剜身作千燈処、出其身肉、深如大銭、以酥油灌中而作千燈」。大正三・一一三中）。『賢愚経』巻一（大正四・三四九下）、『大方便仏報恩経』巻二の対治品（大正三・一三三下〜一三五上）などにも説かれる。これを行った人物としては『南史』巻七の梁武帝本紀に「鉄鈎に体を挂《か》け、以て千燈を然やす。一日一夜、端坐して動かず」と記される梁末の沙門智泉がいた。『大智度論』巻四十九（大正二五・四一二上）に、金堅王が「身を割きて五百処に燈炷を為」したというのも類似の行為であろう。

これらと並ぶもう一つの典型的な捨身供養に「刺血写経」がある。すなわち自らの皮を剥いでそこに血で経典を書き記し、仏法を宣揚するという行為である。その典拠としてしばしば指摘されるのは『梵網経』巻下第四十四軽戒（船山二〇一七a・二三二頁。大正二四・一〇〇九上）であるが、類似の話は『大般涅槃経』北本巻十四／南本巻十三の聖行品（大正一二・四四九上、大正一二・六九一上）・『大智度論』巻十六（大正二五・一七八下）・巻四十九（大正二五・四一二上）・『菩薩本行経』巻下（大正三・一一九中）・『賢愚経』巻一（大正四・三五一中）にもある。陳の始興王叔陵は、母の彭氏が亡くなった時、哀悼を偽って『涅槃経』を刺血写経したと自ら称したという（『陳書』巻三十六）。これは、そのころ刺血写経が篤信の行為として広く認知されていた証拠とすべきであろう。なお出血してその血で経を書写するのと類似の行為に「刺血灑地」がある。これは、般若経系統の諸典籍に記される、サダー・プラルディタ（薩陀波崙）菩薩がダルモードガタ（曇無竭）菩薩の座に埃がたたないようにと自らの血で洗い清めたという話に基づく（『放光般若経』巻二十、大正八・一四六上。羅什訳『般若経』巻二十七の法尚品、大正八・四二二下。『小品般若経』巻十の曇無竭品、大正八・五八五中～下。『大智度論』巻九十九、大正二五・七四九中～下）。これを実際に行った記録が『南史』巻七の梁武帝本紀に「或刺血灑地、或刺血書経、穿心然燈、坐禅不食」と見える。傅翕教団もこれを行ったことは既に述べた。

さらに捨身供養の形態としては、自らの身を売って得た財貨によって仏法僧の三宝またはそのいずれかを供養するという場合もある。自らを売るとは奴隷（男ならば「奴」、女ならば「婢」）となって労役に就くことを意味する。これを説く経典としては『般若経』巻二十七の常啼品及びそれに対応する『大智度論』巻九十八や、『大般涅槃経』巻二十二などがある。以上の経典において自己売却は三宝供養を目的とするが、これとは別に他者救済として自己を売却する場合が羅什訳『大荘厳論経』巻十五（大正四・三四一下～三四二下）や北涼の法盛訳『菩薩投身飼餓虎起塔因縁経』（大正三・四二五上～中）などに見える。そして両方の意味が一つの典籍に説かれる例としては『梵網経』

巻下の第一軽戒と第二十六軽戒がある。六朝時代に実際に行われた事例としては、『魏書』巻七十一の裴叔業伝に、裴植の母の夏侯氏が七十歳を越えてから「身を以て婢と為り、自らを三宝に施し」て寺の掃除に当たったという記録がある（吉川一九九八・二三九〜二四〇頁）。このほか、北魏の年号を記す敦煌写本の跋文として、スタイン四五二八号が、「大代建明二年（五三一）四月十五日」に優婆塞の元栄なる人物が「身及び妻子、奴婢六畜」を三宝に布施し、金銭による買い戻し（「贖」）を行ったと記すことにも注目したい（Giles 1933-35: 820, Gernet 1995: 244）。梁の武帝の有名な捨身も奴隷となったという意味で自己売却の一つと理解することが可能である。なお他者救済としての自己売却の例としては、東晋末に沙門の曇称が八十歳の老人とその婦人が憔悴しているのを見た時、「捨戒して奴と為り、累年執役」したことを挙げることができる（『高僧伝』巻十二の曇称伝）。因みに捨戒とは、戒を守ることができない時、儀礼的に正当な手続をふんで具足戒を捨てること。今の場合は還俗を意味する。

(c) 求法のための捨身、または、求法の決意をしめす捨身

求法としての捨身は、『大般涅槃経』北本巻十四（＝南本巻十三）の聖行品に説かれるところの、「諸行無常、是生滅法」に続く残りの半偈を聞きたいがために、羅刹にわが身を施した雪山童子の話を典型とする。禅の第二祖慧可の「断臂」も求法のための捨身行だった（吉川一九九六・八四〜八七頁）。ところで慧可の断臂のごときは決意表明としての一面が顕著である。類似の先行事例としては、梁の武帝に師の白書を届けんがために、傅暀（傅翕の弟子）が大楽令何昌に対して「心に誓いを立て、御路の側に於て手を焼」いたことが挙げられよう（徐陵「東陽双林寺傅大士碑」〈『全陳文』巻十一〉、張勇二〇〇〇・三三一頁）。求法のために苦行を行って意志の堅さを示すという点でさらに注目してよいのは、求法のために身体に千の鉄釘を打ち込んだ毘楞竭梨王の本生譚である。この話は『賢愚

経』巻一（大正四・三五〇上～下）に見え、さらに『同』巻四（大正四・三七七中）・『菩薩本行経』巻下（大正三・一一九中）にもごく簡単に言及される。また、固有名は記されないが、『大智度論』巻二十六（大正二五・二五〇中）・『同』巻四十九（大正二五・四一二上）・『大般涅槃経』北本巻三十二（＝南本巻三十、大正一二・五五七下、大正一二・八〇三下）に言及される「釘身」（身体に釘を打つ）という表現も同じ事象をさすのであろう。ただ、このような行いは、捨身の本義からやや逸脱する面を備えており、たしかに仏法が間接的に関係する点で(b)の三宝供養型に類するとは言え、同列に扱うのはむしろ適切ではあるまい。仏法から発する捨身というよりも、仏法を獲得する為の捨身である。ある種の仏法至上主義といってもよい。法のためならば何も惜しまない覚悟を示さんがため、本来は仏法とは関係のない苦行が行われるのである。なお北周の廃仏期には廃仏を契機として、護法を為し遂げられないわが身を悲観して捨身した者がいた。そうした事例をこの(c)の求法型捨身とみなすことも可能であろう。因みに今世紀にも行われた、仏法に反する国政に対する抗議としての焼身自殺と関係するのは、こうした捨身であろう。

(d)肉体の束縛からの解放をめざす捨身——厭身厭世と捨身往生

以上、原義的捨身を三つに類型化したが、これらはすべて仏ないし仏法が関与する点で共通する。仏や仏法と関連をもたない行為は捨身とは呼び得ない。(a)は仏法の実践そのものとしての布施行であり、(b)は仏法を敬い礼拝し称揚讃歎する形態としての供養であり、(c)は仏法を求めるためには身の危険すら厭わぬ覚悟を表明する行為なのであった。これらに加えて、さらにもう一つの型として、わが身の肉体的束縛を離れて自由となることを特に目指して行う捨身がある。ただし誤解をさけるため急いで補足しておくと、この意味での捨身は上記の三種とまったく別個というわけではなく、肉体的束縛からの解放は捨身のもたらす結果として一般に認めてよいものである。例えば

『大智度論』は、捨身を行うと、最終的には無生法忍を獲得して法身を得ると言う（菩薩末後肉身得無生法忍、捨肉身得法身、於十方六道中変身応適、以化衆生。種種珍宝衣服飲食、給施一切、又以頭目髄脳・国財妻子・内外所有、尽以布施。……。大正二五・一四六中）。北涼の道泰訳『大丈夫論』巻上の捨一切品にも「捨身する者は法身を得。法身を得る者は一切種智を得」（大正三〇・二六一中）と説かれる。捨身が身命を惜しまぬ布施行である以上、その実行は善業であり大いなる功徳があるから、最終的には解脱を得て自由になるのは理論として当然である。

このタイプの捨身には、見仏や極楽往生を求める積極的なものと、肉体ないし現世を厭うが故に捨身を欲するという消極的なものがある。積極的意義付けの捨身は『高僧伝』巻十二の僧慶や曇弘に認められるが、もっとも典型的なのはいわゆる捨身往生であろう。有名な例を一つ挙げる。時代は下るが、唐の善導（六一三〜八一）と関わる話である。ある者が長安の光明寺にいた善導に「今〔阿弥陀〕仏の名を念ずれば、きっと浄土に生まれますか」とたずねた。善導はそうだと答えた。それを聞くや、彼は阿弥陀仏の名をとなえながら寺門を出て、柳の樹にのぼり、身を投げたという話である（『続高僧伝』巻二十七の会通伝、大正五〇・六八四上）。命を絶つ行為それ自体は衆生救済でも三宝供養でもないであろう。こうした捨身往生の発想の淵源がどこにあるかと言えば、捨身の文脈で阿弥陀仏国に生まれることを説く文献の存在が考えられる。例えば『法華経』薬王菩薩本事品（明神一九八四・四二頁）や『要行捨身経』の末尾に付される屍陀林発願文（牧田一九七六・二三三頁。後述二（四）屍陀林葬）などにおいて、捨身と阿弥陀仏国が関係付けられているのが参考となる。

同じく自由をもとめる捨身のうち、わが身の肉体的束縛を厭って捨身を企図した者に、僧瑜がいる。『高僧伝』巻十二の僧瑜伝によれば、「瑜は常に以為《おも》えらく。三塗に累を結ぶは情形の故なり。情は将に尽きなん。形も亦た宜しく損つべし」として、薬王菩薩を範として焼身を行ったのであった。類似の例として、『続高僧伝』巻二十七の会通伝は、唐の貞観の初め頃、荊州に、「深く形器を厭い、倶に捨身せんと欲」して、『法華経』を常に誦し、絶食し香油を飲んだ後、最終的に焼身を遂げた比丘尼姉妹がいたことを伝える。

(a)〜(d)合体型

さて以上の論述では行論の都合上(a)(b)(c)(d)を別個に立てたのであるが、しかしながら、中国における実際の捨身には、目的動機を一つに限定できない、複合的意味合いのものもある。例えば『続高僧伝』巻二十三の静藹伝では、北周法難の時代に巡り合わせ、北周の宣政元年（五七八）に、終南山で自ら内臓をえぐり出し、最後は壮絶にも「刀を以て心を割き、之を捧げ、而うして卒」したという静藹の場合、彼の言葉として、「吾は三つの因縁を以て此の身命を捨つ。一には身に過多きを見ればなり。二には法を護る能わざればなり。三には速やかに仏に見え、輒ち古聖と同にせんと欲すればなり」とある（『続高僧伝』巻二十三の静藹伝「吾以三因縁、捨此身命。一見身多過、二不能護法、三欲速見仏、輒同古聖」。大正五〇・六二七中）。第二と第三の点についてはさらに、「願わくは、此の身を捨し已りて、早やかに身をして自在ならしめん。法身は自在となり已りて、在在の諸趣中に、利益ある処に随いて法を護り衆生を救わん」とも言う（同「願捨此身已、早令身自在、法身自在已、在在諸趣中、随有利益処、護法救衆生」。大正五〇・六二八上）。静藹の意図としては、直接的には周武の廃仏を阻止できなかったことが捨身の動機であったが、護法が叶わなかった理由はわが肉身の咎に帰せられ、肉身を捨てて法身となり自由を得たならば[14]、あらゆるところに化身として現れて衆生済度を行うことができると考えて、捨身が行われたのだった。

（二）周囲の反応

焼指焼臂は指が焼け爛れるなどするが、命まで脅かされることはない。それに対して焼身供養をすれば当然ながら死を招く。それを意図的に行うのは、周囲の人々にとっても一大事件である。突発的なケースは例外として、焼身を企てる出家者たちには、多くの場合、ある程度一定の儀礼的手順があったようだ。以下それを列挙してみよう。

《準備》
○僧伝にはしばしば、焼身供養者がかねてより焼身の意図があったことが記される。
○日程（しばしば斎日が選ばれた）が決まると、それを周囲の人々に知らせた[15]。
○穀物摂取を絶って、死の準備を整える。

《焼身当日》
○見物人（出家者と在家者）が集まって来る。その際、在家者たちが衣服や貴重品を教団に喜捨すること——原義的捨身に伴う象徴的捨身——もあったようである[16]。
○焼身の過程：薪を積み上げる・体を布でくるむ・油を注ぐ・油を飲む（薬王菩薩本地品）など——こうして末期の誦経のうちに火がともされる。読経したのは『法華経』薬王菩薩本事品や『金光明経』捨身品が多い。
○後日談：焼身が終わると、その後しばしば、瑞祥が発生したことや、塔が建立されたことなどが記され、捨身儀礼の記録が完結する。

さて、焼身の実施を告げられた周囲の人々の中には、反対する者や露骨に嫌な顔をする者もいた。例えば慧益伝には、彼の焼身の知らせを受けると「衆人の聞く者は、或いは毀り、或いは讃」えたと言われる。

焼身に非難の眼を向ける人々の中には土地の統治者もいた。『高僧伝』巻十二の法羽伝によれば、かねてより薬王菩薩（法華経）にならって三宝への供養を果たしたいと思っていた法羽は、彼のいた并州の蒲坂を平定した後秦の姚緒に、(17)焼身の意図を告げた。すると姚緒は、「修行の仕方はいろいろあるだろうに、何も焼身することはなかろう。わたしは敢えて反対しないが、どうか思いとどまってください」（入道多方、何必焼身、不敢固違、幸願三思。大正五〇・四〇四下）と言った。しかし法羽の意志は固かったので、すぐに香油を飲み、からだを布でくるみ、「捨身品」（『法華経』の「薬王菩薩本事品」か）を読誦し、読誦し終えると、自らの身体に火をともして焼身を果たしたという。なお同様の事柄を権力者が述べて僧侶の焼身をひきとめたことは、すでに何度か引用した慧益伝にも見える。すなわち大明七年（四六三）の四月八日の斎日に鍾山の南で焼身を行おうとした慧益に対し、宋の孝武帝は、「修行の仕方は色々あるだろうに、何も死ぬことはなかろう。どうか思い止まり、別な方法を取るように」（道行多方、何必殞命、幸願三思、更就異途。大正五〇・四〇五中）と言って翻意を促した。

また、認可を下すべき統治者が焼身を思い止まるよう説得する様子は『弘賛法華伝』巻五の釈道度伝にも見える。天監十七年（五一八）、道度禅師はみずから『法華経』百部を作り、朝な夕なに「薬王品」を読誦した。その後、華林殿で武帝に啓上して言った、「からだは毒樹であり、焼き尽くすのがよろしい。この形骸を厭離してより、久しく時が経ちました。願わくは〔「薬王菩薩品」に説かれる〕一切衆生喜見菩薩と同じように諸仏を供養したいと思います。〔どうか御認可ください〕」。武帝は勅旨を下して答えた、「どうしても万民のためになりたいというなら、情況に応じて様々な修行の道があろう。この身体が死滅したら屍陀林に捨て置き、鳥獣に施しなさい。そうすれば布施波羅蜜は成就するのであり、それもまた善業である。わが身に宿る八万の虫（後述二（三）捨身と自殺）を焼き殺すわけには行かないから、〔焼身は〕勧められない」。

> 天監十七年、禅師自造法花経一百部、暁夜誦持薬王一品。後於花林寺覚殿、啓梁武曰、身為毒樹、実宜焚滅、厭此形骸、為日已久、願同喜見供養諸仏。勅旨答云、必欲利益蒼生、自可随縁修道、若身命無常、棄尸陀林、施以鳥獣、於檀度成満、亦為善業。八万戸虫不容焼燼、非所勧也。
> （大正五一・二四下）

このようなやりとりの末にも結局焼身は決行された。武帝はこの後十年足らずのうちに自らが「捨身して奴と為」ったのであるから（後述三（二）（a）梁の武帝）、焼身供養との因縁浅からぬものがあるが、焼身を避けようとする彼の心理は南朝宋の孝武帝や姚緒らに近いものであった。

このように周囲の者たちが焼身をひきとめようとする心理は、けだし単純である。彼らにとって焼身はまぎれもない自殺行為であり、彼らは人の自殺に荷担したくなかったのだ。その典型は北周の武成元年に焼身した僧崖の事例に認められよう。僧崖が薪をたかく積み上げた中に入って油をかぶり経典を読誦しつつ点火を待つ傍らで、施主として儀礼を金銭的に支援し、最後の点火役を担った王撰という人物は、最後の最後になって、怖じ気づいてこう言った、「わたしがもし火をつけたならば、聖人を焼き殺すことになるから、〔殺人の〕重罪をかぶってしまう」（有施主王撰、懼曰、我若放火、便焼聖人。将獲重罪。大正五〇・六七九中）。

さらにもう少し複雑なケースを紹介しよう。『比丘尼伝』巻二の慧耀尼伝によれば、蜀の永康寺の尼であった慧耀は、若くして出家してからいつも、きっといつか焼身を行って三宝を供養しようと誓いを立てていた。泰始年間（四六五〜七一）の末、焼身を実施する旨を益州刺史の劉亮[18]に申し出て、許可が下りた。慧耀は、趙処思（趙虔恩[19]）という男の妾であった王氏が市街に建立した塔にのぼって、そこで焼身しようともくろんだ。王氏はそれを許諾した。さて事件はここから始まる。その後の経緯を伝はこう記す。

正月十五日の夜、慧耀は弟子たちをひきつれて、油と布をもって塔のところまでやってきた。身支度が整わないうちに、劉亮が使者をつかわして、尼僧たちに「もし慧耀尼が焼身を遂行するならば、永康寺に属する尼の全員が重罪[20]にあずかることになろう」と言ってきた。慧耀は焼身を中止せざるを得なくなった。すると王氏が怒り出してこう言った、「あんたは名前を売りたくて奇特なことをするふりをしてだまし、裏では内部の人間に金をつかませてこんなことをしたのでしょう。そうでなけりゃ、夜半に街の人間が〔焼身のことを〕どうして知ることができますか」。慧耀は言った、「奥さん、煩悩をふくらますだけの無茶苦茶を言ってはいけません。捨身のことは私の問題。どうして周りの人が知りましょう」。こうして寺に戻って穀物を絶ち、香油を飲んで〔準備を整え〕、昇明元年（四七七）になって永康寺で焼身した。

正月十五日夜、将諸弟子、齎持油布、往至塔所、装束未訖、劉亮遣信、語諸尼云、「若耀尼果焼身者、永康一寺、並与重罪」。耀不得已、於此便停。王氏大瞋云、「尼要名利、詐現奇特、密貨内人、作如此事。不爾、夜半城内、那知」。耀曰、「新婦勿横生煩悩。捨身関我。傍人豈知」。於是還寺、断穀服香油、至昇明元年、於寺焼身。

（『比丘尼伝』巻二の慧耀尼伝、大正五〇・九四一中）

ここには一人の尼の焼身に対して認可をためらう刺史の心理と共に、焼身の中止に不満をぶつけた人物が描かれる。六朝時代の捨身者は数多いが、それと同じくらい、捨身をすると偽って注目を集めようとした者たちも多かったのであろう。『高僧伝』巻十二の亡身篇の論において撰者の慧皎は、「一時の名誉欲しさに〔捨身する〕者もいれば、名を末代まで残そうとして捨身する者もいるが、火が薪に燃え移る段になると後悔と恐怖が交々迫り来る。しかしもう大勢に言いふらしてしまったからには今さら節を曲げられぬ。そこで無理矢理に我慢して事に向かい、苦しみに苛まれるばかり。こんな輩は言語道断である」（大正五〇・四〇六中）と述べる。上の慧耀もこんな連中の一人とみなされて非難をぶつけられたわけである。

焼身供養を是とするか非とするかは、けだし個人の資質によるところが大きい。いつの世にも賛否の両論がありえたと思われる。『高僧伝』に亡身篇を設けて捨身行を称揚した慧皎でさえ、捨身には功罪の両方があると考え、必ずしも手放しでは認めていない（後述二（五）捨身と孝をも参照）。

その後の時代に焼身供養をつよく批判した人物として広く知られるのは義浄（六三五～七一三）であろう。彼は『南海寄帰内法伝』巻四において、具体的に何を念頭におくかは明確でないが、「聞くところでは近頃は血気盛んな若造が蛮勇を起こし、焼身すれば悟れるのだと思って、次々に人の真似をして、体を軽んじて捨てている」（比聞少年之輩、勇猛発心、意謂焼身便登正覚、遂相踵習、軽棄其軀。大正五四・二三一中。王邦維二〇〇九a・二二二頁）と述べ、「焼身不合」「傍人獲罪」の二章を費やして焼身の非を説く。これよりさらに百余年経つと、法門寺の仏骨が三十年に一度公開された時には実に多くの人々が供養と称して指を焼いたり、頭の頂に香をともしたりしたが[21]、同時に一方では、そんなお祭り騒ぎのような焼指供養を嫌って『論仏骨表』を奏した韓愈（七六八～八二四）のような人物もいたわけである。しかしいくら反対されようとも、指を焼いたりするのをよしとする人々は後を絶たない。いわゆる三武一宗の法難の最後、後周の顕徳二年（九五五）に発布された仏教粛正の勅にも臂を焼いたり指を焼いたり、手足に釘を打つなどの捨身行為を禁止する文面がある（『資治通鑑』巻二九二も参照）。それは当時そのような人々が実在した証である。さらに明の万暦年間になっても状況は基本的に同じで、何ら変わらなかったようである（牧田一九七五／二〇一五）。つまり五世紀初頭以降、焼身焼指を行う人々が登場したが、同時に、焼身を嫌悪する人々も連綿と存在したのである。嫌悪する人々は焼身批判の論陣を張るが、それによって焼身が取りやめになったこともなかった。それは、焼身供養が論理とは別な次元で行われていたからかも知れない。

(三) 捨身と自殺

焼身供養は自殺か。前項で検討したことと繋がるが、焼身供養を讃美する者たちは自殺とは異なるといい、焼身に眉をひそめる者たちは自殺と思うからこそ嫌がる傾向がある。本項では初めに仏教の自殺観の概略を見た上で、捨身と自殺の関係を検討してみよう。

自殺については実に多くの論文[22]があるが、概して言えば、原始仏教のごく早い時代には自殺は一部認められていたことと、律文献においては部派によって罪の軽重はあるけれども集団生活の面から禁止されるに至ったこと、の二点に注意が向けられることが多い。

第一点については、先行研究の多くは、ヴァッカリやチャンナ、ゴーディカなど初期仏教の自殺者を引き合いに出しつつ、それらはあくまで解脱者の自殺という例外であって、自殺は原則的には否定されていたと解釈しようとする如くである。初期仏教の場合、自殺の是非を問題とするより、解脱の方を重視したのは恐らく事実であろう[23]。未解脱者の自殺はむなしく輪廻の回数を増すだけなのである。

第二点の律文献における自殺については、自殺者の罪は、『摩訶僧祇律』や『パーリ律』のように突吉羅（悪作とも。心で懺悔すればよい最も軽い罪。平川一九六四／二〇〇〇Ⅰ・三〇九～三一四頁）であるとする文献と、『五分律』のように偸蘭遮（未遂罪。平川一九六四／二〇〇〇Ⅰ・三一〇～三一四頁）とする文献とがあり、部派によって見解が異なる。突吉羅とする文献すら存在するということは、自殺は禁止とは言え、禁止の度合いはさほど強くなく、律文献において自殺は、専ら教団生活を乱し他者に迷惑を及ぼす行為として否定されたにすぎない。

しかし仏教の自殺観はこれに尽きるわけではない。とくに漢訳仏典と中国仏教にはもう少し複雑な問題が絡んでいる。『大智度論』巻十二は、「律では、自らの身体を殺しても殺人の罪とはならず、愚痴・貪欲・瞋恚の過失がある〔にすぎない〕」(大正二二五・一四九上) として、自殺は殺人罪とならないという見解を示す。これについては一定の解釈がないようであるが、同じ鳩摩羅什が訳出に関わった『十誦律』巻五十二に類似の見解が見られること(大正二三・三八二上。杉本一九九九・二八頁) も併せて考えるならば、律では自殺に対しては波羅夷罪としての殺人罪 (他殺の罪) は適用されないという意味にとるのが自然ではないかと思われる[24]。

もう一つ興味深いのは六朝仏教徒の自殺に対する一般的観念である。『宋書』巻五十二の褚叔度伝によれば、南朝宋の武帝の即位の一年後に、司馬徳文すなわち東晋の恭帝 (在位四一八〜二〇) は、妃が部屋を空けた隙をついて闖入したテロリストから、服毒自殺を勧められる。徳文は、「ブッダの教えでは、自殺者は二度と人間に生まれ変われない」(仏教自殺者不得復人身) と言って、毒を飲むのを拒否する。その結果、布団で首を絞められて殺されるのである (Zürcher 1959: 158、吉川一九六六／八九・一八七頁)。また、ほぼ同じく「仏教自殺不復人身」と言って劉義康 (四〇九〜五一) が服毒自殺を拒否した話が『宋書』巻六十八の彭城王劉義康伝にある。こうした考えは、このころ仏教の自殺観として、ある程度通行していたのであろう。ただ残念なことに、こうした六朝仏教徒の自殺観の典拠が具体的に何かは特定できない。考えようによっては、服毒拒否の理由としてでたらめを言った可能性も皆無ではないが、どうやらインド文化にたどることのできる発想のようである。インド法典文献に関する最大最良の研究書として誉れ高いカネー P. V. Kane『法典の歴史』によれば、極度の自負心・怒り・愛欲・恐怖によって首をくくる者は六万年のあいだ地獄に堕ちると説く婆羅門教文献があるという (Kane 1968-77: Vol. II, Part II, 924)。中国かインドか、仏教か婆羅門教かの区別とは無関係に、輪廻を信じ地獄があると思う人々の間に、自殺をすると地獄に堕ち、その結果、人間に生まれ変われなくなってしまう[25]という通念があったとしても不思議ではない。

さて自殺に関する一般事項はこれくらいにして、次に捨身と自殺の関係を検討することにしよう。捨身を是とする人々は概して捨身は単なる自殺とは異なり、至極仏教的意義の高い行為と考える傾向があるが、しかし必ずしもそれは正しくない。まず第一に、サンスクリット語の表現として「自殺」と「捨身」を截然と区別するのが難しいことがある。既に見たように捨身に相当するサンスクリット語は ātma-parityāga「自己をすっかり投げ捨てる」であるが、ほぼ同じ ātma-tyāga（相違は pari-「すっかり」の有無のみ）が自殺という意味で用いられることがあるのだ。[26] 第二に、再びカネーによれば、仏教との直接的関係はないけれども、インドの伝統的な法典文献は、基本的に自殺を認めない立場をとりながらも、自殺が許容される次のような場合があることをも示すと言われる（Kane 1968-77: Vol. II, Partt II, 924-929; Vol. III, 939, 958f.; Vol. IV, 603-617）。

(1)　婆羅門（ブラーフマナ）殺しなどの大罪を浄化するための贖罪的自殺
(2)　死後の繁栄を願って、老後の林住期の婆羅門が自殺すること
(3)　病気などにより法典の定める身体浄化儀礼を行えなくなった老人の自殺
(4)　輪廻からの解放の為、特定の聖地で入水・断食・投身・焼身などを行うこと

その他である。[27] これらそれぞれについて、いかなる条件を満たせば自殺が許されるかがある程度明確に規定されている。条件付きであるにせよ、自殺を認める場合がインドの伝統文化の側にあること、そして、その中には(2)や(4)のように宗教的自殺と称し得るものが含まれることは看過できないであろう。

とりわけ、(4)の定める自殺の聖地としてもっとも有名な場所の一つは、ガンガーとヤムナー河の合流地点に位置するプラヤーガ（Prayāga、鉢邏耶伽、現在のアラハバード）である。唐に下る史料だが、『大唐西域記』巻五はプラヤーガに霊験あらたかな天祠があることと大施場があることを紹介する。まず天祠について次のようにいう。

……この祠に一銭を喜捨するならば、その功徳は他所に千金を寄付するにまさり、さらに自らの生命を軽んじ

て、この祠の中で命を断つものは、天の福楽を受け〔天界に生まれ〕、永劫に生き永らえる、という。[28]

（水谷訳一九九九b・二二三頁）

能於此祠捐捨一銭、功踰他所恵施千金。復能軽生、祠中断命、受天福楽、悠永無窮。

（大正五一・八九七中。季羨林一九八五・四六二頁）

法典文献と同様に、伝統宗教側から宗教的自殺の名所とみなされていたことが分かる。ここで自殺と金銭布施——象徴的捨身に繋がる——が一つの文脈に現れるのも興味深いが、さらに注目すべきは、同じ街のなかに、諸王や豪族たちの間で有名な「大施場」があり、戒日王もそこで五年に一度の無遮大会を行ったと記されることである。六朝仏教史に即して考える時、無遮大会という儀礼は、梁の武帝が象徴的捨身に先だって行った儀礼なのである。つまりプラヤーガという聖地は、捨身と関連する、インド伝統宗教と仏教のさまざまな要素が一つに集まる場所と考えることができるのである。このように見てくると、仏教における原義的捨身とは、要するに宗教的自殺の一つの在り方と言ってよく、それは中国における局所的事象ではなく、恐らくはインドでも実際に行われたのであり、しかも仏教特有というよりも、汎インド的宗教現象の一形態であった可能性が浮かび上がる。

『大唐西域記』巻五の鉢羅耶伽国の条は、戒日王の布施を仏教の行為として紹介しながら次のようにもいう。

大施場の東の合流口では、日ごとに数百人の人が自ら溺れて死ぬ。かの国の土俗の言い伝えに、天に生まれることを求めようと思えば、ここで絶食して河中に身を沈め〔溺死す〕ればよく、中流で沐浴すれば罪障は消滅するとのことである。こういうわけで、外国や遠方から人々がやって来て集まり止まり、七日間断食をし[29]、その後、命を絶つのである。[30]

（水谷訳一九九九b・二二七頁）

大施場東合流口、日数百人自溺而死。彼俗以為欲求生天、当於此処絶粒自沈、沐浴中流、罪垢消滅。是以異国

遠方、相趨萃止、七日断食、然後絶命。（大正五一・八九七下。季羨林一九八五・四六四頁）

これはカネーが法典文献に即して述べる事柄とほぼ同じである。プラヤーガにおける宗教事情は、仏教やヒンドゥー教の区別なく、そこで死をとげると福徳がもたらされるという点において、シンクレティックな様相を呈していることが判る。宗教上の目的から自らの命を絶つことはインド文化の根底にある考え方と言えるのだ。さきに我々は本章第一節において、『法華経』薬王菩薩本事品を作成した人々は実際に焼身を行った「狂信の徒輩」だったのではないと主張する先人の見解を紹介した。しかし現実はどうやらさにあらず、薬王品を作成した当の人々が焼身を実践したかどうかはともかく、中国にもインドにも「狂信の徒輩」は実在したとみなさねばなるまい。唐の義浄『南海寄帰内法伝』は中国における焼身供養の実態を批判する文献として名高いが、そのなかで義浄は、「しかるにガンガー河では一日に何人も自殺しているし、ガヤー山の辺りで自ら命を落とす人の数も〔一日に〕何人もいる。食を断って餓死する者もいれば、樹にのぼって投身する者もいる。これらの者たちは〔解脱の〕方途を誤っている。だから世尊はかれらを外道としているのだ」（然恒河之内、日殺幾人、伽耶山辺、自殞非一。或餓而不食、或上樹投身。斯等迷途、世尊判為外道。大正五四・二三一下）という。捨身は本来の仏教行為でないと言おうとするこの一節は、皮肉な見方をするなら、七世紀後半インドに捨身を行った仏教徒がかなり多かったことを傍証する。

本項を閉じるまえに捨身を認める場合の経典上の典拠と認めない場合のそれをみておきたい。まず、捨身を認めない理由としては、上述「二（二）周囲の反応」の項で言及した道度伝に、焼身を行うと体内にすむ八万の虫を殺すことになるから焼身供養は認められないという議論があった。捨身は他殺を伴うから認められないという論法である。慧皎も、『高僧伝』巻十二の亡身篇の論に「また仏説にいう。身体のなかには八万の虫がいて、人間と一緒に生きている。人の命が尽きると虫も一緒に死ぬ。だから仏は、阿羅漢の死後に身体を焼くことを認めたのだ」

（又仏説、身有八万戸虫、与人同気。人命既尽、虫亦倶逝。是故羅漢死後、仏許焼身。大正五〇・四〇六上）と同じ理屈を述べている。この典拠は律、とくに『十誦律』巻三十九に求めることができる（仏在舎衛国、有阿羅漢般涅槃。諸比丘心念。如仏所説、身中有八万戸虫。若焼身者、当殺是虫。諸比丘不知云何。是事白仏、仏言、人死時諸虫亦死。諸比丘心念。仏聴我焼阿羅漢身者善。是事白仏。仏言、聴焼阿羅漢身。……。大正二三・二八四中）。これに対して、まったく反対に、捨身は何の罪にも相当しないという主張が唐の道世『法苑珠林』巻九十六の捨身篇にある。

問い。菩薩は捨身すると自殺の罪を得るか。

答え。『律』によれば、まだ命が尽きていない時点では、便宜上、偸蘭遮という小罪を得るが、命が尽きてしまえば何の罪にも問えない。だから殺人という大罪を得ることはない。〔一方〕大乗によれば、菩薩は〔捨身を行うことにより〕生死を厭離して仏を供養するのであり、また一切衆生の為に大悲の心を起こして〔身代わりとなる〕のであって、他者を害する意図はなく、それどころか福徳を招くのであるから、罪を得るはずがない。故に『文殊師利問経』（梁の僧伽婆羅訳『文殊師利問経』巻下の雑問品、大正一四・五〇三上）で仏はこう言っている、「自分自身を殺しても罪の報いはない。なぜか。例えば菩薩はわが身を殺しても専ら功徳を得るばかりであるのと同じである。わが身は我に基づくからである（未詳）。もしもわが身は我に基づいて罪の結果を得るとするなら、爪を切ったり指を傷つけたりしたら罪を得ることになってしまう。なぜか。自ら身を害するからである。菩薩の捨身はこうした無記（＝善でも悪でもないもの）ではなく、専ら福徳を得るばかりであり、煩悩が滅するから身が滅し、それ故、清浄なる身体を得るのである。ちょうど汚れた衣服を灰汁で洗浄すると、汚れはなくなるが衣服は残るのと同じである」。

問曰、菩薩捨身、得自殺罪不。

答曰、依律、未捨命前、得方便小罪偸蘭遮。若捨命已、無罪可属、所以不得殺人大罪。若依大乗、菩薩厭離生死、為供養仏、及為一切衆生、興大悲心、無害他意、反招其福、何容得罪。故『文殊師利問経』云、「仏言、若殺自身、無有罪報。何以故。如菩薩殺身、唯得功徳。我身由我故。若身由我得罪果者、剪爪傷指、便当得罪。何以故。自傷身故。菩薩捨身、非是無記。唯得福徳、是煩悩滅故身滅、故得清浄身。譬如垢衣以灰汁澣濯、垢滅衣在」。（大正五三・九九一中〜下）

（四）屍陀林葬

先に「二（二）周囲の反応」で触れた道度伝に「この身体が死滅したら屍陀林に捨て置き、鳥獣に施せ」という表現があった。中国仏教における死者の埋葬法は火葬か土葬が一般的であるが、チベットの鳥葬よりはるか以前の時代、中国では死後のわが肉体を鳥獣に布施する方法として屍陀林葬がされていたのであった。その重要性は、「償債」すなわち宿世の罪業をこの世で償わなければならぬとする罪の意識との関係、ならびに、薄葬の思想との関係から注目されている（吉川一九九八・一七六〜一七七頁、二三六〜二三七頁）。氏の観点を承けて捨身と屍陀林葬の関係を検討する時、屍陀林葬はまさしく捨身の一形態であったと言うことができる。

屍陀林葬と捨身の関係をのべる中国成立の経典に『要行捨身経』がある。捨身という語を題名に有する本経の主眼は屍陀林葬を勧めることにある。牧田諦亮の研究があり、複数敦煌写本の校本が作成されている。本経は『大周刊定衆経目録』には何も記されず、『開元釈教録』において初めて手厳しく批判されていることから、七三〇年頃にいたる三十余年の間に流行したと推定される。ただしその原形はさらに古くから存在し、『法経録』（五九四年成立）が「屍陀林経一巻」と言うのがそれであるという。そして原形である「屍陀林経一巻」は、『要行捨身経』の末尾に「屍陀林発願文」または「捨身発願文」という名で付すものにほぼ相当するという（牧田一九七六・第十章「敦煌本要行捨身経について」）。以上より「屍陀林発願文」を隋頃の状況を窺う資料として使用することができる。

さて「屍陀林発願文」は、自らの命が尽きたら、身体を山林樹下に置いて衆鳥禽獣に食べさせ、その功徳によって、現今の無常不浄の身体を捨てて常住清浄法身を獲得して自らが仏如来となると共に、一切の衆生をして無量寿国に往生せしめることなどを願うものである。願文冒頭に次のようにあるのは注目に値する。

三世十方の一切諸仏よ、どうか見届け承認したまえ。弟子わたくし某甲らは、願わくは現身より未来の果てまで、生きていても生まれ変わっても絶えず内財と外財を他者に与え、現世が終わればまた生まれ変わって別の肉体となり、その骨や皮や筋肉や頭や目や脳髄や手足を、すべての飢え苦しむ生きものに施して、宿世の負債を贖えるようにいたします。

十方三世諸仏当証知、弟子某甲等、願従今身尽未来際、恒以内財外財生施死施、今生既尽、復以此分段之身、皮肉筋骨頭目髄脳及以手足、施与一切飢餓衆生、以償宿債。（牧田一九七六・三三二頁）

とりわけ「以て宿債を償なわん」（以償宿債）という表現は、「死後の埋葬を行わず、自分の肉体を鳥獣に布施するところのいわゆる屍陀林の葬法が、宿世から背負いつづけてきた罪業にけりをつけ、来世にまで引きずらぬことを保証する償債の行為と考えられていたこと」（吉川一九九八・一七六頁）を明瞭に告げる補足資料の一つである。

屍陀林葬を実際に行った比較的初期の事例として慧瓊尼がいる。元嘉二十四年（四四七、一本は二十年に作る）、会稽に向かう途中の太守孟顗に随行した慧瓊尼は破岡までやって来ると、そこで亡くなった。末期の彼女は弟子に、「わたしが死んだあと、埋葬する必要はない。だれかに頼んで死体を切り刻んでもらい、衆生（鳥獣）に食らわすがよい」と言い残した[31]。しかし弟子はそうすることが耐えられず、すぐ隣の句容県にいって死体を山中に捨て置き、結局、鳥獣が食らうにまかせたという（『比丘尼伝』巻二の慧瓊尼伝）。

末期の肉体を施すことをよしとするのはある意味できわめて中国的なことかも知れない。というのは、身体はヤドカリの殻の如きものであって、死後の身体は自らともはや何の関係もないとみなすインド文化にあっては、死後の肉体を布施することは布施には違いあるまいが、そこに殊更重い意味はないように思われるのだ。インド人と異なり、死後も肉体に「魄」としての意義を認める漢人にとってこそ、「捨て難きを能く捨てる」捨身行として、屍陀林葬は大いに意義をもち得たのではないだろうか。

（五）捨身と孝

次に身体や命を損なう原義的捨身が孝と矛盾するかどうかを考察してみたい。もとより孝とは『孝経』開宗明義章「身体髪膚は之を父母に受く、敢て毀傷せざるは孝の始なり。身を立て道を行い、名を後世に揚げ、以て父母を顕すは、孝の終なり」に明らかな、中国文化固有の概念である。仏教とりわけ六朝時代の文献における孝の問題としては、出家剃髪することの是非を始めとする仏教と孝をめぐる議論が長い期間にわたって問題とされたことを我々は知っている（冉雲華一九九五、吉川一九九六・一三二〜一三六頁）。本章ではさらに問題を絞り込んで、孝と捨身の関係を考えてみたいのである。結論を先取りするならば、孝と捨身は相反するとする場合と捨身は孝であるとする場合とがある。初めに捨身は孝に反すると明言する文献をみておこう。『大智度論』巻十六は、菩薩の行ずべき六波羅蜜のうちで、精進波羅蜜（完全なる精励）とは何かについて、精進以外の五波羅蜜すなわち布施・戒・忍辱・禅定・智慧波羅蜜をあらゆる状況で同時に行うことであるとした上で次のようにいう。

質問。戒波羅蜜を行っている時に、もし人がやってきて、あなたの三衣や鉢を私にくれと言ったとする。[32]もし与えれば戒を犯したことになる。なぜかというと、仏は〔僧侶が自らの衣鉢を他者に譲ることを〕認めていないからである。もし〔逆に衣鉢を〕与えなかったら、檀〔布施〕波羅蜜を破ってしまう。精進〔波羅蜜〕というのは、いったいどのようにして五波羅蜜のすべてにわたって実践することなのか。
答え。新米の菩薩は、五波羅蜜をすべて同時に実践することはできない。例えば〔『金光明経』捨身品その他で説かれる捨身飼虎の有名な教えのように〕菩薩が檀波羅蜜を実践している時、腹を空かした母虎が飢えに絶えきれなくなって、わが子を食らおうとしているのを見たなら、その時、かの菩薩は大いなる同情心をおこして、わが身を差し出すべきである。かの菩薩の父母は息子を失ったことで大いに嘆き悲しみ、〔その結果〕両目が見えなくなるであろう。かの菩薩を殺した雌虎も罪を得るに違いない。しかし〔菩薩は〕父母の悲しみも雌虎の殺生罪をものともせず、専ら布施を完遂して自ら福徳を得ることを望むのである。……

復次菩薩精進、遍行五波羅蜜、是為精進波羅蜜。問曰、若行戒波羅蜜時、若有人来乞三衣鉢盂、若与之則毀戒。何以故。仏不聴故。若不与、則破檀波羅蜜。精進云何遍行五事。答曰、若新行菩薩。則不能一世一時遍行五波羅蜜。如菩薩行檀波羅蜜時、見餓虎飢急欲食其子、菩薩是時興大悲心、即以身施、菩薩父母以失子故、憂愁懊悩、両目失明、虎殺菩薩亦応得罪、而不籌量父母憂苦、虎得殺罪、但欲満檀自得福徳。……

（大正二五・一七九中～下）

他者を救済するためにわが身をなげうつことが同時に親を悲しませることにもなることを認める上の一節を承けて、慧皎は『高僧伝』亡身篇の論において次のように評する。

……このように一般の出家者は、もとより戒律にかなった挙動を行うことによって人々を導くものであるのに、しかるに今〔捨身を行う僧侶は〕肉体を損傷し、福徳の田地〔としての僧侶〕というあり方を破壊している。この点を考慮して述べるならば、〔捨身には〕良いところも悪いところもある。良いところはわが身に執着しない点であり、悪いところは戒律に違反する点である。こういうわけで龍樹は、「新米の菩薩は同時にすべての波羅蜜を具備することができない。ある場合は檀波羅蜜（布施）を充足して孝にそむくことがある。例えば王子がわが身を虎に投じたように」と言った。またある場合は智慧を充足して慈悲心からはずれることがある。例えば〔太子が〕他人の断食〔が見せかけにすぎないこと〕を調査して〔冷酷に暴いた〕ように。(33)これらはみな、行いがまだ完全に素晴らしいとは言えず、一長一短があるのだ。

……若是出家凡僧、本以威儀摂物、而今残毀形骸、壊福田相。考而為談、有得有失。得在忘身、失在違戒。故龍樹云、「新行菩薩、不能一時備行諸度。或満檀而乖孝、如王子投身」。或満慧而乖慈、如検他断食等。皆由行未全美、不無盈欠。（大正五〇・四〇六上）

この一節で『大智度論』の一節になかった「孝」という文字をもちいて、慧皎が「或満檀而乖孝」――或いは檀を満たすも孝に乖く、と表現する点は注意しておくべきであろう。

孝の立場よりすれば、親以外の他者にわが身を投げ出す行為は不孝以外の何者でもない。しかし仏教の孝理解はこれにとどまらない。すなわち人間存在をこの世に限定するならば捨身は孝にそむくけれども、一方、世界観を輪廻全体に押し広げるならば、何が孝であるか、様相は一変するのである。以下にまず、捨身と孝の関係を検討する前提となる一般的事柄を少し確認し、その後に孝の特殊なケースとして捨身における孝の問題を考えよう。

輪廻を表わす語は「始めなき anādi-」という形容詞をしばしば伴う。これは輪廻転生が過去世に無限回くりかえされたことを意味する。このような無限の立場にたてば、この世の親子関係など無限分の一回の関係にすぎないから、それ自体なんら固定的なものではあり得ない。そして無限の過去世にその都度かならず誰かを親としたはずである。このような思弁がもたらす帰結が何かと言えば、ひとりの人間には無限数の親がいるということであり、それを表明するのが『梵網経』などで広く知られる「一切衆生はわが父母であり、我は一切衆生の父母である」というテーゼにほかならない。これは、『論語』顔淵篇の「四海の内、皆な兄弟なり」と比較されることが多いとは言え、『雑阿含経』巻三十四（大正二・二四二上）・『郁伽長者経』（『法鏡経』、大正一二・一八下。『大宝積経』巻八十二郁伽長者会、大正一一・四七五下。石井一九九六・三五三頁）などのインド成立経典にあるから、インド起源である。[34] このことは孝と関わるすべての要素を中国起源とみなさないためにも一応注意しておきたい。

一切衆生はわが父母、我は一切衆生の父母であるという考え方は、中国仏教における展開においては、主に二つの異なる方向に発展した。第一の、主流というべき方向は、一切衆生に対して慈悲心を起こすべきであって、憎悪や反感などを起こすべきではないとする方向である。この典型が瞑想法としての慈悲観（いわゆる「五停心観」の一つ）である。[35] また、同じ論理を押し進め、「一切衆生悉有仏性」なる如来蔵説が加わると、そこに結果として成立するのは肉食禁止論である。無始以来の輪廻転生において他者は必ずわが両親や兄弟となっているから、いかなる肉であれ食してはいけない。[36] 何であれ生物の肉を食することは親の肉を食すること、そして可能態としてのブッダの肉を食すことに等しい、という理屈である。[37]『涅槃経』にも「食肉は大慈の種を断ず」といわれる。そしてこれとまったく同じロジックは「放生」——すべての魚や鳥などの生物を、とらえた網や籠から解放すべしという思想とも繋がる。『梵網経』の第二十軽戒に言う。

慈しみの心で放生業（捉えられた生物の自由解放）を行え。男性はすべて我が父であり、女性はすべて我が母であり、我は転生する度に彼らから生を受けてきた。従って六道の衆生はすべて我が父であり母であるのに、それを殺して食せば、我が父母を殺すこと、また我が元の身を殺すことにほかならぬ。〔地・水・火・風の四大のうち〕地や水は過去のすべて我が身であり、火や風はすべて我が本体である。それ故、常に放生を行い、何度も転生せよ。

以慈心故、行放生業。一切男子是我父、一切女人是我母、我生生無不従之受生、故六道衆生皆是我父母、而殺而食者、即殺我父母、亦殺我故身。一切地水是我先身、一切火風是我本体、故常行放生、生生受生。

（船山二〇一七a・一五二頁、三〇二頁、三八一〜三八二頁。〔参考〕大正二四・一〇〇六中）

ところでこうした方向の発展は、一切衆生を平等なものとみて慈悲と憐憫を注ぐことを勧めるものであって、自らの命を危険にさらす捨身のような行為とは結び付かない。捨身と孝には、実はもう一つ、これとは別な輪廻観が関わる。それは、一切衆生はわが父母であるから一切のわが父母のために捨て難きを捨てよ、というロジックである。失訳『大方便仏報恩経』巻一の孝養品に次の一節がある。

如来はむかし生死のなかにあった時、それと等しい夥しい数の不可思議なる形態をそなえた一切の衆生として肉体を受けた。肉体を受けたことにより、一切の衆生はかつては如来の父母となり、如来もまたかつては一切の衆生にとっての父母となった。一切の父母のために、つねに難行苦行を修行し、捨て難きを捨てた。頭目髄脳・国城妻子・象馬七宝・輦輿車乗・衣服飲食・臥具医薬など一切を布施した。精進に勤しみ、戒と布施と多聞・禅定と智慧とを行い、〔個々の善〕行にいたるまでのすべてを倦まず弛まず行い、父母に孝養をつくして恩を知り恩に報いたからこそ、今すみやかにこの上なく完全な悟りを成就することができたのである。

如来本於生死中時、於如是等微塵数不思議形類一切衆生中、具足受身。以受身故、一切衆生亦曾為如来父母、如来亦曾為一切衆生而作父母。為一切父母故、常修難行苦行、難捨能捨、頭目髄脳、国城妻子、象馬七宝、輦輿車乗、衣服飲食、臥具医薬、一切給与、勤修精進、戒施多聞、禅定智慧、乃至具足一切万行、不休不息、心

無疲倦、為孝養父母知恩報恩故、今得速成阿耨多羅三藐三菩提。（大正三・一二七下）

世界を現世のみに限るならば捨身は時に孝と矛盾することもあるけれども、一方、無始以来の無限の輪廻転生のすべてを論議の対象とするならば、一切の他者存在は何らかの形で一度はわが父母となるから、捨身とは、父母の恩に報いるためにわが身体や命を布施する行為にほかならない。だから捨身は孝に反するどころか、孝の実践そのものだと言うのである。こうした論理が中国で成立したものかインド起源かは『大方便仏報恩経』の成立問題[38]と絡んで目下結論を下せないが、成立がどこであれ、上述のごときロジックが詭弁の誹りを免れないのは確かであろう。というのは、捨身が過去世におけるわが親への孝行だとしたところで、だからといって、そのことが現世の親を悲しませる不孝（上述『大智度論』）を是認する理由とはならないからである。これに対する答えが提出されない以上、捨身を親への孝とみなすことにあまり説得力はあるまい。

三　象徴的捨身

（一）理論的側面

（a）捨財はなぜ捨身となり得るか

すでに述べたように、中国仏教においては宝物や衣服などの物品を布施することを捨身と称することがあった。これは、インド文献にはぴったりと対応する事例を見出すことのできない、象徴的で転義的な捨身なのであった。では命や体ではなく、財産を布施することを捨身と呼び得たことに、インド仏教に基づく理論的説明を与えることは可能だろうか。これは原義的捨身と象徴的捨身を繋ぐ理論的根拠は何かという問いである。

布施の分類としては、財施と法施の二種分類や財施と法施と無畏施の三種分類が一般的であろう（鳩摩羅什訳『大智度論』巻十二の檀波羅蜜、同訳『発菩提心経論』巻上の檀波羅蜜品など）。だが布施の区分はこれにとどまらない。注目すべきは「内施」と「外施」あるいは「内布施」と「外布施」という分類である。この区別は『大智度論』巻十一に見え（大正二五・一四三中〜下）、そこで内布施はジャータカに縷々説かれるように身命を惜しまずに衆生に与えることであり、外布施はそれ以外のわが所有物を布施することである。[39] ここに、皮膚を境界線として布施すべき対象を内（身体、ādhyātmika）と外（所有物、bāhya）に分ける発想があるのを知るが、さらに興味深いのは、同じ『大智度論』と『成実論』が命を二種に分類して内命と外命に分けることである。とりわけ『成実論』の二つのパッセージは、外命の説が阿含経典（未同定）に説かれていたらしいことを示唆する。

一、『成実論』巻二の論門品「さらに、命の原因のことを〔比喩的に〕命という。例えば「生きる糧となる物品はすべて外命である。他人の物を奪えば、命を奪ったと言うように」と〔経典〕詩節にある通りである」。

又説命因為命。如偈中説、「資生之具、皆是外命、如奪人物、名為奪命」。（大正三二・二四九上）

二、『成実論』巻十五の智相品「また〔経典に〕「衣食などの事物はすべて外命である。他人の財を奪えば、命を奪うにほかならぬ」と言う通りである」。

亦説、「衣食等物、皆是外命。若奪人財、即是奪命」。（大正三二・三六一中）

三、『大智度論』巻十三「人命に二種ある。一は内なる〔命〕、二は外なる〔命〕である。他人の財を奪えば、それは外なる命を奪うことである。なぜかと言えば、飲食物や衣服などに依拠して命は続くから、それらを脅し取ったり奪い取ったりすれば外命を奪うと言う」。

人命有二種。一者内、二者外。若奪財物、是為奪外命。何以故。命依飲食衣被等故活、若劫若奪、是名奪外命。

（大正二五・一五六上）

こうした生きる糧を外命と呼ぶことが経典に記されているのみならず、中国で実際に普及した説であったことは、南朝宋後半期に活躍した道亮（僧亮とも）が『涅槃経』迦葉菩薩品の経文「求身求財——身ヲ求メ財ヲ求ム」を、

身体は内命である。財産は外命である。

（『大般涅槃経集解』巻六十九、大正三七・六〇三上）

と解説することから分かる。しかし、よりさらに重要なのは、『梁書』巻二十五の徐勉伝に記される徐勉「誡子書」に次の一節があることであろう。

そのうえ、釈氏の教では財物を「外命」とよんでいるし、儒家の古典にも、「何を以て人を聚む、曰く財」とある。ましてや汝ら凡俗の人情として、この財物のことを放念できはすまい。（吉川訳一九九五・四〇二頁）

且釈氏之教、以財物謂之外命、儒典亦称、「何以聚人。曰財」。況汝曹常情、安得忘此。

儒家の古典として引用されるのは『易』繫辞下伝。それと仏教の外命説が併記されるということは、外命の説がかなり知られていたことを窺わしめるに十分である。財産は外なる命である。それ故それを捨てることは広い意味で命を捨てることになる。このことが、象徴的捨身と原義的捨身を繋ぐ理論的基盤と考えられる。

内命と外命に類似するもう一つ別な分類基準に、「内財」（身体）と「外財」（通常の意味での財物）がある。これは、内命と外命の区別よりも僅かに遅れて成立した概念のように思われる。例えば菩提流支が東魏の天平二年（五三五）に洛陽で訳したと伝えられる金剛般若経論の注釈『金剛仙論』巻五には「内財」と「外財」という語句が一度ならず用いられる[40]。また『要行捨身経』の屍陀林発願文にも「内財外財」（上述二（四）屍陀林葬）が見えるほか、さらに後の時代になると、伝鳩摩羅什撰『大乗菩薩入道三種観』（唐代成立）が、六波羅蜜の第一として「捨行[41]」を挙げ、それを捨財と捨法と捨畏[42]の三種に分類し、そのうちの捨財について、「財有二種、一是外財、所謂田宅・

金銀象馬・国城妻子・所有資財、是名外財。内財者、頭目髄脳・眼耳鼻舌・手脚支節・脾腎肝臓・所有成身、是名内財」と明快に説明する（牧田・落合二〇〇〇・三四五頁）。すなわち所有財産は、命という点から言えば「外命」であり、財という点から言えば「外財」であって、それを布施することを「外施」という。このように命・財には内外の相違があるが、この点以外は同じであるから、「捨身」と称して物品布施を行うことは可能である。

（b）身・命と身・命・財

身体や命を布施することと財産を布施することに連続性を認めようとする考え方はもう一つの観点を呼び起こす。一般に捨身は「不惜身命」の教えといってよいが、「身・命」と同じくらいの頻度で、諸経論に「身・命・財」という組み合わせが登場する点も注意される[43]。この点でも、捨身と捨命の二者（内施に相当）と捨財（外施に相当）は不可分の関係にある。吉蔵『勝鬘宝窟』巻中本はこれを次のように説明する。

問。捨身と捨命、捨財の違いは何か。答。捨身して奴隷となるならば、捨命とは無関係である。また、頭目肢節〔など身体の一部〕を人に与えることが捨身であり、人のために死をえらぶことが捨命である。また、次のような解釈もある。捨身とはすなわち捨命である。しかし本来の意図が異なるから両者は別なのである。身を投じて虎を救うような場合は、命は保てない〔から捨命とも言える〕けれども、わが肉を虎に施すという点で、意図は身を布施する（捨身）ことにある。（…中略…）菩薩が人のために命を落とすことは、身は存続しないけれども〔捨身とはいわず〕専ら捨命という。身命の外なる王国や妻子〔など〕をすっかり人に与えることが捨財である。梁の武帝は、これについて小さな専論を作成し[44]、解釈を施した。

問、捨身命財、何異。答、若捨身為奴、則不関捨命。又捨頭目支節施人、為捨身。為人取死、為捨命。又釈。

捨身即是捨命、但本意不同、故成両別。如投身救虎、命雖不存、以肉施彼、意在施身也。（……）菩薩為茲殞命、身雖不存、是只捨命。自身命外、国城妻子、悉以施人、為捨財。梁武別釈此、為一小科義。

（大正三七・三二六中～下）

（二）歴史的側面

（a）梁の武帝

直前に見た吉蔵の説明に梁の武帝への言及があった。象徴的捨身の典型が梁の武帝に認められることは、すでに多くの先行研究が指摘している（湯用彤一九三八・四四六～四四八頁、横超一九四〇／五八・三四七～三五〇頁、森一九五六・一四二～一四八頁、顔尚文一九九〇・六六～六九頁）。武帝は生涯に三度ないし四度の捨身を行った。[45] そのすべてがまったく同じ形式をとったとも思われないが、[46] 中大通元年（五二九）のいわゆる第二回捨身を例にとるならば、武帝の捨身は、およそ次のような手順をふむものであった。

(1)　宮城より寺（同泰寺）に赴き、無遮大会を開催する。

(2)　「清浄大捨」を行い、帝位を捨てて「私人」となる。御服から法衣に着替え、粗末な生活に甘んじて就役（以上一日で終了）

(3)　みずから経典（涅槃経）を講義する。開始（発講）から終了（解講）まで数日を要す。

(4)　群臣が皇帝の買い戻しを寺に願いでて、僧衆がそれを「黙許」する。

(5)　宮城に帰り、大赦と改元を施行する。

いわゆる「捨身」とはこれら総体の謂であるが、あえて限定を加えるなら、皇帝の位を捨ててわが身を仏奴とする

《皇帝の消失》と、皇帝の身体を臣下が金銭によって贖う《皇帝の復活再生》、この二つをクライマックスとする。

武帝が捨身をすべて同泰寺で行ったことは、捨身の象徴的意義を演出するのに最高の効果をもたらした。同泰寺の建立は普通二年（五二一）九月に始まった（『歴代三宝紀』巻三、大正四九・四五上。諏訪一九八二／九七・五四頁）。そして六年後の普通八年（五二七）三月に完成した。それを記念して落慶供養のごとき意味合いでなされたのが、普通八年三月八～十一日の四日間にわたる第一回捨身なのであった。

いわゆる「南朝四百八十寺」のなかでもとりわけ華麗をきわめた同泰寺は、宮城のすぐ北に接して造営され、行幸の便をはかるため、宮城の北にあらたに大通門をこしらえ、そこからそのまま同泰寺の南に抜けられるようにした。宮城と寺を結ぶ門が大通（taitong）門と命名され、寺名の同泰（tongtai）と対になる音であった（吉川一九七四・二五頁。『南史』巻七の梁武帝本紀「初、帝創同泰寺、至是開大通門以対寺之南門、取反語以協同泰。自是晨夕講義、多由此門」）。このことには大きな意義があった。すなわち俗空間としての宮城から聖なる空間としての寺へ赴いて捨身を行うことによって、世俗の統治者たる皇帝がいったん消失して聖なる空間に入り込み（taitong から tongtai へ：皇帝消失）、経典講義の終了と共に捨身が完了すると臣下の三度の奏上を承けて、皇帝が聖なる空間から世俗に立ち戻り、再生がはたされる（tongtai から taitong へ：皇帝復活）。その際、同泰寺は、宮城と好対照の別な一つの世界を表象していたのであり（山田一九七五・一二三～一二五頁、一二九～一三〇頁）、それが「君子南面」として北から南を見下ろすべき皇帝の宮城よりさらに北に置かれたことは、仏教を中華世界の世俗権力に勝るとする考えのあらわれなのであろうか。武帝はしばしば溺仏の皇帝といわれるが、その傾向を急速につよめたものこそ、同泰寺における捨身なのであった。

武帝の捨身を真摯な菩薩行とみるか、壮大なワンマンショウとみなすか、はたまた単なる茶番と言い切ってしまうかは、解釈する我々の問題であるが、その答えを出す前に、一つ明らかにしておくべきは、武帝の捨身にどれ程まで独自性があったか、いいかえれば、武帝の捨身に類似の前例があるかどうかである。これを次に検討したい。

（b）南斉の時代

象徴的捨身の事例は少なくとも南斉初まで遡る。それを告げる史料は複数ある。第一は、『広弘明集』巻二十八に収める沈約「南斉南郡王捨身疏」（為南郡王捨身疏とも）である。すなわち蕭長懋（後の文恵太子）が南郡王だった時[47]、彼のために沈約（四四一～五一三）が代作した、捨身に当たっての回状である。沈約がこれを作ったのはおそらく建元二年（四八〇）と推定されている（鈴木虎雄一九二八・五七六頁）。そこには南郡王が「敬しんで肌膚の外のもの凡そ百一十八種を捨し」たことが記される。この場合、捨てたのが「肌膚之外」のものであったということは、裏返して言えば、南郡王の捨身は自己所有物資の布施であって、自分の身体は捨身の対象ではなかった。

第二の事例は、『南斉書』巻三十一の荀伯玉伝に見える張景真である。それによれば、斉の武帝がまだ皇太子であった時、すなわち建元四年（四八二）三月以前の時、皇太子の側仕えの官であった張景真が、東宮所属の物品を勝手に処理するのを任されていて、彼が南澗寺（何尚之の捨宅）で「捨身斎」を行った時手放した物品のなかには「元徽の紫皮の袴褶」が混じっていたということがあった（『南斉書』巻三十一の荀伯玉伝）。この記事によって、斉初に「捨身斎」という物品布施の斎会が催されていたことが知られる。この正確な年次は不明だが、先述の捨身とほぼ同様に四八〇年前後を想定可能であろう。なおこれより僅かに遅れる同時代の捨身を告げる資料に、沈約の「南斉皇太子解講疏」と「竟陵王解講疏」があるが、これには別な視点が絡むため、後に「三（二）（d）」で取り上げる。

斉の時代に捨身を行った人物はほかにも大勢いたと推測される。『出三蔵記集』巻十二の斉太宰竟陵文宣王法集録序に「捨身記一巻」や「妃捨身記」・「大司馬捨身幷施天保二衆一巻」といったものが記録されることからすれば、その詳細は依然として不明ではあるけれども、蕭子良の周辺で捨身は一度ならず行われたようである。さらに、『同』巻十二の斉竟陵王世子撫軍巴陵王法集序によれば、巴陵王蕭昭冑すなわち蕭子良の息子もまた「捨身序幷願」を残しているから、蕭子良の次の世代でも事情はほぼ同じと考えてよさそうだ。だとすれば、斉の頃、皇族によって行われた象徴的捨身は、在家仏教徒の実践形態として、かなり普遍的な性格のものだったと思われる。『出三蔵記集』巻五の新集抄経録における「抄法華薬王品一巻」（大正五五・三七下）「抄為法捨身経六巻」（大正五五・三八中）の存在も、抄経録末尾に付された「抄字在上、似是文宣王所抄」という夾注によれば、蕭子良による編集経典の蓋然性が高い。蕭子良及び彼の周辺では、捨身を恐らくは放生や貧民救済、施薬などと共に一貫した菩薩行の実践として意図した痕跡がある。(48)

では物品布施を捨身と称したことは斉代に始まったと結論してよいであろうか。この点は答えるのが難しい。というのはまず第一に西暦四八〇年のころ文恵太子は二十三歳、弟の子良は二十一歳と若い。それ故この頃の彼らが捨身の風潮をつくりだしたとは少々考えにくい。むしろ記録としてははっきり残っていないが、南朝宋後半期の段階で既に物品布施を捨身と称することがあったと想像する方が自然である。一つの傍証は「二一（二）周囲の反応」の項で言及した『高僧伝』巻十二の慧益伝の一節である。大明七年（四六三）の四月八日に慧益が鍾山の南で焼身供養を行った時、孝武帝以下、皇室の人々や道俗士庶が大勢集まり、物品布施をした様子が「衣を投じ宝を棄てしこと、勝げて計うべからず」（投衣棄宝、不可勝計。大正五〇・四〇五中）と言われる。象徴的捨身が原義的捨身の現場から派生したとは考えられないであろうか。今は可能性の指摘にとどめておきたい。

（c）梁武帝以前の無遮大会

武帝が皇帝の位をすてるに先だって行った無遮大会という儀礼は、元来、国王が国庫をつくして、四部衆（僧尼と在家の男女）に対して「無遮」――無制限に[49]、食事や物品などを布施する大集会である。[50]無遮大会は梁武以前にも中国で行われていた。『高僧伝』巻十一の僧祐伝に、「凡そ信施を獲れば、悉く以て定林（寺）、建初（寺）を治し、及び諸寺を修繕し、並びに無遮大集・捨身斎等を建て、及び経蔵を造立し、巻軸を捜校す」（大正五〇・四〇二下）とあるのは、文章の繋がり具合が少々分かりにくいが、僧祐が「無遮大集」すなわち無遮大会や「捨身斎」[51]すなわち物品布施を中心とする何らかの儀礼集会に関与し、その際、かなり大量の金銭が流れて寺院の運営を潤沢にしたことを告げるものである。[52]さらに、これまた僧祐が絡むのだが、『出三蔵記集』巻十二の法苑雑縁原始集目録序（僧祐撰）に「京師諸寺無遮斎講抃勝集記」という題名が見える（大正五五・九二下）。僧祐の没年が天監十七年（五一八）であることを考え併せる時、これら二件は、武帝の同泰寺捨身より以前に無遮大会が（恐らくは捨身と関連して）行われていた証とすべきである。[53]

さらに言えば、無遮大会よりも小規模ではあるが、捨身に先立って斎会を行った前例として沈約がいる。かれは天監八年（五〇九）、百人の僧侶を自宅に招き食事供養をした後に捨身を行った（『広弘明集』巻二十八の沈約「捨身願疏」）。かれはその時の意図をこう記している。

飢えや寒さなど、さまざまの困苦による災厄はそれこそ切実であり、州県に瀰漫しているが、それらすべてと縁をとり結ぶことはとてもかなわぬ。力相応に、その場その場に基づきつつ、一日また一年とやってゆくべきであろう。頭目髄脳の肉体のすべてを捨てることはとても軽々に真似できることではない。自分のものをけずって他を足らすこともただちに実行するのはたやすくない。そこで深き仏恩をあれこれと思念し、些細なことを積み上げて顕著なものにしあげたく、布施の道をば何とか実践したいものだと誓願する次第である。

（吉川訳一九八八・二六八頁）

飢寒困苦、為患乃切、布満州県、難悉経縁、其当称力因事一旦随年。頭目髄脳、誠難軽慕。虧己贍物、未易頓行。誓欲広念深恩、積微成著、施路檀門、冀或能践。

（大正五二・三二三下）

物品布施としての捨身が、肉体を捨てることが難しいため、その代わりに為されたことがはっきりと判る。そのような意識のもと、沈約は、布施行として、百人の僧侶に食事を供養し、同時に、身のまわりの服飾品百十七種を喜捨したのであった。

（d）捨身と経典講義と身の買い戻し

無遮大会と密接な関係にある五年大会の際に、食事供養とならんで経典の解説が行われたことは、『法顕伝』竭叉国（タシクルガン）の条や『大唐西域記』巻一の屈支国（クチャ）や巻五の羯若鞠闍国（カニヤークブジャ）の条に見られる。梁の武帝も何らかの形でインドや西域の風習を知っていて、それに倣ったのかも知れない。

経典講義との関連で言えば、武帝以前頃の現象として興味深いのは、斉代の捨身の様子を伝える資料のいくつかが「解講」と結び付いていることである。

武帝以前に象徴的捨身として身体そのものを布施したことが記録から確かめられる事例は少なくともふたつある。一つは、先にも触れた沈約「（為）南斉皇太子解講疏」（『広弘明集』巻十九）である。これによれば文恵太子蕭長懋(54)は、建元四年（四八二）四月十五日、玄圃園に僧侶を集めて安居を行った。安居は定例どおり三ヶ月つづき、七月の既望（十六日）になると太子は「敬しんで宝軀を捨し」（敬捨宝軀）、同時に九十九の所有物品を喜捨したという。疏は「願わくは此の力を以て普ねく幽明を被い」云々と捨身の功徳を他者にふりむける廻向の願文をもっておわる（大正五二・二三二上〜中）。ここに、安居中に経典講義が行われ、安居の終わりと共に講義も終了し、その後、最大の行事として、施主檀越である皇太子みずからがその身体を「捨」す儀礼が行われたことが分かる。疏の文面には記されていないが、ここでも、武帝の場合と同様、側近によって宝軀が買い戻された可能性が高い。皇族の体が教団に布施されたまま放置されたとは考えにくいからだ。

皇族がわが身を捨した記録に、もう一つ、「（為）竟陵王解講疏」（『広弘明集』巻十九）がある。[55] 作者は同じ沈約、そして同じく解講の疏であり、施主は文恵太子の弟にして斉随一の篤信の在家、竟陵王蕭子良である。この場合も、蕭子良は「敬捨軀服」したと記される（大正五二・二三二下）。同様に買い戻しが行われたと想定可能であろう。

（e）「仏奴」について

直前に見たような、斉の文恵太子や竟陵王子良による「解講」（経典講義の終了）に伴う「敬捨宝軀」「敬捨軀服」といった捨身が彼らの体や身分を教団から買い戻すことにより儀礼的に完結したと推測するのが誤りでないならば、後に梁の武帝が行うことになる捨身の各要素は、殆どみな斉に先行して行われていたことになる。斉代との相違点は、武帝の場合には王位すら捨てて「仏奴」（上述二（二）（b）も参照）となったという点であろうか。しかしそれとて武帝の発案とは考えない方がよいように思われる。

武帝の捨身が安法欽訳『阿育王伝』と僧伽婆羅訳『阿育王経』に記されるアショーカ王 Aśoka の布施を模範としたことは先行研究の指摘する通りである。ただ、もう一つ視点を補うとさらによいように思われる。それは、梁武を遡る時代にほぼ同様の事柄をスリランカ諸王が行っていた事実である。スリランカでは、早くも紀元前三世紀の段階で、デーヴァーナンピヤ・ティッサ王 Devānampiya-tissa が王位（王権）を大菩提樹寺に捧げた。紀元前二～一世紀のドゥッタガーマニー王 Duṭṭhagāmaṇī は、自分のことを「サンガダーサ saṃghadāsa（教団の奴隷）」と称し、前後五回にわたって教団に王位を布施した。紀元後五世紀初頃には「ブッダダーサ Buddhadāsa（仏の奴隷）」という名の王もいた。ダーサとは奴隷であり、梁武が捨身して奴と為ったことに対応する表現である。このほかにも、一世紀のマハーダーティカ・マハーナーガ王 Mahādāṭhika-Mahānāga は、王妃と王子二人、王の象や馬と共に、王自身を教団にささげて「仮の奴隷」となり、その後莫大な金銭ですべてを買い戻したという。その後も王位（王権）を教団に布施した王や「仮の奴隷」となった王はスリランカ仏教史にしばしば登場する（中村・早島一九六四・一一四頁注一二。片山一九八二）。こうした動向は、先行するインドのアショーカ王による布施行為と密接な関係にある（田崎一九九〇・一四七頁）。

こうした動きと六世紀前半の中国の動向がまったく無関係だったと解釈するとしたら、その方がむしろ不自然であろう。スリランカから海路で南朝の都建康に到着した人々は既に南朝宋元嘉年間の頃から数多くいた。貿易商人による口で伝えた情報もあっただろう。経典レヴェルでも『善見律毘婆沙』はスリランカから広州にもたらされ漢訳された。何より武帝は、『阿育王経』をもたらし梁室の家僧として近しい関係にあった僧伽婆羅から南方ルートの仏教情報を詳しく聞いていたに違いない。こうした状況証拠から、武帝が斉の仏教を継承した面と共に、仏教を奉ずる世俗の統治者の範として、アショーカ王→スリランカ諸王→梁の武帝という影響連鎖を想定し得る。

しかしそれにしても、もし梁武捨身の各要素がすべて先行する時代に存在していたとするなら、なぜ梁の天監後の時期に武帝は捨身をしたのか。なぜそれ以前ではなかったのか。

これに答える視座は、このころ武帝の心が仏教信仰に急速に傾いていったことである。その一つの大きなきっかけは、天監十八年（五一九）四月八日に慧約から菩薩戒を受戒したことであった。この時作成されたテキストこそ、『出家人受菩薩戒法巻第一』（ペリオ将来敦煌写本二一九六号、土橋一九六八／八〇、諏訪一九七一／九七）である。その中の「羯磨四」と題する章は、出家者（比丘または比丘尼）が智者（vijña）とよばれる戒師から菩薩戒を受戒するに当たってなすべき問答の文面を逐一記す。菩薩戒は三聚浄戒とも言い、律儀戒・摂衆生戒・摂善法戒の三柱から成るが、このうち羯磨四は、「衆生を摂するの時」に行うべき菩薩行と「善法を摂するの時」に行うべき菩薩行について、その一々の項目を戒師が受戒者に問いただす体裁をとる。

このうちまず「摂衆生時」に行うべき項目——すなわち摂衆生戒の具体的項目としては、十項目が列挙される。例えばその最初の項目では、戒師が、

善男子、摂衆生時、不惜身命、如歓喜菩薩、満月王菩薩、如是等無量諸大菩薩布施眼時、修施眼心、善根迴向、令一切衆生得一切智眼。汝能行不。

と質問し、それに対して受戒者は「某甲能」と答えよと解説する。以上は眼を布施すべきことについてであるが、以下これと同様の形式の問答が、耳・鼻・舌・心・身命・頭・連膚頂髪・支節骨・牙歯に関してもなされ、全部で十項目となる。これらの箇所では、眼を布施するに関して「歓喜菩薩・満月王菩薩」の名を挙げ、耳を布施するに関して「勝王菩薩・勝無怨菩薩」の名を挙げるといった表現が特徴的である。その典拠は『華厳経』十迴向品である。例えば上に挙げた箇所に対応する箇所は、『華厳経』十迴向品では、

菩薩摩訶薩、布施眼時、如歓喜菩薩・満月王菩薩等無量諸大菩薩布施眼時、修施眼心、修慧眼心、……令一切衆生得浄慧眼、分別了知一切世間、……　（大正九・五〇八上～中）

である。このように東晋の仏駄跋陀羅訳『華厳経』から梁の武帝勅写『出家人受菩薩戒法』への影響関係が考えられる。さらに興味深いことは、両者の関係が恐らくは竟陵王蕭子良『浄住子』を仲介すると推測される点である[56]。そしてそう考えてよいとすれば、ここにも斉から梁の武帝へという流れが認められる。

さて『出家人受菩薩戒法』の「羯磨四」において次に記されるのは「摂善法時」に行うべき十項目である。すなわち摂善法戒の具体的項目であるが、そこにも『華厳経』十廻向品を典拠とすると考えられるものがある（五項目――煩を避けるため内容は割愛[57]）。このほか、さらに、以下の五項目がある。

○『涅槃経』の法を聞くためならば「肉を割き身を売る」覚悟があるか。

○法を弘めるためならば「皮を以て紙と為し、血を以て墨と為し、骨を以て筆と為し、正法を書写す」る覚悟があるか。

○「命を捨てて以て半偈を求め、骨を破き以て一偈を写す」覚悟があるか。

○「自ら其の身を焼きて仏法を供養す」る覚悟があるか。

○「五百の釘もて身に釘し、身を割き五百処に燃燈す」るなどの苦行をする覚悟があるか。

これらは「二（一）種類と典拠」で指摘したように、『大智度論』巻四十九その他に説かれる捨身行である。なお本来のテキストではジャータカであったものが、この「出家人受菩薩戒法」では受菩薩戒儀礼に取り込まれている点に今とりわけ喚起を促したい。つまりブッダの前世を褒める表現から、菩薩ならば誰でも自ら為すべき実践項目へという、原義的捨身の意義付けの質的変化がこの中国文献に窺われる。仏教文献史上、捨身の意義がこのように比喩から実践内容の規定へと転換した意義は大きい。

さて話はもどるが、武帝は菩薩戒の受戒の後、既に見たように、普通二年（五二一）九月に同泰寺の建立に着手した。恐らくはこの時、武帝の脳裏には落慶供養として自らが捨身を行う姿が描かれていたのではないか。さらに注目したいのは、菩薩戒の受戒と同泰寺建立開始のあいだの普通二年（五二一）正月に、孤児や身よりなき老人などの社会的弱者を支援する施設として「孤独園」を設置していることである[58]。王者の徳政として孤独なる者への養護は古代に遡るが、それを孤独園と命名して設置するのは、仏教の影響とりわけ給孤独長者[59]に由来し、中国における先例を告げる記録としては、すでに見た「（南）斉文皇帝給孤独園記[60]」がある（諏訪義純一九八二／九七・五三～五四頁）。くりかえしになるが、武帝は孤独園を設置したのと同じ年に、同泰寺の建立に着手するのだ。

二つの事象は密接に関連している。武帝の捨身の典拠がいわゆる「阿育王施半阿摩勒果因縁[61]」であって、武帝はアショーカ王にならってわが身を捨身したとすれば、アショーカ王が習った手本こそ給孤独長者の布施だったのであるから、まず給孤独長者の布施慈善事業行及び南斉時代のそれを手本として孤独園を設置し、ついで同じ年に捨身を行う場所として同泰寺の建立を始めたのであろうと理解することができるのである。

以上をまとめるなら、次のようになろう。武帝の同泰寺捨身の背後には、南斉時代の蕭子良と彼の周辺の在家仏教のありかたが前提されており、武帝自身の活動としては、菩薩戒の受戒・孤独園の設置・同泰寺捨身が一連の菩薩行として目されていた。その場合、南斉時代には顕著ではなかった《皇帝が捨身して奴となる》という発想の素材としては、スリランカ諸王の布施行が武帝に知られていた可能性が考えられるのである。

表4　梁武捨身の祖型

南斉時代の在家仏教		
	＼	
		梁の武帝
	／	
給孤独長者――アショーカ王――スリランカ諸王		

結

本章では、まず始めに、六朝時代における捨身の事例を一覧表で示し（表1）、「捨身」という言葉に、身や命を捨てる本来の捨身――《原義的捨身》――と、それにかわるものとして自己の所有物を喜捨すること――《象徴的捨身》――という二つの意味があること、さらには、死の言い換えに過ぎない場合や、肉体の超越をめざす特殊な瞑想法を表わすこともあることを指摘した（表2）。また原義的捨身の細分を試み（表3）、あわせて経典上の根拠がどこにあるかを見た。こうした作業を通じて、象徴的捨身が五世紀初頭以後に俄に仏教史に登場したことが分かるが、その理由としては、鳩摩羅什訳『法華経』『大智度論』や曇無讖訳『金光明経』『大般涅槃経』などが翻訳され、それらに説かれる捨身行が人々の知るところとなった点を想定することができる。ただし、不惜身命の菩薩行としての捨身が羅什や曇無讖の訳経以前にまったく知られていなかったわけではない。実際、『高僧伝』亡身篇の冒頭に記される釈僧群などは東晋の僧侶であったが、捨身という行為の特異性と意義に多くの人々の関心が向けられ、圧倒的な数の捨身行を生み出した背景としては、やはり羅什訳と曇無讖訳の影響力の大きさを認めねばなるまい。もしも『法華経』薬王菩薩本事品や『金光明経』捨身品が存在しなかったら、慧皎が『高僧伝』に亡身篇を設けることもなかったように思われるのである。他者の為にわが身を犠牲にした僧侶は五世紀以前にも恐らく間違いなく存在したであろうが、それらが記録として残らなかった理由としては、蓋し、それを伝え記録する側の意識のあり様も大きな要因と考えられる。

一方、象徴的捨身は、社会の安定を背景として南斉初め以降、在家を中心に行われ、それらが梁の武帝の捨身の祖型ともなった。梁武の捨身は、皇帝が帝位すら捨てる捨身の始まりだが、そこには南斉の影響に加え、従来あまり注目されてこなかったが武帝以前の時代にスリランカ諸王が行った布施行――自ら奴隷となる、王権を教団に布施するなど――が何らかの形で影響を与えた可能性をも考慮すべきである（表4）。

このように宋代には原義的捨身が俄に始まり（捨身としての屍陀林葬はやや遅れる）、斉代には在家捨身が始まったのであるが、象徴的捨身はあるいは宋代に既に行われていたと推測するのもまったく不可能というわけではない。文献上の証拠が得られないだけである。物品の布施を捨身と呼び得た理論的根拠としては、「内命」と「外命」や「内財」と「外財」といった表現に見られる、身体と財産の間に本質的な相違を認めない考え方があった。

本章では捨身と自殺の関係を考察することによって、中国仏教に特有であるかのように見える捨身という行為が、インドで行われていたとしてもあながち不思議ではないこと、そして宗教の為に自らの命を絶つという考え方が仏教に限らず広くインド宗教文化に根ざすものであった可能性のあることを指摘した。ただ中国の場合、恐らくはいつの時代であっても基本的に同じと思うが、捨身を賞讃する人がいるのと同時に、捨身を自殺とみなして嫌悪する人々もいた。両者が併存したことは、論理としてどちらが正しいかといった問題ではなく、いつの時代にも人間には二つのタイプがあり得ることを反映するものであろう。

注

（1）興味深いことに、傅翕教団には道教徒もいた。『善慧大士録』巻一の陳永定元年（五五七）の条に「道士陳令成・徐尹等総四十九人、奉持不食上斎」とある。

（2）傅翕については『続高僧伝』巻二十五の慧雲伝の末に「東陽郡烏傷県双林大士傅弘」の名で長い言及がある（大正五〇・六五〇中）。

（3）『善慧大士録』巻一の傅翕伝は成立年代が下ることもあって、その一字一句に史実としての信憑性をおくのは難しいところがあるため、本章では大意の紹介にとどめた。傅翕の伝と著作に関する最近の研究として張勇（二〇〇〇）がある。

（4）傅翕の弟子たちが何度も捨身を行ったことは上述の通りであるが、唯一の例外として、表1ではそれらを除外した。前注(3)参照。

（5）別な言い方をすれば、象徴的捨身にダガー（†）を付し、在家者には傍線を付した表1のうち、ダガーと傍線が共に付されるか、どちらも付されていないかのいずれかが殆どであるが、例外もある。すなわち表1の29釈僧祐や34釈智蔵のように出家者が物品喜捨に関与することもあれば、傅大士の弟子たちのように在家者が文字通りの身を捨てる行為を行うこともある。

（6）ātmabhāva-parityāga, ātma-parityāga, svadeha-parityāga は厳密な区別なく、言い換え可能な場合がある。同一テキスト内に ātamabhāva- と ātma-, svaśarīra- のいずれもが用いられることもあり、その例に『悲華経』がある（e.g., Yamada 1968: vol. 2, Dānaparivarta, 362, 16f.; 366, 2; 368, 1）。ātmabhāva とは、本来の意味やニュアンスはともかく用例からすれば身体を意味する。Edgerton（1953: vol. 2, 92 s. v. ātmabhāva）.

（7）例えば曇無讖訳『菩薩地持経』巻四の施品は、布施の対象となる事物（deyavastu）を内的なもの（ādhyātmika 身体の一部)・外的なもの(bāhya 身体以外のもの)の二種にわけ、布施を内施(kevalādhyātmikavastu-parityāga)・内外施(ādhyātmikabāhyavastu-dāna)・外施(bāhyadeyavastu-parityāga)に分類する。ここに、parityāga と dāna の意味的重なりがみてとれる。pari- を付さない tyāga が dāna と同義となる用例も『倶舎論』第四章の業品や『瑜伽師地論』声聞地など少なからず箇所に見受けられる。

(8) 仏教の造像銘に見える「捨身」の比較的古い用例として、例えば永平四年(五一一)紀年の「華州刺史安定王燮造石窟石像記」(龍門古陽洞)の「□使捨此塵軀、即彼真境、□趣六通、明嘱無碍、値遇□□、早登十地」がある(塚本善隆一九四一/七四・三一八頁)。さらに北涼の縁禾三年(延和三年、四三四)の紀年を有する銘文中に見える「……願以此福報、使国王主元弟、善心純□、□□□三宝、現在師僧、証菩提果、七世父母、兄弟宗親、捨身受身、値遇弥勒。……」も参照(佐藤智水一九九八・一六一頁)。□はそれぞれ不明の一字を示す。

(9) 道教の造像銘における「捨身」の古い用例としては、北魏の太和二十年(四九六)「姚伯多造皇老君像碑」に「寿身捨身」という表現がある。神塚(一九九九・四九九頁と五〇二頁)によれば、「寿」は「受」に通じ、何度も身体を受けて生まれ変わることを表す。

(10) 船山(一九九八a・三五五頁)に「なお墓磚に見える「捨身」の語は興味深いが、その具体的内容は明らかでない」と書いたのを補正したい。その時点では認識が不十分だったが、単に死と同義の捨身と解すべきである。

(11) parivṛttajātyā「生(誕生)の転換によって」という異なる読みもある。

(12) 捨身受身の結果は善趣のことも悪趣のこともある。悪趣に生まれる例として、北魏の菩提留支訳『大薩遮尼乾子所説経』巻五の問罪過品「現在未来世、受苦及打縛、捨身生地獄、受苦常無楽」(大正九・三四〇上)や「惜財不布施、蔵積恐人知、捨身空手去、餓鬼中受苦」(大正九・三四〇中)を挙げることができる。

(13) 例えば『高僧伝』巻十の杯度伝「〔朱〕文殊謂〔杯〕度云、弟子脱捨身没苦、願見救済、脱在好処、願為法侶」(大正五〇・三九一上)。梁の武帝撰『出家人受菩薩戒法』(ペリオ二一九六号)三五九行「捨身受身、不退不失」。『付法蔵因縁伝』巻六「迦那提婆未捨身時」云々(大正五〇・三一九下)「捨身命終」(大正五〇・三二一下)。『占察善悪業報経』巻下「捨身已入地獄」等（大正一七・九〇六中）。義浄『南海寄帰内法伝』巻一「捨身遂生薬叉之内」（大正五四・二〇九中）。

（14）静藹伝には「捨此穢形、願生浄土、一念花開、弥陀仏所、速見十方、諸仏賢聖、……法身自在、不断三有」云々（大正五〇・六二七下）とある。彼の意識としては、捨身して阿弥陀仏国土に生まれ、悟りを開いて法身を得るという順序が想定されていたようだ。

（15）焼身には土地の政治家や皇帝などの許可を予め必要とする場合もあったようである。その代表として、自己の焼身供養のことを梁の武帝に再三奏上してやっと許可を得たという僧明がいる（『弘賛法華伝』巻五、大正五一・二四下）。

（16）別な言い方をするならば、原義的捨身は時に象徴的捨身を伴ったように思われる。例えば慧益伝に「道俗士庶、山谷に填満し、衣を投じ宝を棄せしこと、勝げて計うべからず」とある。

（17）この記事は時期が問題である。ツュルヒャ（Zürcher 1959: 282）は、『晋書』巻一〇七載記の姚興伝によって、姚緒が蒲坂を鎮せし時を西暦三九六年かその直後と推測し、法羽の焼身を五世紀以前とする。しかしこの推定は『高僧伝』巻十二の排列順序とも合わないし、法羽が末期に「捨身品」を読誦したという記録とも矛盾する。捨身品は曇無讖訳『金光明経』捨身品以外に想定し難いから、法羽の焼身供養は東晋代ではありえまい。

（18）劉亮の伝は『宋書』巻四十五に見える。彼は泰予元年（四七二）に益州で仙薬を服用し、その毒性の故に命を落とした道教信者であった（Tsai 1994: 136 n. 131）。

（19）宋元明三本は趙虔恩に、麗本は趙処思に作るがいずれを是とすべきか未詳。名は『宋書』にも見えない。

（20）ここで重罪とは四波羅夷の一つとしての殺人罪のこと。自らが手を下して人を殺すのはもちろん、死を讃美したり死を勧めたりすることも罪に当たる。

（21）『仏祖統紀』巻四十一の元和十四年（八一九）正月「王公士庶、瞻礼舎施、百姓煉頂灼膚、以為供養」（大正四九・三八一下）。法門寺の仏骨に対しては幾度となく焼身焼指などが行われている（Kieschnick 1997: 35-37, 41）。

（22）代表的研究として Filliozat（1963）（1967）, Lamotte（1981: 740-742 n. 1）、藤田宏達（一九八八・「自殺について」）、関（一九八九）及びそこに引用される先行研究を参照。

（23）かかる解脱至上主義は、阿羅漢の捨多寿行や思法という後の思想に繋がってゆく（藤田宏達一九八八・七九頁）。

（24）『大智度論』巻十三には、注目すべきもう一つの考え方として、肉屋の息子が家業を継ぐのを肯んぜず、羊を殺すかわりに不殺生戒をまもって自殺した例が紹介される（大正二五・一五六上）。これは在家の場合であって出家者ではないが、もし仮に自殺が戒律違反であるとしたら、戒律を守るために戒律違反をしたことになり、矛盾が生じるから、この話でも自殺は罪に当たらないことが前提されていると思われる。戒律と自殺の関係についての別な話として、『賢愚経』巻五「沙弥守戒自殺品」も比較参照。

（25）因みに自殺とは直接関係しないが、『放光般若経』巻十九には憎しみや怒りの心を起こすと人間にすら生まれ変われず、まして仏のいます世に生まれることはないと説く箇所がある（大正八・一三四下「起怨恚者尚不得復人身、況値仏世」）。また『灌頂経』巻十『灌頂梵天神策経』（失訳？［参考］大正五五・三一中）には、殺生をすると早死にして人間に生まれ変われなくなると説く箇所がある（大正二一・五二六下「精進莫殺生、殺者心不仁、後罪短命死、不得復人身」）。また、後代の文献には、殺生をすると、死後、地獄・餓鬼・畜生の世界に生まれ変わって苦悩を受けると説くものがある。義浄訳『根本説一切有部毘奈耶』巻三十（大正二三・七九〇中）。

（26）例えばインドのもっとも伝統的で有名な法律書『マヌ法典』（紀元前後に成立）の第五章八十九詩節に「自らを捨てる〔自殺〕者に対しては献水の儀式は行われない」という一節がある（渡瀬一九九一・一七三頁）。「自らを捨てる者（たち）」の原語は ātmanas tyāginām（ātman + √tyaj）である。因みに自殺を意味するもう一つ別な一般的表現は ātman + √han「自分を殺す」である。

（27）カネー Kane はこのほかにも二三の場合を挙げるが今は省略する。なお宗教の絡む自殺行為としてもっとも広く知られ、かつ問題をふくむのは、寡婦が夫を火葬する薪に身を投ずるサティー（satī 正しき女）であろう。ただしこれは純粋な宗教行為であるより以前に社会的意義の方が大きい。

(28) さらに天祠の傍らには有名な菩提樹（vaṭa）があり、解脱を求めてそこから飛び降りる者も多かった。
(29) 宗教的自殺の準備段階で絶食が行われることは六朝仏教徒の焼身儀礼と共通する。
(30) 因みに、宗教的自殺としての溺死はヒンドゥー教徒の行為として頻出するのに対して、断定するのは憚られるけれども、捨身を説く仏教の正統な文献にはあらわれない如くである。
(31) 出家者が旅行の途中で危篤状態となり、死後のわが身を鳥獣に施すようにと言い残したことは、『高僧伝』巻十の慧安伝にも見える（大正五〇・三九三中）。
(32) 三衣と鉢の布施が問題となる以上、ここに意図される菩薩は出家者である。
(33) この箇所は上に紹介した『大智度論』の一節の直後（大正二五・一七九下）に説かれる事柄への言及。
(34) さらに言えば、この考え方は「衆生平等観」（一切衆生は本来区別なく平等であること、sattvasamatā）を基盤とする。この語は、例えば八世紀末のカマラシーラが『バーヴァナー・クラマ』（「修習次第」「反復実習の順序」の意）に、敵味方なく一切の衆生に対して慈悲心（kṛpā）を起こすべきことを説く中に見られる（Tucci 1958: 189f. §2）。同じ考え方は、かなり以前からあったに違いない。
(35) 慈愛の対象を親にむけるのではなく子に向けるなら同じ考え方は、ブッダは一人息子（ラーフラ）を愛おしむように一切の衆生に平等に慈悲をかける、という表現ともなる。
(36) 求那跋陀羅訳『央掘魔羅経』巻四「一切衆生有如来蔵、一切男子皆為兄弟、一切女人皆為姉妹。……一切衆生、無始生死、生生輪転、無非父母兄弟姉妹、猶如伎児変易無常。自肉他肉則是一肉。是故諸仏悉不食肉」（大正二・五四〇上～下）。求那跋陀羅訳『楞伽阿跋多羅宝経』巻四「仏告大慧。有無量因縁、不応食肉。然我今当為汝略説、謂一切衆生従本已来展転因縁常為六親、以親想故不応食肉」（大正一六・五一三下）。
(37) ただし、過去世において親であった存在（厳密には識の連続）の肉を現世で食することが親の肉を食することになるという論法は、肉体と識が無関係であるとは認めないこと（肉体と精神の同一性）を前提として始めて成り立つのであるから、厳密には理論として問題があろう。

(38)『大方便仏報恩経』七巻の漢訳そのままのテキストがインドに存在したわけでない。本経の最新研究として船山(二〇一六)がある。本経成立の上限は四三一年、下限は南斉時代である。

(39) さらに『菩薩地持経』には、内施・外施・内外施という分類がある。注(7)参照。

(40) 例えば「明捨外財則易、捨内財則難」(大正二五・八三五中)など。なお同巻には「菩薩大士、捨有二種、一者内捨、所謂身命、二者外捨、謂財宝等」(大正二五・八三三上)という一節もある。既に確認したように「捨」の原語と推測される(pari-)tyāga は「施」(檀 dāna)を意味し得るから、内捨と外捨は、内施と外施(『大智度論』巻十一)とほぼ同じ意味であろう。

(41) 捨行は、より一般的な用語としては檀波羅蜜に相当する。すなわち捨行とは布施行のこと。

(42) 捨財と捨法と捨畏は、より一般的な用語としては、財施と法施と無畏施に相当する。

(43) 南朝宋の求那跋陀羅訳『勝鬘経』摂受章「善男子善女人、為摂受正法、捨三種分。何等為三。謂身・命・財。善男子善女人、捨身者、生死後際等、離老病死、得不壊常住無有変易不可思議功徳如来法身。捨命者、生死後際等、畢竟離死、得無辺常住不可思議功徳、通達一切甚深仏法。捨財者、生死後際等、得不共一切衆生無尽無減畢竟常住不可思議具足功徳、得一切衆生殊勝供養」(大正一二・二一八下～二一九上)。『注維摩詰経』巻四「於身命財而修堅法」(＝維摩経文)。……〔僧〕肇曰、「堅法」、三堅法、身・命・財宝也。若忘身命、棄財宝、去封累而修道者、必獲無極之身・無窮之命・無尽之財也。此三、天地焚而不焼、劫数終而不尽、故名堅法也」(大正三八・三六五下)。

(44)『陳書』巻三十四の杜之偉伝に、「中大通元年(五二九)、梁武帝幸同泰寺捨身、勅〔徐〕勉撰定儀註、勉以台閣無此礼、召〔杜〕之偉草具其儀」とあるのを参照。

(45) すなわち大通元年(普通八年、五二七)三月、中大通元年(大通三年、五二九)九月、中大同元年(大同十二年、五四六)三月～四月、太清元年(中大同二年、五四七)三月(または三月～四月)。このうち中大同元年(五四六)の事例は、『南史』はこれを捨身であるとするが、『梁書』は捨身とは明記しない。これを捨身と数えるかどうかで梁武の捨身は三度とも四度とも言われる。捨身の場所はいずれも同泰寺であった。詳細は森(一九五六)と諏訪（一九八二／九七）を参照。

(46) 大通元年の第一回捨身は無遮大会を先行要素とせず、また経典講義も行われず、期間も僅か四日間であった。また、武帝の身を臣下が金銭をもって贖ったということも記されていない。つまり第一回捨身は総じて簡素であり、形式より捨身を行ったという事実そのものに意味があった如くである。捨身が形式的に整備されるに当たっては、第二回捨身の行われた中大通元年に梁武の勅を受けた徐勉が杜之偉に下書きさせたという同泰寺捨身の「儀註」（『陳書』巻三十四の杜之偉伝）に意義があったであろう。

(47) 『南斉書』巻二十一の文恵太子伝「建元元年（四七九）封南郡王」。

(48) 『出三蔵記集』巻十二の南太宰竟陵文宣王法集録序は、本文に示した「捨身記一巻」「妃捨身記」の直前に「施薬記一巻」を挙げる（大正五五・八五下）。『同』巻十二の法苑雑縁原始集目録序には、「斉文皇帝文宣王焚毀罟網記第四、斉文皇帝給孤独園記第五、竟陵文宣王福徳舎記第六、……竟陵文宣王第内施薬記第十」その他がまとめられている（大正五五・九三上）。蕭子良の仏教実践については、船山（一九九五）第三章第四節「蕭子良における斎と菩薩戒」を参照。

(49) 「無遮」の原語は *Skt.* nirargala, *BHS* nirargaḍa, *Pāli* niraggaḷa であった可能性が考えられる。中村（一九八一）「無遮会」を見よ。

(50) 因みに従来一般に、「無遮大会」と「五年大会」は同じものを指すという理解が示されてきたが、武帝の行った無遮大会に限って言うならば、彼が無遮大会を五年に一度の大集会と意識したとは思えない。というのは、『南史』巻七の梁武帝本紀によれば、武帝は無遮大会を頻繁に催している。例えば大同元年（五三五）には三月に「無遮大会」が、四月に「無碍会」が行われ、翌二年（五三六）には三月に「平等法会」が、九月に「四部無遮法会」が、十月に「無碍大会」が行われ、次の年（五三七）にも五月に「無碍法会」が、八月に「無碍法喜食」が設けられた。これらは表現が微妙に異なるのであるが、いずれにせよ五年に一度ではないから、定義として五年大会ではあり得ない。この点から少なくとも武帝の場合、無遮大会の方が広義の概念であり、五年大会は無遮大会の一種と言えよう。

(51) 捨身斎という語が『南斉書』巻三十一の荀伯玉伝にも見えることは既にのべた。捨身斎の実態は必ずしも明確でないが、八関斎を基盤とし、その上に捨身を主行事として上乗せするような形で、出家者と在家者が接点を持ち得るような斎会だったのであろう。沈約も「捨身願疏」のなかで、捨身と百人僧への食事供養と八関斎を複合的に行ったことを述べている。

(52) 梁武の身を贖うといった視点も加味する時、捨身が高い経済効果をもたらしたことは否定できない。さらに言えば、捨身と称して在家が喜捨した物品には贅沢品が多い。時代はやや下るが、例えば蕭子顕「御講金字摩訶般若波羅蜜経序」(『広弘明集』巻十九)や陳文帝「無礙会捨身懺文」(『広弘明集』巻二十八)に喜捨した贅沢品がリストアップされるのを参照。因みに、寺院において金銭が流れる現象は捨身に限らない。もう一つの大きな要因として「無尽蔵」がある。山崎(一九四二・二二四頁)参照。

(53) 象徴的捨身に僧侶が関与した例としては、僧祐のほか、開善寺智蔵がいる。『続高僧伝』巻五の智蔵伝によれば、天監の末(五一九?)の春、智蔵は出家者と在家者をあつめて「捨身大懺」を行った。その時同時に自ら『金剛般若経』を講義し、「極悔」(このうえなき懺悔を示す儀礼)とした。そして衣と鉢のみを手元に残して、それ以外の持ち物はすべて捨した。この時、陳郡の謝幾卿が衣を掛けるのに使われていた竹を指さして、おどけて「これをまだ手元におくのは思念があるのか」と訊くと、智蔵は「身体すら未だ滅していないのに、どうして思念を滅尽できようか」と答えたというエピソードが記録されている(大正五〇・四六六下～四六七上)。

(54) ただし皇太子となるのは直後の建元四年六月であるから、厳密に言えば、この時点では太子でない。

(55) この疏も鈴木虎雄「沈休文年譜」において建元四年の作と推測されている。

(56) 蕭子良が『浄住子』二十巻(佚)という著作を撰したことと、その節略本が唐の道宣撰『統略浄住子浄行法門』(『広弘明集』巻二十七所収)であることは広く知られている。そして、蕭子良『浄住子』の原形の一部と思われる敦煌写本にスタイン七二一号裏があることは、塩入(一九六一)に指摘される通りである。塩入氏は、この写本の尾題を「浄住子巻八」とし、さらに録文を作成しておられるが、道宣の「統略本」との関連が見出せず、他の漢訳との関連も不明であるとして、「ただ敦煌写本の作者が中国人であるらしいことは、このような経論は見当たらないことや、丘聚国土豊楽之民・天下太平・不仁などの用語があることなどによって類推出来るのみである」と記す。ところが、氏が見落としていた、本写本とほぼ逐語的に一致する文献が、しかも純然たる漢訳仏典のうちに存在する。東晋の仏駄跋陀羅訳『華厳経』の十廻向品がそれである。塩入同論文末に附せられた録文の略号（A）～（E）に従うならば、（A）は六十華厳十廻向品の大正九・五〇九上～中に、（B）は五〇九下～五一〇上に、（C）は五一一上～下に、（D）は五一二中～下に、（E）は五一二下～五一四下に、ほぼ同一字句を見出せる。しかしながら、このような漢訳『華厳経』と逐語的に同一の文章に、つまり殆ど写経のようなものに、『浄住子』という尾題が付された理由は依然として未解明である。これについては別稿を期す。今は、捨身に関する表現として、東晋の仏駄跋陀羅訳『華厳経』十廻向品→南斉の蕭子良『浄住子』巻八→梁の武帝勅写『出家人受菩薩戒法巻第一』羯磨四という影響関係が認められるべき点を指摘するにとどめたい。『浄住子』を一巻に節略した道宣『統略浄住子浄行法門』の校本および訳注として船山（二〇〇六）参照。

（57）　ただし『華厳経』十廻向品を典拠とすると思われる「摂衆生時」の十箇所と「摂善法時」の五箇所の合計十五箇所のうち、二箇所は菩薩名を同定できない。

（58）　『梁書』武帝本紀「〔普通二年正月十二日詔曰、〕又於京師置孤独園、孤幼有帰、華髪不匱」。

（59）　僧祐撰『釈迦譜』に引く「釈迦祇洹精舎縁記」（『賢愚経』、大正四・四一八中）は、給孤独（*Skt.* anāthapiṇḍada, etc. 寄るべなき人々に食を与える者）という名の由来を、「居家巨富、財宝無限、好喜布施賑済貧乏及諸孤老。時人因行為其立号」という（大正五〇・六三中）。

（60）　『出三蔵記集』巻十二の法苑雑縁原始集目録序（僧祐）「斉文皇帝給孤独園記第五」（大正五五・九二上）。

（61）　南朝宋の求那跋陀羅訳『雑阿含経』巻二十五「阿育王施半阿摩勒果因縁経」、梁の僧伽婆羅訳『阿育王経』巻五「半奄摩勒施僧因縁」。

終わりに

三篇十二章構成で六朝隋唐仏教を多角的に考察した本書を結ぶに当たり、全体として何が言えるだろうか。

各章の要約

第一篇五章のうち前三章は南朝仏教史を、隋唐の中国的展開の基盤形成期と位置づけて論じた。

中国特有の諸要素のうち、漢訳仏典への注釈として、（1）注釈冒頭で書名を説明する形態、（2）内容を序分・正宗分・流通分の三に大別する見方、（3）さらに細かく内容を区分する「科段」が、六世紀前半に梁で確立した。「科段」という語を用いる早期の注釈として梁の法雲『法華義記』がある。宋・斉・梁の経典解釈を伝える『大般涅槃経集解』にも経典全体や個々の箇所をどう分析するかについて「段」「別」「科」等を用いる分析法が生じた。

仏典叢書である大蔵経を示す呼称として、北朝は北魏以来それを「一切経」と呼称した。対するに南朝は「衆経」という語を広く用いた。また大蔵経の内容的理解と読誦法（音読）の基礎として「衆経音義」ないし「一切経音義」と呼ばれる音義書が後代に複数編纂された。その先駆けとして、梁代には『出要律儀』という書とその「音義」が著され、後代の学僧はしばしば『出要律儀』音義を参照した。さらに大蔵経を一所に保管する仏教図書館である「経蔵」が確立したのは南朝であった。「経蔵」の整備は、特に六世紀前半の梁で祖型が形成されたという意味において、梁代仏教は中国的展開史の重要な一齣と言うことができる（以上第一章「梁代の学術仏教」）。

次に歴史から思想に視点を移すと、六世紀以降に思想内容を分析する際に幅広く定着した「体」「用」を対挙する表現に中国の独自性が見られる。事物の根本とその作用・はたらきの二面に注目する思考はどのように形成されたか。結論として、体用対挙の論理や表現は儒教や道家・道教思想からでなく、仏教――とくに如来蔵思想と呼ばれる大乗思想――から発生したこと、その時期と場所は西暦五〇〇年前後の南朝であること、漢訳語に基づく表現ではないと考えるべきこと等を指摘した（以上第二章「体用思想の始まり」）。

思想分析法の特徴との関わりで、漢訳経典の冒頭に現れる「如是我聞」という語の中国的解釈とインド仏教との繋がりも再考に値する。これまで、「中国仏教では例外なく「如是我聞」の四字で区切り、「一時」は次の句の開始を示すのであって、「如是我聞一時」の六字を一句とする解釈はインドのサンスクリット語仏典解釈のみに該当し、中国にはなかった」ということを誰も疑念を抱くことなく信じてきた。この旧説は、たしかに現代の常識であったが、実は誤解に過ぎないことを示した（以上第三章「「如是我聞」と「如是我聞一時」――経典解釈の基礎的再考」）。

後続する二章では、時代を南朝に限らず、個別的事例に即して仏教の学術形成史を取り上げた。

仏典の注釈書は通常、「随文釈義」すなわち本文の順序に従って、内容を逐語的に解説するのが通例である。しかしそれとは別に、『成実論』という論書の内容を主題ごとに大別して総合的に解説する手法が六世紀初頭の南朝で定着した。現在は散逸している『成実論大義記』の佚文を可能な限り網羅的に蒐集することによって、同書一巻から十三巻までの内容を可能な限り再構成した（以上第四章「梁の智蔵『成実論大義記』」）。

初唐の玄奘三蔵はインドに旅し、現ビハール州のナーランダー寺を基点としてインド各地を遊行しながら当時最新の大乗仏教を学び、膨大な量の仏典写本を中国に持ち帰り、「新訳」という新たな漢訳を実現した。その際、玄奘が思想の根幹としたのは瑜伽行派ないし瑜伽行唯識派と呼ばれる大乗学派の説であった。こうした玄奘による新展開より以前の時代に瑜伽行派思想を担ったのは、北朝では、北魏・東魏を通じて発達した地論宗の教理学であった。そして南朝では、梁末と陳の前半に南朝各地で訳経に携わった真諦三蔵の仏典漢訳事業であった。

真諦の漢訳と真諦自身の経典解説法の意義は多様である。真諦の活動を知ることは南朝宋・斉・梁と隋唐の思想史を繋ぐ不可欠要素である。真諦には他の訳者と一線を画す大きな特色があった。真諦はインド人であるにもかかわらず、漢人の弟子と聴衆に向けて解説を行った結果、インド人には通常はあり得ない解説法を実現した。例えば、インド仏教の思想をサンスクリットを基に解説するのでなく、彼の新たな漢訳を用いて、漢字表記に即した解説を施した。時にはインド人が決して許容しないはずの偽経（中国で編纂され、インド語原典が存在しない経典）の内容さえ解説対象に含めた。その後百年ほどして現れた玄奘の華々しい訳経活動も、それ以前に影響を及ぼした真諦の瑜伽行派思想と対比して始めて真価を理解できるのである（以上第五章「真諦三蔵の活動と著作」）。

第二篇「修行を説く文献・体系的修行論・修行成果」は、思想や学術からさらに目を転じて、実践活動を扱った。思想や学術が仏教の理論面・精神面と主に関わるのに対し、実践活動は、言わば体を動かす仏教であり、その中心に、仏教徒として日々行うべきことと決して行うべきでないことを定めた戒律の実践があった。

戒律の問題を、大乗仏教の興起する以前からインドで行われていた部派仏教（声聞乗）の律蔵（ヴィナヤ）にまとめられた規則の伝来と歴史的推移・中国内部の地域性と戒律文献の成立・伝播との連動性を中心に概観するならば、そこには三つの特徴がある。第一に、西暦四〇〇年頃を境として律文献の中国伝来に飛躍的変化が生じ、鳩摩羅什が長安に到来し仏典翻訳事業を開始したことで、仏典翻訳が質量ともに画期的に進んだ。まず北朝の長安で、次に四三〇年代初頭の頃までに南朝の建康で、都合四種の律が漢訳された。第二に、四二〇年代から四三〇年代に、部派の律文献でなく、大乗の菩薩が守るべき行動規範として、菩薩戒を説く文献が南北朝で漢訳され、実践基盤が小乗から大乗へと大きく転換した。第三に、四～五世紀頃には、説一切有部（薩婆多部）『十誦律』と大乗の菩薩戒とを基盤としたが、六世紀、北朝の地論宗において、『十誦律』でなく、法蔵部の『四分律』を重視する動きが起こり、唐代の『四分律』中心主義を導いた（以上第一章「隋唐以前の戒律受容史（概観）」）。

菩薩戒を受戒し、日々菩薩として生きることを誓願する行為は、隋唐の実践基盤となっただけに止まらない。その影響は中国大陸や台湾に今も存在する。菩薩戒の教説は、幾つかの新たな漢訳経典に基づいた。特に五世紀前半に北涼の曇無讖訳『菩薩地持経』と、南朝宋の求那跋摩訳『菩薩善戒経』、さらにそれらを受け継いで五世紀後半に中国で編纂された偽経『梵網経』の十重四十八軽戒説が、計り知れぬ影響を及ぼした。本章はこれら三文献を中心に、その教説を、インド本国と中国における新展開の両面から論じた（以上第二章「大乗の菩薩戒（概観）」）。

梁の僧祐撰『薩婆多師資伝』は、四、五世紀中国で律の主流であった薩婆多部の『十誦律』を継承する僧尼の系譜と逸話を集めた書である。この書が散佚し現存しない状況に鑑み、佚文輯録と内容紹介を試みた（以上第三章）。

第四章「隋唐以前の破戒と異端」は、律文献に記される四種の重罪（波羅夷罪）のうち、性交渉・殺人・大妄語（宗教的虚言）を扱った。これらに関して、重罪を犯した逸話と共に知られる僧の伝記中に、律の次元では重罪であるが菩薩戒の次元ではある種の改革的な、肯定的性格を有する内容が見られることも重視して紹介した。

第三篇は、仏教修行の理論と実践・信仰との関連を主題とした。第一章は仏教における凡と聖の接点と境界線を修行論および往生願望という点から論じた。仏教における凡とは凡夫であり、聖とは聖人ないし聖者である。この問題は仏教それ自身にとって重い意味があるだけでなく、儒学を主とする中国伝統思想における聖人論とも不可離の重要論題である。結論として、中国中世の仏教における聖者観には、《多数の聖者を認める伝統》すなわち《聖者となるのは可能であり、聖者となることは比較的容易であり、極めて実現困難というわけではない》とする語り物的な性格を有する流れと、《ごく少数の聖者を認める伝統》すなわち《聖者となれる者は全修行者で例外的なごく一部の修行者だけであり、どんなに努力しても修行を積んでも容易に聖者となることなどできない》とする真摯な修行者たちの属する流れがあり、この二つの相反する流れが同時代に併存したことを論じた。修行者と関わる後者の聖者観は修行体系の理論化と高い境地への到達可能性が関わる。これについてはインド伝来の漢訳経論だけでなく、中国で偽作された『菩薩瓔珞本業経』が理論的根幹として作用したことも取り上げた。そして聖者観の二系統のうち、聖者となるのは極めて困難という考え方は、厳しい修行を自らに課した修行者に多く認められ、彼らの臨終に、並々ならぬ素晴らしい芳香が立ち込める等の超常現象が発生した記録があることに注目し、それが二つの聖者観に横たわる溝を橋渡しする救済論的役割を果たしたことを指摘した（以上第一章）。さらに、修行者の臨終に発生した超常現象の種類・意味・匂いの具体的なイメージについて論攷を深めた（以上第二章）。

これら二章は凡聖問題として大乗の聖者である菩薩の到達境地を論題とした。これに対して最終第三章「捨身の思想」は、凡聖の区別ではなく、一般の僧侶と在家信徒が実践する菩薩行の中国的事例として、「捨身――我が身を捨てる行為」に焦点を当てた。捨身には、文字通り、自らの体や命を省みず、専ら他者救済に務めたり仏を敬礼供養したりする原義的捨身と、自らの命の代替品として高価な所有物や自らの地位を寺院に喜捨する象徴的捨身の二種があった。とりわけ後者の捨身は中国に特有の仏教文化史として捉えることができる。その典型である梁の武帝の三度ないし四度の捨身は、帝位を寺に布施して自ら仏奴となり、その直後に臣下が莫大な金額で帝位を買い戻すという、際だって特色ある社会的行為であった。その是非をも含めて、武帝の象徴的捨身の意義と源流を探求した。以上が本書に収めた十二章の梗概である。

本書「始めに」の「書名について」の項で、筆者は書名に「展開」の二字を入れる意図を説明した。それはインド仏教と中国仏教を分断せず、連続性があることを見極めることの意義である。具体的には、連続性の故に中国仏教がインド仏教の動向を継承した面――インドと中国の共通性――と、連続性を保ちながらインドには見られなかった独自性を中国仏教が発揮した面――インドと中国の相違性――とに分けることができる。この点から全体を振り返り、本書で取り上げたインドと中国の共通性と相違性をまとめてみよう。中国仏教がインド仏教を受け継いだ意義は大きい。しかしそれだけでなく、インド仏教を受容しつつ中国で始めて生み出された独自性の意義はさらに大きい。六朝隋唐仏教史に一体いかなる新展開ないし独自性を見出すことができるか。本書で示した中国の新展開は凡そ以下の五つにまとめることができる。

中国の新展開（1）　経典解釈としての科文・教理綱要書・音義書

まず、インドに存在せず、中国で始めて生まれた新たな経典解釈法がある。

仏典漢訳事業の歴史は、大局的に見ると、インドの仏典の種別の成立順序に沿ったものであった（第一篇第一章第一節）。すなわちインド仏教史は大乗以前の仏教→大乗初期経典→中観派→瑜伽行派→大乗密教経典の順に発生した。中国の仏典漢訳事業もまさにこの順で展開した。さらに、インドから中国への学術伝承を考える際に不可欠な口頭伝承――中国到来のインド僧が中国僧たちに口頭で説明すること――の重要性を陳の真諦三蔵の行歴に沿って検証した（第一篇第五章）が、真諦の活動は、インド情報を中国にまったく変更することなく伝える意義のみならず、同時に、インド僧自らが中国人の思考形式や漢語表現に適合するようにインドの学術を一部修正して中国に伝える場合があったことも証拠付ける結果となった。

　このようにインドから中国への情報伝達においては、情報が変化しない場合と、情報が一部変更して伝わる場合の二つがあった。端的に言えば、インドの学術情報や宗教情報を中国人が中国語で受容したその時点から、中国的思考ないし漢語固有の表記・表現に基づいて変化したことすらあったと言える。例えば「科段」による経典の構造分析がそれである（第一篇第一章第三節）。科段はインドにない、中国特有の分析法を示す。後代のチベットにおける同様の分析法であるサチェ sa bcad が中国の科段から影響を受けた可能性があることも紹介した。

　ある特定の経や論の内容を解説するには、元の経や論の文言に即して順に意味を別の言葉に置き換えて注釈する方法――随文釈義と呼ばれる書式――がインドでも中国でも主流であるが、それに加えて、当該経論が全体として説示する内容を主題ごとに整理して解説する形式が六朝仏教教理学のなかで発生した。主流の「随文釈義」から生まれた注釈は「注」や「疏」と呼ばれる。少し後になるが、例えば『法華経』に対し、隋の吉蔵は『法華義疏』十二巻・『法華玄論』十巻・『法華遊意』一巻という三種の解説を残した。このうち『法華義疏』は、『法華経』の各品（各章）をその経文の順に従って注釈する疏である。他方、『法華玄論』は、巻一冒頭に、「玄義に六重有り。一は弘経方法、二は大意、三は釈名、四は立宗、五は決疑、六は随文釈義なり」（大正三四・三六一上）と解説法を示す。ここで第六の随文釈義に先行する五項目は、随文釈義という形態とは異なる、経典の文言そのものを離れて、経典の内容を五つの観点から説き示す解説である。さらに『法華遊意』一巻は冒頭に「十門」（十種の門戸、十種の観点）を示す。すなわち「一は来意門、二は宗旨門、三は釈名題門、四は弁教意門、五は顕密門、六は三一門、七は功用門、八は弘経門、九は部党門、十は縁起門」の十項である（大正三四・六三三下）。これは随文釈義と異なる内容解説法である。このような解説法は吉蔵に端を発するものではない。『成実論大義記』の注釈法（第一篇第一章第四節と同篇第四章）は、経論の文言を逐語的に注釈する随文釈義とはまったく異なる。主題ごとに整理して当該論書の全体にわたる内容を、巨視的教理学の立場から解説し、その論書を意義付ける手法である。この新たな解釈法は、いわば教理綱要書と呼ぶべきものが六世紀初頭に南朝で始まったことと、それ以前の中国にはなかったことを示す。そして梁代以後、この解説法は、一方では隋の浄影寺慧遠『大乗義章』につながるような、教理学的要綱を仏教全体を視野に入れて行う解説を生み出し、また他方では上述の吉蔵におけるが如き、当該経論の逐語的注解を飛び越えた巨視的な内容解説が盛んになってゆく直接的な素地を形成した。

中国における経典解釈法の新展開は科段・科文と教理綱要書の発生だけではない。「音義」の二字を冠する書の編纂も中国特有の形態である。「音義」における「音」は正しい発音を示す。「義」は意味を取りにくい語の語彙解説である。仏典の音義はインドの伝統と二つの点で著しく異なる。一つは、サンスクリット語を始めとするインド語はすべて表音文字であるから、文字の発音は決まっており、インド流アルファベット（ナーガリー文字）を知っている者なら誰でも容易に発音できるから「音」を解説する必要がない。もう一つは、「義」（意味）を解説すべき経典中の語に音写語が含まれることである。音写語は、音訳とも言い、中国に存在しない事物や概念、中国語では複数の訳を与えるべき多義語を敢えて原音の発音に近い漢字を用いて表記するのに用いる。いわば現代日本語で、外国語に対して用いるカタカナ表記に類する。これも意味を漢語で示すか、敢えて原語の発音を残したままの漢字音写語とするかという翻訳特有の事情が背景にあるため、翻訳と無縁なインド語原典には該当しない解説法である。

後代に編まれた唐の玄応（七世紀中頃）『一切経音義』・慧琳（七三七～八二〇）『一切経音義』などに先行するものとして、梁代に編纂された律文献綱要書『出要律儀』に音義が付されていたことは看過すべきでない。これは全仏典を対象とする「一切経音義」とは異なる、律文献のみに限定した音義であったが、仏教における音義というカテゴリーを確立した最早期の例として注目される。

中国の新展開（2）　漢語表現に基づく教理解釈――体用対挙と漢字に即した用語解説

「体」「用」の対挙（第一篇第二章）は、中国独自の漢字に基づく事象のとらえ方・思考形式の発現である。そして「体」と「用」は中国仏教の、特に如来蔵思想の文脈から発生したけれども、インドから伝わった外来の産物でなく、中国仏教内部の思想史的背景から発生したと考えるべきであることも同章で論じた。

インドヨーロッパ語族の父語であるサンスクリット語に基づくことから成立したインド的思考は、漢語に基づく思考――漢字ベースの思考――と自ずと異なる。そして漢語に基づくという意味で体用と共通しながらも、また別の仏教経典解釈法がある。真諦三蔵の経典解釈法を論じた際に取り上げたように、サンスクリット語では一語であり、それ以上分解できないサンスクリット語を二字の同義的漢字を用いて訳す場合、その二字を一字ごとに分解して説明する点は、真諦の用語解釈の特徴であった。具体的には「如是」（*Skt.* evam）「歓喜」（pramudita 初地）「信楽」（āśaya）「潤滑」（snigdha）などがその例であった。インド僧の真諦にとってはサンスクリット語の単一概念を二つに分解する必要はなかったけれども、そうすることで漢語の概念がより明確になるなら、いわば善巧方便として、漢人聴衆を利益するためにこのような解釈を受け入れ、自ら示したと解釈可能なことも指摘した。これも、サンスクリット語ではあり得ない、漢字に基づく中国仏教の新展開である。

なお、漢字二字で表記する事例については、本書に含めなかったが船山（二〇一七b）「真如の諸解釈——梵語 *tathatā* と漢語「本無」「如」「如如」「真如」」でさらに発展的な論述を行った。真諦に限らず、中国仏教においては、あるがままの真実を意味する「真如」（tathatā）を「真」と「如」に分けて二字の意味と関係を示すなどが歴史を通じて様々な学僧によって行われたことを示した。さらに同類の例は「讃歎」（*mānanā）「煩悩」（kleśa）「方便」（upāya）「孤独」など、仏教経典中の用語を解説する際にも行われた。それらに共通するのは一見まったくの同義語を重ねているだけのように見える語を一字ずつ区別し、それぞれを差異のある同義語として扱うことによって、二字同義語に幅広い意味を与える効果をもたらしたことである。こうした二字同義語の分解再統合による解説は、インド仏教が中国に伝来する以前から儒学・経学を中心とする中国正統の学術に基礎をもち、同時に一方で、インドのニルクタと称する通俗語義解釈と共通する性格の両面をもつことを、船山（二〇一七b）に指摘した。これは、インド本来の語義解釈を超えた、ある意味で「逸脱」した、新たな展開が中国に登場したことを示す。

中国の新展開（3）　知識アーカイブとしての大蔵経・経録・経蔵（仏教図書館）

インドで三蔵と呼んだ仏教書の総体を中国では「一切経」「衆経」「大蔵経」のいずれかで呼び、大規模な寺院に経蔵を設置した。さらに梁の武帝による「華林園宝雲経蔵」のように、仏教叢書を宮廷内に収める場合もあった。そしてこのような動向の祖型は六世紀前半の梁代に認められる。

経蔵の存在を前提とした中国独自の事業に大蔵経の木版印刷がある。その時期は梁より遥かに遅れ、史上初の木版大蔵経は、北宋の開宝年間に蜀の成都で発生した。開宝四年（九七一）に開板された通称「開宝蔵」である（竺沙二〇〇〇ａｂ）。木版印刷術は中国で発生し、インドには存在しなかった。一方、チベット仏教には木版大蔵経が存在する。それが中国から伝わった木版技術の結果であることは広く知られる通りである。

このように「大蔵経」という名のもとに仏教書を一括して保管する仏教図書館は六世紀前半頃に原形を整えたが、他方、仏教史上初の木版大蔵経「開宝蔵」の登場は十世紀後半にまで下る。この二つの項目の時期に大きな差がある背景に、印刷技術の遅れが大きな要因としてあったのは言うまでもない。だがそれだけでなく、木版大蔵経が登場したもう一つの大きな要因として、一箇所に集積した大蔵経の内容を分類するという目録学の発達も見逃せない。仏書目録の形成は、東晋の釈道安『綜理衆経目録』を早期の例とする。その後、梁の宮廷仏教図書館「華林園宝雲経蔵」の目録として梁の宝唱撰『梁世衆経目録』四巻が編纂されたが、仏教書の数がその後も隋唐にわたり飛躍的に増加したことに伴い、増加し続ける仏書をその都度その都度に的確に目録化するための「経録」すなわち仏教経典目録が連綿と作られた。その頂点は唐の開元十八年（七三〇）に智昇が編纂した『開元釈教録』二十巻であった。智昇は、単に経録のみに書名が現れ実在しない佚書と、正統な仏教経典の体を装いながら実際は中国で偽作された「偽経」とを現存仏書目録から除外することによって、当時長安に現存する仏書の実数を、「一千七十六部五千四十八巻」と確定した。智昇はさらに現存仏書の排列をも標準化し、現存する経典は何であり、どのような順に排列すべきかの範を示した結果、その書式体裁はそれ以後の経録の模範となった。

簡潔に言えば、六世紀前半に大蔵経と経蔵の祖型が確立し、八世紀前半に現存する仏書の目録学的整理が行われたのを背景に、十世紀後半、初の木版大蔵経「開宝蔵」が生まれ、その後、福州を中心とする江南の木版大蔵経や金蔵が作成され、印刷地は朝鮮半島（高麗蔵初雕本・高麗蔵再雕本）に拡大しながら、中国の仏教大蔵経は木版事業を継続し、明の嘉興蔵や清の龍蔵を生むまでに至った。この流れからチベットにおける大蔵経印刷事業も実現したのだった。これらはインド仏教に存在しなかった、中国仏教に固有の仏教文化事業の新展開を示す。

中国の新展開（4）　大乗至上主義

中国仏教漢訳史においては、最早期の安世高がもたらした経論の性格には依然として不明な点が残ると言わざるをえないが、次世代の支婁迦讖は大乗と断定できる経典を複数もたらし漢訳した。その後も大乗経典が漢訳における主流となったため、中国仏教徒はその全歴史を通じて自らを大乗の継承者とみなすのが常である。中国の仏教徒には大乗を否定し大乗以前の伝統的部派仏教を旨とすべしと主張した僧侶が一部に存在したことは確かだが、あくまでごく少数派であり、彼等の伝は否定的な含意と共に記録された（第二篇第四章「隋唐以前の破戒と異端」）。要するに中国仏教の基本的性格として、著しい大乗至上主義を指摘できる。

大乗は部派仏教を小乗仏教と蔑称して否定的に扱う。この性格は自ら守るべき戒律の種類についてもある程度まで妥当する。インドにおいても中国においても共に、仏教徒は部派仏教の『律』（ヴィナヤ）を生活規範としたが、そのうち大乗仏教徒——とくにインド瑜伽行派とそれに従う者たち——は菩薩戒と呼ばれる大乗特有の「戒」（シーラ）を生活の倫理規範に据えた（第二篇第一章及び第二章）。その場合、大乗の徒は『律』よりも大乗戒を重視した。

さらにまた、菩薩戒に関して取り上げた主題は中国仏教の新展開を告げる（第二章第四節（一）菩薩戒と大乗律）。インド仏教において『律』は声聞乗（小乗）のいずれかの部派で出家した時から受持する出家教団の生活規則である。インドの瑜伽行派を主とする大乗仏教において部派の次元で守るべき『律』を保持しながら、さらに高次の生活規範として菩薩戒を受け、大小乗の戒を統合することを企図した。しかるに中国では五世紀前半に菩薩戒という新たな教説が伝来した後、五世紀後半には菩薩戒関連の漢訳経典に見える説を総合する形で偽経『梵網経』の十重四十八軽戒説が生まれた。『梵網経』はその本文において『梵網経』の説く菩薩戒を「戒」として示す一方で、また複数箇所でそれを「大乗経律」の教えであるとも記した。『梵網経』に説く「戒」は部派仏教の「律」として捉える姿勢を明確に示している。要するに、『梵網経』の編纂者たちは同経を大乗律を説く経典であると主張しようとしたのであった。さらなる詳細は船山（二〇一七a・四七五～四七六頁）を併せて参照されたい。

このような大乗律は中国独自の範疇である。このことは経録の構成とも関わる。『梵網経』の流布後に編纂された経録、例えば隋の彦琮撰『衆経目録』は、仏典を大乗と小乗の二種および経律論の三種の視点から分類し、都合六種の区分を行い、それぞれに当たる仏典を挙げる。六種とはすなわち大乗経・大乗律・大乗論・小乗経・小乗律・小乗論である。『梵網経』はこのうちの「大乗律」に収められ、中国の経録においても大乗律という、インドにないカテゴリーを生む直接のきっかけを作った。

『梵網経』の直後に現れたもう一つ別の偽経『菩薩瓔珞本業経』の説も、大乗至上主義を加速するものとなった。そこでは菩薩戒を構成する三大支柱「三聚浄戒」のうち、律儀戒について革新的な説を示した。通常、インド伝来の経論において菩薩律儀戒とは、菩薩戒の受戒を希望する当人がそれまで受持してきた部派の戒律を示し、出家者ならば「律」を、在家者ならば「五戒」を指していたが、『菩薩瓔珞本業経』は、菩薩戒における律儀戒とは『梵網経』に説く十重戒（十波羅夷）であると説を刷新することにより、菩薩戒の受戒は小乗戒を前提としなくてもよいという革新的な考え方を示した。これは小乗律はもはや不要であるという新たな説である。残念ながら『菩薩瓔珞本業経』の小乗律不要論が直後の中国人仏教徒にどのように評価され、実用されたかは文献が不足していて審かとならない。しかし時間の幅を広げるならば、このような小乗律不要論の究極的な姿は、日本平安時代の最澄（八二二卒）による『梵網経』単受思想として結晶した。そうした東アジア的大乗戒思想史の萌芽を形成したものこそ、『梵網経』の「大乗経律」をめぐる新展開なのであった。

中国の新展開（5） 菩薩行の理論と実際

本書に指摘した中国的新展開の要素として、最後に、菩薩として生きるための理論に関して中国とインドに隔たりがあることを見ておきたい。第三篇第一章「聖者観の二系統」と第二章「異香――聖者の匂い」では、五世紀後半以降、中国仏教史において主流となった菩薩行の理論体系は偽経『菩薩瓔珞本業経』に基づいたことを論じた。この偽経によって、中国では四十二位ないし五十二位に及ぶ長い修行段階が確立し、そこにおいて初地に至るまでの準備段階である凡夫菩薩の修行を「三十心」という語でまとめ、十住心・十行心・十廻向心を順次修めるという説が中国全土に普及した。この中国特有の菩薩修行論は、七世紀中頃までの時点で既に、インド留学から帰還した唐の玄奘さえも否定し去ることができぬほど堅固な体系を形成していた。インドのアビダルマ（特に説一切有部）や瑜伽行派の菩薩修行論とは異なる凡夫の修行が理論化されたのであった。インド仏教僧の場合、いわゆる僧伝の類いがインドで発達しなかったことが原因して、インド僧の到達し得た階位が修行体系全体のどの辺りに位置づけられたか具体的に検証することが文献的に難しい。これに対して、僧伝の類いが発達し具体的で詳細な記録を多く残した中国僧や中国在家の場合には、聖者の位に達する理論と伝承において、《聖者となれた人は多かった》とする系統と《聖者の位に達するのは理論的に可能であっても、現世でそれを実現した人はごく僅かの少数にすぎない》とする系統との二系統が同時代に併行して存在したことを具体的事例を通して検討した。

さらにこの二系統を橋渡しする役割を担った第三の僧伝類が存在した。それは生前に真摯な修行を続けたにもかかわらず、最期まで自らの到達階位を弟子や周囲の者たちに何も告げることなく逝去した修行者の伝記である。その多くの場合、臨終に、あり得ないような馥郁たる香り――異香――が発生した、天から来迎するために下ってきたことを示す楽音や光が見えたなど、聖者伝特有の臨終描写が伴うことを指摘した。このような描写は、伝記を多く残し、しかも自らの境地を吹聴しなかった真摯な修行者に対して弟子たちが抱いた「わが師は素晴らしい往生を遂げたに違いない」という願望と救済への思いを込めた独自の僧伝となっている。

なお聖者をめぐる理論と信仰については本書とは別に、『仏教の聖者――史実と願望の記録』（京都・臨川書店、二〇一九年刊行予定）において、より広い視点から考察を試みたので、ご関心の向きは是非ご覧いただきたい。

最終章「捨身の思想――極端な仏教行為」は、菩薩行の中国的展開を扱った。捨身には、インドにおける元来の意味として、自らの身を他者に施す、自らの身を燈火として三宝を照らし輝かせ、敬意を表すという二種があったが、中国では二つの方向で捨身の内容を拡大解釈した。一つは、経典に説かれる捨身を仏や菩薩の行為として捉えるのでなく、自らが実践すべき事柄として実際に行い、多くの中国人がいわば宗教的自殺を図ったことである。もう一つは、在家特有の捨身もあるとして、自らの命や身体に準ずる価値あるものとして自らの所有品を惜しまず寺院に喜捨することをも捨身という名で表し、実行したことである。

在家の物品布施を捨身と称することは五世紀末までにも行われていた。しかし帝位すらも捨身するという最も極端な捨身をしたのは六世紀前半の梁の武帝が最初であった。武帝は三度ないし四度の捨身を行い、その時期はすべて、天監十八年（五一九）に武帝が菩薩戒を受戒して自ら菩薩として自覚的に活動し始めた後のことであった。極端な在家仏教徒の行為である中国的な捨身は、菩薩戒の自覚を接点として、菩薩行の実践と連動していた。

第三篇で扱った菩薩修行体系と捨身の中国的変容は、いずれも自らは菩薩であるという自覚を抱いた仏教徒は何をすべきかという問いに対する独自の回答として一貫している。自らは菩薩であるという意識は、菩薩としての誓願を発して菩薩戒を受けることから始まり、その後、菩薩としていかなる順序で修行を進めるべきかという点と、菩薩として自らの命も体も財産も身分も惜しまぬことを態度で表明するには何をすべきかという点とにおいて中国的な新たな展開が生じたと解釈することができる。

このように本書は、六朝隋唐仏教を、歴史・教理学・文化事業の点から論じた。インド仏教と中国仏教の両側を見渡したときに始めて見えてくる部分が中国仏教史には存在することを少しでも理解頂ければ幸甚である。

和文・中文・韓文——著者名現代日本語読み五十音排列

青木（一九九六）　青木隆「敦煌出土地論宗文献『法界図』について——資料の紹介と翻刻」、『東洋の思想と宗教』十三、一九九六、五九～七七頁。

青木（二〇〇〇）　同「地論宗の融即論と縁起説」、荒牧典俊（編）『北朝隋唐仏教思想史』、京都・法藏館、二〇〇〇、一七九～二〇一頁。

青原（一九九三）　青原令知「徳慧の『随相論』」、『印度學佛教學研究』四十一／二、一九九三、一八五～一八九頁。

青原（二〇〇三）　同「徳慧『随相論』の集諦行相解釈」、『印度學佛教學研究』五十一／二、二〇〇三、一八六～一九一頁。

足立・塩入（一九八五）　足立喜六（訳注）・塩入良道（補注）『入唐求法巡礼行記2』、東洋文庫、東京・平凡社、一九八五。

吾妻（二〇〇〇）　吾妻重二「道学の聖人概念——その歴史的位相」、『関西大学文学論集』五十／二、二〇〇〇、一～四六頁。

天野（一九六九）　天野宏英「現観荘厳論の著作目的について——ハリバドラの解釈方法」、『印度學佛教學研究』十七／二、一九六九、九〇五～八九五頁。

安藤（一九六〇）　安藤更生『鑑真和上伝之研究』、東京・平凡社、一九六〇。

猪飼（二〇〇九）　猪飼祥夫「中国仏教の戒疤と灸」、『醫譚』（日本医史学会関西支部）復刊八十九、二〇〇九、五六三八～五六四七頁。

池田温（一九九〇）　池田温『中国古代写本識語集録』、東京・東京大学東洋文化研究所報告、一九九〇。

池田秀三（一九九〇）　池田秀三「体と用」、『岩波講座東洋思想第十四巻　中国宗教思想2』、東京・岩波書店、一九九〇、一七～三〇頁。

石井（一九九六）　石井公成『華厳思想の研究』、東京・春秋社、一九九六。

石川（一九九八）　石川美恵「『決定義経釈（don rnam par gdon mi za ba'i 'grel pa）』第一章研究――「如是我聞一時」と「世尊」の解釈」、『東洋学研究』三十五、一九九八、二〇〇～一九〇頁。

石田徳行（一九七九）　石田徳行「欧陽頠・紇と仏教――真諦との関係を中心に」、『佛教史学研究』二十二／一、一九七九、四一～五九頁。

市川（一九九九）　市川良文「ニヤ遺跡をめぐる諸問題――特にチャドータにおける仏教僧の実態を中心として」、『佛教史学研究』四十二／一、一九九九、一～三七頁。

伊藤（一九七七）　伊藤隆壽「安澄の引用せる諸注釈書の研究」、『駒澤大学仏教学部論集』八、一九七七、一一五～一四六頁。

今津（一九二五）　今津洪岳「羅睺羅跋陀羅の中論註に就て」、『現代仏教』二／十六、一九二五、七二～八四頁。

今西（二〇〇六）　今西順吉「四聖諦とブッダ」、『国際仏教学大学院大学研究紀要』十、二〇〇六、一～四〇頁。

岩崎（一九八九）　岩崎日出男「善無畏三蔵の在唐中における活動について――菩薩戒授与の活動を中心として」、『東洋の思想と宗教』六、一九八九、三七～五二頁。

岩田（二〇〇四）　岩田諦静『真諦の唯識説の研究』、東京・山喜房佛書林、二〇〇四。

岩波仏教（一九八九）　中村元・福永光司・田村芳朗・今野達（編）『岩波仏教辞典』、東京・岩波書店、一九八九。

印順（一九六八）　印順『説一切有部為主的論書与論師之研究』、台北・正聞出版社、一九六八。

宇井（一九三〇ａ）　宇井伯壽『印度哲学研究　第六』、東京・甲子社書房、一九三〇（再版『印度哲学研究　第六』、東京・岩波書店、一九六五）。

宇井（一九三〇b）　同「真諦三蔵伝の研究」、宇井（一九三〇a）一～一三〇頁。

宇井（一九三〇c）　同「十八空論の研究」、宇井（一九三〇a）一三一～二〇四頁。

宇井（一九三〇d）　同「顕識論の研究」、宇井（一九三〇a）三五九～四〇三頁。

宇井（一九三〇e）　同「転識論の研究」、宇井（一九三〇a）四〇六～四九七頁。

宇井（一九三〇f）　同「三無性論の研究」、宇井（一九三〇a）二〇五～三五八頁。

宇井（一九三五）　同「摂大乗論義疏の断片」、同『摂大乗論研究』、東京・岩波書店、一九三五、一一七～一三〇頁。

上原（一九六八）　上原和『玉虫厨子の研究――飛鳥・白鳳美術様式史論』（増補版）、東京・巌南堂書店、一九六八。

上山（一九九〇）　上山大峻『敦煌仏教の研究』、京都・法藏館、一九九〇。

慧遠研究（一九六〇）　木村英一（編）『慧遠研究　遺文篇』、京都大学人文科学研究所研究報告、東京・創文社、一九六〇。

王宗昱（二〇〇一）　王宗昱『《道教義枢》研究』、道家文化研究叢書、上海・上海文化出版社、二〇〇一。

横超（一九三七／五八）　横超慧日「釈経史考」、『中国仏教の研究　第三』、京都・法藏館、一九五八、一六五～二〇六頁（原載『支那仏教史学』一／一、一九三七）。

横超（一九四〇／五八）　同「中国仏教における国家意識」、同『中国仏教の研究』、京都・法藏館、一九五八（原載『東方學報』東京十一／三、一九四〇）。

横超（一九四二／七一）　同「僧叡と慧叡は同人なり」、同『中国仏教の研究、第二』、京都・法藏館、一九七一、一一九～一四四頁（原載『東方學報』東京十三／二、一九四二）。

横超（一九五二／五八）　同「中国南北朝時代の仏教学風」、同『中国仏教の研究』、京都・法藏館、一九五八、二五六横超（一九五四）　～二八九頁（原載『日本佛教學會年報』十七、一九五二）。

横超（一九五八）　同「無量義経について」、『日本佛教學會年報』二／二、一九五四、一〇〇～一〇九頁（再録：同『法華思想の研究』、京都・平樂寺書店、一九七一、六八～八三頁）。

横超（一九五八／七一）　同「広律伝来以前の中国に於ける戒律」、同『中国仏教の研究』、京都・法藏館、一九五八、一一～一八九頁。

横超（一九八六）　同「鳩摩羅什の翻訳」、同『中国仏教の研究　第二』、京都・法藏館、一九五八／七一、八六～一一八頁（原載『大谷学報』一三六、一九五八）。

横超・諏訪（一九八二／九一）　同（編著）『法華思想』、京都・平樂寺書店、一九八六。

王葆玹（一九八七）　横超慧日・諏訪義純『羅什』、東京・大蔵出版、一九八二、新訂一九九一。

王邦維（二〇〇九ａ）　王葆玹『正始玄学』、済南・斉魯書社。

王邦維（二〇〇九ｂ）　義浄（著）・王邦維（訳）『南海寄帰内法伝』、中外交通史創刊、北京・中華書局、第三次印刷、二〇〇九（初版一九八五）。

欧陽漸（一九二四）　同『大唐西域求法高僧伝校注』、中外交通史叢刊、北京・中華書局、第四次印刷、二〇〇九（初版一九八八）。

大竹（二〇〇一）　欧陽漸『解節経真諦義』、支那内学院、一九二四。

大野（一九五四）　大竹晋「『金剛仙論』の成立問題」、『佛教史学研究』四十四／一、二〇〇一、四九～七〇頁。

阿（二〇〇六）　大野法道『大乗戒経の研究』、東京・理想社、一九五四。

岡田真美子（一九九四）　阿純章「受菩薩戒儀及び受八斎戒儀の変遷」、小林正美（編）『道教の斎法儀礼の思想史的研究』、東京・知泉書館、二〇〇六、三三五～三九五頁。

岡田真美子「血の布施物語（１）慈力王説話――Karmaśataka 48話の並行話」、『印度學佛教學研究』四十三／一、一九九四、三一八～三二一四頁。

岡田真美子（一九九五）　同「血の布施物語（2）Sarva[-artha-]darśin 伝説——大宝積経（Rāṣṭrapālaparipṛcchā 前生話24）の薬用血施説話を巡って」、『神戸女子大学文学部紀要』二十八／二、一九九五、一二五～一三七頁。

岡田真美子（二〇〇〇）　同「捨身と生命倫理」、『印度學佛教學研究』四十八／二、二〇〇〇、一〇〇〇～九九五頁。

岡田真美子（二〇〇一）　同「〈子の肉の喩〉と Sujāta 太子説話」、『江島恵教博士追悼論集　空と実在』、春秋社、二〇〇一、三三九～三五〇頁。

岡田行弘（二〇〇二）　岡田行弘「漢訳仏典研究序説——真諦訳『宝行王正論』をめぐって」、『木村清孝博士還暦記念論集　東アジア仏教——その成立と展開』、東京・春秋社、二〇〇二、四七～六四頁。

岡本天晴（一九八〇）　岡本天晴「僧伝にみえる臨終の前後」、『日本佛教學會年報』四十六、一九八〇、四四三～四五八頁。

岡本嘉之（一九九七）　岡本嘉之「仏典冒頭の慣用句再考」、『印度學佛教學研究』四十六／一、一九九七、一六四～一七一頁。

丘山（一九八四）　丘山新「竺仏念」、『仏教文化』十四、一九八四、二三～四〇頁。

丘山ほか（二〇〇〇）　丘山新・神塚淑子・辛嶋静志・菅野博史・末木文美士・引田弘道・松村巧『現代語訳「阿含経典」第3巻』、東京、平河出版社、二〇〇〇。

沖本（一九七二）　沖本克己「Bodhisattva Prātimokṣa」、『印度學佛教學研究』二十一／一、一九七二、一三〇～一三一頁。

荻原（一九二八／三八）　荻原雲来「波夜提の原語に就て」、同『荻原雲来文集』、東京・荻原博士記念会、一九三八、八五五～八六三頁（原載『大正大学学報』三、一九二八）。

奥山（一九九一）　奥山直司「ある聖者の伝説——アドヴァヤヴァジラ伝《Amanasikāre Yathāśrutakrama》にみえる修行者像」、『東北大学印度学講座六十五周年記念論集　インド思想における人間観』、京

都・平樂寺書店、一九九一、四六三～四八五頁。

小野勝年（一九八八）　小野勝年「聖護《ママ》蔵の「勝天王般若波羅蜜経」の経序について」、『南都佛教』五十九、一九八八、四八～六七頁。

小野玄妙（一九二〇）　小野玄妙「千臂千鉢曼殊室利経幷其序真偽考」、『仏教学雑誌』一／四、一九二〇、一〇七～一一四頁。

小野玄妙（一九二九）　同「梁真諦訳金光明経序文」、『仏典研究』一／二、一九二九、五頁。

小野玄妙（一九三一）　同「梁荘厳寺宝唱の翻梵語と飛鳥寺信行の梵語集」、『仏典研究』三／十二、一九三一、一～四頁（再録：同『仏教の美術と歴史』、東京・大蔵出版、一九三七）。

風間（一九八四）　風間敏夫「最後の仏言と南宗禅――伝心法要の研究」、『仏教学』十七、一九八四、一～二五頁。

柏木（一九七九）　柏木弘雄「「体・相・用」三大説の意義とその思想的背景」、高野山大学仏教研究室（編）『伊藤真城・田中順照両教授頌寿記念　仏教学論文集』、大阪・東方出版、一九七九、三三一～三三八頁。

梶山（一九七七／二〇一三）　梶山雄一「かく世尊は語られた……」、『梶山雄一著作集第一巻　仏教思想史論』、東京・春秋社、四二九～四六六頁（原載『国訳一切経印度撰述部月報　三蔵』一三〇、一九七七）。

梶山（一九八三）　同『「さとり」と「廻向」――大乗仏教の成立』、講談社現代新書、東京・講談社、一九八三（再版：京都・人文書院、一九九七）。

梶山（一九八七）　同『大乗仏典　中国日本篇22　親鸞』、東京・中央公論社、一九八七、三〇五～四三〇頁「解説」（再録『梶山雄一著作集第六巻　浄土の思想』、東京・春秋社、二〇一三、三八三～四七七頁「仏教思想史における親鸞」）。

春日（一九四四）　春日禮智「支那成実学派の隆替について」、『東方學報』京都十四／二、一九四四、一二九～

一五五頁。

片山（一九八二）　片山一良「古代セイロンにおけるサンガとダーサ――施与の文化変容」、パーリ文化研究会（編）『パーリ仏教文化研究』第一輯、東京・山喜房佛書林、一九八二、三三～五六頁。

勝野（二〇〇二）　勝野隆広「菩薩戒と菩薩名の授与について」、『仏教学』四十四、二〇〇二、七三～八九頁。

勝又（一九六一）　勝又俊教『仏教における心識説の研究』、東京・山喜房佛書林、一九六一。

神塚（一九九九）　神塚淑子『六朝道教思想の研究』、東京・創文社、一九九九。

辛嶋（一九九八）　辛嶋静志 *A Glossary of Dharmarakṣa's Translation of the Lotus Sutra* 正法華経詞典』、八王子・創価大学国際仏教学高等研究所、一九九八。

川勝（一九八二／九三）　川勝義雄「中国的新仏教形成へのエネルギー――南岳慧思の場合」、同『中国人の歴史意識』、平凡社ライブラリー、東京・平凡社、一九九三、二〇七～二七四頁（原載：福永一九八二）。

河村（一九七〇）　河村孝照「涅槃経本有今無偈論について」、『印度學佛教學研究』十八／二、一九七〇、四一九～四二五頁。

菅野（一九八四／二〇一二）　菅野博史「浄影寺慧遠『維摩義記』の研究――注釈の一特徴と分科」、同（二〇一二）二七三～二九一頁（原載『東洋学術研究』二十三／二、一九八四）。

菅野（一九八六／二〇一二）　同「『大般涅槃経集解』の基礎的研究」、同（二〇一二）三五一～四二八頁（原載『東洋文化』六十六、一九八六、九三～一七三頁）。

菅野（一九九六）　同（訳註）『法華義記』、東京・大蔵出版、一九九六。

菅野（二〇一二）　同『南北朝・隋代の仏教思想研究』、東京・大蔵出版、二〇一二。

顔尚文（一九九〇）　顔尚文「梁武帝受菩薩戒及捨身同泰寺与「皇帝菩薩」地位的建立」、『東方宗教研究』一、一九九〇、四三～八九頁。

顔尚文（一九九九）　同『梁武帝』、現代仏学叢書、台北・東大図書公司、一九九九。

季羨林（一九八五）　季羨林等『大唐西域記校注』、中外交通史籍叢刊、北京・中華書局、一九八五。

橘川（二〇〇〇）　橘川智昭「新羅唯識の研究状況について」、『韓国仏教学SEMINAR』八、二〇〇〇、六六～一二六頁。

橘川（二〇〇八）　同「円測新資料・完本『無量義経疏』とその思想」、『불교학리뷰 Critical Review for Buddhist Studies』四、二〇〇八、六七～一〇八頁。

木村（一九八二）　木村邦和「西明寺円測における真諦三蔵所伝の学説に対する評価（二）」、『研究紀要』（長岡短期大学）六、一九八二、九～二四頁。

許明（二〇〇二）　許明（編）『中国仏教経論序跋記集（一）』、上海・上海古籍出版社、二〇〇二。

喬秀岩（二〇〇一）　喬秀岩（橋本秀美）『義疏学衰亡史論』、東京・白峰社、二〇〇一。

桑山（一九九〇）　桑山正進『カーピシー＝ガンダーラ史研究』、京都・京都大学人文科学研究所、一九九〇。

興膳（一九八二）　興膳宏「文心雕龍と出三蔵記集――その秘められた交渉をめぐって」、福永（一九八二）、一二七～一三八頁。

古賀（一九九四）　古賀英彦「初期禅宗の祖統説と北山録」、『仏教学セミナー』六十、一九九四、四二～五九頁。

古勝（二〇〇六）　古勝隆一「釈奠礼と義疏学」、同『中国中古の学術』、東京・研文出版、二〇〇六、九三～一三八頁。

顧頡剛（一九七九）　顧頡剛「〝聖〟〝賢〟観念和字義的演変」、『中国哲学』一、生活・読書・新知三聯書店、一九七九、八〇～九六頁。

胡適（一九三〇）　胡適「白居易時代的禅宗世系」、『胡適文存』三集、上海・東亜図書館、一九三〇、三一〇～三一三頁。

崔鉛植（二〇〇九）　崔鉛植 최연식『校勘大乗四論玄義記』、불광출판사（仏光出版社 Bulkwang Books）、二〇〇九。

崔鉛植（二〇一〇）　同（山口弘江訳）「『大乗四論玄義記』と韓国古代仏教思想の再検討」、『東アジア仏教研究』

八、二〇一〇、七一～一〇五頁。

坂本（一九三五）　坂本幸男「仏性論解題」、『国訳一切経　瑜伽部十一』、東京・大東出版社、一九三五、二五五～二六八頁。

坂本（一九五〇／八一）　同「仏教における死の意義」、『坂本幸男論文集第一　阿毘達磨の研究』、東京・大東出版社、一九八一、三一七～三三二頁（原載『宗教研究』一二三、一九五〇）。

境野（一九三三）　境野黄洋「「成実」大乗義」、『常盤博士還暦記念　仏教論叢』、東京・弘文堂書店、一九三三、一二二三～一二三四頁。

櫻部（一九六九）　櫻部建「無常の弁証」、櫻部建・上山春平『存在の分析〈アビダルマ〉』、東京・角川書店、一九六九～一六九頁（再版：角川文庫ソフィア、東京・角川書店、一九九六）。

櫻部（一九九七）　同『佛教語の研究』（増補版）、京都・文栄堂書店、一九九七。

櫻部・小谷（一九九九）　櫻部建・小谷信千代『倶舎論の原典解明――賢聖品』、京都・法藏館、一九九九。

佐藤智水（一九九八）　佐藤智水『北魏仏教史論考』、岡山大学文学部、一九九八。

佐藤次高（二〇〇一）　佐藤次高『聖者イブラーヒーム伝説』、東京・角川書店、二〇〇一。

佐藤哲英（一九二九／八一）　佐藤哲英「瓔珞経の成立に関する研究」、同（一九八一）七二～一一二頁（原載『龍谷大学論叢』二八四～二八五、一九二九）。

佐藤哲英（一九三〇）　同「出三蔵記集の編纂年代に就て」、『龍谷大学論叢』二九二、一九三〇、一一四～一四七頁。

佐藤哲英（一九六一）　同「三諦三観思想の起原及び発達」、同『天台大師の研究――智顗の著作に関する基礎的研究』、京都・百華苑、一九六一、六八三～七三三頁。

佐藤哲英（一九六二／八一）　同「天台大師における円教行位の形成」、同『続・天台大師の研究――天台智顗をめぐる諸問題』、京都・百華苑、一九八一、四二八～四三五頁（原載『印度學佛教學研究』十／二、一九六二）。

佐藤密雄（一九六三）　佐藤密雄『原始仏教教団の研究』、東京・山喜房佛書林、一九六三。

塩入（一九六一）　塩入良道「文宣王蕭子良の「浄住子浄行法門」について」、『大正大学研究紀要』四十六、一九六一、四三～九六頁。［参考］同（二〇〇七）四一四～四六七頁。

塩入（二〇〇七）　同『中国仏教における懺法の成立』、東京・大正大学天台学研究室、二〇〇七。

静谷（一九四二）　静谷正雄「扶南仏教考」、『支那仏教史学』六／二、一九四二、一二～三七頁。

静谷（一九七四）　同『初期大乗仏教の成立過程』、京都・百華苑、一九七四。

斯波（一九五？／二〇〇四）　斯波六郎「文心雕龍札記」、同『六朝文学への思索』、東京・創文社、二〇〇四、二一一～二九九頁。

島田（一九六一）　島田虔次「体用の歴史に寄せて」、『塚本博士頌寿記念　仏教史学論集』、京都・塚本博士頌寿記念、一九六一、四一六～四三〇頁（再録：同『中国思想史の研究』、京都・京都大学学術出版会、二〇〇二）。

島田（一九六七）　同『朱子学と陽明学』、東京・岩波新書、一九六七。

下田（一九九三）　下田正弘『蔵文和訳『大乗涅槃経』（I）』、東京・山喜房佛書林、一九九三。

朱漢民（二〇一二）　朱漢民「玄学・理学本体詮釈方法的内在理路」、『社会科学』二〇一二年七期、一〇二～一一二頁。

朱偰（一九三五）　朱偰『金陵古蹟図考』、上海・商務印書館、一九三六。

章巽（一九八三／八六）　章巽「真諦伝中之梁安郡」、『章巽文集』、北京・海洋出版社、一九八六、六六～七二頁（原載『福建論壇』一九八三年四期）。

章巽（一九八五）　同『法顕伝校注』、上海・上海古籍出版社（改版『法顕伝校注』、中外交通史叢書、北京・中華書局、二〇〇八）。

笑道論訳注（一九八八）　「六朝・隋唐時代の道仏論争」研究班（編）「「笑道論」訳注」、『東方學報』京都六十、一九

八八、四八一～六八〇頁。

徐・梁・陳（二〇〇九）　徐時儀・梁暁紅・陳五雲『仏経音義研究通論』、南京・鳳凰出版社、二〇〇九。

徐望駕（二〇〇六）　徐望駕『《論語義疏》語言研究』、北京・中国社会科学出版社、二〇〇六、八〇～八六頁「仏源詞」。

饒（一九九七／二〇一四）　饒宗頤「論僧祐」、『饒宗頤仏学文集』、北京・北京出版集団公司、二〇一四、一三四～一四八頁（原載『中国文化研究所学報』六、一九九七）。

定源（二〇一〇）　定源「御註金剛般若波羅蜜経宣演巻上」、方広錩（主編）『蔵外仏教文献』第二編、総第十五輯、北京・中国人民大学出版社、二〇一〇、三一～二一四頁。

任継愈（一九八一）　任継愈（主編）『中国仏教史』第一巻、北京・中国社会科学出版社、一九八一。

任継愈（一九八八）　同『中国仏教史』第三巻、北京・中国社会科学出版社、一九八八。

杉本（一九八二）　杉本卓洲「菩薩の捨身行――ジャータカと法華経の交渉の一側面」、塚本啓祥（編）『法華経の文化と基盤』、京都・平樂寺書店、一九八二、三九～七五頁。

杉本（一九九九）　同『五戒の周辺――インド的生のダイナミズム』、京都・平樂寺書店、一九九九。

勝呂（一九八九）　勝呂信靜『初期唯識思想の研究』、東京・春秋社、一九八九。

鈴木修次（一九八三）　鈴木修次「六朝時代の「懺悔詩」」、『小尾博士古稀記念　中国学論集』、東京・汲古書院、一九八三、三四七～三六三頁。

鈴木虎雄（一九二八）　鈴木虎雄「沈休文年譜」、同（編）『狩野教授還暦記念　支那学論叢』、京都・弘文堂書房、一九二八、五六七～六一七頁。

砂山（一九七五）　砂山稔「江左妖僧攷――南朝における仏教徒の反乱について」、『東方宗教』四十六、一九七五、二九～六二頁。

砂山（一九九〇）　同『隋唐道教思想史研究』、東京・平河出版社、一九九〇。

諏訪（一九七一／九七）　諏訪義純「「出家人受菩薩戒法巻第一序一」について——智顗述・灌頂記『菩薩戒義疏』との関連を中心として」、同『中国南朝仏教史の研究』、京都・法藏館、一九九七、一〇三～一一二頁（原載「敦煌本『出家人受菩薩戒法巻第一序一』について——智顗述・灌頂記『菩薩戒義疏』との関連を中心として」、『愛知学院大学禅研究所紀要』創刊号、一九七一）。

諏訪（一九七二a／九七）　同「梁天監十八年勅写「出家人受菩薩戒法巻第一」について」、同『中国南朝仏教史の研究』、京都・法藏館、一九九七、八五～一〇二頁（原載「梁天監十八年勅写『出家人受菩薩戒法第一』試論」、野上俊静（編）『敦煌古写経　続』、京都・大谷大学東洋学研究室、一九七二）。

諏訪（一九七二b／九七）　同「天台疏の制旨本について」、同『中国南朝仏教史の研究』、京都・法藏館、一九九七、一一三～一一七頁（原載『印度學佛教學研究』二十一／一、一九七二）。

諏訪（一九七八／九七）　同「梁代建康の仏寺と武帝の建立」、同『中国南朝仏教史の研究』、京都・法藏館、一九九七、一四七～一七三頁（原載「梁武帝と仏教（一）（二）」、『三蔵』一九一～一九二、東京・大東出版社、一九七八）。

諏訪（一九八二／九七）　同「梁武帝仏教関係事跡年譜考」、同『中国南朝仏教史の研究』、京都・法藏館、一九九七、一一～七八頁（原載「梁武帝の仏教関係事跡年譜考（一）（二）」、『佛教史学研究』二十六／一～二、一九八二）。

関（一九八九）　関稔「自殺考」、『藤田宏達博士還暦記念論集　インド哲学と仏教』、京都・平樂寺書店、一九八九、二五五～二七四頁。

冉雲華（一九九五）　冉雲華「中国仏教対孝道的受容及後果」、同『従印度仏教到中国仏教』、台北・東大図書公司、一九九五。

蘇公望（一九三六～三七）　蘇公望「真諦三蔵訳述考」、『微妙声』二～六、一九三六～三七（再録『仏典翻訳史論』、現代仏教学術叢刊、台北・大乗文化出版社、一九七八）。

蘇公望（一九三七～四〇）　同「真諦三蔵年譜」、『微妙声』七、八、巻二之一、一九三七～四〇（再録『仏典翻訳史論』、現代仏教学術叢刊、台北・大乗文化出版社、一九七八）。

蘇公望（一九四〇）　同『真諦三蔵年譜、坿訳述考』、北京・北京仏学書局、一九四〇（再録『仏典翻訳史論』、現代仏教学術叢刊、台北・大乗文化出版社、一九七八）。

外村（二〇一〇）　外村中「古代インドの絃楽器「ヴィーナー」、「ヴァッラキー」、「トゥナヴァ」」、『古代文化』六十二／三、二〇一〇、四〇二～四一八頁。

高崎（一九七九／二〇〇九）　高崎直道「真諦三蔵の訳経」、同（二〇〇九）四五七～四七三頁（原載『森三樹三郎博士頌寿記念　東洋学論集』、朋友書店、一九七九）。

高崎（一九八〇）　同『楞伽経』、仏典講座、東京・大蔵出版、一九八〇。

高崎（一九八一／二〇〇九）　同「真諦三蔵の思想」、同（二〇〇九）四七五～四九三頁（原載『大乗仏教から密教へ——勝又俊教博士古稀記念論集』、東京・春秋社、一九八一）。

高崎（一九八九）　同『宝性論』、東京・講談社、一九八九。

高崎（二〇〇五）　同「仏性論解題」、高崎直道・柏木弘雄（校註）『仏性論・大乗起信論（旧・新二訳）』、新国訳大蔵経論集部2、東京・大蔵出版、二〇〇五、一五～六四頁。

高崎（二〇〇九）　同『高崎直道著作集第八巻　大乗起信論・楞伽経』、東京・春秋社、二〇〇九。

竹村（一九八五）　竹村牧男『大乗起信論読釈』、東京・山喜房佛書林、一九八五。

竹村・大竹（二〇〇三）　竹村牧男・大竹晋『金剛仙論　上』、新国訳一切経釈経論部十一上、東京・大蔵出版、二〇〇三。

田崎（一九九〇）　田崎國彦「インド仏教教団における「財産」所有の問題——土地・金銭類・奴隷」、『東洋大学大学院紀要』二十七、一九九〇、一五六～一三七頁。

田中（一九八一）　田中良昭「『付法蔵因縁伝』の西天祖統説」、『宗学研究』二十三、一九八一、一八二～一八八頁。

田中（二〇〇三）　同『宝林伝訳注』、東京・内山書店、二〇〇三。

谷井（一九九六）　谷井俊仁「契丹仏教政治史論」、氣賀澤保規（編）『中国仏教石経の研究――房山雲居寺石経を中心に』、京都・京都大学学術出版会、一九九六、一三三～一九一頁。

湛如（二〇〇三）　湛如『敦煌仏教律儀制度研究』、北京・中華書局、二〇〇三。

竺沙（二〇〇〇ａ）　竺沙雅章「仏教伝来――大蔵経編纂」、『大谷大学通信』五十、二〇〇〇、二三～三九頁（再録：大谷大学広報委員会（編）『仏教伝来』、京都・大谷大学、二〇〇一、二七一～二八八頁）。

竺沙（二〇〇〇ｂ）　同「漢訳大蔵経の歴史――写経から刊経へ」、同『宋元仏教文化史研究』、東京・汲古書院、二〇〇〇、二七一～二九一頁。

チャン（二〇一〇）　アンヌ・チャン（志野好伸・中島隆博・廣瀬玲子訳）『中国思想史』、東京・知泉書院、二〇一〇。

張岱年（一九五七）　張岱年「中国古典哲学中若干基本概念的起源与演変」、『哲学研究』一九五七年二期、五四～六九頁。

張勇（二〇〇〇）　張勇『傅大士研究』、成都・巴蜀書社、二〇〇〇。

陳垣（一九五五）　陳垣『中国仏教史籍概論』、北京・科学出版社、一九五五。

陳垣（一九六四）　同『釈氏疑年録』、北京・中華書局、一九六四。

塚本啓祥（一九八〇）　塚本啓祥『初期仏教教団史の研究』、東京・山喜房佛書林、改訂増補一九八〇。

塚本善隆（一九三九／七四）　塚本善隆「北魏の仏教匪」、『塚本善隆著作集第二巻　北朝仏教史研究』、東京・大東出版社、一九七四、一四一～一八五頁（原載『支那仏教史学』三／二、一九三九）。

塚本善隆（一九四一／七四）　同「龍門に現れたる北魏仏教」、『塚本善隆著作集第二巻　北朝仏教史研究』、東京・大東出版社、一九七四、二四一～四六一頁（原載：水野・長廣一九四一）。

塚本善隆（一九五五）　同「仏教史上における肇論の意義」、同（編）『肇論研究』、京都・法藏館、一九五五、一一三～一六六頁。

塚本善隆（一九六〇／七五）　同「水経注の寿春導公寺について」、同『塚本善隆著作集第三巻　中国中世仏教史論攷』、東京・大東出版社、一九七五、五一～六六頁（原載『福井博士頌寿記念　東洋思想論集』、東京・福井博士頌寿記念論文集刊行会、一九六〇）。

塚本善隆（一九六一／九〇）　同『魏書釈老志』、東洋文庫、東京・平凡社、一九九〇（初出一九六一）。

塚本善隆（一九六四／七五）　同「南朝「元嘉治世」の仏教興隆について」、同『塚本善隆著作集第三巻　中国中世仏教史論攷』、東京・大東出版社、一九七五、六七～一〇〇頁（原載『東洋史研究』二十二／四、一九六四）。

塚本善隆（一九七九）　同『中国仏教通史　第一巻』、東京・春秋社、一九七九。

月輪（一九三五／七一）　月輪賢隆「究竟一乗宝性論に就て」、同『仏典の批判的研究』、京都・百華苑、一九七一、三六四～三八一頁（原載『日本佛教學協会年報』七、一九三五）。

辻・渡邊（一九八七）　辻直四郎・渡邊照宏訳『ジャータカ物語』、岩波少年文庫、東京・岩波書店、一九五六、一九八七改版。

土田（二〇〇一）　土田健次郎「体用」、溝口雄三・丸山松幸・池田知久（編）『中国思想文化事典』、東京・東京大学出版会、二〇〇一、一二七～一二九頁。

土橋（一九六八／八〇）　土橋秀高「ペリオ本「出家人受菩薩戒法」について」、同『戒律の研究』、京都・永田文昌堂、一九八〇、八三二～八八六頁（原載『仏教学研究』二十五・二十六、一九六八）。

土橋（一九七〇／八〇）　同「中国における戒律の屈折――僧制・清規を中心に」、同『戒律の研究』、京都・永田文昌堂、一九八〇、八八七～九二四頁（原載『龍谷大学論集』三九三、一九七〇）。

土橋（一九八五）　同「道宣の戒律への思念」、『壬生台舜博士頌寿記念　仏教の歴史と思想』、東京・大蔵出版、

一九八五、三九七～四一九頁。

湯用彤（一九三八）　湯用彤『漢魏両晋南北朝仏教史』上下、長沙・商務印書館、一九三八。

常盤（一九四一a）　常盤大定「宝林伝の研究」、同『支那仏教の研究　第二』、一九四一、東京・名著普及会、二〇三～三三六頁（原載『東方學報（東京）』四、一九三三）。

常盤（一九四一b）　同「『天台法華玄義釈籤要決』十巻・『天台法華疏記義決』十巻・『摩訶止観論弘決纂義』八巻の撰者道邃についての疑問」、同『支那仏教の研究　第二』、東京・名著普及会、一九四一、一二九～二〇二頁。

ドミエヴィル（一九八九）　ドミエヴィル・P.「殺生戒の問題」、花園大学国際禅学研究所『研究報告』一、一九八九、六九～一〇七頁。

長尾（一九八二）　長尾雅人『摂大乗論——和訳と注解（上）』、東京・講談社、一九八二。

長尾（一九八七）　同『摂大乗論——和訳と注解（下）』、東京・講談社、一九八七。

長澤（一九七八）　長澤実導『瑜伽行思想と密教の研究』、東京・大東出版社、一九七八。

中西（一九八一）　中西久味「六朝斉梁の「神不滅論」覚え書——仏性説との交流より」、『中国思想史研究』四、一九八一、一〇五～一三〇頁。

中村（一九八〇）　中村元『ブッダ最後の旅——大パリニッバーナ経』、岩波文庫、東京・岩波書店、一九八〇。

中村（一九八一）　同『仏教語大辞典　縮刷版』、東京・東京書籍、一九八一。

中村・紀野（一九六〇／二〇〇一）　中村元・紀野一義（訳注）『般若心経・金剛般若経』、ワイド版岩波文庫、東京・岩波書店、二〇〇一（初版：岩波文庫、一九六〇）。

中村・早島（一九六四）　中村元・早島鏡正『ミリンダ王の問い3』、東洋文庫、東京・平凡社、一九六四。

那須（二〇〇四）　那須良彦「有部の不失法因と正量部の不失——『中論』第17章所述の「不失」に対する観誓の解釈」、『印度學佛教學研究』五十三／一、二〇〇四、三七一～三六七頁。

名畑（一九三一）　名畑応順「支那中世に於ける捨身に就いて」、『大谷学報』十二／二、一九三一、二〇九～二五一頁。

並川（一九九五）　並川孝儀「正量部の四善根位説」、『印度學佛教學研究』四十四／一、一九九五、九六～一〇二頁。

並川（二〇〇〇）　同「チベット訳『有為無為決択』の正量部説と『律二十二明了論』」、『加藤純章博士還暦記念論集　アビダルマ仏教とインド思想』、東京・春秋社、二〇〇〇、一八一～一九四頁。

並川（二〇一一）　同『インド仏教教団　正量部の研究』、東京・大蔵出版、二〇一一。

成田（一九七四）　成田俊治「異相（捨身）往生についての一・二の問題――往生伝類を中心に」、『日本文化と浄土教論攷』、高石・井川博士喜寿記念会出版部、一九七四、七一八～七二七頁。

西尾（一九四〇）　西尾京雄『仏地経論之研究第二巻』、名古屋・破塵閣書房、一九四〇。

二楞学人（一九二六）　二楞学人「法宝連璧（一）」、『現代仏教』三、一月特別号、一九二六、一七五～一七九頁。

二楞生（一九三四）　二楞生「大蔵文庫古逸善本目録（一）」、『ピタカ』五、一九三四、一四～二〇頁。

野口（一九九七）　野口圭也「臓器提供は布施行か」、『真言宗豊山派教化センター紀要』二、一九九七、一一七～一二〇頁。

羽田野（一九七七／八八）　羽田野伯猷「瑜伽行派の菩薩戒をめぐって」、同『チベット・インド学集成　第四巻』、京都・法藏館、一九八八、一三七～一八〇頁（原載『鈴木学術財団研究年報』十四、一九七七）。

蜂屋（一九七三）　蜂屋邦夫「范縝『神滅論』の思想について」、『東洋文化研究所紀要』六十一、一九七三、六三～一一八頁。

服部（一九五五）　服部正明「『仏性論』の一考察」、『佛教史学研究』四／三・四、一九五五、一六～三〇頁。

服部（一九六一）　同「ディグナーガ及びその周辺の年代――附『三時の考察』和訳」、『塚本博士頌寿記念　仏教史学論集』、京都・塚本博士頌寿記念、一九六一、七九～九六頁。

平井（一九七六）　平井俊栄『中国般若思想史研究』、東京・春秋社、一九七六。

平井（一九七九）　同「中国仏教と体用思想」、『理想』五四九、一九七九、六〇～七二頁。

平井・伊藤（一九七七）　平井俊栄・伊藤隆壽「安澄撰『中観論疏記』校註――東大寺古写本巻第六末」、『南都佛教』三十八、一九七七、六六～一一三頁。

平川（一九六〇ａ／九〇）　平川彰「大乗戒と菩薩戒経」、同『平川彰著作集第7巻　浄土思想と大乗戒』、東京・春秋社、一九九〇、二五三～二七五頁（原載『福井博士頌寿記念　東洋思想論集』、東京・福井博士頌寿記念論文集刊行会、一九六〇）。

平川（一九六〇ｂ／九〇）　同「大乗戒と十善道」、同『平川彰著作集第7巻　浄土思想と大乗戒』、東京・春秋社、一九九〇、二三九～二五一頁（原載『印度學佛教學研究』八／二、一九六〇）。

平川（一九六〇／九九～二〇〇〇ⅠⅡ）　同『律蔵の研究』、同『平川彰著作集第9巻　律蔵の研究Ⅰ』、東京・春秋社、一九九九～『平川彰著作集第10巻　律蔵の研究Ⅱ』、二〇〇〇（原載『律蔵の研究』、東京・山喜房佛書林、一九六〇）。

平川（一九六四／二〇〇〇ⅠⅡ）　同『原始仏教の教団組織ⅠⅡ』、同『平川彰著作集第11巻12巻』、東京・春秋社、二〇〇〇（原載『原始仏教の研究――教団組織の原型』、東京・春秋社、一九六四）。

平川（一九六八／九〇）　同「初期大乗仏教の戒学としての十善道」、同『平川彰著作集第7巻　浄土思想と大乗戒』、東京・春秋社、一九九〇、二〇一～二三八頁（原載：芳村修基『仏教教団の研究』、京都・百華苑、一九六八）。

平川（一九七六／九〇）　同「懺悔とクシャマ――大乗経典と律蔵の対比」、同『平川彰著作集第7巻　浄土思想と大乗戒』、東京・春秋社、一九九〇、四三一～四五三頁（原載『法華文化研究』二、一九七六）。

平川（一九八六／九一）　同「四分律宗の出現と十誦律」、同『平川彰著作集第8巻　日本仏教と中国仏教』、東京・春秋社、一九九一、一五七～一八七頁（原載『南都佛教』五十六、一九八六）。

平川（一九九一）　同「授菩薩戒儀の研究」、同『平川彰著作集第8巻　日本仏教と中国仏教』、東京・春秋社、一九九一、三八七～四六六頁。

平川（一九九三ａ）　同『平川彰著作集第14巻　二百五十戒の研究Ⅰ』、東京・春秋社、一九九三。

平川（一九九三ｂ）　同『平川彰著作集第15巻　二百五十戒の研究Ⅱ』、東京・春秋社、一九九三。

平川（一九九四）　同『平川彰著作集第16巻　二百五十戒の研究Ⅲ』、東京・春秋社、一九九四。

平川（一九九五）　同『平川彰著作集第17巻　二百五十戒の研究Ⅳ』、東京・春秋社、一九九五。

福島（一九六三）　福島光哉「開善寺智蔵の二諦思想」、『印度學佛教學研究』十一／一、一九六三、一五〇～一五一頁。

福永（一九八二）　福永光司（編）『中国中世の宗教と文化』、京都・京都大学人文科学研究所、一九八二。

福永（一九九〇）　同「中国宗教思想史」、『岩波講座東洋思想第十三巻　中国宗教思想1』、東京・岩波書店、一九九〇、一～一五八頁。

福原（一九六八）　福原亮厳「中国の有部系律師と律本律疏」、『仏教学研究』二十五・二十六、一九六八、六九～九二頁。

藤田光寛（一九八三）　藤田光寛「『菩薩律儀二十』について」、『中川善教先生頌徳記念論集　仏教と文化』、京都・同朋舎、一九八三、二五五～二八〇頁。

藤田光寛（一九八八）　同「〈Bodhisattva-prātimokṣa-catuṣka-nirhāra〉について」、『密教文化』一六三、一九八八、一三二～一一七頁。

藤田光寛（一九八九）　同「〈菩薩地戒品〉和訳（Ⅰ）」、『高野山大学論叢』二十四、一九八九、三一～五一頁。

藤田光寛（一九九〇）　同「〈菩薩地戒品〉和訳（Ⅱ）」、『高野山大学論叢』二十五、一九九〇、一一七～一四七頁。

藤田光寛（一九九一）　同「〈菩薩地戒品〉和訳（Ⅲ）」、『高野山大学論叢』二十六、一九九一、二一～三〇頁。

藤田光寛（二〇〇〇）　同「瑜伽戒における不善の肯定」、『日本佛教學會年報』六十五、二〇〇〇、一〇七～一二六頁。

藤田光寛（二〇〇二）　同「Candragomin 著〈菩薩律儀二十〉とその注釈書2種——校訂テクスト」、『高野山大学密教文化研究所紀要』十五、二〇〇二、一〜一三一頁。

藤田光寛（二〇〇三）　同「Śāntarakṣita 著〈律儀二十註〉について」、『高野山大学密教文化研究所紀要』十六、二〇〇三、一〜一九頁。

藤田光寛（二〇一三）　同『はじめての「密教の戒律」入門』、東京・セルバ出版、二〇一三。

藤田宏達（一九七五／二〇一五）　藤田宏達『新訂 梵文和訳 無量寿経・阿弥陀経』、京都・法藏館、二〇一五（初出『梵文和訳 無量寿経・阿弥陀経』、京都・法藏館、一九七五）。

藤田宏達（一九八八）　同「原始仏典にみる死」、『仏教思想10 死』、京都・平樂寺書店、一九八八、五五〜一〇五頁。

船山（一九九五）　船山徹「六朝時代における菩薩戒の受容過程——劉宋・南斉期を中心に」、『東方學報』京都六十七、一九九五、一〜一三五頁。

船山（一九九六）　同「疑経『梵網経』成立の諸問題」、『佛教史学研究』三十九／一、一九九六、五四〜七八頁。

船山（一九九八a）　同「陶弘景と仏教の戒律」、吉川忠夫（編）『六朝道教の研究』、東京・春秋社、一九九八、三五三〜三七六頁。

船山（一九九八b）　同「『目連問戒律中五百軽重事』の原形と変遷」、『東方學報』京都七十、一九九八、二〇三〜二九〇頁。

船山（二〇〇〇a）　同「梁の僧祐撰『薩婆多師資伝』と唐代仏教」、吉川忠夫（編）『唐代の宗教』、京都・朋友書店、二〇〇〇、三二五〜三五三頁。

船山（二〇〇〇b）　同「地論宗と南朝教学」、荒牧典俊（編）『北朝隋唐中国仏教思想史』、京都・法藏館、二〇〇〇、一二三〜一五三頁。

船山（二〇〇二a）　同「捨身の思想——六朝仏教史の一断面」、『東方學報』京都七十四、二〇〇二、三五八〜三一一頁。

船山（二〇〇二b）　同「五六世紀の仏教における破戒と異端」、麥谷邦夫（編）『中国中世社会と宗教』、京都・道氣社、二〇〇二、三九～五八頁。

船山（二〇〇二c）　同「「漢訳」と「中国撰述」の間――漢文仏典に特有な形態をめぐって」、『佛教史学研究』四十五／一、二〇〇二、一～二八頁。

船山（二〇〇三a）　同「龍樹、無著、世親の到達した階位に関する諸伝承」、『東方学』一〇五、二〇〇三、一三四～一二一頁。

船山（二〇〇三b）　同「五世紀中国における仏教徒の戒律受容」『唐宋道教の心性思想研究』（科学研究費補助金研究成果報告書、研究代表者・山田俊）、二〇〇三、一～一四頁。

船山（二〇〇五a）　同「聖者観の二系統――六朝隋唐仏教史鳥瞰の一試論」、麥谷邦夫（編）『三教交渉論叢』、京都・京都大学人文科学研究所、二〇〇五、三七三～四〇八頁。

船山（二〇〇五b）　同「体用小考」、宇佐美文理（編）『六朝精神史の研究』（科学研究費補助金研究成果報告書）、二〇〇五、一二五～一三五頁。

船山（二〇〇五c）　同「真諦三蔵の著作の特徴――中印文化交渉の例として」、『関西大学東西学術研究所紀要』三十八、二〇〇五、九七～一二二頁。

船山（二〇〇六）　同『南斉・竟陵文宣王蕭子良撰『浄住子』の訳注作成を中心とする中国六朝仏教史の基礎研究』（科学研究費補助金研究成果報告書）、二〇〇六。

船山（二〇〇七a）　同「梁の開善寺智蔵『成実論大義記』と南朝教理学」、麥谷邦夫（編）『江南道教の研究』（科学研究費補助金研究成果報告書）、二〇〇七、一一一～一三五頁。

船山（二〇〇七b）　同「六朝仏典の翻訳と編輯に見る中国化の問題」、『東方學報』京都八十、二〇〇七、一～一八頁。

船山（二〇〇七c）　同「「如是我聞」か「如是我聞一時」か――六朝隋唐の「如是我聞」解釈史への新視角」、『法鼓仏学学報』一、二〇〇七、二四一～二七五頁。

船山（二〇〇七d）　同「経典の偽作と編輯――『遺教三昧経』と『舎利弗問経』」、京都大学人文科学研究所（編）『中国宗教文献研究』、二〇〇七、京都・臨川書店、八三～一〇七頁。

船山（二〇〇八）　同「異香ということ――聖者の体が発する香り」『アジア遊学110　特集アジアの心と身体』、東京・勉誠出版、二〇〇八、一八～二六頁。

船山（二〇〇九）　同「漢字文化に与えたインド系文字の影響――隋唐以前を中心に」、冨谷至（編）『漢字の中国文化』、京都・昭和堂、二〇〇九、七七～一一三頁。

船山（二〇一〇a）　同「梵網経諸本の二系統」、『東方學報』京都八十五、二〇一〇、一七九～二一一頁。

船山（二〇一〇b）　同「仏典漢訳史要略」、『新アジア仏教史06　中国Ⅰ　南北朝　仏教の東伝と受容』、東京・佼成出版社、二〇一〇、二三三～二七七頁、三八〇～三八三頁。

船山（二〇一一a）　同「梵網経下巻先行説の再検討」、麥谷邦夫（編）『三教交渉論叢続編』、京都・京都大学人文科学研究所、二〇一一、一二七～一五六頁。

船山（二〇一一b）　同「大乗戒――インドから中国へ」、『シリーズ大乗仏教第三巻　大乗仏教の実践』、東京・春秋社、二〇一一、二〇五～二四〇頁。

船山（二〇一二）　同「真諦の活動と著作の基本的特徴」、同（編）『真諦三蔵研究論集』、京都大学人文科学研究所研究報告、京都・京都大学人文科学研究所、二〇一二、一～八六頁。

船山（二〇一三a）　同『仏典はどう漢訳されたのか――スートラが経典になるとき』、東京・岩波書店、二〇一三。

船山（二〇一三b）　同（후나야마 토오루）「『해심밀경소』승의제상품에서 선행 문헌인용의 신뢰성」、이종철、후나야마 토오루、조윤호、조경철、김양순『원측『해심밀경소』의 승의제상품 연구（円測『解深密経疏』の勝義諦相品の研究）』、韓国学中央研究院出版部、二〇一三、七八～一一四頁。

船山（二〇一四a）　同「梁代の仏教――学術としての二三の特徴」、小南一郎（編）『学問のかたち――もう一つの中国思想史』、東京・汲古書院、二〇一四、九七～一二六頁。

船山（二〇一四b）　同「『梵網経』の初期の形態をめぐって」、『東アジア仏教研究』十二、二〇一四、三～二二頁。

船山（二〇一四c）　同「長耳三蔵と『耶舎伝』――ナレーンドラヤシャスとの関わり」『佛教史学研究』五十六／二、二〇一四、一二一～一三三頁。

船山（二〇一五）　同「中国仏教の経典読誦法――転読と梵唄はインド伝来か」、村上忠良（編）『宗教実践における声と文字――東南アジア地域からの展望』（京都大学地域研究統合情報センター共同研究研究成果論集）、二〇一五、九三～一〇三頁。

船山（二〇一六）　同「《大方便仏報恩経》編纂所用引的漢訳経典」、方広錩（主編）『仏教文献研究』二、二〇一六、一七五～二〇二頁。

船山（二〇一七a）　同『東アジア仏教の生活規則『梵網経』――最古の形と発展の歴史』、京都・臨川書店、二〇一七。

船山（二〇一七b）　同「真如の諸解釈――梵語 *tathatā* と漢語「本無」「如」「如如」「真如」」、『東方學報』京都九十二、二〇一七、一～七五頁。

船山（二〇一八）　同「梁の宝唱『比丘尼伝』の定型表現――撰者問題解決のために」、『東方学』一三五、二〇一八、三六～五三頁。

方広錩（二〇〇六）　方広錩『中国写本大蔵経研究』、上海・上海古籍出版社、二〇〇六。

北山録訳注（一九八〇）　東京大学東洋文化研究所三教交渉史研究班「『北山録』訳注（一）」、『東洋文化研究所紀要』八十一、一九八〇、一七九～二五七頁。

朴姚娟（二〇一一）　朴姚娟（佐藤厚訳）「新羅義寂の『法華経論述記』の一考察」、『東アジア仏教研究』九、二〇一一、一七五～一九四頁。

本庄（一九八九）　本庄良文『梵文和訳　決定義経・註』、京都・私家版、一九八九。

本田（一九八七）　本田済「聖人」、同『東洋思想研究』、東京・創文社、一九八七、六九～八二頁。

満久（一九七七）　満久崇麿『仏典の植物』、東京・八坂書房、一九七七。

牧田（一九七五／二〇一五）　牧田諦亮「謝肇淛の仏教観」、『牧田諦亮著作集　第四巻』、京都・臨川書店、二〇一五、四八八～五〇五頁（原載『東洋学術研究』十四／五、一九七五）。

牧田（一九七六）　同『疑経研究』、京都・京都大学人文科学研究所、一九七六（再版『牧田諦亮著作集　第一巻』、京都・臨川書店、二〇一四）。

牧田・落合（二〇〇〇）　牧田諦亮（監修）・落合俊典（編）『七寺古逸経典研究叢書5　中国日本撰述経典（其之五）・漢訳経典』、東京・大東出版社、二〇〇〇。

真野（二〇〇一）　真野龍海「訓釈詞（nirukti ニルクティ）について」、『仏教文化学会紀要』十、二〇〇一、一～二〇頁。

水尾（一九六六）　水尾現誠「戒律の上から見た捨身」、『印度學佛教學研究』十四／二、一九六六、二二六～二三〇頁。

水谷（一九九九a）　水谷真成（訳注）『大唐西域記1』、東洋文庫、東京・平凡社、一九九九（初出『大唐西域記』、中国古典文学大系、東京・平凡社、一九七一）。

水谷（一九九九b）　同（訳注）『大唐西域記2』、東洋文庫、東京・平凡社、一九九九（初出『大唐西域記』、中国古典文学大系、東京・平凡社、一九七一）。

水谷（一九九九c）　同（訳注）『大唐西域記3』、東洋文庫、東京・平凡社、一九九九（初出『大唐西域記』、中国古典文学大系、東京・平凡社、一九七一）。

水野（一九三一／九七）　水野弘元「譬喩師と成実論」、『水野弘元著作集第二巻　仏教教理研究』、東京・春秋社、一九九七、二七九～三〇〇頁（原載『駒澤大学仏教学会年報』一、一九三一）。

水野（一九七二／九三）　同「南山道宣と大乗戒」、森章司（編）『戒律の世界』、東京・渓水社、一九九三、四八五～五一〇頁（原載『金沢文庫研究紀要』九、一九七二）。

水野（一九八四）　同「五十二位等の菩薩階位説」、『仏教学』十八、一九八四、一～二八頁。

水野・長廣（一九四一）　水野清一・長廣敏雄『龍門石窟の研究』、東京・座右宝刊行会、一九四一。

三友（一九九六）　三友量順「薬王菩薩と「燃身」」、『勝呂信静博士古稀記念論文集』、東京・山喜房佛書林、一九九六、三九一～四〇六頁。

明神（一九八四）　明神洋「中国仏教徒の焼身と道教」、『早稲田大学大学院文学研究科紀要』別冊十一　哲学・史学編、一九八四、四一～五〇頁。

明神（一九九六）　同「中国社会における仏教の捨身と平安」、『日本仏教學會年報』六十一、一九九六、九九～一一〇頁。

麥谷（一九九三）　麥谷邦夫「梁天監十八年紀年銘墓磚と天監年間の陶弘景」、礪波護（編）『中国中世の文物』、京都・京都大学人文科学研究所、一九九三、二九一～三二四頁。

麥谷（二〇〇五）　同「『道教義枢』と南北朝隋初唐期の道教教理学」、同（編）『三教交渉論叢』、京都・京都大学人文科学研究所、二〇〇五、九九～一八五頁（再録：同『六朝隋唐道教思想研究』、東京・岩波書店、二〇一八）。

麥谷（二〇一一）　同「唐・玄宗の三経御注をめぐる諸問題――『御注金剛般若経』を中心に」、同（編）『三教交渉論叢続編』、京都大学人文科学研究書、二〇一一、二四一～二六六頁（再録：同『六朝隋唐道教思想研究』、東京・岩波書店、二〇一八）。

蒙文通（二〇〇一）　蒙文通『蒙文通集第六巻　道書輯校十種』、成都・巴蜀書社、二〇〇一。

望月（一九一七）　望月信亨「疑似経と偽妄経――仁王経、梵網経、瓔珞経」、『仏書研究』三十二、一九一七、一～四頁。

望月（一九二八）　同「仁王般若波羅蜜経の真偽」、『大正大学々報』三、一九二八、一二～二六頁。

望月（一九三〇）　同『浄土教の起原及発達』、東京・共立社、一九三〇、一四〇～一五五頁「仁王般若波羅蜜経」、一五五～一八四頁「梵網経」、一八四～一九六頁「菩薩瓔珞本業経」。

望月（一九四六）　同『仏教経典成立史論』、京都・法藏館、一九四六。

森章司（一九九三）　森章司「戒律概説」、同（編）『戒律の世界』、東京・渓水社、一九九三、五～六〇頁。

森三樹三郎（一九五六）　森三樹三郎『梁の武帝』、京都・平樂寺書店、一九五六。

森賀（二〇〇〇）　森賀一恵（訳注）「劉勰」、興膳宏（編）『六朝詩人伝』、東京・大修館書店、二〇〇〇、六〇五～六一一頁。

森野（二〇〇三）　森野繁夫『謝康楽文集』、東京・白帝社、二〇〇三。

諸戸（一九九〇）　諸戸立雄『中国仏教制度史の研究』、東京・平河出版社、一九九〇。

泰本（一九六七）　泰本融「中観論疏と中観論疏記の研究」、『国訳一切経　論疏部六』、東京・大東出版社、一九六七、一～三二頁。

柳田（一九六七）　柳田聖山『初期禅宗史書の研究』、京都・法藏館、一九六七。

柳田（一九七一）　同『初期の禅史Ⅰ　禅の語録2』、東京・筑摩書房、一九七一。

矢吹（一九三三）　矢吹慶輝『鳴沙餘韻　解説』、東京・岩波書店、一九三三。

山口瑞鳳（一九七七）　山口瑞鳳「「活仏」について」、『佛の研究――玉城康四郎博士還暦記念論集』、東京・春秋社、一九七七、二八五～三〇二頁。

山口弘江（二〇〇四）　山口弘江「『維摩経文疏』所引の「普集経」について」、『印度學佛教學研究』五十三／一、二〇〇四、一一六～一一八頁。

山崎（一九四二）　山崎宏『支那中世仏教の展開』、東京・清水書店、一九四二。

山田（一九七五）　山田慶兒「梁武の蓋天説」、『東方學報』京都四十八、一九七五、九九～一三四頁。

楊維中（二〇〇七）　楊維中「真諦三蔵行歴及其以広東為核心的翻訳活動考実」、明生（主編）『禅和之声――〝禅宗優秀文化与構建和諧社会〟学術研討会論文集』上下、北京・宗教文化出版社、二〇〇七、三四〇～三五七頁。

吉川（一九六六／八九）　吉川忠夫『劉裕』、中公文庫版、東京・中央公論社、一九八九（原載『劉裕』、東京・人物往来社、一九六六）。

吉川（一九七四）　同『侯景の乱始末記――南朝貴族社会の命運』、中公新書、東京・中央公論社、一九七四。

吉川（一九八四）　同「踞食論争をめぐって」、同『六朝精神史研究』、京都・同朋舎、一四七～一六四頁。

吉川（一九八八）　同（訳）『大乗仏典　中国日本篇4　弘明集・広弘明集』、東京・中央公論社、一九八八。

吉川（一九八九）　同「嶺南の欧陽氏」、『中国辺境社会の歴史的研究』（科学研究費補助金研究成果報告書、研究代表者・谷川道雄）、一九八九、四八～五三頁。

吉川（一九九〇ａ）　同「本と末」、『岩波講座東洋思想第十四巻　中国宗教思想2』、東京・岩波書店、一九九〇、一五四～一六四頁。

吉川（一九九〇ｂ）　同「真人と聖人」、『岩波講座東洋思想第十四巻　中国宗教思想2』、東京・岩波書店、一九九〇、一七八～一八七頁。

吉川（一九九〇ｃ）　同「内と外」、『岩波講座東洋思想第十三巻　中国宗教思想1』、東京・岩波書店、一九九〇、一～一五八頁。

吉川（一九九二）　同「日中無影――尸解仙考」、同（編）『中国古道教史研究』、京都・同朋舎、一九九二、一七五～二一六頁。

吉川（一九九五）　同「梁の徐勉の「誡子書」」、『東洋史研究』五十四／三、一九九五、三八七～四一〇頁。

吉川（一九九六）　同『三余録――余暇のしたたり』、京都・中外日報出版局、一九九六。

吉川（一九九七）　同「社会と思想」、『魏晋南北朝隋唐時代史の基本問題』、東京・汲古書院、一九九七、四九九～五二二頁。

吉川（一九九八）　同『中国人の宗教意識』、東京・創文社、一九九八。

吉川（二〇〇〇）　同「島夷と索虜のあいだ――典籍の流伝を中心とした南北朝文化交流史」、『東方學報』京都七十二、二〇〇〇、一三三～一五八頁。

吉川（二〇〇〇／一〇）　同「読書劄記三題」、『中国思想史研究』二十三、二〇〇〇（再録：同『読書雑志――中国の史書と宗教をめぐる十二章』、東京・岩波書店、二〇一〇、二二二～二三八頁）。

吉川・船山（二〇〇九ａ）　吉川忠夫・船山徹（訳）『高僧伝（一）』、岩波文庫、東京・岩波書店、二〇〇九。

吉川・船山（二〇〇九ｂ）　同（訳）『高僧伝（二）』、岩波文庫、東京・岩波書店、二〇〇九。

吉川・船山（二〇一〇ａ）　同（訳）『高僧伝（三）』、岩波文庫、東京・岩波書店、二〇一〇。

吉川・船山（二〇一〇ｂ）　同（訳）『高僧伝（四）』、岩波文庫、東京・岩波書店、二〇一〇。

吉津（二〇〇三）　吉津宜英「真諦三蔵訳出経律論研究誌」、『駒澤大学仏教学部研究紀要』六十一、二〇〇三、二二五～二八六頁。

吉田（一九七六）　吉田靖雄「古代における捨身行の考察」、『木代修一先生喜寿記念論文集2　日本文化の社会的基盤』、東京・雄山閣、一九七六、二一一～五一頁。

李暁春（二〇一〇）　李暁春「王弼〝体用論〟述真」、『蘭州大学学報（社会科学版）』三十八／四、二〇一〇、一二～一七頁。

劉淑芬（二〇〇九）　劉淑芬「香火因縁――北朝的仏教結社」、黄寛重（主編）『中国史新論　基層社会分冊』、中央研究院叢書、台北・聯経出版、二〇〇九、二一九～二七二頁。

劉長東（二〇〇〇）　劉長東『晋唐弥陀浄土信仰研究』、成都・巴蜀書社、二〇〇〇。

廖大珂（一九九七）　廖大珂「梁安郡歴史与王氏家族」、『海洋史研究』一九九七年二期、一～五頁。

林鳴宇（二〇〇三）　林鳴宇『宋代天台教学の研究――『金光明経』の研究史を中心として』、東京・山喜房佛書林、二〇〇三。

黎明（一九九六）　黎明（整理）「浄名経集解関中疏」、方広錩（主編）『蔵外仏教文献第二輯』、北京・宗教文化出版社、一九九六、一七五～二九二頁。

渡瀬（一九九一）　渡瀬信之（訳）『サンスクリット原典全訳　マヌ法典』、中公文庫、東京・中央公論社、一九九一。

欧文

Benn（1998）　Benn, James A., “Where Text Meets Flesh: Burning the Body as an Apocryphal Practice in Chinese Buddhism,” *History of Religions* 37 / 4, 1998, pp. 295-322.

Benn（2007）　Id., *Burning for the Buddha: Self-immolation in Chinese Buddhism*, Honolulu: University of Hawai’i Press, 2007.

Bokenkamp（1990）　Bokenkamp, Stephen R., “Stages of Transcendence: The *Bhūmi* Concept in Taoist Scripture.” In Robert E. Buswell, Jr. (ed.), *Chinese Buddhist Apocrypha*, Honolulu: University of Hawaii Press, 1990, pp. 119-147.

Brough（1950）　Brough, John, “‘Thus Have I Heard…’,” *Bulletin of the School of Oriental and African Studies*,University of London 13-2, 1950, pp. 416-426.

Chen Ch（2004）　Chen, Chin-chih, *Fan fan-yü: Ein Sanskrit-chinesisches Wörterbuch aus dem Taishō-Tripiṭaka*, PhD dissertation, Philosphischen Fakultät, Rheinischen Friedrich-Wilheilms-Universität zu Bonn, 2004.

Chen J（2007）　Chen, Jinhua［陳金華］, “Buddhist Establishments within Liang Wudi’s Imperial Park.” In Mutsu Hsu, Jinhua Chen and Lori Meeks (eds.), *Development and Practice of Humanitarian Buddhism: Interdisciplinary Perspectives*, Hualien: Tzuchi University Press, 2007, pp. 18-22.

Chimpa *et al.*（1970 / 90）	*Tāranātha's History of Buddhism in India*, Delhi, 1990 (originally published in Simla, 1970), tr. by Lama Chimpa and Alaka Chattopadhyaya, and edited by Debiprasad Chattopadhyaya.
Demiéville（1929 / 73）	Demiéville, Paul, "Sur l'authenticité du Ta tch'eng k'i sin louen," id., *Choix d'études bouddhiques (1929-1970)*, Leiden: E. J. Brill, 1973, pp. 1-80 (first published in *Bulletin de la Maison Franco-Japonaise* II 2, Tokyo, 1929).
Demiéville（1931 / 73）	Id., "L'origine des sectes bouddhiques d'après Paramārtha," id., *Choix d'études bouddhiques (1929–1970)*, Leiden: E. J. Brill, 1973, pp. 81-130 (first published in *Mélanges chinois et bouddhiques*, 1, 1931).
Durt（1998）	Durt, Hubert, "Two Interpretations of Human-flesh Offering: Misdeed or Supreme Sacrifice," *Journal of the International College for Postgraduate Buddhist Studies*［国際仏教学大学院大学研究紀要］1, 1998, pp. 236-210.
Durt（1999）	Id., "The Offering of the Children of Prince Viśvantara / Sudāna in the Chinese Tradition," *Journal of the International College for Postgraduate Buddhist Studies* 2, 1999, pp. 266-231.
Dutt（1931）	Dutt, Nalinaksha, "Bodhisattva Prātimokṣa Sūtra: Prātimokṣasūtra of the Hīnayānists," *Indian Historical Quarterly* 7, 1931, pp. 259-286.
Dutt（1978）	Id. (ed.), *Bodhisattvabhūmiḥ: Being the XVth section of Asaṅgapāda's Yogācārabhūmiḥ*, Patna, 1978.
Edgerton（1953）	Edgerton, Franklin, *Buddhist Hybrid Sanskrit Grammar and Dictionary*, 2 vols., New Haven: Yale University Press, 1953.
Enomoto（1994）	Enomoto, Fumio［榎本文雄］, "A Note on Kashmir as Referred to in Chinese Literature: Ji-bin." In Yasuke Ikari［井狩彌介］(ed.), *A Study of the Nīlamata: Aspects of Hinduism in Ancient Kashmir*, Kyoto: Institute for Research in Humanities, Kyoto University（京都大学人文科学研究所）, pp. 357-365.
Enomoto（2000）	Id., "'Mūlasarvāstivādin' and 'Sarvāstivādin'," in Ch. Chojnacki, J. Hartmann and V. M. Tschannerl (eds.),

Vividharatnakaraṇḍaka. Festgabe für Adelheid Mette, India et Tibetica 37, Swisttal-Odendorf, pp. 239-250.

Filliozat（1963） Filliozat, Jean, "La mort volontaire par le feu et la tradition bouddhique indienne," *Journal Asiatique* 1963 / 1, pp. 21-51.

Filliozat（1967） Id., "L'abondon de la vie par le sage et les suicides du criminel et du héros dans la tradition indienne," *Arts Asiatiques* 15, 1967, pp. 65-88.

Forte（1990） Forte, Antonino, "The Relativity of the Concept of Orthodoxy in Chinese Buddhism: Chih-sheng's Indictment of Shih-li and the Proscription of the *Dharma Mirror Sutra*," in Robert E. Buswell, Jr. (ed.), *Chinese Buddhist Apocrypha*. Honolulu: University of Hawaii Press, 1990, pp. 239-249.

Frauwallner（1951a） Frauwallner, Erich, "Amalavijñānam und Ālayavijñānam." In *Beiträge zur indischen Philologie und Altertumskunde, Walter Schubring zum 70. Geburtstag dargebracht*, Hamburg: Cram, de Gruyter, 1951, pp. 148-159 (Repr.: *Frauwallner, Kleine Schriften*, Wiesbaden: Franz Steiner, 1982).

Frauwallner（1951b） Id., *On the Date of the Buddhist Master of the Law Vasubandhu*, Serie Orientale Roma, Roma: IsMEO, 1951.

Frauwallner（1959） Id., "Dignāga, sein Werk und seine Entwicklung," *Wiener Zeitschrift für die Kunde Süd- und Ostasiens* 3, 1959, pp. 83-164 (Repr.: *Frauwallner, Kleine Schriften*, Wiesbaden: Franz Steiner, 1982).

Frauwallner（1969） Id., *Die Philosophie des Buddhismus*, 3. durchgesehene Auflage, Berlin: Akademie-Verlag, 1969.

Funayama（2004） Funayama Toru［船山徹］, "The Acceptance of Buddhist Precepts by the Chinese in the Fifth Century," *Journal of Asian History* (ed. by Denis Sinor) 38 / 2, 2004, pp. 97-120.

Funayama（2006） Id., "Masquerading as Translation: Example of Chinese Lectures by Indian Scholar-monks," *Asia Major, Third Series* 19 / 1-2, 2006, pp. 39-55.

Funayama（2010） Id., "The Work of Paramārtha: An Example of Sino-Indian Cross-Cultural Exchange," *Journal of the*

International Association of Buddhist Studies 31 / 1-2 (2008), 2010, pp. 141-183.

Funayama（2012） Id., "Guṇavarman and Some of the Earliest Examples of Ordination Platforms (*jietan*) in China." In James A. Benn, Jinhua Chen, and James Robson (eds.), *Images, Relics, and Legends: The Formation and Transformation of Buddhist Sacred Sites*, Oakville: Mosaic Press, 2012, pp. 21-45.

Funayama（2013） Id., "Buddhist Theories of Bodhisattva Practice as Adopted by Daoists," *Cahiers d'Extreme-Asie* 20 (2011), 2013, pp. 15-33.

Funayama（2014） Id., "Chinese Translations of *pratyakṣa*." In Chen-kuo Lin and Michael Radich (eds.), *A Distant Mirror: Articulating Indic Ideas in Sixth and Seventh Century Chinese Buddhism*, Hamburg: Hamburg University Press, 2014, pp. 33-61.

Funayama（2015a） Id., "Chinese Buddhist Apocrypha." Jonathan A. Silk *et al.* (eds.), *Brill's Encyclopedia of Buddhism, Vol. 1: Literature and Languages*, Leiden: Brill, 2015, pp. 283-291.

Funayama（2015b） Id., "Buddhism during the Liang Dynasty: Some of Its Characteristics as a Form of Scholarship," *Acta Asiatica: Bulletin of The Institute of Eastern Culture* 109, 2015, pp. 71-100.

Galloway（1991） Galloway, Brian, "'Thus Have I Heard: at One Time…'," *Indo-Iranian Journal* 34, 1991, pp. 87-104.

Gernet（1960） Gernet, Jacques, "Les suicides par le feu chez les bouddhistes chiois du Ve au Xe siècle," *Mélanges publiés par l'Institut des hautes études chinoises* 2, 1960, pp. 527-558.

Gernet（1995） Id., *Buddhism in Chinese Society: An Economic History from the Fifth to the Tenth Centuries*, tr. by Franciscus Verellen, New York: Columbia University Press, 1995.

Giles（1933-35） Giles, Lionel, "Dated Chinese Manuscripts in the Stein Collection," *Bulletin of the School of Oriental Studies. University of London* 7 / 4, 1935, pp. 809-836.

Harrison（1990） Harrison, Paul, *The Samādhi of Direct Encounter with the Buddhas of the Present*, Tokyo: International

Institute for Buddhist Studies, 1990.

von Hinüber（1968） von Hinüber, Oskar, *Studien zur Kasussyntax des Pāli; Besonders Vinaya-Piṭaka*, Münchner Studien zur Sprachwissenschaft, Beihefte, Neue Folge 2, München: J. Kitzinger, 1968.

Jan（1965） Jan Yün-hua, "Buddhist Self-immolation in Medieval China" *History of Religions* 4 / 2, 1965, pp. 243-268.

Janousch（1999） Janousch, Andreas, "The Emperor as Bodhisattva: the Bodhisattva Ordination and Ritual Assemblies of Emperor Wu of the Liang Dynasty." In Joseph P. McDermott (ed.), *State and Court Ritual in China*, Cambridge: Cambridge University Press, 1999, pp. 112-149.

Kajiyama（1977） Kajiyama, Yuichi［梶山雄一］, ""Thus Spoke the Blessed One…""." In Lewis Lancaster (ed.), *Prajñāpāramitā and Related Systems, Studies in Honor of Edward Conze*, Berkeley Buddhist Studies Series, 1977, pp. 93-99.

Kane（1968-77） Kane, Pandurang Vaman, *History of Dharmaśāstra*, 5 vols., Poona: Bhandarkar Oriental Research Institute, 1968-77.

Karhrs（1998） Karhrs, Eivind, *Indian Semantic Analysis: The 'Nirvacana' Tradition*, Cambridge: Cambridge University Press, 1998.

Kieschnick（1997） Kieschnick, John, *The Eminent Monk: Buddhist Ideals in Medieval Chinese Hagiography*, Honolulu: University of Hawai'i Press, 1997.

Lamotte（1935） Lamotte, Étienne, *L'explication des mystères*, Louvain: Bureaux du recueil, Bibliothèque de l'Université, 1935.

Lamotte（1976） Id., *Le traité de la grande vertu de sagesse de Nāgārjuna* (*Mahāprajñāpāramitāśāstra*[sic!]), Tome IV, Louvain: Institut Orientaliste, 1976.

Lamotte（1981） Id., *Le traité de la grande vertu de sagesse de Nāgārjuna* (*Mahāprajñāpāramitāśāstra*[sic!]), Tome II, Louvain, 1981.

Majumdar（1993） Majumdar, R. C., "The Pālas." In R. C. Majumdar *et al.* (eds.), *The History and Culture of the Indian People. The Age of Imperial Kanauj*, Bombay: Bharatiya Vidya Bhavan, 1993, pp. 44-57.

Obermiller（1932） Obermiller, E., *History of Buddhism (Chos-'byung) by Bu-ston. II. Part. The History of Buddhism in India and Tibet*, Heidelberg: In Kommission bei O. Harrassowitz, 1932.

Pinte（2012） Pinte, Gudrun, "False Friends in the Fanwangyu," *Acta Orientalia Academiae Scientiarum Hungaricae* 65 (1), 2012, pp. 97-104.

Radich（2009） Radich, Michael, "The Doctrine of **Amalavijñāna* in Paramārtha (499-569), and Later Authors to Approximately 800 C.E.," *Zinbun: Annals of the Institute for Research in Humanities, Kyoto University* 41 (2008), 2009, pp. 45-174.

Radich（2012） Id., "External Evidence Relating to Works Ascribed to Paramārtha, with a Focus on Traditional Chinese Catalogues." In Funayama Toru (ed.), *Studies of the Works and Influence of Paramārtha*［真諦三蔵研究論集］, Kyoto: Institute for Research in Humanities, Kyoto University［京都大学人文科学研究所］, 2012, pp. 39-102.

Ray（1994） Ray, Reginald A., *Buddhist Saints in India: A Study in Buddhist Values & Orientations*, New York: Oxford University Press, 1994.

Samtani（1964-65） Samtani, N. H., "The Opening of the Buddhist Sūtras," *Bhāratī* 8-2, 1964-65, pp. 47-63.

Samtani（1971） Id. (ed.), *The Arthaviniścaya-sūtra & Its Commentary (Nibandhana)*, Patna: K. P. Jayaswal Research Institute, 1971.

Schoening（1995） Schoening, Jeffrey D., *The Śālistamba Sūtra and Its Indian Commentaries*, 2 vols., Wien: Arbeitskreis für Tibetologie und buddhistische Studien Universität Wien, 1995.

Schoening（1996） Id., "*Sūtra* Commentaries in Tibetan Translation." In José Ignacio Cabezón and Roger R. Jackson (eds.),

Tibetan Literature: Studies in Genre, Ithaca, New York: Snow Lion, 1996, pp. 111-124.

Silk（1989） Silk, Jonathan A., "A Note on the Opening Formula of Buddhist *Sūtras*," *Journal of the International Association of Buddhist Studies* 12 / 1, 1989, pp. 158-163.

Sircar（1977） Sircar, D. C., "The Pāla Chronology Reconsidered." In *Zeitschrift der Deutschen Morgenländischen Gesellschaft, Supplementa III, 2* (ed. W. Voigt), pp. 964-969.

von Staël-Holstein（1933） von Staël-Holstein, A., *A Commentary to the Kāśyapaparivarta, in Tibetan and Chinese*, Peking: The National Library of Peking and the National Tshinghua University, 1933.

Steinkellner（1989） Steinkellner, Ernst, "Who is Byaṅ chub rdzu 'phrul? Tibetan and non-Tibetan Commentaries on the *Saṃdhinirmocanasūtra* — A survey of the literature," *Berliner Indologische Studien* 4 / 5, 1989, pp. 229-251.

Takakusu（1904） Takakusu, Junjiro［高楠順次郎］, "The Life of Vasu-bandhu by Paramārtha (A.D. 499-569)," *T'oung Pao*, Série II, Vol. V, No. 3, 1904, pp. 269-296.

Tatz（1993） Tatz, Mark, "Brief Communication: "Thus Have I Heard: at One Time…"," *Indo-Iranian Journal* 36, 1993, pp. 335-336.

Tian（2007） Tian, Xiaofei, *Beacon Fire and Shooting Star: The Literary Culture of the Liang (502-557)*, Cambridge MA / London: Harvard University Asia Center, 2007.

Tsai（1994） Tsai, Kathryn Ann, *Lives of the Nuns*, Honolulu: University of Hawaii Press, 1994.

Tucci（1958） Tucci, Giuseppe, *Minor Buddhist Texts*, Part 2, Roma: IsMEO, 1958.

Verhagen（2005） Verhagen, Pieter C., "Studies in Indo-Tibetan Buddhist Hermeneutics (5): The mKhas-pa-rnams-'jug-pa'i-sgo by Sa-skya Pandita Kun-dga'-rgyal-mtshan," *Journal of the International Association of Buddhist Studies* 28-1, 2005, pp. 183-219.

Vira / Yamamoto（2007）	Vira, Raghu, and Chikyo Yamamoto, *Sanskrit-Chinese Lexicon: Being Fan Fan Yü, the First Known Lexicon of Its Kind Dated to AD 517*, New Delhi: International Academy of Indian Culture and Aditya Prakashan, 2007.
Wang（1994）	Wang, Bangwei［王邦維］, "Buddhist Nikåyas through Ancient Chinese Eyes." In Heinz Bechert (ed.), *Sanskrit-Wörterbuch der buddhistischen Texte aus den Turfan-Funden. Beiheft 5: Untersuchungen zur buddhistischen Literatur*, Göttingen, 1994, pp. 165-203.
Wogihara（1932）	Wogihara, Unrai［荻原雲来］(ed.), *Abhisamayālaṃkār'ālokā Prajñāpāramitāvyākhyā. The Work of Haribhadra*, Tokyo: Toyo Bunko, 1932.
Yamada（1968）	Yamada, Isshi (ed.), *Karṇāpuṇḍarīka*, 2 vols., London: School of Oriental and African Studies, University of London, 1968.
Zürcher（1959）	Zürcher, Erik, *The Buddhist Conquest of China: the Spead and Adaptation of Buddhism in Early Medieval China*, Sinica Leidensia 11, Leiden: E. J. Brill, 1959.

あとがき

単発的に草した個々の原稿をまがりなりにも一書に束ね、緩やかながらも全章に及ぶ共通テーマとして、インド仏教との関わりから中国早期仏教史を仏教の新たな展開の軌跡として捉えられるよう、筆者なりの努力を重ねたつもりである。しかしそれがどの程度まで成功したか、読者に届くものとなったかは甚だ心許ない。誤植も含め、内容と表記に関する不備の責を筆者が追うこと贅言を要しないが、最後に拙い内容を一書として統一あるものとするために助けて頂いたことを明記しておきたい。

編集作業の全般にわたり、法藏館編集部の今西智久さんのお世話になった。また校正者の小林久子さんは、校正の段階で各章の元論文と本書を一字一句にわたって比較するという多大な労苦を惜しまず、訂正すべき箇所を示してくださった。遅れがちな校正返却にも辛抱し、内容が少しでも向上するよう全力を傾注してくださったお二人に深く御礼申し上げる。

二〇一八年十二月

京都岩倉の寓居にて　船山　徹

船山　徹（ふなやま　とおる）

1961年生まれ。京都大学大学院文学研究科博士後期課程中退。京都大学人文科学研究所教授。プリンストン大学、ハーヴァード大学、ライデン大学、スタンフォード大学等において客員教授を歴任。専門は仏教学。
主著に、『東アジア仏教の生活規則 梵網経――最古の形と発展の歴史』（臨川書店）、『仏典はどう漢訳されたのか――スートラが経典になるとき』（岩波書店）、『高僧伝 ㈠〜㈣』（共訳、岩波文庫）などがある。

六朝隋唐仏教展開史

二〇一九年五月十九日　初版第一刷発行
二〇二一年四月十五日　初版第二刷発行

著　者　船山　徹
発行者　西村明高
発行所　株式会社 法藏館
京都市下京区正面通烏丸東入
郵便番号　六〇〇-八一五三
電話　〇七五-三四三-〇〇三〇（編集）
〇七五-三四三-五六五六（営業）

印刷・製本　亜細亜印刷株式会社

ISBN978-4-8318-7724-6 C3015

The Evolution of Chinese Buddhism during the Six Dynasties, Sui, and Tang Periods

by FUNAYAMA Toru

HOZOKAN

2019

索　引

索引語彙を含む節題・項題がある頁には＊印を付した。
参照語彙の有無を→印をもって示した。

ア行

カ行

サ行

タ行

ナ行

ハ行

マ行

ヤ行